HAK VE ADÂLET GÜNEŞİ

HZ. ÖMER (R.A.)

MUSTAFA NECATİ BURSALI

Çelik
YAYINEVİ

ÇELİK YAYINEVİ

İstanbul 2015

Kültür Bakanlığı Sertifika No: 14710

Mizanpaj
Adem Şenel

Kapak Tasarım

Yunus Karaaslan

Baskı-Cilt

İmak Ofset
Ser. No : 12531
Merkez Mh. Atatürk Cd.
Göl Sk. No: 1 Yenibosna - İSTANBUL
Tel : 0212 656 49 97

ÇELİK YAYINEVİ

Ticarethane Sk. No: 19/A Cağaloğlu - İstanbul

Tel: +90 (212) 511 28 11 (pbx) Faks: +90 (212) 511 28 12

www.celikyayinevi.com

HAK VE ADÂLET GÜNEŞİ
HZ. ÖMER (R.A.)

MUSTAFA NECATİ BURSALI

Takdim ve Takrîz
Hekimoğlu İsmail

Çelik
YAYINEVİ

Adl–i fârûkî ile pertevfeşânsın yâ Ömer!
İlm–i Sübhan, nass-ı Furkan, mahz-ı şansın yâ Ömer!»

M. NECATİ BURSALI

İÇİNDEKİLER

بِسْمِ اللهِ الرَّحْمٰنِ الرَّحِيمِ

BU KİTAP İÇİN HEKİMOĞLU İSMAİL

«İlim Çin'de olsa ara» der Nebi,
Yüz karası var mı, cehalet gibi.

«Beşikten mezara kadar ilmi siz
İsteyip, arayın!» der Efendimiz.

Gibi beyitlerin yazarı Necati Bursalı kardeşimiz, nesirde de usta olarak bu kitapta karşımıza çıktı. Nazım ve nesirde usta olan, yalın ve mecaz ifadeleri rahatlıkla kullanan bir kimse, dâvasını kolaylıkla anlatabilecektir.

Acaba bu yazarın dâvası nedir?

Mustafa Necati Bey imamdır. Bu kitabın ismi de «Hazret-i Ömer». Böylece dâvanın ne olduğu kendiliğinden anlaşıldı, sanırım.

Kur'an-ı Kerim'in yüksek belağatı gösteriyor ki,, kalemi eline alan her müslüman edebi sanatlardan faydalanarak, tesirli yazma yolunu araştırmalıdır. Sonra, Resûli Ekrem'in ifadelerindeki üstünlük de, iyi konuşmanın sünnet olduğunu ortaya koyacak mahiyettedir.

Yirminci asırda ilim ileri gitmiştir. İlmi olanlar tesir etmektedir. Kuvvet ilmin eline geçmiştir. Dâvanın

sancağını elinde taşımak isteyenler, başkalarına tesir etmek için sebeplere sarılanlar; sözde ve yazıda belagat mesleğine ehemmiyet vermek zorundalar. Böylece düzgün ifadelerin ipliğine dizilen kelime incileri, başkalarını celp edecek, beyinleri fethetmek mümkün olacaktır.

Çok zaman düşünmüşümdür: Acaba cehalet devrinin Ömer'i nasıl olmuş da, İslâm dinini kabul eder etmez, birdenbire inkişaf etmeye başlamış kemalin zirvesine doğru tırmanmış, sonra Hazret! Ömer Radıyallahu anh olmuş, aşere-i mübeşşereden olmuş, hülafâ-i raşidinden olmuş ve emirü'l mü'minin makamına çıkmış?

Demek ki, İman, insanı insan eder, belki insanı sultan eder» düsturu, her devirde gerçekleşebilirmiş.

Evet İslâmiyet, insanları yüceltmek için gönderilmiştir. İslâmiyeti) öğrenen ve yaşayan Müslümanlar dünya ve ahiret saadetine ererler. Bunun ısbatını mı istiyorsunuz? İşte kitap!

Ümit ederim ki, bu kitabı okurken İslâmı yaşayan bir insanın yükseldiği kemâl derecelerini görür ve İslâmiyetin hayat dini olduğunu bir daha anlayıp, hayatınızı İslâmiyetle hayatlandırırsmız... Demek ki: «Din, hayatın hayatı. Hem nuru, hem esası. İhya-yı dinle olur, bu milletin ihyası.»

Dine hizmet etmek, millete hizmettir. Çünkü geçmişteki imparatorlukları kuran, onları asırlarca yaşatanlar Müslümanlardı. İmparatorluklar kuran Müslümanlar, İslâm dinini biliyor ve yaşıyorlardı. İmparatorlukları yıkan Müslümanlar ise, islâmiyeti bilmiyor ye yaşamıyorlardı. Yıkılış devirlerindeki birkaç müstakim âlim ise, azınlığın azınlığı olduğundan, yaşların

yanında kurular da yanıp gitmişti. Ey Müslüman okuyucu dikkat buyur: Sadece kelime-i şehadet getiren de Müslüman, Hazret-i Ömer de! Resûl-i Ekrem bir hadislerinde mealen buyuruyorlar ki: «Ashabım yıldızlar gibidir, kim onlara tabi olursa kurtulur.»

İşte bize bir Kutup Yıldızı! Bakınız, Hazret-i Ömer (r.a.) İslâmiyeti nasıl anlamış ve yaşamışsa, bizler de aynı hal ile hallenip, dünyamızla birlikte ahiretimizi de Cennet hayatına çevirelim.

Sizleri ve Mustafa Necati Bursalı kardeşimi İslâm sarayında görmenin sevinci içinde hepinizi hürmetle selâmlarım, efendim.

HAK VE ADALET GÜNEŞİ
Hz. ÖMER (r.a.)

Bütün âlemleri yoktan var eden, varlığından bizleri haberdar eden, kullarından mü'minlerin kalb gözlerini açan, marifetinin nûru ile onları rızai barisine eriştiren Allah'a hamd ederim... Tek katresinin hacminde bin umman çalkalanan ve tek zerresinin menşurunda bin kâinat yüzen Kevser havuzunun sahibi, 'Sonsuzluk Nebisi, Allah'ın Sevgilisi Cenâb-ı Ahmed'e salât ve selâm ederim...

HÜVİYET

Ebedî Hayat müjdecisinin:

«– Ömer benimledir, ben de Ömer'leyim. Benden sonra hak, Ömer neredeyse oradadır.»[1] buyurduğu büyük insan... Ebedî olarak zulmün kapısını kapayan, adaletiyle gönülleri fetheden yüce Faruk...

Gökyüzünün ışığı aydın güneştir. Cennetin ışığı da Ömer... Yüce ferman erişip ebedîlik için sûr üfürülünce gökyüzündeki ışık baş aşağı düşer, fakat bu Cenneti aydınlatan ışık, her gün biraz daha parlak durur.

Allah'ın Resûlü buyurdular:

«– Ömer İbni Hattab, Cennet ehlinin kandilidir.»

Hattaboğlu Ömer... Fil tarihinden 13 yıl sonra doğdu. Demek ki, yaşça Resûller Serverinden 13 yıl küçük...

---

1 Hz. Peygamberin Dilinden Dört Halifesi.

Kâinatın Efendisi'nin Peygamberliğe erişleri üzerinden 6 sene geçtikten sonra, 33 yaşında ebedî kurtuluşa erdi ve nasibindeki büyük oluşun basamağına ayak attı...

Künyesi Ebu Hafs'dır, lâkabı da el-Faruk... Kendisine «ayırd edici» mânâsına gelen bu lâkabı. Peygamberler Peygamberi taktılar. Hak ile bâtıl arasını inceden inceye ayırdettikleri için... Bu şekilde lâkaplandırılışın dayandığı bir vak'a içinde. Bir tanesi, sonsuz mâna dolu...

VAK'A

Nur asrı... Bütün insanoğluna Allah'ın Müjdesini getiren «Rahmet» Peygamber cihanları nura boğmuş... Ömür ırmaklarını kevserleştirip Cennet gölüne doğru akıtıyor... Ve etrafında dalga dalga sahabi ummanı... İşte böyle bir günde, bir Yahudi ile bir münafık, şu veya bu meseleden dolayı kavga ediyorlar. Yahudi, hesaplaşmak üzere, zehirli adamı, Peygamberler Peygamberinin yüce huzuruna davet ediyor:

– Haydi gidelim; O hükmetsin!...

– Hayır, Kâab Bin Eşref'e gidelim!

– Ne dedin, ne dedin? Muhammed gibi âdil bir hâkime gitmek dururken Kâab'dan nasıl bahsedebiliyorsun?

Münafık çaresiz kalıyor ve Allah Resûlü'nün kutlu huzuruna çıkıyorlar.

Varlığın sebebi olan Peygamber dâvâlıları dinliyor. Taraflar meselelerini anlatıyor, iddialarını ileri sürüyorlar

Allah'ın Sevgilisi hükmünü bildiriyor. Verdikleri hüküm Yahudi'den yana. Fakat zehirli adam yâni münafık razı olmuyor... Peygamber hükmüne boyun eğmiyor... Hemen çekiyor Yahudi'nin eteğinden ve diyor ki:

– Haydi seninle Ömer'e gidelim, O hüküm versin!

– Nasıl olur. Peygamberinin hükmünü Ömer nasıl değiştirebilir?

– Ne olursa olsun, kalk gidelim!

Ve eceline susamış münafık şimdi Yahudi ile beraber Ömer'in huzurunda...

– Yâ Ömer! Bu dâva üzerinde hüküm almak üzere evvelâ Peygamberinize gittik. Lehimde hüküm verdiler. Şimdi bu adam razı olmuyor o hükümden... Senin yeniden karar vermeni istiyor. Israrına dayanamadığım için geldim...

İmânın nurdan billûrlaşmış abidesi Hazret! Ömer (r.a.), münafığa hitap ediyor:

– Ne dersin, doğru mu bunlar?

Münafık atılıyor:

– Evet, yâ Ömer!

Bunun üzerine Hazreti Ömer (r.a.) gök gibi gürlüyor ve şimşek hızıyla kılıcını çekip haykırıyor:

– Ben Allah Resûlü'nün hükümlerinden razı olmayanlar hakkında işte böyle hükmederim!

Ve zehirli adamın imansız kellesini bir vuruşta ayağının dibine düşürüyor...

O zaman Sultan Melek Cebrail (A.S.) iniyor ve Allah'ın Sevgilisi'ne hitap ediyor:

«– Ömer, hakla bâtıl arasını ayırd etti.»

Ve muhteşem büyüğe, ayırd edici, «Faruk» lâkabı takılıyor...

Artık Ömer Faruk'tur...

MUKADDES İSLÂM İLE ŞEREFLENİŞİ

Adalet incisi Hazret-i Ömer'in İslâm'a girişi, âlemde mevcut menkıbelerin en güzelini, en edalısını, en renklisini, en dokunaklısını çerçeveler:

Allah'ın âlemleri kurtarmaya memur ettiği en büyük Kurtarıcı, iki Cihanın Etendisi Tevhid bayrağını Mekke'de dalgalandırmaya başlıyorlar, Rabbin Risâletini tebliğ ediyorlar... Nura susamışlara Kur'ânın altın oluğundan imân tası ile Âb-ı hayat sunuyorlar. Bu nurdan yudumlayan ebediyet yolcuları günden güne çoğalıyor ve bundan küfür ürküyor... Hazret-i Sıddık ile başlayan nur zinciri şimdi Hz. Hamza'yı da halkaları arasına almış bulunuyor.

Şimdi Kureyş kâfirleri, başını ellerinin içine almış, hayâl âleminin ötesindeki çarelere kadar düşünüyor.

Küfrün başı Ebu Cehil, bahadırlar bahadırı Hamza'nın da Resûller Resûlü'nün safına geçtiğini gördükten sonra 'büsbütün kaygıya düştü. Küfrün ileri gelenlerini toplayıp köpürdü :

– Muhammed'in Amcası Hamza da İslâmı kabul etti. Şimdilik sayıları az ama bu böyle gitmez! Bu ateş alevlenip hepimizi yakabilir, İslâmlık cereyanını ve îmân dâvasını durdurabilmek için Muhammed'i öldürmekten başka çare kalmamıştır.

Ebu Cehil, heyecan içinde ayağa kalkıyor ve küfründeki şiddeti, olduğu gibi kusuyor:

– Dediğim gibi bu işin tek çaresi O'nun vücudunu ortadan kaldırmaktır. O'nu kim öldürürse 100 baş genç deve veriyorum, ayrıca da 40 bin akçe nakit bağışlıyorum!... Var mı bu işi üzerine alacak bir bahadır? Var mı 100 baş deve ile çil çil altınlara tâlib olan?

Toplantı birdenbire kaynar su hâlinde... Fısıldaşan fısıldaşana...

Ömer orada... Kureyş'in en büyük kılıç ve kalem şövalyelerinden Hattaboğlu narayı basıyor:

– Onu ben öldüreceğim! Bu işi Hattaboğlu'ndan başka kimse yapamaz...

– Sahi mi söylüyorsun, yâ Ömer!

– Evet!

Bir alkıştır koptu, bir gülgüledir başladı...

Ömer öyle sert, öyle celalli bir ruha sahip ki, gölgesinden bile korkuyorlar...

Şimdi bu ateş parçası delikanlıda bir heybet, bir celâdet, belinde kılıcı... Müslümanların toplandığı yere doğru hızlı hızlı yürümekte...

Ömer, öfke ve ateş içinde yürürken, karşıdan gelen çekingen tavırlı birini gördü: Nâim Bin Abdullah (r.a.)... îmanını gizleyen, ilk nura erenlerden biri... Nâim, Ömer'in yürüyüş üslûbunu ve öfke edasını beğenmedi... Kendisinin imân aynası berrak yüzüne hançer gibi gözlerle baka baka yaklaşan bu müthiş adama sokuldu:

– Nereye, böyle öfkeli öfkeli, yâ Ömer?

Ömer büsbütün gazap; haykırdı:

– Kureyş'i alçaltan ve dinlerini bozan Muhammed'i öldürmeye!

Nâim irkildi.. Bütün gücünü toplayarak karşılık verdi:

– Ne saçma fikir, ne kötü murad.ne adî teşebbüs!... Farzet ki.

O'nu öldürdün, Abd-i Menaf oğullarının elinden yakanı kurtarabilir misin?

– Ne olursa olsun; ben ahdimi yerine getireyim de...

Nâim büsbütün irkildi... Öyle ya, bu adam düştüğü yeri yakar... Bir ân göz göze bakıştılar... Ve Nâim Bin Abdullah. Ömer'in yönünü değiştirmek ve yolunu kesmek için, tek tek heceleyerek şu sözleri söyledi:

– Yâ Ömer! Sen Muhammed'den evvel kızkardeşinin hakkından gelmeye bak! Kızkardeşin Fâtıma ile kocası Sâid, çoktan beri Müslüman!

Ömer'in başına bir yıldırım düştü. Ömer deliye döndü :

Fâtıma ile Sâid'de Müslüman, öyle mi?

Evet !

Ömer Nâim'den ayrıldı. Hızlı hızlı kızkardeşinin evi istikametinde uzaklaşmaya başladı. Nâim, dudaklarında hafif bir gülümseme, arkasından bakıyor...

Fokur fokur kaynayan Ömer, kızkardeşi Fâtıma'nın evinin önüne vardı. Kutlu kapıyı olanca kuvvetiyle yumrukladı.

O ne? İçeride namütenahi, biri ince, öbürü kalın, sarmaşdolaş, yanık yanık, nağme nağme iki ses geliyor. Ve namütenahi mânaları dalgalandırıyor. Ulvîlerin ulvîsi karı koca iki mü'min, başbaşa Allah kelamını okuyorlar... Yanlarında da bir öğretici... İrs oğlu Habbâb...

Gazap küpü Ömer kapıya yüklendi, şiddetle vurdu. İçerdeki nur sevdâlıları Ömer'i bu halde görünce Habbâb'ı sakladılar. Sâid Bin Zeyd kapıyı açtı... Ömer'i bu halde görünce şaşırıp kaldı.

Ömer haykırdı :

– O duyduğum sesler nedir? Muhammed'in dinine mi girdiniz?

Ve Sâid'i dövmeye başladı.

Kocasını kurtarmaya koşan Fâtıma avaz avaz bağırdı:

– Ne yapıyorsun Ömer? Bu suçsuz adamı nasıl dövebiliyorsun?

Ömer evin içinde. Ve kükremede :

– Ey nefsinin düşmanı, sen ve kocan Müslüman olmuşsunuz öyle mi?

Fâtıma'nın yüzünede korkunç bir tokat... İman kadınının nur aynası berrak yüzü kan içinde...

Ulvî kadın bir ânda en büyük kahramanlık derecesine ulaştı:

– Ne yaparsan yap, yâ Ömer! Ben ve kocam Müslümanız!

Allah ve Resûlüne imân ettik! Var mı bir diyeceğin!

Dağ gibi Ömer taş kesildi. Hayret ve dehşetle titredi. Karşısında yüzü gözü kan, imân heybet ve haşmeti içinde kızkardeşi kahraman îman kadını...

RUHA DÜŞEN ATEŞ

Ömer'in karşısında îmanın billûrlaşmış nurdan abidesi Fâtıma.. Ve vecd aynası berrak yüz ve o yüzde sicim sicim kan... Fatıma serapa îmân...

Birdenbire ruha düşen ateş, Ömer harekete geldi.

Sert ve haşin sesi yumuşak ve rikkatli:

– Gösterin bana okuduğunuz şeyleri... Muhammed'e ne gelmiş ben de göreyim.

Hz. Fâtıma (r.a.) aynı vekâr ve asalet heykeli; haykırdı:

– Ey Hattaboğlu sen şu anda küfrün kiri içindesin, temiz olmayanlar Allah'ın Kelâmına el değdiremezler. Eğer görmek ve okumak istiyorsan evvelâ yıkan, sana tarif edeceğim gibi temizlen, sonra al, bak

Kureyş'in en büyük kılıç ve kalem şövalyesi Ömer, itirazsız, Fâtıma'nın dediklerini yaptı ve kendisine uzatılan sahifeyi aldı «Tâha» Sûresi:

«Tâ, ha, Biz Kur'ânı sana zahmet çekesin diye değil, ancak (*Allah'dan*) korkacaklara bir öğüd ve yerle o yüce yüce gökleri yaradanın tedricen indirdiği bir (*kitap*) olmak üzere indirdik. O çok esirgeyici (*Allah'ın emr–ü hükmü*) arşı istilâ etmiştir, Göklerde, yerde ve bu ikisinin arasında ve nemli toprağın altında ne varsa hepsi O'nundur.

Ömer'in gözleri dakikalarca sahifeler üzerinde.., Fâtıma ile Sâid de tek kelime söylemeksizin ona bakıyorlar.

Buz dağı damla damla erimeye başladı. Ömer başını kaldırdı. Gözlerine kan oturmuş... Dünyanın en ince ve en sıcak sesiyle mırıldandı:

– Bu ne güzel, ne derin, ne tatlı, ne fesahat ve belagat dolu kelâm!

O anda, perde aralandı arkasından biri çıktı ve gök gibi gürledi:

– YÂ ÖMER İSLAMA GEL!..

Bu, Habbâb Bin–il İrs isimli sahabî... Fâtıma ve Sâid'e Kur'–an okutmak için gelmiş ve Ömer'i görünce perde arkasına çekilmişti. İşte, şimdi en nazik anda meydana çıkıyor:

– İSLAMA GEL YÂ ÖMER! Umarım ki Allah, Resûlü'nün dünkü duasını kabul etmiştir. Dün Kâinatın Tacı ve İnsanoğlunun ufku Cenab-ı Ahmed (s.a.v.) mukaddes ellerini ulvîlik âlemlerine açarak:

«– Allahım ! İslâmı, Ömer İbni Hattab ile aziz kıl ve Ömer İbni Hattab'ı da İslâmda aziz yap!»[2] diye dua ettiler, işte bir gün sonra duaları yerini buluyor.

ALLAH RESÛLÜNE TESLİM OLUŞ

Ömer mırıldandı:

– Allah'ın Resûlü neredeyse, yâ Habbâb beni götür, O'na teslim olayım !

---

2 Peygamberimizin dilinden 4 büyük Halifesi.

İman kadını Fâtıma ile, îman devi Hz. Said'in sevinç göz yaşları iplik iplik...

Ömer ve Habbâ'b, Fâtıma ve Sâid'in göz yaşları arasında evden çıkıp, safa eteklerine doğru bir rüzgâr gibi uçuyorlar...

Bütün insan oğluna Allah müjdesini getiren Peygamberler Peygamberinin bulunduğu yere vardılar. Kapı vuruldu. Muazzez sahabilerden biri, daha kapıyı açmadan, Ömer'in belinde kılıç; eşikte beklediğini gördü. Telâşla dönüp içerdekilere haber verdi. Sahabîlerde bir endişe... Bahadırlar bahadırı Hz. Hamza atıldı :

– Ey Allah'ın Resûlü izin ver, kapı açılsın ve Ömer girsin!

Hayr için gelmişse ne güzel! Muradı eğer şerse, onun, belindeki kılıçla başını keseriz.

İzin verildi.

Zaten Ömer gelmeden, Cebrail (A.S.) durumu Allah'ın Sevgilisine bildirmişti.

Kureyş'in en büyük kılıç ve kalem şövalyelerinden Ömer kapıdan girdi. İki sahabî ok gibi kollarından yapıştılar.

– Bırakınız!

Emri veren, Cihan Peygamberidir.

Allah'ın rızasının hedefi Ömer, Alemlerin Efendisinin karşısında:

– Niçin geldin, yâ Ömer?

– Allah'ın Resûlüne iman getirmek için...

Başta kâinatın Efendisi bütün sahabîler Tekbir aldılar:

– ALLAHÜ EKBER = ALLAH EN BÜYÜK...

Allah'ın Sevgilisi, mukaddes elini Ömer'e uzatıyor ve Ömer'in gömleğinden çekip kendisine yaklaştırıyor:

–Şahadet getir ey Hattaboğlu!

– Allah bir ve Sen O'nun Resûlüsün

Allah'ın Resûlü dua ediyorlar:

– Ey Rabbim! Ömer'in kalbine hidâyet ver!

Ömer'in kalbi nur ile doluyor...

Ve Tekbir sesleri gökleri inletiyor... Bu tekbir o kadar candan ve kuvvetle alındı ki bütün Mekke titredi ve Kabe'de toplu bulunan Kureyş kâfirlerinin kulağına çarptı:

– Ömer müslüman oldu ! diye bağırdılar...

CENAB–I MUHAMMED'İN DİNİNDE

Bir müddet sonra Ömer, Müslümanlığını açığa vurmak ve Kureyş nasipsizlerini yıldırmak üzere dışarıya çıktı. Topluluğun önüne gelince nasipsizin biri seslendi:

– Ömer, Muhammed'in (s.a.v.) dinine kayıyor, haberiniz var mı ?

Hz. Ömer, avaz avaz bağırdı:

– Yalan söylüyor. Ben Muhammed'in (s.a.v.) dinine kaymıyorum, girdim! Ömer müslümandır, öğrenin!

Gözü kara kâfirler hep birden Hz. Ömer'in (r.a.) üstüne çullandılar. Hz. Ömer kılıcını çekip tam kanlı bir boğuşma kopacağı anda birkaç kişi atıldı, çullananları uzaklaştırdılar, fakat Hz. Ömer'in İslâmı kabul etmesiyle ne kadar sarsıldıklarını anlamamazlıktan gelemediler.

Hz. Ömer, kırkıncı Müslüman... Hem nasıl Müslüman!...

– **Allah'a gizli ibâdet olmaz!** diye kükreyen de Ömer (r.a.)...

❁❁❁

AÇIKTA NAMAZ

Hazret–i Ömer'in İslâmı kabul edişine kadar gizli kılınan namaz, artık açığa vuruldu. Yalnız Resûller Serveri ve tek tük kimse tarafından yapılabilen bu iş, ondan sonra sımsıkı saflar halinde gözönüne döküldü.

İnsanlar Ubudiyet mi'racları yapmaya başladılar. Hiç kimse de yasaklamaya cesaret yok... Mukaddes dâva yürüyor.

İnsanlık fezasında hidâyet güneşi pırıl pırıl... İnsanların iç gözlerine ilâhî nurun sürmesi çekildi... Bir nur tufanı kâinatı sardı, bir ilâhi nağme bulut bulut göklere yükseldi...

Kuruyan gönül dudakları inayet serinliğine kavuştu. Dağlar, taşlar, çayırlar, çimenler, göller, ırmaklar nura kandı...

Yalnız taş kalbli insanlar nurdan kaçtı, Kureyş'in alık adam ları, Hz. Ömer'le dinin izzet bulduğunu görünce fena halde ıstıraba düştüler. Ve yeni tertiplerle Allah'ın Resûlünü öldürmek için kafa kafaya verdiler.

Eza ve cefa defterinin her köşesi dolu. Bunca eza altında hidâyet yolunda dönen, yapamıyan, dayanamıyan, şüpheye ve kaygıya düşen, nefsine kapılan, içi burkulan, îman duygusu gölgelenen tek kişi çıkmadı. Mukaddes İslâmın azamet nuru gönüllerini pırıl pırıl etmişti...

Ağır vaziyet ve yürekler üzerine kurşundan baskı... Çile bir kaynar su... Kabarıyor. Fakat İslâm denizi yükselmede...

Tıpkı Hazret–i Ebû Bekir (r.a.) gibi, cihan Faruk'u Hazret–i Ömer'de bütün ömrü boyunca Allah'ın Sevgilisiyle beraber... Mukaddes İslâmın nurunu yudumlayıverince bir hakikat çeşmesi oldu ve daima îman kovalarını doldurdu...

Allah Resûlü'nün Peygamberliklerinin onuncu yılı... Bu yılı andıkları zaman, Allah'ın Resûlü, şöyle buyururlardı:

– Hüzün yılı...

Peygamber amcası Ebû Talib'le, Peygamber Zevcesi temiz ve büyük Hatice (r.a.) öldüler.

Tam yirmi beş yıllık zevce... Allah Resûlüne bütün ruhunu kalbini ve her şeyini veren büyük kadın... İlk Müslüman; ve Meleğin bizzat Allah'tan getirdiği selâma nail...

Ebû Talib'le Hazret–i Hatice (r.a.) nin ölümlerini, Kureyş kâfirleri fırsat bildi...

Alemin Fahrine ve Müslümanlara ettikleri cefayı, sinsi sinsi, büsbütün kızıştırdılar...

Kanayan bu insan kafaları, beyin yerine ur taşıyordu. Akıllarınca, Müslümanlığı ve Müslümanları bir kese içine alıp orada çökertmeye bakıyorlar.

Allah'ın âlemlere «**Rahmet**»sin diye gönderdiği Resûlü'nün hakikat nuruna bakan gözleriyse dışarlarda...

Dairenin merkezinden başlayan fışkırıştan sonra muhite atlayıp oradan merkeze dönmek, en tesirli başarı sırrı...

Muhite doğru ilk çıkış teşebbüslerini Tâif'e doğru gösterdiler. Kâinatın Nur mayası, yanlarına, eski köle ve ebedî âşık, Harise oğlu Zeyd'i aldılar; ve Mekke'ye birkaç konak yoldaki Taif'e orada yaşayan Sakif oymağına gittiler...

Nur götürüyorlar...

❁❁❁

Tâif'liler Allah Sevgilisi'nin etrafını çevreledi.

Alık alık bakıyorlar...

Hakikat güneşinden gözleri kamaştı...

Âlemlerin var olmasına sebeb, kâinatın dayanağı Nur sütunu bir insan; ve yanında, O'nun zahirî dayanağı sadık adam.

Tâiflilerin kan çanağına dönmüş gözleri hançer hançer ve kinleri mızrak mızrak...

Peygamberler Peygamberi onlara hitabettiler:

– Allah'a inanınız! Ortaksız ve benzersiz yaradanı ve O'nun Resûlünü doğrulayınız!

İman etmek şöyle dursun, kâinatın dayanağı Nur sütununun üstüne taş yağdırdılar...

Allah Resûlü'nün mübarek nalınları kan ile doldu. Ve o nermin ayaklar taşlarla parça parça edildi.

Muazzez Sahabi Zeyd Hazretleri, Allah'ın Sevgilisini korumak için kendisini hedef verdi ve tepeden tırnağa yaralandı.

Bin zahmetle merkeze yâni Mekke'ye döndüler...

Tâif tecrübesinin verdiği hazin ders, kâinatın Efendisinin hikmet yuvası mukaddes kalbine «Medine» ismini büsbütün nakşetmiştir...

KARARGÂH MEDİNE

Şânı Yüce Rab'den, küfre silâhla çıkmak emri geldi. Ve Allah'ın Resûlü, Mekke'li sahabîlerine emir verdiler:

– **Teker, teker, üçer, beşer, Medine'ye göç etmeye başlayınız** !

Öncüler harekete başladı.

İlk giden Ebû Seleme olmuştu. Medine'lilerin biy'atinden bir yıl evvel...

Sonra Âmir İbni Rebia ve zevcesi Leylâ... Arkasından Abdullah İbni Cahş...

Derken bölük bölük sahabî. Hazret–i Ömer (r.a.) ve yakınları... Hazret–i Osman ve Habeşistan'dan dönenler...

Faruk'u A'zam Hazret–i Ömer (r.a.), Hicrete kadar Allah Resûlü'nün meclisinden ayrılmadı; hem kemâl bulmak, hem de Âlemin Fahrine muhafızlık etmek gibi iki vazife üzerinde sadakatle devam etti.

HİCRET

Bizzat Peygamberler Peygamberi tarafından Hicret emri verilince bütün Sâhabiler gizlice Mekke'den çıkıp gittiler. Hazret–i

Ömer'in gidişi yine bambaşka. Kabe avlusunda Kureyş'ten bir sürü imansız adam...

Hazret–i Ömer (r.a.) Kabe'yi yedi kere tavaf ettikten ve iki rekât namaz kıldıktan sonra onlara döndü ve haykırdı:

– İşte ben gidiyorum! Annesini ağlatmak, karısını kocasız ve çocuğunu babasız bırakmak isteyenler; şu vadinin arkasına doğru peşimden gelsin!

Hiç kimse, Hz. Ömer'i takibe cesaret edemedi...

Şimdi Mekke ile Medine arasında, develerin ayak izlerinden dalgalı, dolambaçlı, ahenkli bir yol... Bu yolu, kâinat çapında bir kurtuluş hareketinin erleri, imanın nurdan billûrlaşmış heykelleri Allah Resûlü'nün Mekkeli sahabileri, Tevhîd muhacirleri açmıştır...

HAZRETİ ÖMER (r.a.) MEDİNE'DE

Sonsuzluk Nebisi'nin elinden ölümsüzlük iksiri içen kutlu insanlar Mekke'yi terkedip, Medine'ye geldiler. Hazret–i Ömer de Medine'ye yerleşti. Pek kısa bir zaman sonra da Allah'ın Sevgilisi .Medine'ye teşrif ettiler. Peygamberler Peygamberi Medine'de Muhacirler ile Ensâr arasında kardeşlik bağı kurdu. Bu öyle kardeşlik idi ki, birbirleriyle kardeş olan Muhacir ile Ensâr bütün mallarını ortak saydılar. Medine'nin yerlileri, muhacir 'kardeşlerine bütün' gönül kapılarını açıp onları coşkun bir sevgi ile bağrına bastı. Cihan tarihinde bir eşi daha görülmemiş bundan sonra da görülmeyecek olan böyle ulvî şahlanışı ve bu muazzam fedakârlığı Medine'nin iman kahramanları yaptılar.

İrfan denizine gark olmuş din büyüğü Hazret–i Ömer (r.a.) de bir kabîle başkanı olan Utban bini Mâlik'le kardeş oldu... Bu faziletli mü'min bütün varını yoğunu Hazret–i Ömer'le paylaştı. Gönlü iman zevkinden kararsız bir hâle gelmiş olan Hazret–i Ömer (r.a.), bu fedakâr kardeşine çok yük olmadı. Çalışmaya günlük hayatını kazanmaya başladı...

Artık Medine Peygamber beldesi olmuştu. Ebediyet kılavuzu ve O'nun muazzez sahabîleri Nur şehri Medine'yi kendilerine vatan edinmişlerdi.

Âlemin Fahrî mukaddes ellerini ulvîlik âlemlerine açıp:

– Ya Rabbi! Sen bize Mekke gibi Medine'yi de sevdir. Ve burada bize bereket ve vüs'at-ı maişet ver!

Diye Cenab–ı Hakka niyaz etmişlerdi...

Cihan Farûku Hazret–i Ömer (r.a.) de şöyle yalvardı:

– Ey Rabbim! Bana senin yolunda şahadet nasip et ve Resûlü'nün beldesinde ölmek mukadder eyle!

Bu Cennet kandilinin duası kabul edilecek ve ileride hem şahadet ve hem de Peygamber beldesinde ölmek kendisine nasip olacaktır.,.

GAZALAR BOYUNCA

Şânı Yüce Rabbin Risâletini tebliğ eden Allah'ın Sevgilisi, insanlık dudağına iman tasından ebediyyet iksiri sununca, hayat gözleri kara topraklara baka baka körleşen küfür köleleri bu ilâhî nuru söndürmek istediler. İslâm'ın karşısına kılıç, gürz. ok, 'hançer ve benzeri silâhlarla çıktılar... Fakat Allah'ın nurunu söndürmek kimin haddine... İslâmın zafer arabası ebediyet caddesinde haşmetle ilerliyordu...

İşte Şanlı Bedr... Küfür kanserinin köküne inen İslâm kılıcı... İsiâmm, küfür kanserini kökünden biçmek üzere bizzat şifa ve merhametten ibaret olan kılıcı, İlâhî emirle Hicretin yedinci ayında kınından çekilmeye başladı.

Allah Resûlü'nün sevdâlısı Hazret–i Ömer (r.a.) Bedir, Uhut, Hendek, Biy'atül Rıdvan, Hayber ve sair gazalarda bulundu ve her birinde küfür ejderiyle kıyasıya çarpıştı. Bütün cenkler ve başka işlerde de reyindeki doğruluk ve isabetle kendisini gösterdi...

Kanlı Bedr, Büyük Bedr, Koca Bedr diye andıkları, iman zaferlerinin başı ve aynası olan cenkte de, esir düşen kâfirlerin idam edilmeleri yolunda rey vermiş ve bu hükmü ilâhî fermanla desteklenmiştir.

Şimdi onu kısaca Bedir'de izleyeceğiz:

Dört ismiyle, Büyük Bedr, Koca Bedr, İkinci Bedr, Kanlı Bedr.

Varlığın sebebi olan Peygamber muazzez sahabîlerine buyurdular :

«– Yürüyün ve Allah'ın lûtfüyla Şâdolun: İşte Kureyş'in tek tek düşüp uzanacakları noktaları görüyorum!»

❁❁❁

BEDR, kızgın kum düzlüğünden ibaret bir saha... Allah'ın Sevgilisi, topyekûn zaman ve mekânın Peygamberi arkasında gelen iman ordusu, bu kızgın kumlukta mevzi aldılar...

Kureyş kâfirleri, daha evvel gelip en uygun yerde mevzi almış, su kaynağını da arkasına almayı ihmal etmemişti. İki taraf Bedir'de karşılaştı... Peygamber sevgisiyle bahtiyar olmuş Hazret–i Faruk Bedir savaşının plânını hazırladı... Bu iman cenginde destanlık çapında kahramanlıklar gösterdi...

Bedr cenginde, küfür tarafında, Beni Adıyy'den hiç kimse yoktu, halbuki Kureyş'in bütün boyları karşı tarafta bulunuyordu. Cihan Faruk'unun dayısı Hâşim de küfür cephesinde... îmanın nurdan billûrlaşmış âbidesi Hazret–i Ömer (r.a.) dayısı ile çarpıştı. Çünkü bu dâva iman dâvasıydı. Dayısını şanlı kılıcı ile bir vuruşta biçti ebedî azap diyarına gönderdi...

Bedir savaşının ilk şehidi de Hazret–i Ömer'in kölesi oldu...

Sonsuzluk çapında İslâm zaferinin kaynak noktası ... Büyük Bedr, Koca Bedr, İkinci Bedr, Kanlı Bedr budur...

Ve Bedr'e Peygamber emrinde timsallik bir er arıyorsanız, işte o, Cihan Faruk'u Hazret–i Ömer (r.a.) dir...

❁❁❁

Gönlü apaydınlık er... Cennet ehlinin kandili, adalet ve insaf mâdeni Hazret–i Ömer (r.a.), selîm aklı ve isabetli reyi derecesinde de âlim...

Peygamber Sevdâlısı İbni Mes'ûd (r.a.) diyor ki:

«– Bütün insanların ilmî terazinin bir kefesine ve Ömer'inki öbür kefesine konulsa Ömer'in kefesi ağır basar...»

Bütün insanoğluna Allah müjdesini getiren Peygamberimiz Efendimiz, bir gün rüyalarında kendilerine bir kadeh süt verildiğini görüyorlar. Rüyalarını anlattıkları zaman muazzez sahabiler soruyorlar :

– Ey Allah'ın Resûlü! Bu rüyayı nasıl yorumlarsınız?

Kâinatın Efendisi gökleri ışıldatacak şekilde tebessüm ettikten sonra cevaplarında Hazret–i Ömer'e ilim verildiğini ifade buyururlar...

Adalet çağlayanı Hz. Ömer, sayıların en esrarlılarından biri olan 40 rakamının üstündedir. Kırkıncı Müslüman...

Hem nasıl müslüman?

Adalet incisi Hazret–i Ömer'de sayısız fazilet ve meziyet içinde başlıca fârika, şiddet ve adalettir... Öyle bir ilâhî hikmet çağlayanı ki, dört büyük halifenin her biri, bir fenerin dört camı gibi aldığı nuru kendi mizaç ve ruhuna göre ayrı ayrı renklendirir ve böylece insanı tamamlarken, Cihan Faruk'una düşen pay şiddet ve adalet...

Şimdi Peygamber nurunu aksettiren bu iman fenerinin dört camını şöyle sıralayabiliriz :

Sıddîk'ı Ekber'de rikkat ve derinlik, Fâruk'ı Azamda şiddet ve adalet, Hazret–i Osman'da ilim ve haya, Cenab–ı Ali'de akıl ve hikmet... Dördünde de yine bunlardan her biri... Böylece insan tamamlanıyor ve her şey o fenerin içindeki Nur'dan, varlığın nurundan geliyor...

HAZRET-İ ÖMER UHUT'TA

Ezelden ebede kadar her gün, bir gün evelki dünün ve bir gün sonraki yarının Peygamberi'nin :

«– Ey kardeşciğim (Ömer!) Yaptığın duadan beni unutma.«

Dediği büyük insan, hak ve adalet güneşi Hazret–i Ömer (r.a.) Uhut çengine de iştirak etti. Uhut, Medine yakınlarında bir dağ... Cihan Peygamberi bu dağ için buyurmuşlardır:

«– Uhut bizi sever, biz de onu severiz.»

Uhut gazası, Müslümanlık adına büyük bir imtihan...

Kureyş Putperestleri, ellerindeki, avuçlarmdakini serpmişler, onbinlerce altın toplamışlar, tepeden tırnağa silâhlanmışlar, parayla sürü sürü asker devşirmişler, Ebû Süfyan'ı kumanda mevkiîne geçirmişler, Bedr'in öcünü almaya çıkıyorlar...

İman ordusu dağ gibi küfrün karşısına geçti. İki taraf karşılaşır karşılaşmaz, küfür safından, dev gibi, müthiş bir insan fırladı ve mü'minlere doğru karanlık ağzını açıp haykırdı :

– Siz Muhammed'in dinine bağlananlar, kılıçlarınızın bizi Cehenneme göndereceğini iddia ediyorsunuz! Öyleyse er meydanına çıkın da görüşelim.

Bu küfür heyulasının karşısına Hazret–i Ali (k.v.) çıkarıldı ve müthiş bir boğuşma... Küfür fedaisi kendisini yerde buldu...

İslâm ordusu küfür ormanını biçiyor... Küfür bozgun halinde... Tam bu sıra, evet tam o an, okçuların yerlerinden ayrılıp İslâm cenahını açık bırakmaları ve düşmanın o boşluktan sızıp Müslümanları çevirmesi üzerine amansız karışıklık...

İslâm askeri iki ateş arasında kalmıştı... Peygamberler Peygamberinin emri hilâfına hareket edişin büyük acısı...

Küfür ormanını İslâm kılıcı ile biçmekte olan iman birlikleri şimdi tam tersine müthiş bir bozguna uğramışlardı...

Ve aynı anda amansız bir şayia:

Allah'ın Resûlü şehit olmuş!

Bu müthiş haber mü'minler ordusunda bir panik meydana getirdi. Cihan Faruk'u Hazret–i Ömer (r.a.) şaşırıp kaldı... Üzerine sanki gök kubbe çökmüş, dağlar taşlar yüz üstü yere düşmüş gibi bir hâl, şaşkınlıktan yerinden kımıldamıyordu... Bu sırada yanından Enes İbni Nadr geçti. Enes:

«–Yâ Ömer! Ne yapıyorsun?» dedi.

Cenâb–ı Ömer (r.a.) cevap verdi:

«–Allah'ın Resûlü şehid olmuş, onu düşünüyorum!»

«–Yâ Ömer! Allah'ın Resûlü şehid olduktan sonra siz yaşayacak mısınız? Siz de onun gibi şehid olmuyor musunuz?»

Ve Enes kılıcını çekti, küfür ormanına daldı, nice imansız başını kopardı sonunda şahadet şerbetini içti...

Din ve iman güneşi Hazret–i Ömer (r.a.) bu olayı şöyle anlatıyor :

«–Enes bini Nadr yanımdan geçerken Allah Resûlü'nün durumunu sordu. Şehid olmasının mümkün olduğunu söyledim. Enes, Peygamber öldü ise Allah diridir ve ölmez dedi, kılıcını çekti ve ölünceye kadar savaştı.»

İmanın billûrlaşmış nurdan âbidesi Hazret–i Ömer (r.a.) kâinatın Efendisinin hayatta olduğunu öğrendi... Büyük bir iştiyakla Allah Sevgilisi'nin yanına koştu.

Küfür ordusu, kendilerinin dahi var oluşuna sebep olan varlığın vücut hikmeti, âlemin Rahmeti Cenâb–ı Ahmed'i taş yağmuruna tutmuştu...

Şimdi Hazret–i Ömer (RA.) Peygamberler Peygamberini siperleyen 12 sahabî arasında, kılıcını ölüm cereyanından bir perde gibi kullanıyor. Uzanan her şeyi, atılan her taşı, gerilen her yayı kesip biçiyor, koparıp atıyor, yakıp kül ediyor...

Kâinatın efendisinin mukaddes vücuduna siper olan bir sahabî, kendi vücuduna küfür okları değdikçe acısından kıvrılıp büzülüvermekte, yalnız başını yukarıya kaldırıp öylece kalmakta, hiç ses çıkarmamakta, âh bile dememekte...[3]

Peygamberler Peygamberini siperleyen bu muazzez sahabîler Allah'ın Sevgilisi'yle birlikte Uhut Dağının eteklerine doğru çekildiler...

Bu sırada Halid İbni Velid, Sonsuzluk Nebisi'nin bulunduğu yere hücum etti... Hazret–i Ömer (r.a.) bir kaç kişilik küçük bir kuvvetle bu hücumu geri püskürttü... Halid, bu iman akınına dayanamayarak oradan uzaklaştı.

Allah'ın Resûlü dimdik ve yanlarında tam 12 sahabî... Yanı başında Ebû Bekir Sıddîk ve hemen O'nun yanında Cenâb-ı Ömer... Adalet ve şiddet çağlayanı...

Bir kâfir atılıp Peygamberler Peygamberinin yanında cenkleşen iman arslanı Musâb Hazretlerini şehit etti, sonra karanlık ağzını açıp avaz avaz bağırdı:

– **Muhammed öldürüldü!**

Ortalık büsbütün karıştı... Müthiş bir gülgüle...

Allah Resûlü'nün muazzez sahabîleri, şimşek hızıyla her tarafa yetişiyor...

✿✿✿

Kureyş ordusunun kumandanı Ebû Süfyan ilerledi ve kâinatın efendisinin etrafındaki sahabî siperine doğru bağırdı:

– Aranızda Muhammed var mı?

Emir verildi:

– Hiç cevap vermeyiniz!

Hep sustular.

– Ebû Bekir orada mı?

Cevap yok!

– Ömer orada mı ?

---

3 Ebû Dücâne Hazretleri.

Yine cevap veren olmadı.

Ebû Süfyan narayı bastı:

– Muhammed, Ebû Bekir ve Ömer ölüler arasında!

O zaman büyük celâdet ve şiddet çağlayanı Hazret–i Ömer (r.a.) dayanamadı ve ortalığı çınlattı:

– Yalancı, Allah düşmanı yalancı! Saydıkların hep sağ... Sen bundan sonra başına geleceğe bak!

Allah'ın âlemlere Fahr olarak gönderdiği yüce Peygamber, etrafındaki sahabîlerle, imtihan meydanından ebedî zafere doğru, çekiliş yollarında ilerlediler... Bilgi güneşi Cenâb–ı Ali kalkanına su doldurup Âlemin Rahmetinin yaralarını sildi... ABDEST alındı, ve herkes Allah'ın Sevgilisi'nin arkasında öğle namazını kıldı...

***

Uzaktan umumî çekilişi gören Ebû Süfyan, bir tepenin üstünden sesleniyor:

– Hübel bana evet dedi ve ben kazandım! cenkte zafer nöbetledir!. İşte Bedr gününün devamı! Ey Hübel, kadrin ziyade olsun!

Güya Meke'den çıkarken Hübel isimli mankafalı Puta kur'a atmış da «Evet» çıkmış...

En büyük Peygamber dostu, cihanın adalet Sultanı Hazret–i Ömer (r.a.) uzaklardan haykırdı: .

– BÜYÜK ALLAH...

***

DÖNDÜLER

Unut, Müslümanlık hesabına bir bozgun değil, imtihan oldu? En ince imtihan ve büyük ders...

Uhut çenginin ertesi günü... Sabah vakti... Cengin bitişinden onsekiz saat sonra... Henüz yaraları kurumadan... Evet, bu halde

Allah'ın Resûlü harekete geçtiler ve **«Harâü-l Esed»** tarafına yürüdüler...

Başta Âlemin Fahri, ve hepsi bir gün evvel Uhut cengine girmiş altıyüz küsur sahabî ve Hazret–i Ömer yine Resûller Serveri ile beraber...

CİHAN FARUK'U HAZRET-İ ÖMER HENDEK SAVAŞINDA

Kureyş'in azgın kâfirleri Uhut'da arzuladıkları zaferi elde edemeyince deliye döndü. Allah Resûlü ve O'nun birer yıldıza benzeyen sahabîleri Medine'de kaldıkça küfrün içi rahat edemezdi. Müslümanları öldürmek, Tevhid bayrağını yere indirmek, Medine'yi yakıp yıkmak lâzımdı... Onun için küfür şahlandı... Bu muharebe, Allah'ın Resûlüne karşı, küfrün, hizip, küme küme birleşme ve hep birden harekete geçme tecrübesi idi... Artık bütün varlıklarıyla bir araya gelip son kozlarını oynayacaklar... Yâ ebedi zafer, yâ ebedi mağlûbiyet...

Küfrün bu hareketini Allah'ın Resûlü öğrendiler ve çareler aradılar... Büyük aşk çağlayanı Selmânî Fârisi (r.a.) Peygamber beldesinin dört yanına hendek kazılmasını tavsiye etti... Gaye – İnsan ve Ufuk– Peygamber bu fikri beğenip hendek kazılması için emir buyurdular...

Hendeğin kazılması yirmi gün sürdü... Bizzat Allah'ın Resûlü de çalıştılar ve nice mucizeler birbirini takip etti...

Hazret–i Ömer (r.a.), hendeğin önemli bir yerinde vazife almıştı...

Cepheden gelen düşman hendeğe kadar yanaştı. O âna kadar hiç görmediği bu tarz müdafaa karşısında kaldı... Ve yine zafer Müslümanların oldu. Kâfirler dört nala Mekke istikametinde uçtu...

FARUK'U ÂZAM HUDEYBİYE BARIŞINA KARŞI SULH:

Altıncı yıl Zilkade ayında, Kâinatın Fahri, Kabe'yi ziyaret niyetini izhar ettiler. Yanlarına binbeşyüz sahabî aldılar ve yola revan oldular.

Sahabîlerle meşveret... Allah'ın Resûlü, kâfirlerle cenk etmek fikrinde.

Hidâyete ermiş ümmetin en ulu rahmeti Hazret–i Ebû Bekir (r.a.) in fikri :

– Ey Allah'ın Resûlü, sen Allah'ın evini ziyaret gayesiyle yola çıktın. Adam öldürmeye ve cenge çıkmadın. Sen doğru Kabe'ye yönel... Eğer bizi bu ziyaretten alıkoyacak olurlarsa o zaman cenk...

Allah'ın sevgilisi buyurdular :

– Yürüyün Allah'ın ismiyle!...

❁❁❁

Mekke'den dört beş saat mesafede Hüdeybiye isimli yere indiler. Su kenarında oturdular.

Mekke'ye, Allah Resûlü'nün niyetlerini bildirmek üzere bir haberci gitti. Kureyş sulha rıza gösterdi.

Zira Hendek savaşı küfrün son saldırısı olmuştu. Artık kendilerinde Müslümanlara saldıracak gücü bulamıyorlardı.

Bunun için sulh yoluyla işi idare etmek daha münasibti...

Kureyş Süheyl isimli bir kâfiri elçi olarak Peygamberler Peygamberine gönderdi. Uzun müzakerelerden sonra muahede imzalandı. Buna Hüdeybiye barışı denir. Bu muahedeye göre, bu defa Müslümanlar Kabe'yi ziyaret etmeden geri dönecekler, bir sene sonra silâhsız olarak üç gün Kabe'yi ziyaret edebilecekler, iki taraf on sene birbirleriyle savaşmayacaklar. Müslümanlardan Kureyş'ten Medine'ye sığınanlar Kureyş'e iade edilecekti...

Hazret–i Ömer (r.a.), Allah Resûlü'nün siyasetindeki inceliği ilk anda kavrayamadı. Ve bu barışı Müslümanlık hesabına mağlûbiyet olarak gördü. Barışın yapılmaması için ısrar etti... Sırf gönlündeki iman şevki ve İslama bağlılığı onu böyle düşündürüyordu.

Nihayet Allah'ın Resûlüne baş vurdu :

– Siz Allah'ın Resûlü değil misiniz?

Allah'ın Resûlü, namütenahi ince ve zarif bir tebessümle gülümsediler ve buyurdular:

– Şüphesiz Allah'ın Resûlüyüm, yâ Ömer!..

– Müşrikler düşmanınız değil mi ?

– Evet düşmanlarımızdır!

– O halde, ey Allah'ın Resûlü, niçin onlarla sulh ediyor sunuz ?

– Allah'ın Peygamberi, Allah'ın istediğinin dışında bir şey yapabilir mi ?

Büyük şiddet ve celâlet çağlayanı Hazret–i Ömer (r.a.) hata ettiğini anlayarak, Allah'tan ve Peygamberi Alişân'dan affedilmesini diledi...

Allah'ın İslama verdiği istikbâl bakımından, bu nâmütenâhi, ince ve derin siyaset böylece muvaffak oldu... Ve artık küfür içinden fethedilecek, islâmın ruha hitap eden ince siyaseti o taşdan daha katı kalbleri eritecekti... Ve zaman gelecek Kureyş, İslama can atacak, gözü yaşlı bir ceylân hâlini alacaktır.

❁❁❁

HAZRET–İ ÖMER (r.a.) HAYBER'DE

Allah'ın Resûlü, Hicretin yedinci yılı başında, Mekke dönüşlerinin hemen arkasından, Hayber kalesine doğru süzüldüler... Peşinde şanlı sahabîleri ırmak ırmak...

Kaleye gece vardılar ve sabah oluncaya kadar beklediler. Sabah olup da Yahudiler ellerinde kazma, kürek zenbil, işlerine gitmek üzere şehirden çıkar çıkmaz Peygamberler Peygamberinin ordusunu karşılarında görüverince çığlığı bastılar.

– Vallahi, işte Muhammed ve işte O'nun askeri!

Kâinatın Efendisi, gayb âşinâ gözlerle manzaraya baktılar ve buyurdular:

– Hayber harap oldu!

❁❁❁

Allah'ın sevgilisi, sancağı Sıddîkı Ekber'e verdi ve ilk hamle onun kumandasında yapıldı, fakat başarı elde edilemedi. Bu sefer de Hazret–i Ömer (r.a.) vazifelendirildi. Kale yine düşmeyince Hazret–i Ali'yi memur ettiler. Hazret–i Ali (k.v.) Sancağı aldı ve aşkla haykırdı[4]:

– Ey Allah'ın Resûlü! Kâfirleri bizden olacakları âna kadar kıracağım!...

Büyük bir cenk oldu. Kale çöktü.;.

İslâm'dan on beş şehid... Yahudilerin doksan üçü ebediyyen ruhsuz ve ebediyyen azab diyarını boyladı...

Peygamberler ordusu zafere ermenin sevinci içinde Tekbir sesleriyle gökleri deldi... Hayber arazisi mücahidler arasında bölüşüldü. Hazret–i Ömer (r.a.) hissesine düşen bu toprağı vakfetti, **İslâm'da ilk vakıf budur.** Bu büyük şerefe Hz. Ömer (r.a.) nail olmuştur...

❁❁❁

Allah'ın âlemlere Fahr olarak gönderdiği peygamberi Hazret–i Ömer'i ordunun başına geçirerek Havazin kabilesini tepelemek üzere gönderdi. Havazinliler İslâm ordusunun başında Cihan Faruk'unun bulunduğunu duyunca savaş meydanından çekildiler...

---

4 Hayber Kalesi'ain fethine ait daha geniş bilgiyi bu serinin Hz. Ali isimli kitabında okuyabilirsiniz.

BÜYÜK FETİH

Bütün İnsanoğluna Allah Müjdesini getiren Resûller Serverinin Hudeybiye'de yapmış olduğu muahede Kureyş'in ruhsuz kâfirleri tarafından bozulmuştu. Bu da Müslümanlar lehine bir hareket idi. Küfrün başı Ebü Süfyan hemen Medine'ye uçuruldu. Allah Resûlünden muahedenin yenilenmesini isteyecekti... Doğruca Peygamberler Peygamberinin saadet hanesine geldi. Peygamber Zevcesi olan Ümmü Habibe'ye baş vurdu. Çünkü bu mübarek kadın kendi kızıydı. Fakat kızı Ebu Süfyan'a hiç yüz vermedi. Ebu Süfyan kızına pek dokunaklı sözler söyledi. Başında gökler dolusu devlet bulunan Ümmü Habibe babası Ebu Süfyan'ı eve aldı...

Lâkin Allah'ın Sevgili hanei saadetlerinde değillerdi. Ebu Süfyan içeri girdiğinde bilmiyerek, gidip Âlemlerin Efendisinin oturduğu yere oturdu. Ümmü Habibe bir şahin gibi çırpındı, koşup babasının yakasından tutup ortalığı çınlattı:

– O yere Allah'ın Sevgilisi oturuyordu, Allah Sevgilisi'nin oturduğu mukaddes bir yere, Allah düşmanı oturamaz!

Ebu Süfyan büsbütün afalladı... Ve hiçbir netice alamadan Mekke istikâmetinde süzüldü... Şimdi Kureyş yaptığına bin pişman...

❁❁❁

Harıl harıl hazırlık... Ama nereye, niçin kime karşı? Meçhul...

İman tacını başına konduranlardan Hâtib isimli biri, Mekkelilere bir mektup yazdı:

– Ey Kureyşliler! Biliniz ki, Allah'ın Resûlü üzerinize sel gibi askerle gelmek üzere... Yalnız dahi gelse Allah O'na yardım eder. Şimdiden başınızın çaresine bakınız!

❁❁❁

Kâinatın 'Efendisi, Cenab–ı Ali, Zübeyr ve Mikdad Hazretlerini davet ettiler:

– Atlarınıza atlayın, son sür'at yol alın! Hah Ravzası denilen yerde, Mekke'ye giden bir kadın bulacaksınız. Kadının üzerinde gizli bir mektup var... Onu alıp bana getirin!..

Üç îman arslanı atlarını o istikamette uçurdular. Kadını denilen yerde enselediler. Mektubu saçının içinden çıkardılar... Getirip Peygamberler Peygamberine takdim ettiler...

Hâtib Peygamber huzurunda:

– Yâ Hâtib, nasıl yazabildin bu mektubu?

Hâtib, boynunu büktü ve özrünü beyan etti:

– Ben Kureyş'in içine dışarıdan gelmiş bir insanım, Öbür muhacirler gibi değilim. Mekke'de kalan yakınlarım incinmesinler diye onlara bu yardımı ettim. Dinimden dönmüş değilim. İslamda sabitim.

Allah'ın Sevgilisi, taşları oyacak, demirleri eritecek nazarıyla Hâtib'e baktılar:

– Doğru söylediğine inanıyorum, Hâtib!

Din erlerinin en ulusu, şiddet ve celâdet mâdeni Hazreti Ömer (r.a.) atıldı:

– Bırak, ey Allah'ın Resûlü, şunun boynunu vurayım!

– Hayır yâ Ömer, bu adam Bedr gazasında bulunanlardan Allah'ın affetmeyeceğini ne biliyorsun?

Hz. Ömer'in taşkınlığı duruldu...

ZAFER ALAYI

Âlemin Fahri, emirlerindeki kabilelere haber gönderdiler... Bütün sahabîler. bütün varlıklariyle Medine'de, Peygamber karargâhında...

On bin kişilik Peygamber ordusu hareket etti... Dağ, taş, kum, deniz bu orduya alkış tutmakta...

Mekke'ye inen tepeler üzerine kondular...

Gece, Mekke'ye hâkim tepeler tutuldu.. Asker teftiş edildi, kol kol sancaklar dağıtıldı ve emir verildi:

– On bin noktada ateş yakılsın!..

Mekke'lilerde hayret, dehşet, ibret!...

Birdenbire çepeçevre tepeler bölgesinde, rüyalarında bile görmedikleri, hayâl bile edemedikleri bir donanma, bir ışık cenberi içinde kaldılar...

Mekke'de fışkıran Nur, Medine'den on bin kandillik bir çemberle gelip nihayet Mekke'yi kuşatmıştı...

Artık nur yangını bütün kâinatı tutuşturacak, cihan bacasından ilâhî kıvılcımlar fışkıracak ve gökler bu ışıkla pırıldayacak.

❁❁❁

Kureyş'in ulusu Ebu Süfyan'a müşrikler demişlerdi ki:

– Hemen yola çık ve O'ndan bize emân al!

Ebu Süfyan henüz yola çıkmıştı ki, ateşler'birdenbire parlayıverdi.

İslâm öncüleri Ebu Süfyan'ı yakalayıp Peygamber huzuruna çıkardılar. Allah Sevgilisi'nin muhafızları arasında Hazret–i Ömer de bulunuyordu. Ebu Süfyanı görünce:

– Ey Allah'ın Resûlü! Ebu Süfyan geliyor, izin ver de hemen boynunu vurayım, dedi.

Hazret–i Abbas da affını diledi...

Hazret–i Ömer (r.a.), ateş ateş gözlerle Ebu Süfyanı süzmekte, eli kılıcının kabzasında... İslâmın bu büyük ve amansız düşmanını kahretmek istiyordu.

Allah'ın Resûlü emir verdiler:

– Yâ Abbas! Bunu çadırına götür, bu gece tevkif et.

Ebu Süfyan, Hz. Abbas'ın çadırında sabahladı... Sabahleyin yine Peygamber huzuruna getirildi:.

– Yâ Eba Süfyan! Lâilâhe illallah diyeceğin vakit hâlâ gelmedi mi?

Ebu Süfyan, cevabını başka bir istikamete yöneltti:

– Anam ve atam sana feda olsun! Ne güzel, ne halim, ne kerimsin!

– Yâ Eba Süfyan! Lâilâhe illallah diyeceğin vakit hâlâ gelmedi mi?

Yâ Muhammedi (s.a.v.) Bunun için bana biraz mühlet ver. Kalbimde bu mânalardan izler var!

Bu sırada Cihan Faruk'u, din erlerinin ulusu Hazret–i Ömer (r.a.) dışarıda geziniyor ve köpürüyordu:

– Âh, Ebu Süfyan! Sen dışarıda olsan böyle saçmalayamazdın, bir .kılıçta işini bitirirdim...

Cihanın en büyük Hak ve adalet örneği Hazret–i Ömer (R. A) Ebu Süfyanın boynunu vurmak için izin isterken Hazret–i Abbas atıldı:

– Yâ Eba Süfyan! Aklını başına devşir, hemen şahadet getir! Ömer dışarıda kılıç elinde bekliyor. Fırsat bulursa ebedî azap diyarını boylarsın.

Dili altında binbir mâna kaydıran Ebu Süfyan, nihayet hepsini sildi ve şehadet getirdi. Böylece de İslâmın büyük kılıç ve kalem şövalyesi Hazret–i Ömer'in pençesinden kurtuldu...

Uçsuz bucaksız sadakat, sonsuz şiddet ve dipsiz celâdet, ilâhî anlayışıyla fârikalanan Hazret–i Ömer (r.a.)...

Dini, bütün nefsanî vehimlerin üstünde en saf çizgileriyle kavradı. Ebedî ve ilâhî kanunları en keskin celâdetle korudu. Öyle ki, nefsine en küçük kıpırdama hakkını vermedi... Allah Resûlünü bütün ömrü boyunca bir gölge gibi takip edip, O'nun sevgisiyle bahtiyar oldu...

Cihan, Ömer'le ne kadar öğünse azdır...

Hâliki Azimin Muhterem Peygamberi Cenabı Ahmed (s.a.v.) buyuruyorlar:

«– Ömer'e buğzeden muhakkak bana buğzetmiştir. Ömer'i seven, şüphesiz ki, beni sevmiştir. Her indiğim yerde Ömer benimle beraberdir; ve Ömer'in de her indiği yerde ben onunla beraberim. Her sevdiğim şeyde Ömer benimledir; ve Ömer'in de sevdiği şeyde ben onunlayım!»

Evet, insanlık göğünün en yücesine varmış bir güneşti Hazret–i Ömer (r.a.)... Cennet ehlinin de kandili...

Saadet devrinde bir gün, pek ziyade meşgul bulunduğu bir anda, yanına Allah Resûlü'nün nur çehreli torunları gelip oturdular. Cihan Faruk'u hemen işini bırakıp Hazret–i Hasan ve Hüseyin'e (r.a.) saygıların en büyüğünü gösterdi ve kendilerine iki bin dinar hediye etti.

Hazret–i Ömer'in bu âlicenaplığını babaları Hazretl Ali (k.v.) ye bildirince Cenâb–ı Ali'nin şu mukabelede bulunduğunu gördüler:

«– Ben, Allah Resûlü'nün «Ömer dünyada İslâmın nuru ve âhırette Cennettekilerin ışığıdır» dediklerine şahidim!»

Bütün insanoğlunu nesil nesil nurlandırmaya memur Peygamber torunları Hazret–i Ömer'e gidip bu müjdeyi bildirdiler.

Muhteşem büyük, gönül âleminin ışığı ve Cennetin kandili Hazret–i Ömer (r.a.), bu hadisi yazdırdı ve öldüğü zaman kefenine konulmasını vasiyet etti:

«– Rabbimin huzuruna bu hadisle çıkmak isterim!»

***

Ey dostlar! Biliniz ki, Peygamber ona (gözüm) demiştir. Bu ne yüce kadir! (Cennet mumu) da demiştir, ne yüce bir er! Gökler âleminin aydın ışığı güneşdir, Cennetin ışığı da Ulu Faruk (r.a.)...

O'nun gönlü, bilgiden meydana gelmiş bir denizdi. Bedeni, adaletten yapılma oturaklı bir dağdı... O, âlemler Efendisinin sevgisiyle bahtiyardı...

Nur devrinde bir gün, Cihan Faruk'u Peygamberler Peygamberini ziyarete geldi. Sonsuzsuk Nebisi ile beraber Mescid-i Şerife gidiyorlardı. O gün de bayram idi... Peygamber beldesinin nur çocukları Allah'ın âlemlere **«Rahmet!»** diye gönderdiği Resûller Serverinin önüne çıkıp dediler ki:

– Ey Allah'ın Resûlü, bize bayramlık ver!..

Allah'ın Sevgilisi Cennet sabahları gibi tebessüm ederek Hazret–i Ömer'e buyurdular:

– Yâ Ömer! Beni bunlardan satın al!

Canı îman şevkiyle kararsız bir hâle gelmiş olan Faruk koştu, bir parça et, biraz hurma ve meyve getirdi. Çocuklara verdi...

Kâinatın Efendisi memnun oldular:

– Yâ Ömer, dediler. Sen beni Mâlik bin Za'rin Yûsuf (A.S.), u aldığından daha ucuza aldın. O Yûsuf (A.S.) ı birkaç dirheme almıştı...

Hazret–i Ömer (r.a.) gün kadar aydın yüzünü Allah'ın Resûlüne çevirip mırıldandı:

– Ey Allah'ın Resûlü! Anam babam sana feda olsun. Her ne kadar Yûsuf (A.S.) dan ucuz aldım ise de, ondan güzel ve şirinsin!

Âlemin Fahri pırıl pırıl güldüler...

HAK KATINDAKİ BÜYÜKLÜĞÜ

İrfan denizine gark olmuş din büyüğü Hazret–i Ömer (r.a.). saadet devrinde bir gün, güneş altına oturmuş hırkasını yamıyordu. Arkası açık olduğundan güneş iyice kızdırıp canını yaktı, imanlı gözlerini güneşe çevirip şiddetle baktı... Hikmeti İlâhi güneşin önüne bir perde geldi... Hemen Sultan Melek Cebrail (A.S.) Arştan yere süzüldü ve Allah Resûlüne hitabetti:

– Ey Allah'ın Resûlü! Ömer'e emredin, güneşe şefkat nazariyle baksın. Yoksa güneş kıyamete kadar böyle kalır...

Nihayetsiz olan Mülkün Seyyidi Hazret–i Ömer'i çağırtıp buyurdular:

– Yâ Ömer! Cenâb–ı Hak güneşe şefkatle bakmanı emrediyor!

Kâinatın adalet ağacı Hazret–i Ömer (r.a.), gözlerinde billur billur yaş, güneşe tebessümle baktılar.

O ânda gökyüzünde, göklerin aydın ışığı da gülümsedi...

Peygamber dostlarının Allah indinde ne büyük kadir ve kıymetleri olduğunu görünüz! Ey insanlık! Buna ne buyurursun?

HAŞYET

Vecd ve aşk adamı, adaletin en büyük sultanı Hazret–i Ömer (r.a.), bir gün Kur'ân–ı Kerîm dinliyordu. Sıra bir azap âyetine geldi. Birdenbire o müthiş insanın yere düşüp bayıldığını gördüler... Bir ay yatağından kalkmadı.

Haşyetin bu derecesi...

EY ÖMER, HÂLİN NİCE OLUR?

Allah'ın Sevgilisi, topyekûn zaman ve mekânın ve bütün mahlûkatın Peygamberi bir gün Hazret–i Ömer'e hitaben dediler ki:

– Ey Ömer! Öldüğün vakit, adamların gidip, senin boyuna uygun bir mezar hazırlayıp döndükten, seni yıkayıp kefenledikten ve koku sürdükten sonra, seni götürüp mezara koydukları ve toprağı üzerine örterek geri döndükleri vakit, hâlin nice olur? Münker ve Nekir adındaki kabrin iki büyük ibtilâsı gelir. Sesleri, yıldırım indiren gök gürültüsü, gözleri parlak şimşekler gibi, uzun saçlarını sürüklerler. Sivri dişleri ile mezarın topraklarını alt üst ederler. Sana çeşitli zorluklar çıkarırlar. Seni korkuturlar. O zaman senin hâlin nice olur, ey Ömer?[5]

İrfan sahibi Cenab–ı Ömer (r.a.), gün kadar aydınlık yüzünü Âlemin Fahrine çevirdi de dedi ki:

– Bu zamanki aklım, o zaman da başımda olacak mı, ey Allah'ın Resûlü?

– Evet!

– O halde mesele yok, ben onların hakkından gelir, gerekli cevablarını veririm...

Allah'ın Resûlü tatlı tatlı gülümsediler...

Hazret–i Ömer (r.a.), öyle bir gönül aydınlatan din eri idi ki, iki cihanın da sultanlığını elde etmişti...

Kâinatın Efendisi bir başka hadislerinde de şöyle buyurdular:

– Ümmetimden tahdîs edilmiş, tâlim ve teklim edilmiş, ilham olunmuş, öğretilmiş ve konuşturulmuş kimseler vardır ve Ömer onlardan biridir.[6]

---

5 İhya, C. 4. s. 899 (Bedir Yayınevi).

6 Buhari.

BÜYÜK FETİHTEN SONRA

Allah'ın Resûlü Cenab–ı Ahmed (s.a.v.) in sevdâlıları büyük sahabîler şimdi Mekke'de zafer şenlikleri yapıyor ve kendisine bu ebedî fethi nasip eden âlemin Rabbine hamd ediyorlardı. Şimdi Allah'ın Sevgilisi arkalarında silâhlı askerler, bir yanlarında en büyük Sıddîk ve öbür yanlarında Useyd İbni Hudeyr, Mekke sokaklarından geçiyorlar.

Allah'ın evinin önünde tekbir getirdiler.

On binlerce sahabînin' tekbiriyle dağlar, taşlar gökler inledi:

– **Allahü Ekber! Allahu Ekber! Allah en büyük! Allah en büyük!...**

❁❁❁

Öğle vakti, Peygamber bülbülü Hz. Bilâl, Kâbenin duvarına çıkmış ezan okuyor. Putlar yerde kırık dökük...

Büyük fetih, siyaset ve kılıcın, ruhla maddenin bir vücuda bağlı iki kol halinde uzanıp kavuşmasiyle gerçekleşti... Asiller çevresi Kureyş, ebediyet havuzunda îman iksiri ile yıkanıp tertemiz oldu ve İslâm büyük düzlüğe çıktı...

Hidâyete ermiş ümmetin ulu rahmeti Hazret–i Ömer (r.a.) bütün bu cenkler boyunca Allah'ın Resûlüyle beraber bulundu ve nice küfür ejderinin ciğerini deldi...

Mekke'nin fethinden ve İslâm dâvasının düzlüğe çıkışından sonra nazil olan (Nasr Sûresi) bir azîm hikmet...

Cenâb–ı Ömer (r.a.), arkadaşlarına (Nasr Sûre) sinden ne anladıklarını sordu. Herkes ayrı bir mâna açtı. O zamanlar henüz çocuk olduğu için fikir yürütmekten çekinen İbni Abbas (r.a.), kendisine de sorulunca dedi:

– Bana kalırsa bu Sûre, Kâinatın Efendisinin dünyadan ayrılmak üzere olduğunu hissettiriyor. Mağfiret niyazına emir bunu gösterir.

O DEM Kİ:

Fermanı İlâhî:

«– O dem ki, Allah'ın nusretiyle fetih gerçekleşir... Sen de insanların dalga dalga Allah'ın dinine girdiğini görürsün... Rabbini tenzih ve O'na hamdet... O'ndan mağfiret dile... O, tevbeleri kabul edicidir.»[7]

Bir gün. Peygamber beldesi nurlu Medine'de İbni Abbas (r.a.), dudaklarında bu ulvî âyetler, kuytularda ağlıyor. Tam bu sırada Âlemlerin Efendisi geldiler:

– Niçin ağlıyorsun, ey amcamın oğlu?

– Anam babam sana feda olsun ey Allah'ın Resûlü; bu sûrede, sizin fâni âleme veda saatinizin yaklaştığından bir işaret gördüm.

– Evet gördüğün gibi...

İşareti bütün hikmetiyle, bütün inceliğiyle en derin gören ve anlayan, Allah'ın Sevgilisi...

Onuncu yılın belli başlı gününde yerine getirilmek üzere, Hac kararını veriyorlar...

Bütün âlem bu haberle çalkanalanıyor.

Nur ırmakları. Kâinatın Efendisinin peşinde Kabe'ye doğru gürül gürül akıyor.

Ve Allah'ın Resûlü, sonsuzluğa sesleniyor ve en can alıcı anda mukaddes gözlerini saflar üzerinde gezdirip soruyorlar:

---

7 Nasr Sûresi

– Size benden sual edecekler: Ne diyeceksiniz?

Sahabî ummanı dalgalandı:

– Allah'ın emirlerini bildirdi; risâlet vazifesini yaptı diyeceğiz.

Gözleri ulvîlikler âleminde. Sağ ellerinin şahadet parmağını üç kere kaldırıp indirdiler:

Şahit ol Yarab, şahit ol Yârab, şahit ol Yârab!..

Vahiy şimşeği... Birdenbire Allah'ın Resûlünde İlâhî haşyet... Omuzlarında bütün derinliğiyle gök, alınlarında yıldız yıldız ter ve nokta nokta elmas...

Vahiy gelmiştir.

İlâhî ferman :

– Bugün sizin dininizi kemâle erdirdim, üzerinizdeki ni'metimi tamamladım ve size dîn olarak Müslümanlığı (verib ondan) hoşnud oldum.[8]

Cihan sıddîkı Hz. Ebu Bekir, âyeti duyar duymaz her şeyi anladı...

İRTİHAL–İ NEBİ (A.S.) VE ULU FARÛK'UN NUTKU

Allah'ın Sevgilisinde ölüm alâmetleri başlamıştı. Bütün Medine bir garip uğultu içinde...

Varlığın sebebi olan Peygamberin mukaddes başı, dirayet ve zarafet timsali Hazret–i Âişe'i Sıddîka'nın göğsünde...

Allah'ın emri...

Cebrail ile Azrail (A.S.) kapıdalar. Cebrail (A.S.), ölüm meleğinin, içeriye girmek ve Allah'ın emrini yerine getirmek için izin istediğini bildirdi.

❁❁❁

Allah'ın Sevgilisi'nin dudaklarında cennet tebessümleri... Gözlerini açtılar, tavana diktiler, şahadet parmaklarını kaldırdılar ve altı kere hecelediler:

---

8 Maide Sûresi, âyet: 3.

« – Refikı A'lâ'ya. Refikı A'lâ'ya».

Ve mukaddes başları, Âişe'i Sıddîka'nın göğsünde hareketsiz kaldı...

Peygamberler Peygamberinin evinde ufak bir çığlık...

Koşan koşana...

Sıddîk'ı Ekber, bir ân için evine kadar uzanmışlar. Haberi yok.

Hazret–i Ömer (r.a.) taş gibi donmuş... Hz. Osman'ın dili tutulmuş, Hz. Ali kendinden geçmiş...

❁❁❁

İlk beyin yırtıcı sayha.

– Kim ki Allah'ın Resûlü öldü derse, paramparça ederim!

Bu sözü, hidâyete ermiş ümmetin nuru Hazret–i Ömer (r.a.) söylüyor.. Kılıcını çekmiş, selim akıl mümessili büyük Ömer koparıyor bu sayhayı...

Manzara olanca dehşetiyle bu...

Herkesten yufka, fakat herkesten kuvvetli ve derin Hz. Ebu Bekir (r.a.) yetişti... Kendisine Mecnun gözlerle bakan kalabalığı yardı, hücreye girdi, yatağa yaklaştı, mukaddes başın üstündeki örtüyü kaldırdı, diz çöktü... Âlemlere **«Rahmet!»** olanın bembeyaz yüzünü eğilip öptü öptü... Gözlerinde iplik iplik yaş... Kendisine mecnun gözlerle bakan topluluğa dönüp haykırdı:

– Nefsimi kudret elinde tutan Allaha yemin ederim ki, Peygamber öldü.

Sonra, âlemlerin, yüzüsuyu hürmetine yaratıldığı o yüze baktı :

– Hayatında ne güzeldin, ölümünde ne güzelsin!

Devam etti :

– Öldün... İkinci defa ölmeyeceksin!..

❁❁❁

Ulu Faruk gerilerde ve aynı hâl üzere :

– Vallahi Peygamber ölmedi; Peygamber ölmedi!

Cihanın en büyük insanı Hz. Ebu Bekir (r.a.), en ulu Faruk'a yöneldi. Ve gök gibi gürledi :

– Aklını başına devşir yâ Ömer!

Hz. Ömer bir anda kendisine geldi...

❁❁❁

Sıddîkı Ekber, hücreyi, evi, sokağı dolduranlara hitap etti.

– Ey nâs!

Kim Muhammed'e tapıyorsa bilsin ki, Muhammed ölmüştür. Kim Allaha tapıyorsa bilsin ki, Allah ölmez hayy ve lâyemuttur..[9]

Sanki yattığı yerden, O konuşuyordu. Bu derin ve ince ölçüyü O, şu anda ölüm döşeğinde yatan, getirmişti...

Allah Hayy ve Lâyemut...

Akıl ve ruhun kamaşma noktası...

Tam o anda Cennet ehlinin kandili Hz. Ömer (r.a.) yere düştü, hıçkıra hıçkıra ağlamaya başladı, gözlerinden kan ırmakları akıyordu. Şu beliğ ve yanık hutbeyi îrad etti:

– Babam anam sana feda olsun. Ey Allahın Resûlü, senin *(mescidi şerifte)* **yanında hutbe irâd ettiğin bir hurma ağacı vardı. Cemaat çoğalınca sesini onlara işittirebilmek için minber yaptırmıştın. Senin firakından o hurma ağacı inlemişti de ancak üzerine elini basarak sükûna gelebilmişti. Ehl** *(ve ashabın)* **sana feryad etmeğe o ağaçtan daha haklıdırlar. Çünkü sen onlardan ayrıldın.»**

«Babam anam sana feda olsun ey Allah'ın Resûlü! senin indi Bâri'deki faziletinden bize kafi surette ulaş-

---

9 Peygamberimiz, islâm Dini ve Aşerei Mübeşşere; 425.

mıştır ki Hak sana itaati kendine itaat kılmış, O resule itaat eden Allaha itaat etmiş olur» buyurmuştur.»

«Babam anam sana feda olsun. Ey Allah'ın Resûlü! İnd-i İlâhideki faziletindendir ki seni Peygamberlerin sonunda yollamış fakat onların tâ başında ve ilkinde zikretmiş, «Hakikat, Peygamberlerden ve (alelhusus sahibi azm olan) senden, Nuh'dan, İbrahim'den, Musa'dan ve Meryem oğlu İsa'dan hani ağır misak almıştık.» buyurmuştur.»

***

«Babam anam sana feda olsun ey Allah'ın Resûlü! Allah katında bize baliğ olan yüksek faziletindendir ki ehli cehennem, cehennemin *(süfli)* **tabakaları arasında azaplanırken sana itaat etmeyi arzu edecekler ve** *«Eyvah biz de, Allaha ve Resûlüne itaat edeydik»* **diyeceklerdir.?**

«Babam anam sana feda olsun ey Allah'ın Resûlü! Eğer Allah Musa (A.S.) a içinden nehirler fışkıran bir taş vermişse o, aralarından sular akan parmaklardan daha acayip ve güzel değildi. Allah sana salatu selâm etsin.»

***

«Babam anam sana feda olsun Ey Allah'ın Resûlü! Eğer Allah Davut oğlu Süleyman'a *(Hak ikisine de salâtu selâm etsin)* **bir sabah hareketiyle bir aylık, bir akşam hareketiyle bir aylık yol alan bir rüzgâr verdiyse o, üzerine binip de yedinci göğe kadar çıktığın Burak'dan acaib değildir ki sen o gecenin sabah namazını yine Mekke'de kılmıştın.. Allahu Teâlâ sana salâtu selâm etsin.»**

***

«Babam anam sana feda olsun ey Allah'ın Resûlü! Eğer Allah Meryemin oğlu Isaya (Ona salât u selâm olsun) ölüleri diriltmek mucizesi verdi ise o sana «Ben

zehirliyim, sakın yeme» diye söyleyen pişmiş ve zehirli koyundan daha hayret verici değildir.»

❁❁❁

«Babam anam sana feda olsun .Ey Allah'ın Resûlü Nuh (A.S.) kendi kavmi aleyhine «Rabbım, yeryüzünde kâfirlerden bir tek kimse bırakma» diye dua etmişti. Eğer sen de öyle bir duada bulunmuş olsaydın kökümüz kurur, hepimiz helak olurduk. Düşmanların sırtına bastılar, yüzünü yaralayıp kanattılar, ön dişlerini kırıp şehid ettiler de yine sen *«Yâ Rab, kavmime doğru yol göster, bilmiyorlar.»* **diye hayır dua ile mukabelede bulundun.**

❁❁❁

«Babam anam sana feda olsun ey Allah'ın Resûlü! Nuh (A.S.) ın çok devam eden yıllarında ve uzun ömründe kendisine tabî olmıyanların müthiş sayısı kadar insan senin, az senelerinde ve kısa süren hayatında sana tâbi oldular, sana pek çok kimseler iman ettiler. Ona îman edenlerin miktarı ise pek az idi.»

«Babam anam sana feda olsun Ey Allah'ın Resûlü! Eğer sen ancak emsalinle konuşmak isteseydin elbette bizimle düşüp kalkmazdın. Küfvünle nikâhlansaydın bize nikâhı münasip görmezdin. Benzerinle iş görseydin bize itimad ve tevdii emretmezdin. *(Çünkü biz senin küfvün olmazdık)* **Sof giydin, merkebe bindin, yemeği** *(sofranı)* **yere koydun ve yüksek tevâzuunla parmaklarını yaladın. Allah sana bol bol salüt u selâm etsin!..»**[10]

İşte gönüller aydınlatan bilgi güneşi, hidâyete ermiş ümmetin ulu rahmeti Hazret–i Ömer (r.a.) in yanık ve beliğ hutbesini dinlediniz. O ne göz, o ne gönül öyle, Allah Resûlü'nün muhabbetiyle duman duman tüten Yüce Farukun bu mâna incilerini gönül kulağınıza küpe yapınız...

10 Üstad H. Basri Çantay'ın Tercümesi.

HALİFE SEÇİMİ

O bütün âlemleri karanlığa boğan akşamın gecesi... Allah Resûlü'nün İlâhî visale nail oldukları akşamın gecesi... Hidâyete ermiş ümmetin iki büyüğü, Hazret–i Ebu Bekir'le Hazret–i Ömer (r.a.), Hazret–i Âişe'ye ait hücrede oturuyorlar. Yüce Faruk, Ulu Sıddîk'ın, âlemde en büyük ölüm hâdisesi karşısındaki ulvî şahlanmasından sonra, mâlik bulunup da bir ân için kaybettiği selim akla dönmüş, kendisini bulmuştur... Şimdi Hz. Ömer sakin sakin Allah Resûlü'nün ebedî hatıraları içinde kaynaşıyor...

Cihan Sıddîk'ı Hazret–i Ebu Bekir'le Faruk'u Azam Hazret–i Ömer (r.a.) Peygamberler Peygamberinin cenaze hazırlıklariyle uğraşarak hazin hazin konuşurken birdenbire kapı vuruldu:

– Ömer orada mı?

– Buradayım, ne var?

– Koş yâ Ömer!

– Ne oluyor?

– Hemen gel!

– Gelemem! Allah Resûlü'nün cenaze hazırlıklariyle uğraşıyoruz!

– Gelmelisin yâ Ömer! Medineliler, Benî Sâide konağında toplandılar. Kâinatın Efendisinden sonra ümmetin başına kimin reis olacağını konuşuyorlar! Sonradan işi kavgaya dökebilecek bir karara varabilirler! Hemen kavuş!..

Hazret–i Ömer (r.a.) Allah Resûlü'nün vefatiyle meydana gelebilecek hâdiseler arasında bu en nazik meseleyi daha ilk gece, Allah'ın Sevgilisine son vazife yerine getirilmeden ele alınmış görünce, dehşetle ürperdi, hayretler içinde kaldı ve Sıddîkı Ekber'e döndü:

– Haydi, kalk yâ Ebu Bekir! Gidelim Sâidelerin konağına!

Hz. Ebu Bekir'de donmuş vaziyette...

Mırıldandı:

– Hemen gidelim, yâ Ömer!

Ümmetin iki büyüğü ok gibi fırlayıp, Sâide'lerin yolunu tuttu.

Bu gidiş yok mu? Doğruca ateşin üstüne benzinle gitmek gibi... İşte her şey, bütün sır, bu gidişte, tehlikeyi bu kucaklayışta...

Sıddik-ı Ekber, Faruk'u Âzam ve yanlarına aldıkları Ebu, Ubeyde, Sâidelere vardılar.

Allah Resûlü'nün Medineli sahabîleri, büyük bir heyecana kapılmış, dâvayı müzakere etmekte... Gelenleri görünce büsbütün heyecana düştüler, fakat mayalarındaki saffet ve samimiyet icabı, mevzularını değiştirmek lüzumunu duymadılar...

Dâvaların dâvası:

Reis kimden, hangi topluluktan olacak?

Uzun müzakereler ve çeşitli fikirler... İş uzadıkça uzuyor...

Hazret–i Ömer (r.a.) artık yerinde duramaz halde.. Ensar'ın dâvasına cevap vermek üzere ileriye atılmak için davrandı. Fakat Sıddîkı Ekber ona pençesini attı ve kımıldama imkânı bırakmadı... Bütün gözler, Allah'ın Resûlünden sonra Kureyş'in bu iki mümtaz şahsiyeti üzerinde...

Cihanda en büyük Sıddîkiyet ve teslimiyet örneği Hazret–i Ebu Bekir (r.a.) ilerledi, yüksekçe bir yere çıktı ve Medineli sahabîlere hitap etti:

– Ey Medineli yardımcılar; Allah Resûlü'nün vefakâr Sahabîleri! bizzat kendiniz üzerinde dile getirdiği-

niz bütün hak ve faziletlere gerçekten mâliksiniz! Fakat bu müthiş anda, bu nazik zamanda hemen takdir etmeniz icap eden bir hakikat vardır: Araplar, Kureyşten gayrı riyaset ve hükümet kabul etmezler!

Ve ilerleyip Hazret–i Ömer'le Ebu Ubeyde'yi öne sürdü ve aralarına girdi:.

– Size, bu İki zattan birini seçmenizi teklif ederim!

O zaman yüce Faruk hemen parladı ve ok gibi fırlayıp ortalığı çınlattı:

– İçinde Ebu Bekir gibi bir insan bulunan topluluğun başına gecmekden haya ederim!

Herkes donup kaldı... Hazret–i Ömer'in âbide ihtişamiyle ortaya attığı ulvî gerçeğe yeni bir şey ilâve etmeyi düşünen yok...

İrfan denizine gark olmuş din büyüğü Hazret–i Ömer (r.a.), hidâyete ermiş ümmetin en ulu rahmeti Hazret–i Ebu Bekir'e döndü :

– Uzat elini, sana biat ediyorum!

Ve büyükler büyüğü Hazret–i Ebu Bekir'in elini kendisi çekerek aldı ve yüksek sesle biat etti:

– Allah Resûlü'nün Halifesi ve Müslümanların Reisi sıfatiyle Ebu Bekire biat ettim!

Hazret–i Ömer'in açtığı bu ulvî yola bütün sahabîler dizildi. Toplantıda bulunanlardan biat etmeyen kalmadı.

Yeryüzünde hiçbir seçim, ona katılanlar arasında büyük topluluğun gerçek temsilcilerini bulundurmak ve reyleri hakkın bedahet ifadesinde hükümlendirmek bakımından, Cihan Sıddîk'ına. uzanan eller derecesinde «**Meşru**» sıfatına yaklaşamaz...

Büyük ve büyük olduğu kadar da çetin olan bu dâva, Hazret–i Ebu Bekir ve Hazret–i Ömer'in harikulade atılışlariyle bir anda halledilmiş hem de yüce dinî şahsiyetlerin yatağı hem de Allah Resûlü'nün kabilesi Kureyş ve onun en mümtaz şahsiyeti başa geçmişti...

SIDDIK-l EKBER HZ. ÖMER'İ YARDIMCI SEÇİYOR

Allah Resûlünden sonra ümmet gemisini kâinat denizinde şerefle ebediyyete doğru yüzdüren Hazret–i Ebu Bekir (r.a.), kısa zamanda ortalığı yatıştırdı ve Peygamberler Peygamberinin son anlarında hazırlamış olduğu Üsame ordusunu sefere gönderdi.

Hazret–i Ebu Bekir'in vezirleri makamındaki arkadaşlarından Hz. Ali (k.v.) Medine'de kalırken, Hz. Ömer (r.a.), Üsâme ordusunda, genç kumandanın emrinde bir şahıs olarak sefere çıkıyordu.

Allah Resûlü'nün Halifesi, mü'minler topluluğunun en büyük başı Hazret–i Ebu Bekir (r.a.), orduyu uğurlamaya gidince, Üsâme Hazretlerine sormuştu:

– Ömer'in Medine'de kalmasını ve yardımcılarım arasında bulunmasını istiyorum! İzin verir misin?

Genç .başbuğ, bu ulvî tezahür karşısında titredi:

– Emir sizindir, ey Allah Resûlü'nün Halifesi!

Hazret–i Ebu Bekir (r.a.), taşları eritecek sözünü tekrarladı :

– Hayır, izin vermek sana aittir!

– Baş üstüne! Ömer izinlidir!..

Böylece büyük şahsiyet Hazret–i Ömer Medinede kalmış ve Cenâ'bı Ali ile birlikte, Sıddîkı Ekber'in çifte dayanaklarından biri olarak şiarını değiştirmemiştir...

Hazret–i Ömer (r.a.), artık Halifeler Halifesinin yardımcısıdır... Hz. Ebu Bekir (r.a.), iki sene gibi kısa bir zamanda büyük işler başardı ve İslâm artık şevket yoluna ayak attı...

ULU FARUK HALÎFE SEÇİLİYOR

Cihan Sıddîkı yatağa düşünce, imamet vazifesini Hazret–i Ömer'e verdi. Bu bir işaret... Demek ki Ömer halife olacak?...

Ümmet büyüklerini bir bir yatağının başına çağırmaya başladı:

– Ömer hakkında ne düşünürsün; yâ Avf oğlu Abdürrahman?

– Benden, iyi bilmediğin bir şeyi sormuyorsun!

– Olsun; sen yine söyle!

– Ömer, kendi hakkındaki zannından daha yüksektir?

Peşinden Hazret–i Osman'ı çağırdı ve sordu:

– Ömer'i nasıl tanırsın?

– Sen hepimizden daha iyi bilirsin!

– Sen yine bildiğini söyle!

– Ömer'in içi dışından daha iyidir. İçimizde ona denkkimse yoktur!

Üseyd İbni Hadîr'in cevabı:

– Senden sonra Ömer en iyisi!..

Mekkeli ve Medineli sahabîlerin nicesi Halifeler Halifesi Ebu Bekir'in önünden geçti. Hepsi de Halifeliğe Hz. Ömer'i lâyık gördü...

Yalnız Talha bu görüşde değil... Sıddîkı Ekber'i görmeye kendi kendisine geldi ve çıkışır gibi söz etti.

– Yâ Halife! Yerine Ömer'i bırakıyorsun! Halbuki Ömer,senin sağlığında halkı şiddet altında eziyordu. Sen gidince ve o yalnız kalınca ne yapar diye düşünmüyor musun? Sen Allah'ın huzuruna varınca, halkın hâlinden sorulunca ne cevap vereceksin?

Hazret–i Ebu Bekir'in, bu sözlere ilk karşılığı:

– **Beni oturtunuz!** oldu.

Yatağında upuzun yatan. Halifeyi doğrultup oturttular. Cihan Sıddîkı gözlerini Talha'ya dikti. Gökleri eritecek bir sesle tane tane fısıldadı :

– Siz, Allah'ın ismini anarak, beni ürkütmek mi istiyorsunuz? Müslümanlara, işlerinde zerrece zulmetmiş olan hüsrana uğrasın! Ben Ömer'i seçtikten sonra Rabbime kavuşunca diyeceğim ki: Allahım! Kullarının işlerini, aralarında en hayırlısına bıraktım! Sen de git, yâ Talha, benim bu cevabımı senin gibi düşünen kim varsa bildir!

Ölüm ânında bile, mukaddes dâvadan başka bir şey düşünmeyen bu ulvî kahramanlar çevresinde Hz. Ebu Bekir (r.a.), bu sözlerinden sonra Hazret–i Osmana emir verdi:

– Benimle yalnız kal ve ahidnamemi yaz!

Hak ve adalet güneşi Hz. Ömer hakkındaki ahidname :

– Rahman ve Rahîm olan Allah'ın ismiyle Ebu Kuhafe'ninoğlu Abdullah'ın, dünyadan çıkacağı son ve âhırete gireceği ilk anda, kâfirlerin îmana, tacirin insafa geldiği ve yalancının doğru söylediği andaki ahd ve vasiyetidir...

Vasiyete Hz. Ömer'in ismi yazılmadan, harcadığı kudret yüzünden bayılıveren Hazret–i Ebu Bekir (r.a.), ayılınca, Hazret–i Osman'ın, ismi kendi kendisine ilâve etmiş olduğunu görmüş ve sevinç içinde sesini yükseltmişti:

– Demek ki, muradım Ömer olduğu halde ismini yazdıramadan ruhumu teslim edecek olursam bir karışıklık kopmasından korktun da kendin yazdın! Allah senden razı olsun!

Ve devam buyurdular:

– Şu Hattaboğlu Ömer'i kendime halef seçiyorum!. Ona itaat ediniz! Bununla, Allaha ve Peygamber'e, dinime, nefsime ve size, doğruluk ve iyilik murad ettim.

O, adaleti yerine getirirse ne âlâ... Kendisinden beklediğim, umduğum da bu... Başka bir yol takip ederse, kişi işlediğini kazanır. Benim bütün gayem hayır... Gaibi bilemem. Zulmedenler nelere uğrayacaklarını görürler. Allah'ın rahmeti üzerinize olsun!»

Böylece sahabi ulularının bir çoğunun fikri sorulduktan sonra durumu bir kere de ahidname ile sağlamlaştırılan muhteşem büyük Hazret–i Ömer, Sıddîkı Ekber huzur ve itminan içinde gözlerini kapayınca halife oldu...

Hidâyete ermiş ümmetin en ulu rahmeti Hazret–i Ebu Bekir (r.a.) ahidnâmeyi dışarıda bekleyen topluluğa gönderdi ve o haliyle başını pencereden uzatarak Allah Resûlü'nün sahabîlerine reslendi:

– Yerime bıraktığım zattan razı mısınız?

Sahabî ummanı dalgalandı:

– Razıyız, yâ Ebâ Bekir!

Bilgi güneşi Cenâb–ı Âli (k.v.), tek başına sesini yükseltti:

– O kadar razıyız ki, Ömer'den başkası olsa razı olmayız!

Ahidname okundu ve herkes *«Baş üstüne!»* diyerek hükmü kabul etti.

Hidâyete ermiş ümmetin ışığı Hazret–i Ömer (r.a.), Hazret–i Ebu Bekir'in huzurunda... Bir kaç öğüt daha ve Tevhid Kelimesi... Ebu Bekir (r.a.), ulvîlikler âlemine göçmüş ve muhteşem büyük Hazret–i Ömer Müslümanların Halifesi olarak yalnız kalmıştı...

Cenâbı Ömer (r.a.) Hicretin 13 üncü yılı Cemaziyelâhir ayının 22 nci Salı günü Peygamber Halifeliği makamına geçti.

Kendisine Ömer'den şikâyet edenlere:

– Bırakın, onun şiddeti benim rikkatimi kıvamlandırıyor! diye cevap veren Sıddîkı Ekber'den halifeliği yine onun vasiyetiyle teslim aldı...

❁❁❁

Halife seçilinceye kadar ticaretle geçinen Hazret–i Ömer (r.a.), İslâm topluluğunun bütün yükünü omuzlarına alınca, geçim işini bırakmak mecburiyetinde kaldı ve Allah Resûlü'nün kutlu sahabîlerini toplayarak onlara hitap etti:

– Şahsî geçim işlerimi bırakmak zorunda kaldığıma göre bana bir maaş bağlayınız!

İslâm, kâinatı tutmuş, hazinesi dopdolu... 'Halifelik makamının maaşı olarak en yüksek miktarları teklif eden edene...

İlim ve Hikmet kutbu Hazret–i Ali (k.v.), meseleyi kökünden yerine oturttu:

– Hayır! Bu kadar yüksek miktar yersiz. Allah'ın Resûlü büyük bir kanaat sahibiydi... Halifesi de onun gibi olmalıdır.Ancak geçinebilecek kadar bir maaş ona yeter!..

Hak ve adalet güneşi Hz. Ömer atıldı:

– Bu sözden daha doğrusu olamaz!...

❁❁❁

Hazret–i Ömer (r.a.), Peygamber mescidinde ve hutbede... Buraların ve ötelerin en ince hikmetleri üzerinde konuşuyor... Müslümanları cihada davet ediyor:

«– Ey insanlar! İşlerinize bakmak üzere başınıza geçmiş bulunuyorum. Sizin işlerinizi yapmak, haklarınızı korumak hususunda en hayırlınız ve en kuvvetliniz olduğuma kanaat etmesem, bunu kabul etmezdim. Haklarınızı korumak, onları nasıl alacağımı, nereye koyacağımı düşünmek hususunda Ömer'e hesap gününün gelip çatacağını gözetlemenin verdiği hüzün kâfi!... Yardımcım, Rabbi Rahîmimdir. Çünkü eğer Allah ona yardım etmez, onu desteklemezse Ömer'in tutunacak bir kuvvetli tedbiri kalmaz.»

Allah'a hamd ve Resûlüne selâm ettikten sonra şöyle devam etti:

«– Yüce Allah beni işlerinize vekil etti. Size en faydalı olacağımı ümid ediyorum! Allah'tan bana yardımcı olmasını ve beni her yerde korumasını niyaz ederim! Haklarınızı korumak ve dağıtmak hususunda bana ilham etmesini niyaz ediyorum. Zira ben Müslüman bir kişi ve zayıf bir kulum. Ancak Allahû Teâlâ'nın yardımı bana kuvvet verir. Hilâfeti üzerime almış olmam, inşallah ahlâkımdan hiçbir şey değiştirmeyecektir. Azamet, şanı yüce Allah'a mahsustur. Kulların, büyüklenmekte hiçbir hakkı yoktur. Biriniz *«Ömer Hâlife olalı değişti»* **demesin. Hakkı nefsimden önce düşünürüm, onu başa alırım ve işimi size açıklarım. Halk arasında hangi adam, bir haksızlığa uğramış, yahut bir zulüm görmüş olursa onu bana bildirsin. Çünkü ben de nihayet sizden bir insanım. Gizli ve aşikâr işlerinizde, yoksulluk ve genişlik zamanlarınızda daima Allah'tan korkunuz. Üzerinde bulunan hakkı veriniz. Biriniz diğerinizi muhasama için bana getirmesin. Çünkü benimle hiç kimse arasında hevade – Rifk ve yumuşaklık – yoktur. Kimseyi kayırmam. Sizin salahınızı isterim. Sıkıntınız bana ağır gelir. Siz öyle bir takım insanlarsınız ki, hepinizde ne ekin, ne diken olmayan sadece Allah'ın istediği kadar bitkiden başka birşey olmayan bir memlekette bulunmuşsunuzdur.**

Allahû Teâlâ size birçok nimetler vadetmiş ve bunları size lütfetmiştir. Ben, bana tevdî edilen emanetimden mesulüm. Nezdimdeki emaneti aranızda emin ve umuma öğüt veren kimselerle müşavere eder ve ondan başkasına tevdi etmem, inşallah.»

Selim akıl, bütün zaman ve imkân boyunca nereye baş vurmuşsa, Allah nizamı gibi nizam bulamamış ve nereye baş vursa yine de bulamayacaktır.

Müslüman bir devlet reisinin, Müslümanlara hitabı... Gökleri eritecek derecede heybetli... Ve o mabette ulvî...

Kâinat denilen bu varlık sadefi, İslâm ruhunun billûrlaştırdiğı hükümet ve idare şeklini, Hazret–i Ömer (r.a.) devrinde olduğu kadar hiçbir devirde göremeyecektir.

Evet, güneşin parlaklığı kadar doğru ve nurlu hayat, ancak İslâm hayatıdır...

İslâm'dan bucak bucak kaçan insanlar, aradıkları saadeti hiçbir yerde bulamayacaktır...

Beşerin çırpınması hep saadet içindir,
Lâkin onun menbaı sadece yüce (Din)dir!

İrfan denizine gark olmuş din büyüğü, Allah Resûlü'nün sadık dostu Hazret–i Ömer (r.a.), diğer bir hutbesinde de şöyle buyurdu :

«– **Ey insanlar! Bazı tam'a fakirliktir. Bazı ye's** –ümitsizlik– **de zenginliktir. Sizler yiyemeyeceğiniz şeyleri topluyor ve erişemeyecsğiniz şeyleri arzuluyorsunuz. Halbuki bu aldatıcı dünyada muvakkat bîr zaman yaşayacaksınız. Sizler Allah Resûlü'nün devrinde bulundunuz ve vahyi duydunuz. Kim gizli bir amel yaparsa gizli yaptığının ecrini alır. Kim açıkça bir amel yaparsa açık yaptığının sevabını alır. Amellerinizi açıkça yapıp bize gösterin ki ahlâkınız düzelsin. Ama Allah sırları da bilir. Biri, bize bir amel izhar eder ve onu gizli yapmanın makbul olacağını söylerse onu tasdik etmeyiz. Amelini izhar eden hakkında iyi zan besleriz.**

Biliniz ki, cimriliğin bir kısmı, nifaktan bir daldır. Nefsiniz için daha hayırlı olmak üzere infak ediniz.

«Nefsinin cimriliğini yenen kimseler, işte felaha erenler onlardır.»

Ey insanlar! Gideceğiniz makamı güzel yapmaya çalışınız. İşlerinizi düzeltiniz. Rabbınız Allah'tan korkunuz. Kadınlarınızı kiptiler gibi giydirmeyiniz. Ben sizin aranızda bulunduğum müddetçe Allah'ın izniyle hak ve adaletle hareket etmek, her Müslümanın hakkını hattâ evine kadar götürüp vermek isterim. Allah'ın size vermiş olduğu mallarınızı islâh ediniz. Rifk ve merhamet içerisinde az mal, şiddet içerisinde çok maldan hayırlıdır.

Katil de ölümlerden bir çeşit ölümdür. İyiye de, kötüye de, şehide de isabet eder.»

Hak ve adalet güneşi Hz. Ömer (r.a.) bir toplantıda... Mü'minler topluluğuna hitap ediyor...

Buraların ve ötelerin en ince hikmetleri üzerinde konuşuyor. Ve kelâm denilen ilâhi nimet, nimetlerin en büyüğü Hazret–i Ömer'in dilinde ruh tarlasının kana kana içtiği bir yağmur gibi, cömert cömert boşanıyor.

Dinleyenlerden biri ortalığı çınlattı:

– Yâ Ömer! Allah'tan kork!...

Yüce gönüllü Hz. Ömer hiç cevap vermeksizin bahsine devam ediyor. Fakat adamda bu ısrar, sanki hastalık halinde. Hz. Ömer'in iki üç kelimesinde bir haykırıyor:

– Yâ Ömer! Allah'tan kork!...

Ve bu, hep böyle devam ediyor. Nihayet başka biri dayanamıyor ve bu şahsa hitap ediyor:

– İhtarınızı boyuna tekrar ediyorsunuz. Artık yetişmez mi dersiniz?

Muhteşem büyük, cevap veriyor:

– Bırakınız, istediğini söylesin... Onlar, diledikleri gibi ihtarlarda bulunmazlarsa bir faydaları kalmaz. Biz de onları susturacak olursak hakkımızı aşmış oluruz...

❁❁❁

Cihan Faruk'u Hazret–i Ömer (r.a.), mü'minler topluluğuna birgün şöyle bir hutbe irâd ettiler:

«– Allah'ı tesbih eder, O'na hamd ederim. Size şükrü vacip kıldı. Hiçbir şey beklemeden size vermiş olduğu dünya ve âhiret nimetleriyle hüccetler ikâme etti. Sizi yarattı. Halbuki siz, kendisi için ve kulluğu için hiçbir şey değilsiniz! Sizi yarattıklarının en düşüğü yapmaya kadir iken en üstünü yaptı ve sizi sadece kendisi için yarattı. Göklerdekilerin ve yerdekilerin hepsini size boyun eğdirdi. Size zahirî ve batını nimetlerini bol bol verdi. Size karada ve denizde taşıyacak binitler ihsan etti, ve size çeşitli rızıklar verdi ki bunlara şükredesiniz. Sonra size kulak, göz nimeti verdi...

Nimetleri arasında bütün Âdem oğullarına vermiş olduğu nimetler olduğu gibi sırf size lütfetmiş olduğu nimetleri de vardır. O nimetleri sadece sizin dininiz mensuplarına, sizin devletinize ve cemiyetinize has kılmıştır. Size verdiği bu özel nimetler arasında öyle nimetleri vardır ki eğer bir tek kişiye ulaşan nimet, bütün insanlar arasında taksim edilmiş olsaydı, bütün insanları şükründen âciz bırakırdı. Ancak Allah'a ve Resûlüne iman ve Allah'ın yardımı ile şükredebilirlerdi, Çünkü siz, yeryüzüne hâkim kılınmışsınız. Allah –Azze ve Celle– dininize yardım etti. Dininize muhalif iki ümmetten başka kalmadı. İslâmı köle yapmak isteyen bir kavim ki zahmet onlara menfaat sizedir. Ve gece gündüz Allah'ın başlarına inecek darbelerine

intizar eden bir millet ki Allah onların kalblerini korku ile doldurmuştur. Sığınacakları bir yer kalmamıştır. Allah'ın askerleri refah ve saadet, bolluk içerisinde, büyük mallar alarak, büyük hamleler yaparak etraflarını kuşatmışlardır. Allah'ın izniyle...

İslâm olalıdan beri bu ümmet bundan daha güzel bir duruma kavuşmamıştı. Büyük fetihler ihsan eden Allah'a hamd'ü senalar olsun. Elbette bu nimetin şükrüne, şakirlerin şükrü, zakirlerin zikri, mücahitlerin içtihadı yetmez. Bu sayısız nimetlerin hakkını ödemek, kendini ölçüp takdir etmek ancak Allah'ın yardımı ile mümkün olabilir. Bize bunca nimetler vermek suretiyle bizi imtihan eden Allah'tan niyaz ederiz ki, bizi kendi rızasına tahsile vesile olan sâlih amellere sevk ve muvaffak eyliye...

Ey Allah'ın kulları! Allah'ın üzerinizde olan nimetlerini hatırlayın, gerek teker teker, gerek çifter çifter oturduğunuz meclislerde bu nimetleri anın. Zira Yüce ve Celil Allah Musa'ya: *«Kavmini karanlıklardan nura çıkar ve onlara Allah'ın günlerini hatırlat.» dedi. Muhammed (s.a.v.)e de: «Şu zamanları hatırlayınız ki sizler yeryüzünde az ve zayıf idiniz.»* **dünya nimetlerinden mahrum idiniz. Allah'ın lûtfuyla O'na inandınız. Şimdi dünya ve âhıret saadetine ulaştınız. Halbuki siz dünyada en dar geçimli ve en câhil bir millet idiniz. Fakat Cenab–ı Hak lütuf ve keremiyle sizleri hür ve zengin eyledi. Artık sizin de O'na şükür ve tâatte kusur etmemeniz icab eder. Çünkü küfranı nimet kadar nimeti soyan bir şey yoktur. Şükür ise nimetin sigortası ve gelişme ve artma sebebidir. Bunlar benim üzerimde iyiliği emir ve kötülüğü yasak etme hususunda Allah'ın bir hakkıdır.»**

HUTBEDE

İrfan denizine gark olmuş din büyüğü ve reisler reisi Hazret–i Ömer (r.a.) hutbede... Gönül tarlalarına mâna incileri yağdırıyor. Buraların ve ötelerin en ince hikmetleri üzerinde konuşuyor... Bir ara topluluğa sordu :

– Ey insanlar! Eğer kötülüğe düşecek olursam, nefsanî ihtiraslar içinde boğulup gidersem bana ne yaparsınız?

Mü'minlerden biri ayağa fırladı ve haykırdı:

– Seni kılıcımızla doğrulturuz!

Hak ve adalet güneşi Hz. Ömer, bu adamı denedi:

– Bu sözleri benim hakkımda mı söylüyorsun? Benim hakkımda böyle bir söz söylemeye nasıl cür'et edebiliyorsun?

Adam, sadece gerçek ve hâlis müslüman, ortalığı yeniden çınlattı :

– Evet, yâ Ömer! Bu sözleri senin hakkında söylüyorum!

O zaman, mukaddes emanetin, devlet reisi heyeti içinde en büyük koruyucusu, derin, nâmütenahî derin ve ılık gözlerini yükseklere kaldırdı:

– Allah'a şükürler olsun ki, eğer yanlış ve kötü yola sapacak olursam, bu milletin içinde beni kılıçla doğrultacak insanlar vardır.

Evet, ne tarihlerin kaydedebildiği, ne de insanoğlunun hayâl edebildiği bu şaffet bu ulvîyet kimde var?

İşte İslâmı öz nefsinde nokta nokta yaşayan insanların gözler kamaştırıcı hayatları... Ve işte günümüzün bedbaht insanı...

❁❁❁

TEVAZUU

Hidayete ermiş ümmetin en ulu rahmeti Hazret–i Ömer (r.a.). Medine'nin nurlu sokaklarından geçmekte... Kadının biri oğluna seslendi:

– Oğlum, savuş oradan, Halife geçiyor!

Başka bir kadın, deminkine hitap etti:

– Ay, bu adam dün sadece Ömer'di; şimdi Halife mi oldu?

Hazret–i Ömer'de tebessümlerin en güzeli. Nur dudakları pırıl pırıl. Tebessüm ve sükûnet, tatlılık ve yumuşaklık içinde, ikinci kadına yaklaştı:

– Size teşekkür ederim, eski hâlimi hatırıma getirdiniz, dedi...

Ve Peygamber Halifesi başı önünde tevekkül ve teslimiyet içinde uzaklaşıp gitti...

❁❁❁

MÜ'MİNLERİN EMÎRİ

MÜ'MİNNLERİN EMÎRİ ünvaniyle ilk anılan hak ve adalet güneşi Hazret–i Ömer'dir. Başlangıçta ona da **«Allah Resûlü'nün Halifesi»** deniliyordu. «**Mü'minlerin Emîri**» ünvanının verilmesi de menkıbelerinin en parlağından. Şöyle oldu:

Vaziyeti öğrenmek için Irak tarafından getirdiği Lebîd Bin Rebiâ ile Abdî Bin Hâtem, nur şehri Medine'ye gelip Peygamber mescidinde Hz. Ömer'i aradılar. Karşılarına şanlı sahabî Amr İbn'ül As çıktı. Dediler:

– Yâ Amr İbn'ül As! Geldiğimizi; Mü'minlerin Emîrine bildir!

Amr İbn'ül As, bu unvanı pek beğendi ve söyleyenlere:

– İsabet ettiniz!... dedikten sonra Halifeler Halifesinin huzuruna çıktı ve ilk defa olarak hitap etti :

– Ey Mü'minlerin Emîri! Irak'tan istediğiniz iki zat gelmiş... Girmelerine izin var mı?

Gönlü Peygamber sevdasıyla dumanlar içinde tüten Hazret–i Ömer (r.a.) istenilen izinden ziyade hitap şekline dikkat etti, asıl iznin bu mevzuda istendiğini anladı, müsaade buyurdu :

– Pek âlâ! Siz Mü'minlersiniz; ben de emîrinizim. Banabundan sonra **«Mü'minlerin Emîri»** diye hitap edebilirsiniz!

Ve artık Hazret–i Ömer (r.a.), bundan böyle mü'minlerin Emîri ünvaniyle anılmaya başladı...

ÇELİKTEN DAHA SAĞLAM İRADE

Din erlerinin ulusu Hazret–i Ömer (r.a.), onbuçuk senelik halifeliğinde, bir nefes bile durmamış, boğuştuğu Fars ve Şarkî Roma'yı dize getirmiş, mânada ve maddede büyük İslâm fetihlerinin, Peygamber sonrası hareket temellerini atmış ve İslâmı Sıddîkı Ekber'in geçirdiği boğazdan uçsuz bucaksız düzlük ve genişliğe kavuşturmuştur...

YENİLİKLERİ

Mukaddes İslâm, bütün iyiliklerin ve yeniliklerin tohumunu ezelden getirip ebede götüren ve bu tohumun hiçbir zaman ihtiyarlamaz ve kurumaz ağacını da dal dal, yaprak yaprak, ışık ışık göstermiş bulunan muazzam kâinat muhasebesi... Elverir ki, ümmet bahçesinin bahçıvanı, ağaca ve dallara tam uygunluk hâlinde, ezelden gelip ebede giden ulvî tohumun içindeki gizli ağaçları da yetiştirebilsin...

İşte Cenab–ı Ömer (r.a.), mukaddes İslâmdaki, ölçüye tam bağlı bu yenilik sırrını en iyi gören, farkeden ve onun için «Faruk» sıfatını taşıyan büyük sahabîdir...

Bütün insanoğluna Allah müjdesini getiren Peygamberler Peygamberi :

« – Eğer benden sonra bir Peygamber olaydı, muhakkak Ömer İbni Hattab olurdu.» [11]

Ve yine :

– Cenab–ı Allah, gerçeği, Ömer'in lisanı ve kalbi üzere yarat'tı. O Faruk'tur. Allah, onunla, hak ile bâtıl

11 Camiussağir.

arasını ayırd etti.[12] buyurduğu büyük insan,,muhteşem adalet ve hakkaniyet örneği Hazret–i Ömer ki, ilk İslâm devletini esaslandıran, O...

«**Beytülmal**» adlı İslâm Hazinesini ilk kuran, O... Geceleri uyumayıp şehri, köşeyi, bucağı gezen ve ilk zabıta fikir ve teşkilâtını getiren. O...

Heybetiyle bütün dünyayı titreten, adaletiyle güneşler gibi parıldayan, herkese hakkını veren, çalışma odasında iki mum bulundurup birini devlet işleri için, diğerini şahsî işi için kullanan, O...

İslâm'da defter ve dîvanı icad eden, ilk muhasebe ve sistem temeline yol açan, O...

Dört Tekbir ile cenaze namazı kılınmasına ilk reyi veren O...

Teravih namazını ilk defa cemaatle kıldıran ve bütün sahabînin coşkun tezahüratına sebebiyet veren, O...

Hicvi yasak eden ve Peygamber sahabîleri arasında bütün dünyaya ilk ve son adalet örneğini bağışlayan, O...

Koca karıya hamallık yapan, yetimlere çorba kaynatıp yediren, Beytül mala ait develeri timar eden, O...

Eşsiz adaletiyle düşmanlarını bile hayretlere düşüren, O...

«Kenar-ı Dicle'de bir kurd aşırsa bir koyunu,
Gelir de Adl'i İlâhî sorar Ömer'den onu!»[13]

Diye göz yaşları döken, O...

Yol üstünde bir karınca ezilse,
Yine Ömer mes'ul hiç değil kimse...

Diyerek canı gönülden âh-u figan eden, O!... yine O büyük, o muhteşem, İran ve Tahran'ın cesur Fatihi, başı Allah'tan başkasına eğilmeyen, cihan krallarını dize getiren, Yüce Faruk'a bir gün, adamın biri:

– **Allah'tan kork yâ Ömer!** dedi.

---

12 Süyûtî. Câmiü'l-Kebir.

13 M. Akif Ersoy.

Hazret–i Ömer, hak ve adalet güneşi, hayvanından sür'atle inip iman aynası berrak yüzünü yerlere koydu, toprağa sürdü, gözünden billur billur yaşlar akıtarak mırıldandı:

– Ömer'de kim oluyor ki Allah'tan korkmasın?

HASSASİYET:

Cennet ehlinin aydın ışığı, Allah Resûlü'nün halifesi ve müminler topluluğunun en büyük başı Hazret–i Ömer (r.a.), bir gün devlete ait Hazineyi taksim ediyordu. Küçük kızı içeri girdi ve oradan bir dirhem alıp çıktı. İşin farkına varan halifeler halifesi, kızın peşinden koştu, hattâ kızın başından çarı düştü...

Kızın gözlerine yaşlar hücum etti ve damla damla akmaya başladı. Kız, ağlayarak eve girdi ve dirhemi ağzına sakladı...

Adalet tahtının Sultânı Hazret–i Ömer (r.a.), kızı ensesinden tuttu ve parmağını ağzına sokup parayı aldı ve gök gibi gürledi:

– Ne Ömer'in, ne de çocuklarının yakın ve uzak bütün Müslümanlardan fazla bir hakkı vardır!...

Hak ve adaletin bu derecesi...

❁❁❁

O Cenab–ı Faruk (r.a.), Kâbe mumu gibi sabahlara kadar yanar ve seccadesi ıslanıncaya kadar gözyaşı dökerdi... Onun bütün işi adaletti, onun gönlü bilgiden meydana gelmiş bir denizdi; imanı da pınar pınar çağlıyordu... O, o kadar yüce bir gönüle sahipti ki, Cennetler bile ona müştaktı... Allah'ın Resûlü bir gün ona şöyle dedi:

– İsrâ ettirildiğim *(Mirac'a gittiğim)* **gece, Cennet'te bir köşk gördüm. Etrafında bir câriye vardı.** *«Burası kimindir?»* **diye sorduğumda, Ömer'indir, dediler. İçine bakmak istedim; fakat yâ Ömer, kıskançlığını hatırlayarak vaz geçtim.** [14]

---

14 Buharı ve Müslim Hz. Cöbir'den rivayet etmişlerdir.

O ân Hazret–i Ömer'in gözlerinden yaşlar boşandı ve şöyle dedi:

– Size karşı da kıskançlık mı duyacaktım, ey Allah'ın Resûlü?...

Kâinatın Efendisi çiçek çiçek bir tebessümle etrafına nur dağıtıyordu... Ve Hazret–i Ömer (r.a.), bu nuru nefes 'nefes içine çekiyordu...

ONDAN ŞEYTAN BİLE KAÇIYORDU

Saadet devrinde bir gündü. İrfan denizine gark olmuş din büyüğü yüce Faruk (r.a.), varlığın sebebi olan Peygamberin huzuruna girmek için izin istedi. İçeride, Allah Resûlü'nün nur bağışlayan huzurunda ondan daha yüksek sesle konuşan kadınlar vardı. Kadınlar, Hazret–i Ömer'in içeri gireceğini anlayınca hemen' kendilerine çeki düzen verdiler ve bir kenara çekilip sustular. Kadınların bu hâline Allah'ın Resûlü tebessümle baktılar. O anda da Hazret–i Ömer içeri girdi. Kâinatın Efendisinin Cennetler gibi tebessüm ettiğini görünce, sebebini sordu ve dedi :

– Anam, babam size feda olsun ey Allah'ın Resûlü, niçin güldünüz?

Nebiyyi Muhterem şöyle buyurdular:

– Şu yanımda bulunan kadınlara şaştım. Senin sesini duyar duymaz hemen toplanıp kendilerine çeki düzen verdiler.

Hazret–i Ömer (r.a.) :

– Ey Allah'ın Resûlü, dedi; siz benden ziyâde hürmete lâyıksınız.

Ve kadınlara dönüp sordu :

– Ey nefislerine düşmanlık edenler, Allah Resûlünden korkmuyor da benden mi korkuyor sunuz ?

Kadınlar fısıldadılar:

– Evet, yâ Ömer; ondan korkmuyor ve senden korkuyoruz. Çünkü onun tabiatı yumuşaktır, sen ise çok celallisin...

Bunun üzerine kâinatın Efendisi :

– Ey Hattâbın oğlu, dediler; nefsim yed'i kudretinden bulunduran'Allah'a yemin ederim ki, şeytan herhangi bir yolda seninle karşılaşırsa hemen yolunu değiştirir ve senin gittiğin yoldan başka yola sapar, yâni şeytan bile senden korkar.»[15]

Sonsuzluk Nebisi bir başka zaman Hazret–i Ömer'e, şöyle demiştir:

– Yâ Ömer, eğer ben gönderilmeseydim, sen Peygamber olarak gönderilirdin.

İşte hayatı baştan başa nur, iman dolu olan yüce Faruk (r.a.)

AFVA SARIL

Şu kâinat dediğimiz varlık sadefinin adalet sultanı Hazret–i Ömer bir gün şöyle dedi:

– Muttaki olan hiddetini yener, Allah'tan korkar, her istediğini yapmaz. Eğer kıyamet olmasaydı manzara gördüğünüzden çok başka olurdu.

Hazret–i Ömer (r.a.) bu sözü nefsinde bizzat tatbik edenlerdendi Bir gün câhil bir adam onun huzuruna gelerek çıkıştı:

– Yâ Ömer, yemin ederim ki sen adaletle hükmetmiyor ve herkese hakkını vermiyorsun...

Cenab–ı Ömer (r.a.)in yüzünde celâl şimşeği ve gazap gazap damar... Tam o ân bir başkası ona hitap etti:

– Yâ Ömer, Aziz ve Celîl olan Allah'ın :

«– Afva sarıl, mârufu emret ve câhillerden yüz çevir.» [16]

---

15 Muhâri ve Müslim.

16 A'raf: 199.

Âyetini duymadın mı? İşte bu adam câhillerden biridir. Denizler gibi köpürüp taşmış ve hiddeti mızrak mızrak kabarmış olan Hazret–i Ömer hemen sakinleşti ve mırıldandı:

– Doğru söylüyorsun!...

İşte İslâmın altınla doldurduğu kalblerdeki saffet ve ulviyet!...

❁❁❁

Yine birgün, Halifeler halîfesi bir sarhoşu yakaladı ve onu cezalandırmak için harekete geçti. Fakat sarhoş adam birden köpürdü ve ona karşı kötü söz söyledi. Hak ve adalet güneşi Hazret–i Ömer (r.a.) hiç kızmadı ve sarhoş adamı serbest bıraktı. Kendisine hayretle bakanlara da şöyle dedi:

– Ben ona Allah için ceza verecektim, fakat o bana hakaret edince, araya bir de şahsiyet girdi. Şahsım sebebiyle kimseye ceza vermek istemem!

Ey insanlık, buna ne buyurursun? Ufak bir sözden ayranlığı kabaran ve çekip adamı vuran nice medeni (!) insan var ihtiyar dünyamızda...

İnsanlık âlemi İslâm pınarından ebediyyet iksiri içmedikçe iki cihanda da perişan olmaya mahkûmdur...

BENİ DİNLEYİNİZ

İrfan denizine gark olmuş din büyüğü Peygamber mescidinde ve minberde, gönül tarlalarına gayb incileri yağdırıyor:

– Ey Allah'ın Resûlü'nün sahabîleri! Beni dinleyiniz; size söyleyeceklerim var...

Cemaatten biri ayağa fırlıyor :

– Dinlemiyoruz seni yâ Ömer, çünkü ganimet kumaşlarını müsavat üzerine taksim edeceğine söz vermiştin. Halbuki o kumaştan ben cılız vücuduma bir entariyi zor yaptım, sen o müheykel cüssene nasıl cübbe çıkardın?

İmanın, insafın, adaletin, merhametin, hakşinaslığın Tacı Cenâb–ı Ömer (r.a.) kızmadı bile... Gayet tabiî olarak, imanlı gözlerini cemaatin üzerinde gezdirdi ve oğlu Abdullah'ı görünce seslendi :

– Abdullah, ben bu cübbeyi ancak senin bağışladığını, kendi hissemle birleştirip yaptım, yoksa ganimetten halife olarak bir santim dahi fazla almadım değil mi ?

Abdullah cevap verdi :

– Vallahi, babamın dediği doğrudur!

Ayakta duran ve itiraz eden zat ortalığı çınlattı:

– Şimdi konuş yâ Ömer! Seni dinleriz ve sana itaat ederiz!

❁❁❁

İnsanlık buna ne buyurur? Kâinat kurulalı, tarih böyle bir sahne tesbit etmiş mi ?

İşte «**Faruk**» sıfatlı din büyüğü... İslâmı bütün kâinata takdim edip kulelendiren Reis... Allah ondan razı olsun!...

ADALET TEK

Din emrinde ve ölçüde, hiç kimseye zerrece müsamaha etmezdi. Hz. Ebû Bekir (R:A.) devrinde bir sene kadar kadılık yaptı ve bu müddet içinde dâvaya iki kişi bile gelmedi...

O öyle bir din eri ki, herhangi bir yasak koyacağı zaman, onu herkesten evvel kendi nefsinde ve evinde en büyük bir şiddetle tatbik ederdi:

– Ben filân işi yasak ettim. Sakın onu içinizden biri işlemesin. Cezasını iki misli veririm!

Kanaatta ve adaletini öz nefsine her şeyi esirgemek suretiyle göstermekte eşsiz... Devlet hazinesinden aldığı, iki dirhem gündelikten ibaretti, bütün geçim vasıtası...

Dünya, bütün nimetleriyle o'na geldi, o, dünyadan bucak bucak'bütün gönül servetiyle kaçtı... Hırkasında, bir rivayete göre

12. bir rivayete göre de 21 yama... Yattığı zaman yastığı toprak, yatağı kum...

❁❁❁

HAKKANİYET

Nur asrı bütün ihtişamiyle âlemleri yıldız yıldız ışıldatırken adamın biri Hazret–i Ömer'i dâva etti... Hâle bakın; işi görün, dâvâlı hâkiminin karşısına çıktı. Hakim, Müslümanların en büyük başına ve Allah Resûlü'nün Halifesine yakınındaki bir yeri göstererek:

– Ey Mü'minlerin Emîri! Buyurun, şu yakınıma gelin! Dedi:

Hak ve adalet güneşi Hazret–i Ömer (r.a.) bu sözü işitir işitmez parmağını hâkime uzatıp haykırdı:

– Gözünde hak ve onun tevzi noktasından, insanların en âdisiyle islamların Halifesi birbirine müsavi olmazsa, sen; hiçbir vakit hâkimlik mevkiine lâyık olamazsın! Bana yanında yer gösterişini, tarafgirliğinin ilk alâmeti sayıyorum, Kelâmullah nâmına hükmeden hâkimin vazifesi, Halifeye hürmet değil, Allah'ın emrini yüceltmektir!

Şanlı Halifenin bu kadar hiddet ve gazabına rağmen, Hâkim Zeyd Bin Sabit (r.a.) gayet sakin... Halifeye tane tane cevap veriyor:

– Ey mü'minlerin Emîri! Size yakınımda yer gösterişim, tarafınızı tutacağım mânasına değildir. Çünkü Allah'a ve âhiret gününe îmânı tam olan bir hâkimin taraf tutmasına imkân yoktur. Sizi yakınıma şu sebepten çağırdım. Vereceğim hükümlerin âhirette beni mahkûm etmemesi için azamî derecede dikkatli olmaya mecburum... Bunun için de ifade alırken, şikâyet edileni en yakınıma çağırıyorum; suallerime cevap verdiği zaman göz ucu ile hep onu süzüyorum ki suçlu

hâleti ruhiyesinde olup olmadığını daha sağlam olarak tesbit edeyim!

Hâkimdeki bu ulviyyet Halifeler Halifesini çok memnun etti. Hz. Ömer (r.a.) ellerini ulvîlik âlemlerine kaldırıp şöyle dua etti:

– Ey Rabbim! Görüyorsun ya, ne Halifeyim diye hususi bir muamele istiyorum, ne de senin Kelâmınla hükmedenler halifeden korkarak iltimas etmek fikrini taşıyorlar... Hâkimlerine baskı yapan devlet reislerinden olmadığım için sana ne kadar hamdü senalar etsem azdır... Hamd de, sena da sana mahsus ey Allah'ım!..

Ve îman dudaklarından şu mealde bir hadisi şerif dökülüyor:

– İnsanlarda iki sınıf var ki, onlar iyi olurlarsa bütün insanlar iyi olur. Onlar kötü olurlarsa bütün insanlar kötü olur... Onlar da (âlimlerle) (âmirler)dir....

***

ULVİYET

Peygamber beldesi Medine'ye bir iki saatlik mesafede bir yer... Kırda bir kadın, beli bükük, rengi uçuk, yüzünde tırmık tırmık acı... Altında çalı çırpı yanan bir tencereyi habire karıştırmakla meşgul... Yanıbaşında da hüngür hüngür ağlayan, **«ekmek, ekmek!»** diye tepinen üç çocuk...

İnsanlar hakkındaki «**Büyük**» tâbirinden çok daha büyük Hazret–i Ömer (r.a.) kadına hitap etti:

– Ne yapıyorsun orada, çocuklar niçin ağlıyor?

– Ne yapacağım, dert pişiriyorum! Kaynar suyu boş yere karıştırıyorum! İki gündür ağızlarına tek lokma koymamış olan çocuklar çorba pişiyor sansın da seslerini kessin diye...

Cenâb–ı Ömer'in beynine' bir şimşek düştü, sanki bütün kâinat, dağ taş, kum, çakıl... Hepsi üstüne yığılıvermişti... Ömer, bu yükün altından nasıl kalksındı...

Yıldırım hızıyla geriye döndü... Gözlerinde ırmak ırmak yaş, Peygamber beldesine girdi... Taşıyabileceği kadar un, yağ, hurma alarak bunları sırtladı ve yola revan oldu... Alnında yıldız yıldız ter, sırtında koca çuval... Ömer iki büklüm koşuyor...

Halifeyi arkasından takip eden kölesi yalvara dursun:

– İzin ver, ey Mü'minlerin Emîri, çuvalı ben taşıyayım!

– Hayır, Hayır! Kıyamet gününde benim yüküme ortak olacak değilsin!

Hidâyete ermiş ümmetin Halifesi Hazret–i Ömer (r.a.), kadının yanına çuval sırtında geliyor. Gıdaları teslim ediyor. Kadının neş'e ve saadetten uçuşunu mahzun gözlerle seyrediyor. Ateşi bizzat kendisi yakıyor. Yemek pişirilip çocuklar karınlarını doyuruyor, artık gözleri kuru, cıvıl cıvıl oynamaya başladıktan sonra, kadın ellerini ulvîlik âlemlerine açıp tâ gönlünün içinden şu çığlığı koparıyor:

– Ey ulu kişi! Allah sana mükâfatını versin! Ömer'in oturduğu makama sen lâyıksın, o değil!

Ve büyük Sultan, Cennet ehlinin kandili Hazret–i Ömer (r.a.), Ömer'in kendisi olduğunu söylemeden, inci gibi gözyaşlariyle süslü gözler ve gözlerinde gölge gölge düşüncelerle Nur şehri Medine'ye dönüyor...

Ve ertesi günü ilk iş olarak devlet hazinesinden bu kadına maaş bağlıyor...

Bu derecede ulvîlik...

❁❁❁

ÖLÇÜ

Büyük ve şanlı Sahabîlerden Ebü Musa el Eş'ari'ye gönderdiği nâme, kaza, ve adalet ölçülerinin bütün ruhunu çerçeveler :

« **– Kaza, adaletin yerini bulması, muhkem bir farzdır; ve herkesçe uyulacak bir sünnettir. Senin karşında, meclisinde ve adalet huzurunda birbirine müsavi**

olmayacak bir kimse bulunmasın... Zayıflar, adaletten ümitsizliğe düşmesin... Kuvvetliler de, senden taraflılık beklemesin... İddia eden, ispat etmeye mecburdur. İnkâr eden yemine davet olunur. Sulh, caiz ve makbuldür. Elverir ki haramı helâl, helâli de haram kılan bir şey üstünde olmasın. Kitap ve Sünnette bulamadığın noktalar üzerinde, idrak ve vicdanına baş vur! Birbirine benzeyen ve uyan şeylere dikkat et ve aralarında bir kıyas yap! Bir kimse delil göstermek isterse ona zaman ve imkân bağışla! Her Müslüman, adalet ehliyetinin bütününe mâliktir. Tek, yalan yere şahitlikten, veraset ve vesayet işlerinde suistimalden ve benzerlerinden mahkûm olmuş bulunmasın...»

Ölçünün hak ve hukukun bu derecesi

❁❁❁

Evet, İslâm hukuku, hakkın tâ kendisiyken ne oldu da böyle olabildik? Ve ne oldu da hukuk nâmına yollarda nâra atanlar türedi?

KANAATİN BU DERECESİ

Hazret–i Ömer (r.a.) Halifedir. Kendisini ziyarete gelen Kabile Reislerinden Ahnef'i yemeğe davet etti:

– Ey Ahnef, soframıza buyur!

Ahnef, Reisler Reisinin sofrasında. Gözleri hayret ve dehşetten açılmış... Gördüğü manzara ve bu manzaradaki ulvilik...

Halifenin sofrasında ağaç tekneye konmuş arpa ekmeğiyle, küçük bir çanak içinde üç beş kaşık zeytin yağı... Halife sofrası böyle olur mu?

Ahnef, bu düşünceler içinde Halifenin huzurundan ayrılınca soluğu Hz. Ömer'in kızı Hafsa'nın yanında aldı ve dedi:

– Ey Hafsa! Mü'minler emîrini ziyarete gitmiştim, sofrasında arpa ekmeğiyle zeytin yağından başka bir şey görmedim. Halbuki devletin Reisi, İslâm topluluğunun en büyük başıdır. Kendisine ne kadar maaş bağlansa hakkıdır. Zira, Müslümanlardan hiç kimse ona ses çıkarmaz. Sofrasının çeşidini çoğaltıp, yemeğinin sayısını arttıracak bir aylığı devlet hazinesinden almalıdır. Ben o gün söyleyemedim, fakat siz bir fırsatını bulup da söylerseniz iyi olur...

Ahnef'i dikkat ve hassasiyetle dinleyen îman kadını Hz. Hafsa (r.a.) bekler ve 'bir fırsat yakaladığı an deşilir:

– Aziz babam! Sizin durumunuz Ahnef'in tuhafına gitmiş, bir devlet Reisi kendisine lâyık şekilde maaş alıp sofrasında birkaç çeşit yemek bulundurmalıdır, diyor. Siz ne dersiniz?

Büyükler büyüğü Cenâb–ı Ömer'in gözlerinden billur billur yaş, beyaz sakalına aşağı iplik iplik inmede, Hz. Ömer, en taşkın vecd içinde şöyle demekte:

– Bak â canımın içi kızım! Hayat anlayışlarında ittifak eden üç kişiyi düşün. Bunlardan biri, söylediği gibi yaşayarak ebediyyete gitmiştir. İkincisi de (Ebu Bekir) onu aynen takip etmiştir. Üçüncüsüne (Ömer) e düşen de onları takip etmek iken o, yolunu değiştirip, bir başka tarafa saparsa evvelkilerin vardığı yere varabilir mi?

Hayır babacığım!

– Öyleyse gözünü aç... Allah'ın Resûlü bizim hizmet anlayışımızı en ince noktasına kadar göstermiş, gösterdiği gibi de bizzat kendisi yaşayarak aramızdan ayrılmıştır. Ebu Bekir'de O'nu aynen takip etmiş, izinden bir nefes bile ayrılmamıştır. Bana düşen de onları takip etmektir. Nasıl reva görürsünüzki, idare ettiğim insanların sofrasında bulunmayan çeşitli yemeklerle soframı süsler, onlardan ayrı hayat yaşar, onlar gibi

giymez, onlar gibi kanaat etmem? Onların kaldıramayacağı kadar kendime maaş bağlayamam!

Ve gökleri eritecek şekilde tane tane şöyle konuştu:

– Halk bizi bu makama daha çok maaş alsın, daha çok çeşitli yemek yesin diye getirmemiştir. Burası (nefse) değil, (nâsa) hizmet yeridir. İnsanlara hizmet ettiğimiz müddetçe Kâinatın Efendisini takip etmiş oluruz, insanları bırakıp nefsimize hizmete başladığımız da ise, nefsin yolundan gitmiş oluruz. Hak dururken, bâtıla nasıl yapışalım?...

❁❁❁

CEZA

İrfan denizine gark olmuş din büyüğü Hz. Ömer (r.a.), nur yatağı Medine'nin bir caddesinden geçerken, kalabalıklar arasından herhangi bir adam bağırdı:

– Yâ Ömer! Memurlarının hareket tarzını çerçeveleyen birkaç kanun ve Ölçü koyduğun için, yarın Allah'ın gazabından kurtulacağını umuyor musun? Haberin var mı ki, Mısırdaki âmirlerden Ayyad Bin Ganem ipekli elbiseler giymekte ve kapısında nöbetçiler kullanmaktadır!

İmanın billûrlaşmış nurdan Âbidesi Cenâb–ı Ömer (r.a.), hemen Mısıra bir memurunu gönderdi:

– Koş, Ayyad'ı ne şekilde bulursan öylece al getir!

Memur, Mısır istikametinde uçtu. Mısır'a varınca, gerçekten Ayyad'ın ipekli elbiseler içinde ve muhafızlar arasında olduğunu gördü. Onu öylece alıp nur yatağı Medine'ye getirdi.

Reisler Reisi, Ayyad'ı görür görmez, sırtındaki ipekli elbisesini çıkarttırdı, ona kıldan örülmüş sert bir aba gösterdi ve onu bundan böyle çölde bir sürü koyun gütmekle vazifelendirdi. Ayyad'ın bu vazifeyi ölümden daha ağır bulduğunu görünce de şu cevabı verdi:

– Niçin bu işi kendine lâyık görmüyorsun? Baban, bir çoban olduğu için kendisine «Ganem» adını almadı mı?

Ayyad, artık ölünceye, kadar doğruluktan ve uygunluktan ayrılmadı...

❁❁❁

Hazret–i Ömer'in, memurlarına bir hitabesinden bir parça :

– Sizi, saltanat sürmeniz, insanlara tahakküm ve tekebbür göstermeniz için bu işlere kayırmadım. Siz, doğru yolda rehber olacak ve herkesi kendinize uyduracaksınız. Öyleyse Müslümanların haklarını yerine getiriniz! Müslümanlara fena muamele etmeyiniz ki, küçüklüğe düşmesinler. Müslümanları lüzumsuz yere pöhpöhlemeyiniz ki, şımarmasınlar!.. Kapılarınızı onların yüzüne kapamayınız! Sonra kuvvetlileri, kuvvetsizlerini yer. Kendinizi onlardan üstün tutmayınız! Sonra zulüm alır yürür!..

Hazret–i Ömer'in her memuru, iş başına geçirileceği zaman, reisinin huzurunda bir takım taahhüdlere girerdi. Kapısında lüzumsuz maiyet kullanmamaya, süslü püslü, ipekli sırmalı kılıklara bürünmemeye vesaire... Ve her memur, vazifeye başlamadan önce bütün varını yoğunu hükümete kaydettirir, bu kayıtlar dikkatle muhafaza edilir, ileride bu memur birdenbire ve umulmadık tarzda zenginleşiverince hakikat kolayca anlaşılırdı...

İçimizden şöyle seslenmek geldi :

Gayesiz olur mu hiç fanî âleme geliş?
İslâmı tam olarak yaşamaktır büyük iş!..

❁❁❁

Hz. ÖMER'DEN HALKA HİTAP :

Ebedî olarak zulmün kapısını kapayanı, insaf ve hakkaniyet pınarlarını çağlatan Yüce Faruk bir yere bir vali tayin ettiği zaman halka şöyle bir mektup yazardı :

– Bu vali size Allah ve Resûlü'nün emirlerini tebliğ ederse ona boyun eğiniz! Hak ve adaletten ayrılmadığı müddetçe onu destekleyiniz. Din ölçülerini aşacak bir taşkınlıkta bulunursa itaatiniz gerekmez!..

Rikkat ve merhamet mâdeni, Hak ve adalet güneşi Hazret–i Ömer (r.a.), kutlu sahabi aşk ve vecd adamı Hazret–i Huzeyfe'yi Medayin'e vali tayin edince Medayin halkına :

– Ey Medayinliler! Huzeyfe'yi size vali olarak gönderiyorum, ne isterse onu derhal yerine getirin! demiş ve şart ileri sürmemişti... Bunun da sebebi şu idi: Hz. Huzeyfe (r.a.), Sahabilerin ulularındandı. Allah Resûlü'nün sevgisiyle bahtiyar olmuş ve Kâinatın Tâcı'nın sırdaşı olmak saadetini kazanmıştı. Yani gökler dolusu saadet başına konmuştu... Peygamberler Peygamberi istikbâlde vuku bulacak bütün hâdiseleri bu îman kahramanına haber vermiş, sahabîlerin arasına karışan zehirli adamları –Münafık– bile ona tek tek göstermişti.

Allah Sevgilisi tarafından kendisine tevdi edilen sırları iyice muhafaza edip sokağa dökmemekte tam bir ehliyet gösteren bu Ulu Sahabîyi hak ve adalet güneşi Hazret–i Ömer (r.a.) dikkatle takip eder, onun kıldığı cenaze namazına kendisi de iştirak ederek bu mevtanın münafıklardan olmadığını böylece öğrenmiş olurdu.

Hatta çok zaman derdi ki:

– Ey bakış ve görüş sahibi Huzeyfe! Ömer'de münafıklıktan bir şey görüyor musun? Ayıbımı yüzüme karşı söyleyen bana zulüm etmemiş, aksine bir armağan getirmiş demektir!

Ondan şu cevabı alırdı:

– Yâ Ömer! Senin gibi îman eri âlemde bulunmaz!..

Muazzez Sahibi Hz. Huzeyfe (r.a.) Bedir'den başka bütün cihadlarda bulunmuş, nice kâfirlerin ciğerlerini delmiş, Hendek savaşında da düşmanın durumunu tetkik için çıkarılan müfrezeye Âlemlerin Efendisinin emriyle kumandanlık etmiştir. Bu sebeple Cenâb–ı Ömer (r.a.), ona ayrı bir kıymet verirdi ve vali tayin edince de hiçbir şart ileri sürmemişti.

Hz. Huzeyfe, Medayin halkına Halifenin mektubunu verince Medayinliler dediler ki:

– Ey bakış ve görüş sahibi! Artık bizim valimiz oldun, ne emredersen derhal yerine getireceğiz!

İç gözlerine İlâhî nurun sürmesi çekilen Peygamber Sahabîsi Huzeyfe (r.a.) halka şöyle hitabetti:

– Ey Medayin'liler! Sizden sadece şu hayvanımın muhafazası için bir yer, bana da başımı sokacak kadar bir oda vermenizi istiyorum, başka hiçbir isteğim yoktur!

Valinin bu îman asaleti halkın gözlerini yaşartmıştı...

❁❁❁

Aradan nice zaman geçti. Reisler reisi Hazret–i Ömer (r.a.), bir mektup yazarak Huzeyfe'yi Peygamber beldesi Medineye davet etti. Bu büyük bir imtihan idi. Bakalım Ömerin hiç şart koşmadan halka takdim ettiği bu vali imtihanı kazanabilecek midir?

O bakış ve görüş sahibi Hz. Huzeyfe (r.a.) Cenâb–ı Faruk'un dâvetine icabetle Perşembe günü ikindi namazından sonra Medine'de olabileceğini bildirdi.

Hak ve adalet güneşi Cenâb–ı Ömer (r.a.), aynı günün ikindi üzeri Medayin yolu üzerine çıkıp bir hurmalığa gizlendi... Vali olarak gönderdiği Huzeyfe'nin nasıl geleceğini merakla beklemeye başladı. Nihayet ufukta nokta kadar bir karartı gördü. Biri gittikçe kendisine doğru yaklaşıyordu.

Kimdi bu?

Bir ihtiyar!

Hz. Ömer'in gözleri ihtiyarı süzmekte... Bu ihtiyarın kim olduğunu dikkatle tetkik eden Halife, bunun aynı eşeğin üzerine bindirerek Medayin'e vali olarak gönderdiği Huzeyfe'nin tâ kendisi olduğunu sevinç içinde gördü. Saklandığı hurmalıklardan çıkarak aniden yol üstünde belirdi ve Hazret–i Huzeyfe'yi coşkun bir sevgi ile kucakladıktan sonra tane tane konuştu :

– Ey deniz huylu Huzeyfe! Biz birbirimizin kardeşiyiz! Yüce Allah'a hamd olsun' ki, seni nasıl gönderdimse öylece geliyor buldum. Bulunduğun mıntıkanın halkından makamının baskısıyla bir şey talep etmediğini görmüş olmanın bahtiyarlığı içindeyim!..

Hz. Huzeyfe'nin yüzünde benek benek nur. Tatlılık ve yumuşaklık içinde gülümsüyor...

❁❁❁

İNSAF:

İç gözlerine İlâhi nurun sürmesi çekilen Cenâb–ı Ömer (r.a.), bir gece Nur şehri Medine'nin kıvrım kıvrım uzayan sokaklarında dolaşıyor. Halkın saadet ve selâmetini temin için bekçi... Gecenin geç saatlerinde bir evin önünden geçmekte Cephedeki bir askerin evi, askerin hanımı, dilinde ahenk çağlayan bir şiir:

– Gece uzuyor ve kararıyor, yanımda bir dost yok!

Reisler reisi irkiliyor... Hemen evine koşuyor, kızı Hafsa'ya hitap ediyor:

Canımın içi kızım! Bir kadın en çok kocasından kaç ay ayrı kalabilir

Dört ay, aziz babam!

Büyükler büyüğü ertesi gün kumandanlarına şu haberi uçuruyor :

– Askerlerin dört aydan fazla evlerinden uzak kalmaları hoş değil, kendilerine izin veriniz!

Saffet ve hakikat yatağı bir kalbe mâlik olan Yüce Faruk'un işi gücü adaletti. O, kâh kerpiç dökerdi, kâh diken sökerdi, kâh koca karıya hamallık yapardı, kâh çöllerde deve güderdi. Saka gibi su kırbasını taşır, yetim çocuklara gece vakti yemek pişirirdi. Din işi onun eşsiz adaletiyle kemâle erdi. Müslümanlık onun himmetiyle âleme yayıldı. Küfür, O'nun gayretiyle tepelendi. O cennet mumuydu, cennet ışığıydı...

O şanlı Halife, adalet kılıcını bir çekti mi, ne evlâd tanırdı, ne baba... Allah, adalet ve insafı onunla tamamlamış...

Bir gün, şanı yüce Faruk Müslümanların işi ile meşgul olduğu mütevazi odasında oturuyordu. Bu sırada masum efendi Hazret–i Osman (r.a.) içeri girdi:

– Esselâmü aleykûm ey Mü'minlerin Emiri! dedi.

Lâkin Hazret–i Ömer cevap bile vermedi. Hazret–i Osman'ın hayret gözleri açılmış onu süzmekteydi... Nihayet Mü'minler Emiri elindeki mektubu bitirdi. Yanmakta olan mumu söndürdü **«Ve aleyhümüsselâm, yâ Osman,»** dedi...

Hazret–i Osman (r.a.), bunun sebebini sordu :

– Yâ Ömer! Niçin mum yanarken selâmıma karşılık vermedin?

– Yâ Osman! Bu mum Beytülmalındır. Bunda bütün müslümanların hakkı vardır. Bu mumu müslümanların işlerini görmek için yakıp mektub yazdım. Onun için bu mumun ışığında selâmını alamadım. Kıyamet günü müslümanların benden haklarını istemelerinden ve Allahın benden sual sorup cevap veremeyeceğimden korktum!.

İlâhî korkunun bu derecesi...

❁❁❁

Evet, bir mislini ne tarihin bildiği, ne de insanoğlunun hayâl edebildiği bir tablo... Hz. Ömer'in adalet âleminde eşi örneği yoktur...

MAZİYİ ANIŞI

İrfan denizine gark olmuş din büyüğü Hazret–i Ömer (r.a.). Halife iken Hacca gidiyordu. Mekke yakınlarına geldiğinde belli başlı bir noktada devesini durdurdu ve eliyle etrafı göstererek şöyle dedi:

– Ben bir zamanlar şu vadide babam Hattab'ın develerini güderdim! Şimdi Allah beni Müslümanların başına geçirdi.

Ona sayısız hamd ederim!.,

Halife sıfatı içinde bu derece tevazu...

HASSASİYET

Gönüller aydınlatan Cenâb-ı Ömer (r.a.) devrindeki meşhur kıtlıkta, et ve yağ gibi şeylerden hiçbirini yemedi ve daima şöyle dua etti:

– Ey Rabbim! Benim günahlarım yüzünden Muhammed ümmetine azap çektirme!

Eslem isimli Sahabî diyor ki:

– Eğer kıtlığın tesiri tez zamanda hafiflememiş olsaydı.

Ömer yoksulların hâlinden duyduğu teessürle mutlaka ölürdü.

Merhametin bu derecesi...

❁❁❁

Hazret–i Ömer (r.a.), bir gün, sadaka isteyen bir ihtiyara rastladı. Bu zat. İslâm idaresi altına girip de Müslümanlığı kabul etmeyenlerden biri. Müslümanların idaresinde müslüman dışı bir tebaa.

Halifeler halifesi sordu :

– Niçin dileniyorsun?

Cevap aldı:

– Cizye verdim. Bütün malım mülküm gitti... Bundan sonra cizye verecek hiçbir kazanca sahip değilim!..

Gönüller aydınlatan koca Halife, ihtiyarı peşine taktı. Müslüman cemaatının hazinesine götürdü, ona bir tahsisat bağladı; sonra etrafına dönüp gökleri eritecek şekilde tane tane konuştu:

– Genç, verimli ve kuvvetliyken bunların çalışmalarından faydalanıp, ihtiyarladıkları zaman onları sokağa atmak hakkına mâlik değiliz!..

❁❁❁

Bir şehrin fethinde imzalanan muahededen bir madde:

«İhtiyarlar çalışmayacak hâle gelir, bir kazaya uğrar, yahut mallarını kaybederler de yardıma muhtaç vaziyete düşerlerse cizyeden affedilirler ve Müslümanların memleketlerinde kaldıkları kadar onların yardımı altına girerler. Fakat başka bir memlekete hicret edecek olurlarsa, müslümanlardan yardım borcu kalkar...»

İşte islâmdaki saffet ve asliyet...

DOĞRULUK ASABİYETİ

Hak ve adalet güneşi Hazret–i Ömer'in kızı Hazret–i .Hafsa ganimetten payını istemek için Halife babaya müracaat etti ve ondan şu cevabı aldı:

– Kızım! Benim şahsî malım üzerinde hakkın olabilir. Fakat bu para, hazinenin ganimet dairesine aittir. Benim şefkat duygularıma hitap ederek beni yenmeye çalışma!

Hazret–i Ömer'in zevcesi Bizans imparatoriçesine bir takım kaplar içinde ıtırlar hediye etmişti. İmparatoriçe aynı kapları mücevher ile doldurarak iade inceliğini göstermişti. Itırları götüren ve mücevherleri getiren süvari bir devlet memuruydu ve devlet adına hareket etmişti. Şeriat güneşi Hazret–i Ömer (r.a.), bu incelikleri zevcesine anlattı; mücevherlerin Müslümanların hazinesine ait olduğunu izah etti, mübarek kadın da bunu derhal kabul ederek îman asaletini gösterdi.

İnceliğin bu derecesi...

❁❁❁

Bir gün de şânı yüce Faruk hastalandı Doktorlar bal kullanmasını tavsiye ettiler. Fakat öyle bir mevsimdeydiler ki, çarşıda bal yoktu. Yalnız devlet depolarında yığın, yığın kutu kutu petek petek bal vardı... Âdil halife, halkı topladı ve tedavi maksadiyle bir parçacık bal almak için kendilerinden müsaade istedi...

Halk, bu âlicenaplık karşısında göz yaşlarını tutamadı ve hep bir ağızdan haykırdı:

– Ey Mü'minlerin Emîri! Sana can da, mal da feda!..

Bütün zaman ve mekân boyunca hakikatin en parlak derecesini billûrlaştırıcı idare şekli İslâm'dan başka bir nizamda var mı? Evet, ey insanlık?!

❁❁❁

Yüce Halife büyük bir toplantıda konuşuyor. Gönül tarlalarına gayb incileri yağdırıyor:

– Müslümanlar! Memurlarımız, size musallat olmak, malınızı, yağma etmek için gönderilmiyor; aksine, size Allah Resûlü'nün yolunu göstermek için gönderiliyorlar. Onlardan birisi buna aykırı hareket edecek olursa bana bildiriniz!

Bir umumî vali söz istedi:

– Yâ Ömer! Memur, bir kimseyi yola getirmek için dövecek olursa, onu yine cezalandıracak mısın?

Muhteşem büyüğün, muhteşem cevabı:

– Evet!.. Nefsimi Kudret elinde tutan Allaha yemin ederim ki, böyle bir şey yapan memuru hemen cezalandırırım! Zira Allah'ın Resûlü' böyle hareket ederdi. Müslümanları dövmeyiniz ki, nefse saygı duygusunu kaybetmesinler. Ve müslümanların haklarını emniyet altında tutunuz ki, isyana kalkıp nimetin küfranına düşmesinler..

Ey gönüller aydınlatan ışık, selâm sana...

HAK DUYGUSU

Geceler boyu halkın selâmeti için sokaklarda dolaşan Cenâb–ı Ömer... Evin birinde bir gürültü, bir acaip sesler duydu.

Halife, dama çıkıp bir delikten evin içine göz attı... Evin sahibi, karısiyle karşı karşıya geçmiş şarap içiyor ve her sarhoşun korkunç vaziyetine düşmüş bulunuyor...

Hak ve adalet güneşi Hazret–i Ömer (R,A.) öfkeyle haykırdı:

– Ey Allah'ın düşmanı! Senin bu isyanını Allahü Teâlâ'nın gizleyeceğini mi sanıyorsun?

Evin sahibi, sesin sahibini hemen tanıdı ve karşılık verdi:

– Ey Mü'minlerin Emîri! Dur, acele etme; ben bir günah işledim; sen de birkaç suç!.. Azîz ve Celîl olan Allah, kitabı keriminde tecessüsü yasak etti ve:

«Tecessüs etmeyin»[17] buyurdu. Sense evin damına çıktın; sonra, karımı, senin gözlerine mahsus olmayan haliyle gördün ve casusluk yaptın.

İkincisi; Allahü Teâlâ :

«Evlere, arkalarından dolaşıp, pencere ve deliklerinden bakmak, iyilik değil.«[18] buyurduğu halde, kapıdan gelmedin de pencereden baktın.

Üçüncüsü; Allahü Teâlâ:

«– Başkalarının evlerine (izinsiz) **girmeyin.»**[19] buyurduğu halde, selâm vermeden, izin almadan içeri girdin...

Halifeler halîfesi, şiddetle irkildi, yaptığı bu hatadan dolayı Allah'a yalvardı ve adama dedi :

– Seni affedersem, ne gibi iyilikde bulunursun?

– Beni bağışlarsan, bir daha bu işe dönmem, ey Mü'minlerin Emîri!

---

17 Hucûrat, 12

18 Bakara, 189

19 Nur, 27

– O halde anlaştık..

Ve koca Halîfe başı önde gözleri yaşlı oradan ayrıldı.

YİNE O DUYGU

Âdil halife bir gün, bir, Câmi'e girdi. İçerde birkaç kişi başbaşa vermiş pineklemekte... Hallerinde tam bir gayretsizlik, alâkasızlık, tam bir ölü manzarası...

Mü'minlerin Tacı sordu:

– Siz kimlersiniz?

Cevap verdiler :

– Biz mütevekkilleriz. **«Tevekkül ediciler»**

– Hayır diye gürledi Hz. Ömer. siz «**Müteekkillersiniz**» Hazır yiyicilersiniz!

Buyurun cemiyete!

Yeryüzünde bundan daha güzel hangi levha var?

❁❁❁

İLÂHİ HAŞYET

İrfan denizine gark olmuş din büyüğü Cenâb–ı Ömer (r.a.), o kadar rikkat ve hassasiyetin sahibi idi ki mübarek gözlerinden yaşlar akardı. Kur'ân'dan bir âyet duyduğu vakit bayılıp düştüğü ve günlerce ziyaret edildiği söylenir... Gözyaşlarından yüzünde iki siyah çizgi hâsıl olmuştu. Ve şöyle derdi :

– Allah'tan korkan, intikam peşinde olmaz. Allah'tan korkan, arzu ettiği her şeyi yapmaz. Eğer kıyamet olmasaydı, her şey, gördüğünüzün aksine olurdu..

Günlerden biriydi. Allah Resûlü'nün şanli Halîfesi Hz. Ömer (r.a.):

«**İzeşşemsü küvviret**» Suresinden okumaya başladı. Sıra:

– Amel defterleri açılıp yayıldığı zaman»[20]

---

20 Tekvîr: 10.

Âyeti Celîlesine geldiği vakit bir feryâd kopardı ve bayılıp düştü.

Bir başka gün de. bir adamın evinin önünden geçiyordu. Adam içeride namaz kılıyor ve tatlı tatlı Kur'ân okuyordu. Durdu ve dinledi. Adam :

«Rabbinin azabı hiç şüphesiz vâki'dir, onu defedecek hiçbir şey de yoktur.»[21]

Âyeti Celîlesine gelmişti, hemen binitinden indi, bir müddet duvara yaslanarak dinlendi. Sonra da bu âyetin tesiriyle evinde bir ay hasta yattı.

O ne gönül aydınlatan bir din eriydi, o ne ışık saçan bir kandildi... Onun bütün işi gücü adaletti.. Halifelik görevi kendisine verildiği zaman, ne gece uyudu, ne de gündüz...

Diyordu ki :

– Eğer ben, geceleri uyumuş olsam kendimi kaybetmiş olurum. Eğer gündüzleri uyumuş olsam, milletimi kaybederim. Halbuki ben onlardan mes'ûlüm!.

İnsanlık buna ne buyurur?

YİNE GÖZYAŞI

Rivayet edildiğine göre adamın biri bir müddet Hak ve adalet Güneşi Hazret–i Ömer'in kapısına devam etti. Bir gün yine geldi ve bir ses duydu :

– Ey adam, Ömer'e mi baş vuruyorsun, yoksa Allah'a mı?

Git Kur'an'ı öğrenmeğe çalış. O seni Ömer'in kapısından kurtarır...

Bu sesi duyan adam hemen Hz. Ömer'in kapısından uzaklaştı. Hazret–i Ömer (r.a.) kendisini aradı. Sonra baktı ki bir kuytu yere çekilmiş ibâdet ediyor. Yanına yaklaşıp sordu:

– Ey Allah'ın kulu, merak ettim, nerede kaldın?

---

21 Tûr: 7.

Adamın dudakları usul usul kıpırdadı:

– Ben Kur'ân'ı okudum. O beni Ömer'den ve neslinden kurtardı.

– Allah senden razı olsun, Kur'ân'da ne buldun?

– **«Rızkınız ve size va'd olunagelen şeyler göklerdedir.»**[22] âyetini buldum ve kendi kendime, «Benim rızkım gökte iken ben onu yerde arıyorum» dedim...

Bunu duyan Hazret–i Ömer ak çiçekli ayva dalı gibi sallandı ve gözlerinden damla damla yaşlar aktı...

HİKMET

İrfan denizine gark olmuş din büyüğü Hazret–i Ömer (r.a.), İslâm ordusu ve toplulukları için korkunç bir âfet hâlini almaya başlayan veba mıntıkasına gitmek, vaziyeti olanca derinliğiyle gözleriyle görmek, alınacak tedbirleri bizzat incelemek istedi. Yolda kendisini şanlı sahabî Hz. Ebu Ubeyde karşıladı. Konuştular. Bazıları Halifeden, geri dönmesini, İslâm topluluğunun başı olması sebebiyle kendisini daha fazla tehlikeye atmakta haklı olmayacağını söylediler... Cenâb–ı Ömer (r.a.) düşündü, geriye dönmeyi doğru buldu ve atına bindi... O anda Hazret–i Ebu Ubeyde'nin gür sesi ortalığı çınlattı:

– Yâ Ömer! Allah'ın kaderinden mi kaçıyorsun?

İmanın billûrlaşmış nurdan âbidesi, atının dizginlerini topladı, başını Ebu Ubeyde'ye çevirdi ve en tatlı vakar içinde fısıldadı :

– Evet; Allah'ın takdirinden, Allah'ın kazasına sığınmaya gidiyorum!

Ve sözlerini şu misâl ile sürdürdü :

– Sizden birinizin bir koyun sürüsü olsa, bu sürüyü bir vadiye indirse, iki kolu olan bu vadinin bir kolu

---

22 Zâriyat. Ayet: 22.

otluk ve yeşillik, diğeri de ıssız ve kuru olsa, her ikisinde de koyununu yayanAllah'ın kaderi ile yaymaz mı? Ama elbette otu olan tarafa sürüyü götürür. Bizim durumumuz da tıpkı onun aynıdır.

Ve gözleri sahabî ulularından ve Cennetle müjdelenen saadet kadrosundan Hazret–i Abdurrahman b. Avf'ı aradı. Yüce gönüllü sahabî o an bulunamadı. Geldiğinde Hazret–i Ömer (r.a.) hemen ona sordu :

– Ey Avf oğlu, bu hususta bir fikrin var mı?

Hz. Abdurrahman (r.a.) ın îman dudakları kıpırdadı:

– Evet, yâ Ömer!

– Nedir o?

– Bende bu hususta Allah Resûlü'nün bir hadisi var.

– Allahü Ekber!

– Allah'ın Resûlü şöyle buyurdu :

«Bir yerde veba hastalığının çıktığını duyduğunuz vakit, oraya gitmeyin. Bulunduğunuz yerde veba görüldüğü vakit, kaçarcasına oradan çıkmayınız.»[23]

Hazret–i Ömer'in yüzünde 'nokta nokta oynaşan elmaslar... Tedbirinin Sünnete uygun olduğunu görmek onu son derece sevindirmiş bulunuyordu..

Şu kâinat denilen varlık sedefinde kader ve tedbir sırrı üzerinde İslâmi hikmet 'bakımından 'bundan güzel 'hiçbir söz söylenmemiştir...

DUYGULARIN DUYGUSU

Şu varlık ovasının erişilmez bir numaralı adalet örneği, Hazret–i Ömer (r.a.), yoksullara hazineden yemek çıkarır ve yerlerken nezaret ederdi. Yine böyle bir yemek faslında bir yoksulun sağ elinin kesik olduğunu hayretle gördü ve sordu :

23 Buhari.

– Eline ne oldu?

Fakirden şu cevabı aldı:

– Mûte cenginde kesildi, yâ Emîr'ülMü'minin!..

Hak ve adalet güneşi hemen bu adama, abdest alırken, yıkanırken, giyinip soyunurken, yemek yerken ve bütün işlerin de yardımcı olmak üzere bir hizmetçi tayin etti. Duygunun bu derecesi...

❁❁❁

MES'ULİYET DUYGUSU

Nur şehri Medine'de bir bayram sabahı... Bütün gönüller gündüzler gibi aydın, bütün ruhlar dalga dalga, bütün kalbler Allah'a dönmüş, bütün eller Allah'ın hacet kapısına açılmış, bütün dudaklar İlâhî aşkın şurubunu içmiş, kimi namaz burakına binmiş, kimi dua Refrefine...

Cihanların bir defa gördüğü, 'bir daha da göremeyeceği nur asrı bütün ihtişamiyle âlemi nura boğmakta...

Peygamber beldesinin nur çocukları dökülmüşler sokaklara... Dillerinde tevhid bestesi nağme nağme, gözlerinde hak nuru pırıl pırıl, îman aynası berrak yüzleri güneş gibi, gönülleri taze baharlar kadar coşkun...

Ve hak kutbu, Cennet mumu Hazret–i Ömer (r.a.), bu cıvıl cıvıl kaynaşan minicik yavruları gördü, birden kendi yavrularını hatırladı ve içi ıstırapla doldu... Onun gayesi sadece İslâm'a hizmet, sadece Müslümanların derdiyle hemdert olmaktı... Kendi evini unutmuştu. Kendi çocuklarına bayram için bir şey alamamıştı. O anda babalık şefkatiyle yüreği yandı; hemen veznedarına şu haberi gönderdi:

– Bana Beytülmalden üç aylık borç para gönder, ileride aylığımdan kesmek üzere!

Devir, Yüce Faruk'un haşmetli devri... Herkes vazifesinin idraki içinde. Veznedar bu işe şaştı. Kalbi İlâhî bir ürperişle ürperdi:

– Yâ Ömer, üç ay yaşamazsa borcunu kim ödeyecek?

Hemen kaleme sarılıp şu cevabı yazdı:

– Ey Allah Resûlü'nün halifesi! Üç ay yaşayacağına dâir bana senet verirsen ben de istediğin parayı sana veririm!

Hak ve Adalet güneşi Hazret–i Ömer (r.a.), bu cevabı alınca haşyetle irkildi. Ela gözlerinden iplik iplik yaşlar aktı ve hemen tevbe etti... Kızmak, darılmak, gücenmek te ne kelime... Koştu Veznedarına, onu tebrik ettikten sonra dedi ki:

– Allah senden razı olsun ki beni irşad ettin. Evet, elimde üç ay yaşayacağıma dair senet yok!..

Mes'uliyetin bu derecesi...

Bugün koca dünya, Hz. Ömer gibi bir adama sahip olamadığı için başına topraklar saçıp duruyor.

Ey adalet tahtının büyük Sultânı Ömer,

Binlerce selâm sana, canların canı Ömer!..

❁❁❁

ÖMER Kİ ÖMER (r.a.)

Ezelden ebede kadar her gün, bir gün evvelki dünün ve bir gün sonraki yarının Peygamberi Cenâb–ı Mustafa'nın

– Hak, Ömer'in lisanı ve kalbi üzere indi.

Buyurduğu büyük insan... İslâm ümmetinin başına geçip adaletle hükmetmeye başladığı zaman bütün dünya akıl parmaklarını hayretle ısırıyordu. Dağ başındaki çobanından tutun da, ülkelerdeki Krallara kadar herkes onu merak ediyordu.

Muhteşem adalet ve hakkaniyet örneği Hz. Ömer (r.a.), Mukaddes emanetin en büyük koruyucusu ve Muhammed ümmetinin başı...

Böyle bir gün ve böyle bir zaman... Ümmet gülistanında takva ağaçları çiçek açmış, İslâm bir çığ gibi kâinatı kuşatmış. Hz. Ömer'in ismini duyan hükümdarlarda dipsiz bir korku... Bunların başında da Kayser geliyor...

İmansız adam düşündü, taşındı, sonra da Müslümanların Halifesini tetkik için bir adamını Peygamber Şehri Medine'ye gönderdi.

Kayserin elçisi günlerce yol teptikten sonra Medine'ye geldi ve gördüğü kimselerden sordu :

– Ey Müslümanlar! Hükümdarınız nerede?

– Ey yabancı, bizde hükümdar yoktur, Emîr vardır. O da şimdi Medine dışına çıktı...

– Hayret! Emirinizin sarayı da mı yok?

– Hayır! Bizden farklı tarafı, ancak bizim başımızda bulunmasıdır!

– Nasıl olur? Bütün dünyayı titreten adam sizden farklı olmasın...

Elçi hayret ve dehşet içinde kırlara doğru Cenâb–ı Ömer'i aramaya gitti... Gördü ki, adalet tahtının sultanı Hazret–i Ömer, kızgın güneş altında, sıcak kumlar üstünde yatmış uyuyor... Yastığı taş, yatağı kum... Örtüsü yamalı bir aba... Yüzünde yıldız yıldız ter...

– Elçi bu misilsiz tablo karşısında donup kaldı ve mırıldandı:

– Dünyanın tiril tiril titrediği şu adama bakın, yatağı kum, yastığı taş, örtüsü yamalı bir cübbe... Burada emin ve mutmain, uyuyup duruyor!

Ve adam elinde olmadan haykırdı:

– Uyumak hakkındır Ey Ömer, Çünkü adaletinden eminsin!..

❁❁❁

ALIN TERİNİN DEĞERİ

Âdil Halifenin huzuruna bir gün, biri, birkaç kişiyi tutup getirdi ve Halifeye hitabetti:

– Ey Mü'minlerin Emîri! Bu adamlar hırsızdır. Kanunu İlâhiyi tatbik etmenizi ve adaletinizi göstermenizi, aynı zamanda bunların elini kesmenizi istiyorum!

Hidâyete ermiş ümmetin en ulu Rahmeti ve Reisler reisi Hz. Ömer, îman aynası berrak yüzünü suçlulardan tarafa çevirip tane tane konuştu:

– Ey Âdemler! Bu adamın iddiaları ve sizin'de bir şey çaldığınız doğru mu?

Adamlar Müslüman olmanın verdiği huzur içinde ve adaletinden emin oldukları halifeye cevap verdiler:

– Evet, ey Allah Resûlü'nün Halifesi!

Hazret–i Ömer (r.a.), işi en ince noktasına kadar didikliyor:

– Söyleyin, neden yaptınız?

Aslında bir şey yapmış sayılmayız! Biz günlerce bu adamın verdiği işde çalıştık, lâkin ücretimizi vermedi, çaresiz kalınca çaldık!

– Demek öyle!

– Evet, yâ Halife!...

Peygamberler Peygamberinin sevgisiyle Bahtiyar olmuş ulu Faruk (r.a.) suçlu mevkiinde olan bu adamları serbest bıraktı... Yerinden bir ok gibi fırlayıp işçilerine ücret vermeyen adamın yakasından tuttu ve ortalığı çınlattı:

– Bunlar bir daha çalarsa bil ki, senin elini keseceğim!

Âlemlerin Efendisi **«İşçinin teri kurumadan ücretini veriniz!»** buyurmuşlardı... İş veren işçi haklarını İslâm kadar koruyan hiçbir nizam yoktur...

❁❁❁

İMTİHAN

Hz. Ömer (r.a.) yine bir gün, kırlarda geziyordu. Dertlileri, yolda kalmışları, ihtiyaç içinde çırpınanları bulup dertlerine ortak olmak en büyük zevkiydi. Kırlarda gezinirken bir çobana rastladı. Çobanın îman ve ahlâkını ölçmek için dedi ki:

– Ey ciğer parem! Bu koyunlardan birkaçını bana satmaz mısın?

– Bu koyunlar benim değil â efendi! Sahibinin haberi olmadan nasıl satabilirim ki?

– Peki ama, senin koyun sattığını sahibi nereden bilecek? Kurt yedi dersin!

Cihan Faruk'unu tanımayan mü'min çoban bir müslümana yakışan vakar içinde cevap verdi:

– Efendi, efendi! Kendine gel... ben, Elhamdülillah bir Müslümanım! Kat'î olarak inanıyorum ki, bu koyunların sahibini aldatmak mümkündür, fakat sahibinin ve hepimizin sahibi

Allah'ı – Azze ve Celle – aldatmak mümkün değildir! Çünkü O, her şeyi hakkiyle bilendir!

Allah Resûlü'nün dostu bu îmanı ve bu ihlâsı görünce kendisini tanıttı ve çobanı tebrik ederek şefkatle kucakladı sonra ellerini ulvîlik âlemlerine kaldırıp şöyle dua etti:

– Allahım! Sana şükürler olsun ki böyle bir milletin başında bulunuyorum!..

❁❁❁

Din ve îman güneşi Hazret–i Ömer (r.a.) bir defasında Muaz bin Cebel Hazretlerini bir yere tahsilata gönderdi. O 'kutlu sahabî, verilen vazifeyi hakkiyle yaptı ve geri döndü. Lâkin evine hediyesiz geldi. Hanımı sordu:

– Hani efendi, tahsil ettiğin şeylerden bir miktar olsun getirmedin mi?

– Kusura bakma hanım, bir şey alamadım, çünkü yanımda murakıp vardı!

Kadın hayret ve dehşetle irkildi, kadınlığının verdiği bir hisle buna çok içerledi:

– Yâ öyle mi? dedi. Sana Allah'ın Resûlü güvenirdi, Hazreti Ebu Bekir güvenirdi. Demek ki, Hattaboğlu Ömer güvenmedi.. Öyleyse alacağı olsun!..

Kadın, Muaz Hazretlerinin evde olmadığı bir zamanda doğruca Reisler reisi Hz. Ömer'in evine koştu. Fakat Halife'yi evde bulamadı, O'na şu haberi bıraktı:

– Yâ Ömer! Allah'ın Resûlü kocama güvenirdi. Hazreti Ebu Bekir de güvenirdi. Sana ne oldu ki, ona karşı güven duygun sarsıldı?

Faruk'u Â'zam evine gelince kendisine bu haberi ilettiler. Cenab–ı Ömer şaştı kaldı. Çünkü kendisi murakıb göndermemişti, Muaz Hazretleri de yalan söylemezdi. Öyleyse bu neyin nesiydi?

Muaz Hazretlerine hemen bir haber uçurdu ve acele gelmesini bildirdi. Muaz hazretleri koştu :

– Ey Mü'minlerin Emîri beni çağırmışsın!

– Evet, Yâ Muaz!

– Emrinizi bekliyorum!

– Bir emrim yok, ancak hayret ettiğim bir şey var!

– Ne imiş o?

– Ey Muaz! Bilirim ki sen asla yalan söylemezsin. Halbuki ben seninle murakıp göndermemiştim. Nasıl oluyor da yanımda murakıp vardı diyorsun?

Muazzez sahabî, ışık ışık yanan gözlerini Halifeler halifesine dikti ve tane tane konuştu :

– Ey Mü'minlerin Emîri! Beni murakabe eden, seni senden, beni de benden daha iyi bilen Âlemlerin Rabbı olan Allah'dır!

Hazret–i Ömer'in gözlerinden billur billur yaşlar akıyor ve koca Halife hüngür hüngür ağlıyor...

Ey insanlık gönlüne Tahtlar kuran âdilim,
Hayatını yazmaya lâyık deyildir elim!..

ALLAH GÖRÜR

Reisler reisi Cenâb–ı Ömer (r.a.) sırtında kâinat yükü, gece halkın selâmeti için sabahlara kadar sokak sokak gezerdi. Yine gecelerden bir gece, yine halife Medine'nin kıvrım kıvrım uzayan sokaklarında dolaşıyor. Tam seher çağı gelmiş, insanlar yavaş yavaş uyanmaya başlamıştı. Şanı yüce Faruk bir evin önünde durdu ve dikkat kesildi. İçeride iki kadın konuşuyor :

– Kızım kalk. yarınki satacağın süte biraz su koy!

– Fesübhanallah!

– Ne oldu kız?

Daha ne olacak. Halifenin bunu men eylediğini unuttun mu?

– Â kızım! Aklını mı oynattın? Halife seni nereden görecek.

– Bu dediğin şeyi yapamam anne!

– Neden?

– Halife görmezse bile Allah görüyor da ondan!..

Bu konuşmayı duyan hak ve adalet sahibi büyük Ömer (r.a.) memnun ve mutmain oradan ayrılıyor...

İMÂN

Allah'ın, bütün yer yüzünü ayaklarının altına, bütün gök yüzünü de mukaddes başının üstüne çekip kendisine topyekûn bağışladığı Peygamberler Peygamberinin :

– Güneş, Ömer'den daha hayırlı bir adam üzerine doğmamıştır.[24] buyurduğu büyük insana bir gün bir kabile geldi ve Kur'anda bir harf üzerindeki noktadan mânayı değiştirecek tarzda alta alınmasını istedi ve bu şartı kabul ettiği takdirde müslüman olacaklarını bildirdi. Büyükler büyüğünden şu cevabı aldı:

– O noktaya bir çengel taksanız da bütün kâinatı o çengele assanız, nokta yine üstünde bulunduğu harfin altına inmez!

İmanın bu derecesi...

---

24 M. Akif: Safahat.

BÂTILA İNEN YUMRUK

Mutlak kutsiyet yalnız Allaha mahsustur... Hiçbir maddî vasıtaya bu îman ve itikadı incitecek bir hürmet ve kudsîlik yakıştırılamaz. Esrar âlemiyle selim akıl arasındaki bu ince, derin, namütenahi incelikler incesi muvazene, hakiki din idraki bakımından Yüce Fâruk'un tavrında kemâle ermiştir. Kudsilik ve ulvîlik Allaha mahsus... Böyle olduğu halde, taştan, tunçtan meded ummak niye?

Gerçek sır ve harikulâdelik idrakiyle, vehim ve hayâl dünyasının dini karartan saçmalıklarını birbirinden ayırd edici, böylece koca karı masalına yer vermeyici en üstün mizac yine Hz. Ömer'de...

Bir gün, Hidâyete ermiş ümmetin Halifesi Hazret–i Ömer (r.a.) aslında mübarek bir madde olan fakat mübalağa edilmesi câiz bulunmayan meşhur **«Hacer–i Esved«** taşının karşısında durdu ve sırf bu inceliği belirtmek için şöyle dedi:

– Biliyorum ki, sen bir taş parçasından ibaretsin ve elinden ne bir zarar gelebilir, ne de fayda... Ancak Resûller Serveri seni öptüğü için ben de öpüyorum!

Yine Allah Resûlü'nün, Mekke önlerinde cihad için altında biat aldıkları meşhur ağacı da, bu ağaca sonradan gösterilen mübalağalı hürmet yüzünden ve ta dibinden kestiriverdi...

YİNE ADÂLET

Suriyede büyük nüfuz sahibi asalet ve riyaset sınıfından biri İslâm dini ile şereflenip Mekke'ye geldi... Allah'ın evini ziyaret ediyor... Tavaf esnasındayken bir başkası, nasılsa bilmeyerek onun eteğine bastı. Suriyeli asîl bu gaflete düşen müslümana bir tokat attı. .. Tokadı yiyen de kendisine aynı şekilde karşılık verdi ve Suriyeli asîl'in suratına yumruğu indirdi...

Adam küplere bindi, bu vaziyetten öyle öfkelendi ki hemen Hz. Ömer'in huzuruna koştu ve avaz avaz bağırdı.

– Ya Ömer! Bu ne cür'et? Beni herhangi bir adam, tokatlamış bulunuyor!

Din güneşi Hazret–i Ömer (r.a.) vaziyeti tetkik etti ve durumu öğrenince Suriyeli asîl'e şöyle dedi:

– Ektiğinizi biçmişsiniz!

Adam köpürdü:

– Nasıl olur? Benim gibi, benim mevkiimdeki bir adama böyle bir muamelede bulunanın idam edilmesi lâzımdır!

– İşler, câhiliyet zamanında dediğiniz gibiydi, fakat mukkaddes İslâm insanlar arasındaki farkı kaldırdı..

Sureyeli asîl:

– Eğer, dedi; Müslümanlık soy sop ve mezhep farklarını nazara almayan bir din ise ben bu dinden çıkarım!

Halifeler Halifesi adâlet ölçüsünden hiçbir şey değiştirmemiş, Suriyeli asîl de nasipsiz nasibine doğru gizlice Bizans'a kaçmıştı...

İşte İslâmın altınla doldurduğu kalblerdeki saffet ve ulviyet!...

❁❁❁

Adâlet mefhumunun, billûrlaşmış abidesi Hazret–i Ömer (r.a.), devrinde hiç kimsenin hiç kimse üstünde bir tavır, edâ ve lâkab kullanmasına müsaade etmedi. Amr İbnil As'ın Mısırda, Mısırın en büyük Câmiinde kendisine mahsus bir kürsü yaptırdığını duyunca ona şu hitap ve ihtarı gönderdi:

– Kendine, öbür Müslümanların üstünde, onların hizasını aşan bir yer mi yaptırdın?

Ve bir kere de Mısır Vâlisi Amr İbnil Âs'ın oğlu haksız yere birini dövmüştü.. Büyük Halife, döğülen adamı getirterek, valinin gözü önünde öz oğluna 80 kırbaç vurdurdu...

Bu derece...

Cenâb–ı Ömer'in duası :

– Yâ Rabbi! Ben sert ve şiddetliyim; bana tatlılık ve yumuşaklık ver! Ben zaifim, bana kuvvet ihsan et! İşlerini elime aldığım milleti doğru yolda yürütmenin bana liyakatini bahşet!..

Ulviyetin bu derecesi...

❁❁❁

TAŞKIN VECD

Hak ve adalet güneşi Hazret–i Ömer'in (r.a.) güzel Adetlerinden biri de herkesten evvel mescide gitmesi idi.. Yine bir gün, Peygamber Mescidine doğru giderken, önünden bir çocuğun acele ile mescide girdiğini gördü. Yavrucak serapa îmandı. Allah Resûlü'nün Halifesi çocuğa yaklaştı, tatlılık ve yumuşaklık içinde ona hitap etti:

– Ey Yavrum! Ne oldu ki, herkesten önce mescide koşuyorsun? Henüz sana namaz farz olmamıştır.

Nur çocuk pırıl pırıl gözlerle halifeye baktı ve :

– Efendim, dedi; nasıl acele etmeyeyim? Dün benden küçük bir çocuk vefat etti. O büyük yolculuk için insana azık lâzımdır!..

Şânı Yüce Faruk hüngür hüngür ağladı...

Ey insanlık! Buna ne buyurursun?

YİNE O DUYGU

İrfan denizine gark olmuş din büyüğü Cenâb–ı Ömer (r.a.) Peygamber şehri Medine'nin sokaklarında gece fokur fokur kaynıyordu. Öyle bir aşk vardı ki, alev alev yanıyordu. Hak ve adaletin billûrlaşmış nurdan Abidesi yine bir gece sokaklarda geziniyordu. Allah Resûlü'nün büyük dostu, bir evin önüne gelince durakladı zira gecenin bu vaktinde, bu evin kapısında bir adam duruyordu. Evin içinden de zaman zaman kadın çığlıkları geliyordu. Peygamber beldesinde böyle bir şey olur muydu. Reisi

Cenâb–ı Ömer (r.a.), tanımadığı bu adama yaklaştı, tatlılık ve yumuşaklık içinde ona sordu :

– Ey Allah'ın kulu sen kimsin?

Adam alâkasız ve aynı zamanda sert:

– Sana ne? Niçin soruyorsun? Haydi git işine, dert babası mısın sen?

Diyerek cevap verdi. Amma, gönlü îman zevkinden kararsız bir hâle gelmiş yüce Faruk, adamın bu cevabına kızmadı:

– Ey Adem, evden gelen kadın sesi nedir?

– Niçin başkalarının mahremiyetine dalıyorsun? Evine git, uykunu uyu. Nasıl olsa sen de benim gibi çaresizin birisin, şu anda derdime derman olacak durumda değilsin...

Hak ve adalet güneşi Hazret–i Ömer (r.a.), bu evde bir şeyler olduğunu anladı, iyice yaklaşıp tatlılıkla hitap etti:

– Belli olmaz, belki de derdine derman olabilirim, Yalnız bu derdinin ne olduğunu söyle!..

Adam isteksiz ümitsiz, acı ve ıztırap dolu bir sesle konuştu :

– Evden gelmekte olan ses ailemin sesidir. Şu anda doğum sancıları çekmektedir. Fakir bir adamım, sıcak sıcak içirecek ne bir kaşık çorbam, ne de bakacak bir yardımcım vardır.

Çaresizlik ve ümitsizlik içinde işte kıvranıp duruyorum!

Halifenin hayretten gözleri açıldı:

– Sen birazcık sabreyle!

Dedi ve karanlıklar arasında gözden kayboldu.. Hemen evine koştu, kapıyı tıkırdattı:

– Kim o?

– Ömer'dir!

Buyur, yâ Emîr-ül Müminin!

Halifeye kapıyı hanımı Ümmü Gülsüm açtı. Hz. Ömer (r.a.) onu harekete geçirmek için dedi ki:

– Ey Ümmü Gülsüm! Şu anda Allah'ın rızasını kazandıracak büyük sevaplardan birini işlemiş olmak istemez misin?

– Kim istemez ey Emîr-ül Mü'minîn!

– O halde anlaştık. Öyleyse hemen hazır ol. Kimsesiz fakir bir kadın Medine'nin kenar mahallelerinden birinde şu an da doğum yapmaktadır. Şuradan biraz, un, yağ ve yeni doğacak çocuğun muhtaç olduğu eşyayı da yanımıza alarak hemen yardımına koşalım!..

– Koşalım, yâ Ömer!..

Peygamberler Peygamberinin sadık dostu kucağına içi un dolu torbayı aldı, diğer eşyaları da Ümmü Gülsüm aldı... Medine'nin sokaklarında koşar adımlarla ilerlediler ve şehrin kenarındaki eve geldiler.

Adam kapıda hâlâ çaresizlik içinde bekliyor. Bu iki yabancıyı görünce neş'e ve sevinç içinde saadet uçuşları yapıyor. Kim olduğunu bir türlü kestiremediği bu iki insandan biri içeriye girip hanımının yardımına koşarken erkek olanı da un torbasını kapıya bırakarak oraya bir ateş yakmasını istedi.. Adam oradan buradan topladığı hurma dallarını yakarken mü'minler'in en büyük başı, Allah Resûlü'nün Halifesi de yanında getirdiği kazanda un çorbası pişirmeye başladı.

İçeriden zaman zaman dışarıya akseden çığlıklar da artık kesilmişti. Bir ara pencereyi açan Ümmü Gülsüm şöyle seslendi:

– Ey Mü'minlerin Emiri! Arkadaşına müjdele, altın topu gibi bir oğlan çocuğu dünyaya geldi:

Ateşin öbür tarafında oturmakta olan garip adam, kendisine hizmet edenin Müslümanların Halifesi Hazret–i Ömer olduğunu anlayınca bir ok gibi yerinden fırladı Halifenin ellerini tuttuğu gibi ağzına götürüp öpmeye başladı ve göz yaşları içinde dedi ki:

– Allah sizden razı olsun! Siz zahmet etmeyiniz de bütün hizmetleri ben göreyim!

Fakat kabul eden olmazdı. Hazret-i Ömer'den şu cevabı aldı:

– Ey Allah'ın kulu! Şimdiye kadar nasıl serbestçe oturdu isen şimdiden sonra da aynı hâlini muhafaza et ve dilediğin gibi otur. Ben bu milletin hizmetindeyim!

Allah Sevgilisi, «Bir milletin efendisi, o millete hizmet edendir.» buyurdu. Ben de şu anda hizmet etmek istiyorum, hepsi o kadar...

Adamın alnında boncuk boncuk ter yüzü utanç çizgileriyle gerilmiş, mecnun gözlerle Halifeler Halifesine bakıyor, Halife emir verdi:

– Haydi, çorba dolu kazanı evine götür, yarın sabahtan da bana gel, çocuğuna Beytül'malden tahsisat bağlıyalım!

Hz. Ömer ve hanımı Ümmü Gülsüm Medine'ye doğru uzaklaşırken adam hâlâ onları minnet dolu gözlerle süzüyordu. Ve başına konan gökler dolusu devlet karşısında sevinç göz yaşları döküyordu...

HASSASİYET

Hidâyete ermiş ümmetin en ulu rahmeti Cenâb–ı Ömer (r.a.), Peygamber beldesi Medine'de Şam'dan kaplar içinde getirilen zeytinleri fakirlere dağıtıyordu. Yüce Faruk'un işi gücü adaletti, insanların derdiyle hemdert olmak en büyük zevkiydi... Bu zeytinler dağıtılırken oğlu da yanında bulunuyordu. Zeytinden boşalan kaplara elini sokup yağlanan eli ile saçlarını ovuyordu. Nur asrının nur çocuğu, ve Halifeler Halifesinin oğlu... Hak ve adalet güneşi Hazret–i Ömer (r.a.) oğluna baktı. Saçları pırıl pırıl yanıyordu. Âdil Halife gök gibi gürledi:

– O ne oğlum? Saçlarını yağlanmış görüyorum!

– Evet babacığım, birazcık yağladım!

– Demek öyle!

– Bir şey mi oldu ki baba?

Daha ne olsun, yavrum!

Ve Reisler Reisi oğlunun elinden tuttu, onu çeşmenin yanına götürdü başını güzelce yıkadı ve şöyle konuştu:

– Çocuğum! Bu yapılan şey, babanın azap görmesindendaha kolaydır. Zira o zeytinler babanın şahsî malı değil, müslümanların malıdır!..

Hassasiyetin ve îmanın bu derecesi!..

AZÂMİ MES'ULİYET

Hak ve adalet güneşi Yüce Faruk bir gün, Allah Resûlü'nün muazzez sahabîlerini topladı buraların ve ötelerin en ince hikmetleri üzerinde konuştu :

– Muhammed'i (s.a.v.) Hak Peygamber olarak gönderen Allahıma yemin ederim ki, Fırat ırmağının bir kenarında bir keçi kaybolsa, âlemlerin Rabbinin beni o kayıp keçi yüzünden sorumlu tutacağından korkuyorum!

Mes'ûliyetin bu derecesi...

❁❁❁

Hazret–i Seleme'nin nakli:

– Ben çarşıda gezerken elinde bir kamçıyla Mü'minler Emîri Hazret–i Ömer'i gördüm. Yollardan taşları kenarlara atıyor, başkalarına da aynı şeyi tavsiye ediyordu. Yanıma yaklaştığı sırada yine eğildi, bir kerpiç kırığı alarak doğruldu. Gözü bana takıldı. Dedi ki:

– Yâ Seleme! Rıza miracına ermek istersen yollardan geçerken insanları rahatsız edecek taş, diken, odun gibi şeyleri kenara at!

– Peki, Yâ Emîrül Mü'minin!

Hazret–i Faruk, elindeki kerpiç parçasını yolun kenarına doğru fırlattı. Yolun kenarına düşen sert kerpiç parçası yuvarlanarak gelip benim ayaklarıma dokundu... Tabi Halife buna pek üzüldü. Bu hâdisenin üzerinden uzun bir müddet geçmişti. Yine bir gün Hak ve adalet güneşini aynı yerden geçerken gördüm. Bu defa Hazret–i Ömer bana :

– Yâ Seleme, dedi bu sene Hacca gidecek misin?

– Nasib olursa inşallah!

– Gel öyleyse yâ Seleme!

– Nereye ey Halife?

– Bize kadar gideceğiz!

Hz. Ömer önümde ben arkasında Halifenin evine kadar gittik. Bana içi para dolu bir kese uzattı:

– Al yâ Seleme, dedi; Hacca gittiğinde yolda lâzım olur!

– Ey Müminlerin Emîri! Hac için gereken parayı tedarik ettim!

– Olsun! Sen yine bu parayı al!

– Alamam!

– Yâ Seleme! Bu sana bir ihsan değildir. Ancak bende olan hakkını helâl etmen için bir istirhamdır!

– Fe Sübhanallah! Benim sizde bir hakkım yok ki!..

– Senin bende öyle bir hakkın var ki, eğer helâl etmezsen Ömer'in hâli perişandır!

– Ne imiş o hak, yâ Ömer?

– O hak şudur ki, geçenlerde yolları temizlerken attığım bir kerpiç parçası senin ayağına kadar yuvarlanıp, parmaklarını incitti. O günden beri hâla içim sızlamakta... Bir münasebetini bulsam da Seleme'den helâllik alsam diyordum. Allaha hamd ederim ki, şimdi bu imkânı buldum!

– Helâl olsun ey Halife!.. .

Şimdi Hz. Ömer saadetten uçuyordu...

Faziletin bu derecesi...

YİNE KUL HAKKI

Hak ve adalet güneşi Ulu Faruk daima ihtiyaç içinde olan insanları arar bulur ve onların dertlerine derman olurdu. Çünkü, onun işi gücü adaletti... Gönlü îman zevkiyle kararsız bir hâle gelmişti, dili daima inciler saçardı... Hassas kulakları bir kedi yürüyüşünü bile duyacak kadar hisliydi...

Allah Resûlü'nün sevgisiyle bahtiyar olmuş Cenab–ı Ömer (r.a.), yine bir gün yaşlı ve ihtiyar bir kadına, kendisini tanıtmaksızın yanaştı hâl ve hatırını sordu :

– Ey Valide, nasılsın?

– İyi değilim evlâd!

– Bir derdin mi var?

– Ömer'den şikâyetçiyim! Dilerim Allah'tan, Ömer benim yüzümden, hayır ile mükâfatlandırılmasın!

– Aman ey Valide, ne yapıyorsun? Ömer'in bunda suçu ne, zavallının günahına girdin!.

– O, Halifeliği boynuna aldığı günden beri bir kerecik olsun benim ne halde ve ne durumda olduğumu arayıp sormadığı gibi, emsalime yaptığı yardımlardan hiçbirini bana yapmadı!

– Peki ama. Halife senin hâlini nereden bilsin, nasıl anlasın?

– Fe Sübhanallah! Böyle şey olur mu hiç? İslâmın bütün işlerini göreceğim diye yükü sırtına almış bir kimsenin, değil şehirdeki halkı, hatta doğu ile batı arasındaki hâdiseleri bile bilmemesi, duymaması olur mu? Madem ki bu işi başaramayacaktı niçin Müslümanların başına geçti?

Hz. Ömer, mes'uliyet ölçüsünün mantık üstü bu kadar ince idrak ve ihtarı karşısında :

– Vah! Yazık sana Ömer, vah sana! diyerek ağladı... İmanlı gözlerinden elmas elmas yaşlar akıtarak dedi ki:

– Ey Ömer! Kendine gel. Herkes Allah yolunda senden daha âlimdir, vâkıftır, hatta koca karı bile...

Sonra kadına döndü :

– Ey Allah'ın kulu, dedi. ömerin sana karşı işlediği zulmü bana kaça ödetirsin? Ömer'in Allah'ın gazabına uğramasına, Cehennemde yanmasına bir türlü gönlüm razı olmuyor!

Kadının hayret ve dehşetten gözleri açıldı:

– Demek sen Ömer'in yanmasına razı olmuyorsun, öyle mi?

– Evet!

– Buna inanabilsem!

– İnan ki öyle!

– Madem öyledir, yirmi beş dinara razı olacağım!

– Allah Resûlü'nün yüce Halifesi, mü'minlerin en ulusu derhal 25 dinarı kadının eline saydı:

– Al şu parayı da Ömer'e hakkını helâl et!

– Senin hatırın için ona hakkımı helâl ediyorum!

Tam o sırada ilim ve Hikmet kutbu Hz. Ali (k.v.) ile, Kur'ân bülbülü İbni Mes'ûd (r.a.) oraya geldiler. Her ikisi de Hazret–i Ömer'e:

– Esselâmü Aleyküm, Ey Mü'minlerin Emîri! dediler.

Bunu duyan ihtiyar kadın büsbütün dehşete kapıldı, iki elini başına vurarak ağlamaya başladı:

– Âh! Ben ne fena iş yaptım, Halifeye karşı kötü muamelede bulundum ve ona beddua ettim! Ne bilirim ki, bu adam Ömer'dir!

Hazret–i Ömer (r.a.) gülümsedi. Sesine yumuşaklık ve tatlılık vererek:

– Ey Valide! Hiç korkmana sebep yok. Ömer'in yükünü hafiflettin, bu Ömer'in yükünün altında kim olsa ezilir!..

Hak ve adalet güneşi oralarda üzerine yazı yazabilecek bir şey arayıp buldu ve onun üzerine şunları yazdı:

– Rahman ve Rahim olan Allah'ın adı ile başlarım! Boynunda hilâfet umurunun yükünü taşıyan Hattaboğlu Ömer'in, –... isimli kadına– halifeliği zamanında yapmış olduğu zulmü adı geçen kadından 25 dinara satın aldığını, her ikisinin de kıyamet ve hesap gününde Allah'ın yüce huzuruna vardıklarında bu kadının Ömer'den davacı olmayacağını, Ömer'e atıf ve tercih ettiği zulümden tamamen kurtulduğunu bildirir... İş bu Beraatnâme mahallinde tanzim edilerek, Ebu Tâlib oğlu Ali'nin ve ibni Mes'udun şehadetleriyle düzenlendi ve kurtuluş vesikası olarak Hattabın oğlu Ömer'e verildi...

Cihan günlerinin Cennet sabahlarını andırdığı nur devrinin Halifesi ve Adaletin erişilmez bir numaralı sultanı Hazreti Ömer (r.a.), bu vesikayı oğlu Abdullah'a verdi. Ve öldüğü zaman kefeninin arasına konulmasını vasiyet etti.

İlâhî haşyetin bu derecesi...

ÇOCUK ÇIĞLIĞI

Sonsuzluk Nebisi'nin şehri Medine'nin dışına bir akşam üstü bir kervan gelip konaklamıştı. Ebedî Hayat Müjdecisinin Halifesi Cenab–ı Ömer (r.a.) yanına şanlı sahabi Abdurrahman bin Avf'ı alarak o kervanı beklemeye gitti:

– Bizim zamanımızda bunlara bir ziyan erişirse kıyamet günü bizden sorarlar, dedi...

O gece kafileyi beklerken yakındaki bir evde bir çocuğun ağlaması halifenin dikkatini çekti. Hemen eve gidip, çocuğun annesine onu susturmasını ve oyalamasını söyleyip geri döndü...

Fakat çocuk susacak yerde daha şiddetli ağlıyordu. Hazret–i Ömer (r.a.) yine gitti:

– Ey Kadın! Çocuğunuza acımıyor musunuz Niçin onu susturmuyorsunuz? dedi.

Ve oradan uzaklaştı.. Aradan biraz zaman geçince çocuk çığlıkları yine aynı yerden aksetmeye başladı. Halifeler Halifesi bu defa da gitti ve sert bir eda ile:

– Sen, dedi, merhametsiz bir kadınsın, çocuğunu bütün gece ağlattın!

Kadın öfkeyle haykırdı:

– Hakikati bilseydiniz beni suçlamazdınız! Bu çocuğumu sütten kestim, evde yiyecek bir şey de yok ki onunla avutayım!

– Peki bu çocuğun yaşı kaç?

– Henüz bir yaşını bitirmedi!

– Madem öyle, niçin sütten kestin?

– Allah Ömer'e insaf versin! Ömer, emzikli çocuklara tahsisat verilmesini yasak etti. Bu yüzden çocuğumu doyuramıyorum!

Faruk'u Azam gözleri yerde, geriye döndü ve Peygamber Mescidine koştu sahabîlere hitaben dedi ki:

– Sizin Ömer'inize yazıklar olsun Kim bilir onun bu hareketi yüzünden kaç çocuk öldü?

Ve çocuklara ait tahsisatı hemen emretti ...

HEP O DUYGU

İsmi dünyaları titreten muhteşem büyük Cenab–ı Ömer'in şu ince ve derin idrakine bakınız. Ömer ki, gönülleri aydınlatan adalet ve Hak ışığı... Sonsuzluk Nebîsi'nin en sâdık dostu ve Halifesi...

Devrindeki büyük kıtlıkta bir deve kurban etti. Sonra da Nur şehrinin fakirlerine dağıtılmasını buyurdu.

Eti dağıtan zat, devenin semiz yerinden bir miktar ayırdı. Güzelce kebap yaptı, bir tepsi içine koydu. Müminler Emîrine getirdi. Taze et mis gibi kokuyordu... Adam:

Ey Allah Resûlü'nün Halifesi! dedi, buyurun sizin için pişirdim!

– Bu eti nereden aldın?

– Kestiğiniz kurban etidir! Hissenize düşeni getirdim!..

Hazret–i Ömer'in gün kadar aydınlık yüzünde tırmık tırmık acı... Gözlerinde iplik iplik yaş:

– Â adam, dedi, beni mihnetlere uğratmak mı istersin? Etin iyi yerlerini kendisi yiyip, kötü yerlerini de fakirlere vermek bir halifeye yakışır mı? Milleti aç dururken, onun bütün yükünü omuzuna almış birisi nasıl et yiyebilir?

– Ama sizin hakkınız bu!

– Benim hakkım ancak millet ne yerse onu yemektir!

– Peki şimdi ne yapayım?

– Bu eti çoluk çocuk sahibi bir fakire ver. Bana da bir miktar kuru ekmekle zeytinyağı getir!

Adam eti bir fakire verdi ve Mü'minler Emîrine de zeytinyağı ile kuru ekmek getirdi. Reisler reisi Hazret i Ömer (r.a.), ekmeği yağa batırıp gönül rahatlığı içinde yedi ve Cenâb–ı Hakka şükretti...

Bu derece incelik, bu derece idrak...

❁❁❁

 dünyalara dalmış insan! Bunun zevk u sefası 'bir kuru sevdadan ibarettir... Akıllıysan dünyayı at... Sen bugünün adamısın yarının gamını yeme... İslâm'ın azamet devrini bir düşün... İslâmın altın çağı, pırıl pırıl dururken hâlâ bir kerecik gözünü açıp bakmayacak mısın?

Müslümanlara şöyle seslenelim:

Göğsündeki îmanla ırmak ırmak çağla sen,
Ayrılma ey şanlı dost, Peygamberin izinden
İşte o ân ruhunda güneşler yanacakdır,
Nur gibi bir devrin, artık, gelmesi hakdır!

HEYBETİN BU DERECESİ

Gönlü buhurdan gibi tüten Yüce Faruk öyle bir erdi ki, onun ismini duyupta titremeyen olmazdı... Gönüller aydınlatan din büyüğü, îman neş'esiyle mum gibi parlamaktaydı... Canlar yakan aşk ondaydı işte... Coşup köpüren deniz gibi kaynayıp dururdu O! Onun şan ve şöhretini duyan bir melik elçisini nur şehri Medine'ye halifeler halifesini tetkike gönderdi.

Adam, Peygamber beldesine gelir gelmez dünyada bir eşi olmayacak billur bir saray bulacağını zannediyordu... Dünyaları titreten Hz. Ömer'in elbette şânına lâyık bir sarayı olmalıydı.

Ve ilk işi Hz. Ömer'in sarayını sormak oldu :

– Hükümdarınızın sarayı nerededir?

– Bizde hükümdar yok, emir vardır, onun da ancak başını sokacak kadar bir evi vardır!

– Peki, şimdi kendisini nerede bulabilirim?

– Kırlara doğru gitmişti, şehrin dışında arayınız!

Elçi hayretler içinde tarif edilen istikamete doğru gitti.

Hak ve adalet güneşi Hazret–i Ömer (r.a.) bir düzlükte kum üstüne yatmış, başının altında bir taş, üstünde de yamalı cübbesi uyuyordu. Elçi bu müthiş manzara karşısında bir söğüt dalı gibi sallandı. Sonra birden aklında bir şimşek çaktı. Kendi kendisine ded! ki:

– Bütün dûnyayı tirtir titreten bu kişi burada tek başına uyuyor, hiç kimse yokken şunun boynunu bir kılıç darbesi ile koparayım da dünya bundan ebediyyen kurtulsun...

Bu kararı vermesiyle kılıcını çekmesi bir oldu. Tam hamle yapacaktı ki, Hazret–i Ömer (r.a.) birden kalktı. Elçinin elinden kılıç düştüğü gibi kendisi de ak söğüt gibi titremeye başladı.

Hz. Ömer sordu:

– Ey âdem! Kimsin, ne yapmak istiyordun?

– Fikrim seni öldürmekti, fakat bir arslan üstüme saldırdı..

– Peki, beni niçin öldürecektin?

– Ey zamanın coşkun eri, beni bağışla...

– Bağışladım!

– Ben de Müslüman oluyorum!

– Elhamdülillâh!

Ve elçi müslüman oldu bir daha memleketine dönmedi. Allah'tan korkandan herkes korkar... Allah korkusu gönüllerin sönmez ışığıdır.

COŞKUN VECD

Gönüller aydınlatan din büyüğü Hazret–i Ömer (r.a.) Peygamber Mescidinde bulunduğu bir sırada Bizans imparatorunun elçisi geldi. Halifeler halifesinin saâdetli huzurunda durdu ve dedi ki:

– Ey Müslümanların Emîri! Bizans hükümdarı size bir takım hediyeler gönderdi. Buyurun, lütfen kabul edin! Bu doğan hangi kuşu isterseniz yakalar, hiçbir kuş pençesinden kurtulamaz. Bu tazının elinden av hayvanı kurtulamaz. Bu şişedeki zehirden de bir damla içen hemen ölür. Hiçbir ilâç ona şifa vermez. Bunlar acâip şeyler olduğundan, bir sultanın hazinesinde bulunması icap eder diyerek size gönderdi...

Hak ve adalet güneşi Hazret–i Ömer (r.a.) îman aynası berrak yüzünü elçiden tarafa çevirip tane tane konuştu:

– Â hidâyetten mahrum adam! Kuşdan insana ne fâide gelir? Hâl sahibi olan, kuşu eline alıp da güzel amellerini zayi etmez! Haydi o kuşun bağlarını çözüp salıveriniz İnsan köpeği ne yapsın? Onu da salıveriniz. Yalnız şu içi zehir dolu şişeyi ver bakalım!

– Buyurun ey halife!

Zamanın coşkun eri Cenâb–ı Ömer (r.a.), içi zehir dolu şişeyi mübarek eline aldı bütün insanların hayretli bakışları arasında:

– Benim, dedi, dünyada en azılı düşmanım nefsimdir!

Ve Besmele çekip zehiri içti...

Bu hâli gören Bizanslı ak çiçekli ayva dalı gibi sallandı ve olduğu yere yığıldı. Bir müddet sonra ayılınca Mü'minler ulusunun hayatta olduğunu hayret ve dehşetle gördü ve ortalığı çınlattı:

– Yâ Ömer! Bana İslâm'ı arzet! Sizde bu îman varken her şey yapabilirsiniz!..

Adamın gönül tarlasına marifetullah fidanları dikildi. İdrak gözlerinde ilâhi ışıklar yandı, bir anda küfürden îmana, dalâletten hidâyete erdi. En taşkın vecd içinde İslama can attı...

ALTIN ÇAĞ

Yine gönüller aydınlatan din güneşi Hazret–i Ömer'in haşmetli devri... İslâm orduları murahhası Hz. Muaz, Bizans orduşuna gönderildi. İslâm orduları murahhası Muaz, düşman karargâhına vardı. Gözler kamaştıran bir manzara ile karşılaştı. Sırmalı, işlemeli püsküllü, kordonlu bir çadır...

Her yanda, İslâm elçisini hürmetle bekleyenlerin serpiştirdiği şatafatlı eşya... Gurur ve kibir heykelleri... Muaz Hazretlerine, üstünde oturması için ipekten pırıl pırıl yanan bir halı gösterdiler. Muazzez sahabi kendisine kan çanağına dönmüş gözlerle bakan bir sürü küfür heyulasına hitabetti:

– Fukaranın hakkını ve kanını sömürerek dokunmuş bir halıya oturamam!

Hep bir ağızdan cevap verdiler:

– Fakat biz size hürmet göstermiş olmak için bu 'halının üzerinde oturmanızı rica ediyoruz!

– Sizin hürmetinizi ifade eden şeylere kıymet veremiyeceğim! Eğer yere oturmak yalnız kölelere göre bir işse, biliniz ki, Allah'ın benden daha âciz bir kölesi yoktur!

Bizanslılarda hayret, dehşet, ibret, görülmedik sarsıntı:

– Müslümanlar arasında acaba sizden daha yükseği var mı?

– Bana Müslümanların en fenası olmamak yeter!

Kendisini hayret ve dehşetle süzmekte olan Bizanslılara sordu:

– Niçin İslâm ordusundan elçi istediniz?

Dediler ki:

– Siz neden bizim üzerimize geldiniz? Habeşistan size daha yakın değil miydi? İranlıların başında bir kadın var...

Bizim ise başımızda öyle bir hükümdar var ki, cihana hâkir.. Nüfusumuz, gökteki yıldızlar, çöldeki kumlar, denizlerdeki katreler gibi hesapsız...

Muaz Hazretleri tane tane konuştu:

– Ey gafiller! Siz, mallarınızı ve canlarınızı elinde tutan bir hükümdarla iftihar ediyorsunuz. Bizim reisimizdeyse hiç kimseye karşı üstünlük hakkı mevcut değil... Zinaya düşecek olursa, en âdi bir kimse gibi cezasını bulur. Hırsızlık ederse herkesin uğrayacağına uğrar. Perdeler arkasında oturmaz ve kendisini bizden üstün bilmez. Herkesin sahip olduğundan fazla da malı yoktur. Böyle olmasına rağmen ismi dünyaları titretir! Bizim gayemiz saltanat değil, bütün insanların bir olan Allah'a kulluk etmesidir... İşte bunun için size saldırıyoruz Yâ İslam, ya kılıç!..

PRENSİP

İrfan denizine gark olmuş din büyüğü Hazret–i Ömer'in haşmetli devrinde, İslâm orduları başbuğlarından dahi kumandan Hz. Halid İbni Velid, bir şâir'e, onbin dirhem tutarında bir caize vermişti. Kedilerin ayak seslerini bile kaydeden Cenâb'ı Ömer, Hâlid İbni Velid'in bu hareketini duymamış olamazdı. Emri altındakilerin selâmeti adına endişe duydu :

– Ey Halid, dedi, bu parayı kendi kesenden verdinse seni israfla, Müslümanların «**Beytülmalin**» den verdinse emanete hıyanetle suçlandırıyorum! Her iki takdirde de azledilmen icabeder!

Dahi kumandan Hz. Halid (r.a.) azlinden sonra, askerlerden ibaret bir topluluğa şu sözleri söyledi:

– Mü'minlerin Emîri beni, Suriye'deki orduların başkumandanlığına tayin ettikten ve oraları fethettirdikten sonra azletti!

Bir asker ortalığı çınlattı:

– Ey Kumandan! Dilini tut. bu sözler bir ihtilâl çıkarabilir!

Hz. Halid cevap verdi:

– Evet ama Ömer yaşadıkça kimse buna cesaret edemez!

Prensip ve otoritenin bu derecesi...

HASSASİYET

Hak ve adalet güneşi Hazret–i Ömer (r.a.), görünüşte iyi ve rahat yaşayan insanlara neyle meşgul olduklarını sorar ve uğraşacak bir işi olmadığını söyleyenlere şu cevabı verirdi:

– Yazık, yazık! Nazarımda bütün itibarınızı kaybettiniz!

Ve ilâve ederdi:

– Herhangi bir işle meşgul olmak, oturmaktan veya dilenmekten hayırlıdır.

İnsanlar hakkımda 'kullanılan «Büyük» tabirinden çok daha büyük Hz. Ömer (r.a.), her şeyi en ince noktasına kadar liflif ayırt ederdi...

Buyrun cemiyetimize!.. Kahve köşelerinde pinekleyen yığın yığın insan, parklarda meydanlarda başı boş geçen gençlik... Bu bîçareleri kim kurtaracak?

ALLAH'IM ÖMER'İ AFFET

Gönüller aydınlatan din büyüğü Hazret–i Ömer'e bir gün, devesi yorgun düşüp yükünü taşıyamaz olan bir yolcu geldi:

– Ey zamanın ulusu, dedi, ailemin bulunduğu yer uzaktadır. Ben ise ayağı topal, beli yağır zayıf bir deve ile yolda kaldım. Bana, yükümü evime kadar ulaştıracak bir deve vermeni rica ediyorum!

İnsanlık bu ya, Cenâb–ı Ömer (r.a.), yolcunun kendisini kandırmak istediğini zannetti:

– Senin deven senin işini görür, haydi güle güle git, dedi.

Mahcup ve perişan bir vaziyette Halifenin huzurundan ayrılan yolcu, yük taşımaktan âciz hâle gelen devesi ile yola revan oldu. Fakat hem gidiyor, hem de kendisinin doğru sözünü yalanlıyan ve böylece makul talebini yerine getirmeyen Hz. Ömer'in Allah yanında mes'ul olacağını düşünüyordu... Gönlü o îman neş'esiyle mum gibi her yana ışıklar saçıyordu, elleri Allah'ın hacet kapısındaydı. Diyordu ki:

– Ey Rabbi Rahîmiml Ömer benim sözümü yalanladığı için cezana müstehak olacak. Buna sebep benim. Ey Allahım! Ömer gerçekten günahkâr olduysa onu affet!

Mihnetlere dalmış yolcu, şehrin dışında Batha vadisinden aşağı giderken, ortalığı 'bu sözlerle çınlata çınlata gidiyor...

Hz. Ömer bu, Allah Resûlü'nün Halifesi, cihan sarayının adaletli sultanı... Hiç durabilir mi? Yolcuyu takip ediyordu... Devenin gerçekten anlatılan şekilde olup olmadığını görmek için gizlice adamın peşine takılmış kızgın kumlar içinde onu süzüyordu.

Yolcunun kendisi hakkındaki hayır duasını duyunca, ona görünmeden :

– Allahım, yolcunun duasını kabul buyur ve beni mağfiretine mazhar kıl. O haklı, ben haksızmışım». Diye göz yaşları akıtmaya başladı... Ve bir şahin gibi uçup yolcuya kavuştu:

– Ey elest bahçesinden koparılan gül, ey zamanın coşkun eri, bana hakkını helâl et, istediğin deveyi de al, yeter ki Ömer hakkında hep böyle hayır duada bulun, dedi...

Adamın gönlünü alıp, kendisine bir de deve vererek saadetle yolcu etti...

O gönül aydınlatan ışık, ne yüce bir erdi düşünün...

O din sultanı, ne misilsiz tevazuya sahipti görün...

Hz. ÖMER'DE KERAMET

Hidâyete ermiş ümmetin ulusu Hazret–i Ömer'in kerametleri bağlı olduğu Resülun mucizesi olarak pek çoktur. En .büyüklerinden biri:

Peygamber beldesi nurlu Medine, günlerden Cuma... Gönüller aydınlatan din büyüğü Hazret–i Ömer (r.a.) Peygamber mescidinde ve hutbede... Buraların ve ötelerin en ince hikmetleri üzerinde konuşuyor. «Hutbe arasında, kendisinden beklenmedik bir nida işitiliyor. Halife haykırıyor:

– Yâ Sariye! Dağ tarafına çekil!

Sariye, İran tarafında muharebe eden bir İslâm kumandanı. Ne demek bu böyle; binlerce fersah uzaklıktaki bir adama yanındaymış gibi hitap etmek; mevzu dışı bir emir?

Hak ve adalet güneşi Cenâb–ı Ömer (r.a.), hiçbir şey olmamışçasına yine hutbesine devam edip minberden iniyor. Ve muazzez sahabîlerin önüne geçip **«Allahü Ekber!»** diyerek tekbir alıyor... Namaz taşkın bir vecd içinde kılınıyor.

Herkes, ama herkes hayrette, fakat sormaya cesaret edebilen yok... Kevser Sakisi Hazret–i Ali (k.v.), o kerametler sultanı soruyor:

– Neydi, yâ Ömer, hutbe içinde **«dağa çekil yâ Sariye»** diye haykırışın?

– Sariye o dakikaya kadar muharebedeydi. Düşman da onu her tarafından sarmaya başlamıştı. Dağ tarafına çekilip kurtulmaları için haykırdım...

Yani, Cennet ehlinin kandili Yüce Faruk, hutbesini okurken, binlerce kilometre mesafedeki Sâriyeyi ve ordusunu ovucunun içi gibi görüyor ve ona yine binlerce kilometre uzaklardan, ilâhî ilhamla ne yapması gerektiğini emrediyor...

İç gözlerine ilâhî nurun sürmesi çekilmiş ulu Faruk, Peygamber sevdalısı büyük insan...

Bir müddet sonra Sâriye ordusundan gelen bir adamın ifadesi:

– İşte o Cuma günü, namaz vakti bozguna kıl kadar pay kalmıştı. Halifenin sesini duyduk, dağa çekildik ve Allah'ın inayetiyle. tekrar toparlanıp hücuma geçtik ve küfür ormanını kılıçlarımızla biçtik, zafer bizim oldu...

Kerametin bu derecesi...

❁❁❁

ŞİİR

Anlatmak kolay mı Ömeri size?
İşte O'nu sundum idrâkinize...
O'nun hayatı ki, baştan başa nur,
Gönül evi îman ile doludur!..
Aşk âteşi ile yanıyor kalbi,
O'nun tek rehberi, işte son Nebî,
Haydi göster bana böyle bir insan,
Ey yirminci asır, devri perişan!..

İKİNCİSİ

İslâm ordusunun şanlı kumandanı Amr İbnü-l As Mısır'ı fethedince eşraf karşısına çıktı. Bereket noktasından Nil sularının coşup taşmasını beklediklerinden bahsettiler ve dediler:

– Ey zamanın eri! Her yıl ziynetli elbiseler giydirilmiş bir bakireyi suya atarız ve nehir köpük köpük taşar. Bu yıl da aynı şeyi yapmamıza müsaade istiyoruz'!

Şanlı sahabî Amr Hazretleri, böyle saçma ve bâtıl işlere mukaddes İsiâmın izin vermeyeceğini söyledi ve buna rağmen meseleyi Halifeye bildireceğini ve gelecek cevaba göre hareket edileceğini sözlerine ilâve etti. Ve gönüller aydınlatan din büyüğü Hz. Ömer'e durumu bildirdi.

Çok zaman geçmeden, Hak ve adalet güneşi Hazret–i Ömer'den, bakire yerine Nil'e atılmak üzere bir kâğıt geldi:

– Mü'minlerin Emîri ve Allah'ın kulu Hattâb oğlu Ömer'den Mısır'ın Nil nehrine! Ey Nil; eğer sen kendi iradenle akıyorsan, sana ihtiyacımız yok, akma! Eğer Yüce Allah'ın emir ve iradesiyle akıyorsan, ben senin taşmanı, Vâhid ve Kahhar olan Allahtan istiyorum!

Bu kâğıdı suya attılar ve Nil sularının daha ilk gece en zengin çapta taşıp toprağa bereket yağdırdığına şahit oldular...

Billur sular, gürül gürül kaynadı ve toprağın çatlayan dudaklarına yeni bir hayat geldi...

ULVİYET

Sonsuzluk Nebisi'nin Halifesi Hazret–i Ömer (r.a.) in altın devrinde bir gün Nur şehri Medine'de zelzele oldu. İnsanlar İlâhî ürperişle ürperdiler. Cenâb–ı Ömer'e baş vurdular:

– Ey bakış ve görüş sahibi, bu ne iştir?

Gönüller aydınlatan din büyüğü Cenâb–ı Ömer (r.a.), eline bir sopa alıp yere vurdu:

– Ey arz! Allah'ın izniyle sakin ol! dedi.

Ve o ân, zelzele durdu.

Yine bir gün Peygamber beldesi Medine'de büyük bir yangın çıkmıştı. Muazzez sahabîler Allah Resûlü'nün Halifesine bildirdiler... Hak ve adalet güneşi bir taş parçası alıp üzerine:

– Ey ateş! Allah'ın izniyle sakin ol! diyerek yazdı. Bunu canlar yakan ateşin içine attılar, Allahü Teâlânın izniyle hemen söndü...

BAĞLILIK

Allah'ın bütün yeryüzünü ayaklarının altına, bütün gökyüzünü de mukaddes başının üstüne çekip topyekûn kendisine bağışladığı Peygamberler Peygamberinin sevgisiyle bahtiyar olmuş Yüce Faruk, kıtlık olduğu zaman Allah Sevgilisi'nin Amcası Abbas ile istiska eder ve:

– Ey bir avuç topraktan can yaratan Allah! Biz sana Nebimizi vesile kılardık, sen bize –O'nun yüzü suyu hürmetine– Rahmet verirdin. Şimdi Nebimizin amcasını vesile yapıyoruz bize ihsan et! Diye dua ederdi. Âlemlerin Rabbı hemen yağmur verirdi... Peygamber'e bağlılığın bu derecesi ve Allah indindeki makbuliyetin böylesi...

BİR GÖMLEK

Gönüller aydınlatan din büyüğü Hazret–i Ömer (r.a.) Halifedir. Mü'minlerin Emîri sıfatı ile kendisini bir yere davet ediyorlar:

– Ey Bakış ve görüş sahibi! Sizi filân yerdeki toplantımıza bekliyoruz!

– Olur, inşallah gelirim!

Fakat aradan epeyce zaman geçtiği halde Hazret i Ömer (r.a.) davete tam vaktinde yetişemiyor. Sahabîler soruyorlar:

– Ey Allah Resûlü'nün Halifesi niçin geç kaldın?

– Bir gömleğim vardı, yıkamıştım, kurusun diye bekledim!..

İran'ın ve Turan'ın koca Fâtih'i nice Hükümdarların tahtını yerle bir eden muhteşem büyüğün şu sade hayatına bakınız... Kanaatin bu derecesi...

BİR RAMAZAN GECESİ

Yine hidâyete ermiş ümmetin ulu rahmeti Hazret–i Faruk'un altın devri... Nur şehri Medine'de bir Ramazan gecesi... Hem de 27 nci gece... İsmi dünyaları titreten Cenâb–ı Ömer'i bir sahabî iftar için evine davet etti... Elest bahçesinde yetişen adalet gülü, davete icabet edip orayı şereflendirdiler...

Önlerinde sofra, Allah'ın ihsan ettiği güzel nimetler tabak tabak... Ev sahibinde Halifeler Halifesine karşı hürmetlerin en güzeli:

– Buyurun Ey Mü'minlerin Emîri, şu sizin için!..

Adamın elinde bir tas, pırıl pırıl...

Hak ve adalet güneşi soruyor:

– Nedir o?

– Bal şerbeti Ya Halife!. Sizin için saklamıştık da..

Cennet ehlinin kandili ve reisler reisi birden ak çiçekli ayva dalı gibi sallanıyor, yüzünde tırmık tırmık açı, eli ile tası işaret ederek haykırıyor:

– Lütfen götürün bunu, götürün!

– Aman, yâ Ömer! Bizi kırmayınız...

– Olamaz aziz dostum! Ne zaman ki, idaresini üzerime aldığım bu hidâyete ermiş ümmet sofralarında bal şerbeti içmeye başlarlarsa, ben de işte o zaman bu şerbeti İçebilirim!..Bütün işlerini üzerime aldığım Müslümanlar, içmeye kuyu suyu dahi bulamazken, benim burada bal şerbeti içmem İslâm adaleti ile asla bağdaşamaz!. Ben öyle bir yükün altındayım ki:

«Zemine gadr ile bir damla kan dökünce biri,
O damla bir koca girdap'olur boğar Ömer'i!»[25]

Mes'ûliyet duygusunun bu derecesi...

YİNE O DUYGU

Yine o yüce yaradılışlı, güzel adalet sahibi Halife bir gün, Peygamber beldesi Medine'de bir köşe başında Hazineye ait develeri tımar ediyordu. Tam o anda, Temim oğulları Kabilesi Reislerinden ve civarın en asillerinden Ahnef, beraberinde bir kaç kişi ile Halife'yi ziyarete geldi... Ahnef'in yanında bulunanlar, hayretten dona kaldılar. Reisler reisi Hz. Ömer'i (r.a.) billur saraylar içinde haşmetle saltanat sürüyor zannediyorlardı... Halbuki muhteşem Halife, herhangi bir adam gibi burada deve tımar ediyor, abasını çıkarmış güneş altında ter döküyor... Bu neyin nesiydi? Adamlar hayret ve dehşetle ak söğüt gibi sallanırken Hazret–i Ömer'in Ahnef'e doğru gelip kollarını açtığını ve O'nu kucakladığını gördüler...

Hz. Ömer, îmanın 'nurdan billûrlaşmış Âbidesi... Gün kadar aydınlık yüzündeki yıldız yıldız parlayan terleri elinin tersiyle sildikten sonra :

---

25 M. Akif. Safahat.

– Ey Ahnef, dedi, abanı çıkar ve yanıma gel! Şu iki zadeveyi tımar ederken bana yardım et. Bunlar huysuzluk ediyorlar. Bakmazsam iyice düşecek, fakir fukaranın hakkı, dul kadınların hissesi, masum çocukların uhdeme tevdi edilmiş bu hazine malları heder olacaktır.

Reisler reisindeki bu misilsiz din gayretini görenlerden biri dayanamıyor:

– Ey zamanın ulusu, diyor, ne olurdu hizmetçilerinden birine emretseydin de bu işleri o yapsaydı?

Halifeler Halifesinden şu cevabı alıyor:

– Benimle Ahnef'den daha münasip hizmetçi olur mu ki? Müslümanları idare işini üzerine alan kimse, Müslümanların hizmetçisidir. Hizmetçiye yakışan da şu işi görüp, şunları görmem demek değil, belki devlet işlerinin neleri yapılmamışsa onları yapmak, deve timar etmek bile olsa yapılmayan herhangi bir işi hemen yapıvermektir!

Adamlar Hz. Ömer'in gerçekten ne büyük bir insan olduğunu anlayıp îman neş'eleriyle köpük köpük taşıyorlar...

İnsanlığın bu derecesi... Hakkaniyetin erişilmez münteha noktası...

İDRAK SELÂMETİ

İmanın billur saraylarında kanaat kürsüleri üzerinde heybetle saltanat süren Cenâb–ı Faruk (r.a.), ne kadar sade bir hayat sürüyordu, geliniz hep birden görelim.

O, şu halifelik yurdunun adaletli şahı, bir gün paraya ihtiyacı oldu. Hemen şanlı Sahabî Abdurrahman bin Avf Hazretlerine bir adam gönderdi:

– Ya Abdurrahman! Bana 400 dirhem ödünç para gönder...

Hz. Abdurrahman'da hayret, dehşet, ibret... Para yerine şu haberi uçuruyor :

– Ey hilm âlemi Yüce Faruk! Parayı benden mi istiyorsun? Halbuki Beytülmal senin yanındadır; şimdilik oradan al, sonra yerine koyarsın!..

O bakış ve görüş sahibi. O din erlerinin ulusu, o Allah'ın has kulu Beytülmale el atmaktan korkuyor ve şu cevabı gönderiyor :

– Yâ Abdurrahman! Ödünç parayı senden istiyorum. Çünkü sana borçlanırsam bir emri Hak vukuuna veya borcumu ödeyememe hâlinde mirasımdan bir parça vererek seninle helâllaşmak kolay olur.Lâkin devlet hazinesine borçlanırsam iş büsbütün çığrından çıkar. Zira bir ölüm vukuunda devlet hazinesinde hissesi bulunan bütün Müslümanlarla helâllaşmak mecburyetinde kalırım,! Bu takdirde geriye bırakmış olduğum mirasım kâfi gelmeyeceği gibi mizanımdaki sevabım dahi beni kurtaramaz!...

Bu ulvî duygu, Abdurrahman'ı ağlatıyor... İlâhi saltanatın burcuna konma kolay mı? Hz. Ömer'i, Faruk yapan sır da bu değil mi?

Ey cihan! Sana işte böyle coşkun er gerek,

Adalet için ancak Cenâb–ı Ömer gerek!..

Allah sevgilisi buyuruyorlar :

– Allahım, Din-i İslâm'i Ömer İbn-i Hattab ile aziz et.

NE O, NE BU

Muhteşem büyük Cenâb–ı Ömer'in altın devri... Bir gün. Yemen valisi reisler resini görmeye geldi. Sırma ve haşmet akan bir kılık. bir debdebe... Yüce Faruk, bu manzarayı sevmedi. Vali ikinci defa Halife'nin karşısına mahsus, berbat ve perişan bir kılıkla geldi. Bu defa Halife büsbütün müteessir oldu ve şöyle dedi:

-Â iki gözüm! Maksadım ne o, ne bu... İnsan, ne saçı başı karışık, perişan bir halde gezmeli, ne de sırma ve debdebe içinde yüzmeli!...

VE BAŞKA BİR VALİ

İrfan denizine gark olmuş din büyüğü Hazret–i Ömer (r.a.) bir şey işitti: iskenderiye valisi onun oğluna, yani Halifenin oğlunu, bir suçtan dolayı şer'î cezaya çarptırmıştır. Fakat bu cezayı, hükümette ve halk önünde değil de, kendi evinde tatbik etmiştir. Gönüller aydınlatan ışık, hemen valiye şu emri yazdı:

– **Â adam! Benim oğlumu niçin herkes gibi hükümette, göz önünde cezalandırmadın da kendi evine götürdün? Bu, benim oğluma, benim oğlum olduğu için verdiğin bir imtiyazdır!**

Ve adaletli sultan, valiyi muhakeme altına aldı...

Hakkaniyetin bu derecesi...

EN FAKİR OLAN

Velâdetiyle irfanı, kerametiyle ihvanı işaretiyle insanı ihya eden Kâinatın Tacı Cenab–ı Muhammed (s.a.v.)ın kutlu Halifesi Hazret–i Ömer (r.a.) Hımıs oymağının asillerine bir mektup gönderdi:

– Ey Hımıs'ın soylu kişileri! Muhitinizdeki fakirleri tesbit ederek bana bir liste hâlinde bildiriniz!

Hımıs'lılar da Şam çevresinde bulunan yoksulları bir liste hâlinde Mü'minler Emîri Hazret–i Ömer'e bildirdiler. Şanı yüce Faruk listeyi açıp bakınca, başta, o oymağa Hâkim olarak gönderdiği Sâ'd bin Âmir'in isminin yazılı olduğunu gördü ve listeyi getirene sordu:

– Bu ne iştir?

– Ey Mü'minlerin 'Emîri! Hakimimiz fakirdir. Devamlı olarak **«Rüşvet alan da veren de ateştedir.»** buyuran Allah Resulünün bu sözünü hatırlar ve en küçük bir hediyemizi dahi kabul etmez!

Cenâb–ı Faruk'un nur dudaklarında ebediyet tebessümleri belirdi, ela gözleri yıldız yıldız parıldadı:

– Peki, dedi, kendisinde Allah korkusu bu derece iz bırakan hâkiminizin hiç bir kusuru yok mu?

– Var yâ Halife!

– Nedir o?

– Hâkimimiz bu kadar kuvvetli îmana sahip olmasına rağmen, şu dört kusurdan kendisini kurtaramamıştır:

Birincisi: Vazifesine sabah namazından hemen sonra değil de, kuşluk vaktinde gelir.

İkincisi: Geceleri namazda hiç görünmez.

Üçüncü: Haftada bir gün evine kapanır, kapıyı da arkasından sürgüler ziyaretçi dahi kabul etmez.

Dördüncüsü : Sahabîlerden Hubeyb'i müşriklerin nasıl şehid ettiklerini hatırlayınca üzüntüsünden hastalanır ve baygınlık geçirir...

Zamanın coşkun eri Cenâb–ı Faruk, oradaki fakirlere bir miktar yiyecek ve biraz da para gönderdikten sonra, Hâkim Sâd' bin Âmir Hazretlerini Nur beldesi Medine'ye davet etti.

Sâ'd Hazretleri hemen geldi. Halifeler halifesinin huzuruna çıktı. Hz. Ömer ona hitap etti:

– Yâ Sâ'd! Senin şu şu kusurların varmış, bunların sebebi nedir?

Sâ'd bin Âmir cevap verdi:

– Ey Allah Resûlü'nün Halifesi! Vazifeme ancak güneşyükselirken gelebiliyorum, çünkü ailem hastadır, evdeki bütün hizmetleri kendim görmek zorundayım. Geç kalışım bundandır.

– Geceleri insanlar arasında görülmediğime gelince; gündüzleri halk için çalışan bir hâkimin, geceleri de Hak için çalışmasına müsade edersiniz herhalde... Bu suretle, gündüzleri hükme bağladığım dâvaların sabaha kadar tekrar vicdanımda muhasebesini yapar, yanlış bir karar verdimse, tashih imkânı bulurum...

– Haftada bir gün evime çekildiğimin sebebi ise, başka giyecek elbise bulamadığımdan, yıkadığım elbiselerim kuruyuncaya kadar, hiç kimseye görünmemek mecburiyetinde kalmamdır. Bu sebeple kapımı arkasından kilitliyorum...

– Hubeyb'in şehadetini hatırlayınca bayıldığıma gelince; onu hiç sorma... Âh Hubeyb âh!.. Çünkü şehid Hubeyb'i asarlarken yanlarında idim; belki manî olabilirdim, fakat o gün henüz mukaddes İslâm ile şereflenmemiş olduğumdan, hâdiseye sadece seyirci kaldım. İdam esnasında onun gösterdiği cesaret ve celâdeti hatırladıkça Hubeyb'in ne misilsiz ve coşkun bir îmana sahip büyük bir mücahîd olduğunu daha iyi anlıyorum... Ve niçin mâni olmadım diye teessürümden bayılıyorum.

Zamanın coşkun eri, adalet tahtının misilsiz sultanı Hazret–i Ömer (r.a.), Sâ'd bin Âmir'in bu sözlerinden o kadar memnun oldu ki, ellerini ulvîlik âlemlerine kaldırıp Rabbimize hamdü sena etti...

Yüce Faruk, bu muazzez sahabi Sâ'd bin Âmîr'i hatırladıkça billur billur göz yaşı döker ve şöyle derdi:

– Âh Sâ'd âh!.. Allah korkusu, din duygusu seni ne kadar ulvîleştirmiş, din ve devlete faydalı bir uzuv yapmış... Senin gibi coşkun bir îmana sahip, dindar hâkimlerle, değil Arabistanı bütün dünyayı hem de polissiz, zâbıtasız idare edebilirim. Yeter ki, hâkimlerime işte böyle din ve imanları hâkim olsun...

Halifeye göre hâkim, Hâkime göre halife... İnsanlığın bu derecesi? Şimdi ihtiyar dünya Hz. Ömer gibi bir insandan mahrum olduğu için başına topraklar saçmada, âh ü figan etmektedir...

NUR DEVRİ

Bir gün, Peygamber beldesi kutlu Medine'de Allah Resûlü'nün şanlı Halifesi Cenâb'ı Faruk (r.a.) oturmuş muazzez sahabilerle sohbet ediyordu. Bir ara adamın biri reisler reisi Hazret–i Ömer'i medh etmeğe başladı :

– Yâ Ömer! Siz ne yüce insansınız!

Gönüller aydınlatan bilgi güneşi Hazret–i Ali (k.v.) de oradaydı, dedi ki,

– Â iki gözüm hangi Ömer'i söylüyorsunuz? Allahü Teâlâ Peygamberler – ve Sıddîk – müstesna ondan daha hayırlı bir kul yaratmamıştır. O, öyle bir erdir ki, Hak Teâlânın dininin sınırlarını bilir. Şeriatın nazlı bayrağı O'dur. Azîz ve Celîl olan Allah İslâmı onunla aziz etti. Adalet nuru Ömer'in gönlüne doldu da âlemde yücelik tahtına oturdu. Din erlerinin en ulusu Ömer'dir!..

İSLÂMIN KİLİDİ

Kâinatın Efendisinin insanlığı nesil nesil nurlandırmakla vazifeli torunu Hazret–i Hasan (r.a.) anlatıyor .

– Bir gün Hazret–i Ömer (r.a.), Hazret–i Ebu Zer'in elini tutup sıkmışdı. Aşk ve vecd adamı Hazret–i Ebu Zer dedi ki :

– Elimi bırak, incitdin ey İslâmın kilidi!

Hazret–i Ömer tebessüm ettiler ve dediler :

– Yâ Ebû Zer! Bu söz nereden çıktı?

– Hatırlamıyor musun Yâ Ömer? Hani falan gün. filân yerde Allah'ın Resûlü: **"Eğer aranızda yayılacak fitnelerden korkuyorsanız, Ömer'in bereketiyle size erişmez. Yâ Ömer! Sen İslâmın kilidisin"**, buyurmuştu...

İslâmı muhafaza etmekte gerçekten Hz. Ömer gibi er bulunmaz. O, dinin direği, adaletin güneşi, hakikatin en parlak oynaşıydı...

ÇENÂBI FARUK'TA TERBİYE FİKRİ

Bir sözü :

– Çocuklarınıza yüzmeyi, ata binmeyi, meşhur meselleri ve güzel şiirleri öğretiniz!

Bir gün, henüz delikanlılık devresine girmekte olan çocuğunun elinden tutmuş olan bir baba, Allah Resûlü'nün Halifesi Hazret–i Ömer'in huzuruna çıktı:

– Ey Mü'minlerin Emîri, dedi. Ekmeğimle karnını doyurup, elbisemle sırtını örttüğüm bu çocuğum, daha şimdiden bana karşı geliyor, sözlerimi dinlemeyip, nasihatlerimi tutmuyor. Babasına isyan eden çocuklara verilmesi gereken cezanın benim bu âsî çocuğuma da verilmesini diliyorum!

Şu halifelik yurdunun şahı, en büyük bakış ve görüş sahibi ve Reisler reisi Hazret–i Ömer (r.a.), bu güneş bakışlı, gümüş bedenli, altın saçlı çocuğu cezalandırmak yoluna gitmiyor.. Gün gibi aydınlık yüzünü ve ışık ışık yanan gözünü çocuğun babasına çeviriyor:

– Ey dertlere uğramış adam, diyor. Söyle bakalım! Bir evlâdın babasında üç hakkı vardır. Biri Müslüman ismi koymak, diğeri İslâmî terbiye ile yetiştirmek, öbürü de İslâmî hayat yaşayacak şekilde biriyle evlendirmek. Sen acaba bunları yerine getirdin mi?

– Ey Allah Resûlü'nün Halifesi! Çocuğum dünyaya geldiğinde ona Müslüman ismi koydum, bu vazifemi yerine getirdim!

– Peki ötekiler?

– Onlara gelince; İslâmî bir hayat yaşayacak biriyle evlendîrmek zamanı henüz erkendir. Vakti geldiğinde elbette bu vazifemi yerine getireceğim!

– Ya Terbiye meselesi?

– İşte o vazifeyi yapamadım! Çünkü ben işi gücü başından aşmış, maişet derdiyle mübtelâ bir insanım. Çocuklarla uğraşacak vaktim ve imkânım yoktur. Bu yüzden de dini bilgi ve İslâmî terbiye vermek hususunda çocuğumla meşgul olamadım!

Bu sözleri duyan şanlı Halife oturduğu yerden kalktı ve gök gibi gürledi :

– Demek â bedbaht adam, çocuğundan şikâyetçisin? Demek sen buraya, çocuğum bana âsî oldu diye geldin? Halbuki çocuğun sana değil, sen çocuğuna âsi gelmiş, mükellef olduğun İslâmî ve îmanı terbiyeyi ihmal ettiğin için cezaya bu yavrucakdan evvel sen müstehak olmuşsun... Huzurumdan derhal çekil ve lâyık olmadığın hürmeti, saygıyı, edebi İslâm terbiyesi vermediğin çocuğundan boş yere bekleme!..

Adam, ak söğüt gibi titredi... Halifeler halifesinin âdil hükmü karşısında diyecek söz bulamadı ve başı önünde oradan uzaklaştı...

Böyleyken... Bir mislini ne tarihin bildiği, ne de insanoğlunun hayâl edebildiği bu İlâhî terbiye sistemini, müslüman olduklarını sananlar ne çabuk unuttu! Eğer bu İslâmî terbiye ve bu ruh, aziz miraslar içinde aziz bir miras gibi muhafaza edilebilseydi ve nesilden nesile ışık ışık aktarılsaydı, İslâm dünyası bugün hiçbir şeyden mahrum olmayacaktı. Fitne de başlar üzerinde kanat çırpmayacaktı...

Ne yazık ki, beşerin terbiye sistemi bozuk!.. Hâlâ İslâm'dan bucak bucak kaçıyoruz. Avrupalının kokmuş sistemi ile Saadet bulacağımızı sanıyoruz. Eyvah ki, elmas yerine kömüre talip olduk..

HASSASİYET

İrfan denizine gark olmuş din büyüğü Ulu Faruk'a bir defasında ganimet malından misk getirmişlerdi. İç gözlerine ilâhi nurun sürmesi çekilen Cenâbı Ömer (r.a.) bunu evine götürdü ve hanımına teslim etti:

– Ey hanım, dedi, bu ıtırı satınız, parasını da fakirlere dağıtınız!

Mü'min kadın, Halifesinin emirini yerine getirdi.

Aradan zaman geçmişti. Bir gün, Faruk'un evde olduğu sırada hanımı sandığını açtı. Ortalığa tatlı bir koku dağıldı. Cenâbı Ömer sordu:

– Bu koku nedir?

– Hiç yâ Ömer! Geçen getirdiğin misk burada durmuştu ondan sinmiş olacak!..

– Öyle de olsa bizi yakmaya kâfidir!

Ve Reisler reisi sandıkta koku kalmayıncaya kadar havalandırılmasını emretti...

Hak ve adalet güneşi Hazret–i Ömer (r.a.) bu derece vera ve takva sahibi idi... Bu derece Hak gözeten biri nasıl olur da haksızlık yapar?

Yüce Faruk kendisi çalışır, kazanır, herkese de çalışmayı tavsiye ederdi. Çok kerre de şöyle derdi:

– Çarşıda çoluk çocuğun rızkını temin ederken öldüğüm yer, benim en sevdiğim yerdi. Çalışıp kazanmaktan el çekip de Allahü Teâlâ rızkımı verir demeyiniz. Hak Teâlâ gökten altın ve gümüş göndermez..

Bir gün, bakış ve görüş sahibi yüce Halifeye sadaka sütünden vermişlerdi. Bir yudum içti. Sonra bunun kendisine lâyık olmadığını anladı. Parmağını boğazına sokarak istifra etti... Ve ellerini ulvîlik âlemlerine kaldırıp:

– Ey Rabbi Rahîmim! dedi, damarlarımda kalandan sana sığınırım!..

Â dostlar!

Bu ne gönül, bu ne göz, bu ne bakış? Bir zamanlar Peygamberler Peygamberini öldürmeye giden Ömer yine aynı Peygamber elinden ölümsüzlük iksiri içiverince en büyük «**FARUK**» oldu...

İslâm hastahanesinde Tevhîd kılıcı ile göğsü yarılıp içine îman tası ile nur dolduruldu ve işte Hz. Ömer de ondan sonra **«Cennet ehlinin kandili»** oldu...

Allah ondan razı olsun... Bizi de şefâatına nail etsin...

HAKİKATİN EN PARLAK AYNASI

Hak ve adalet güneşi Cenâb–ı Ömer (r.a.) o kadar derin ve ince hesaplar güdüyordu ki, vehim kuşunun bile erişemiyeceği, akılların bile hayret parmaklarını ısırdığı ulvî halleri olurdu. O gönül aydınlatan ışık, devlet ve millet malından bir kuruş boşuna harcanmasın diye geceleri uyumaz ve gündüzleri bir murakıp gibi her şeyi yerinde ve zamanında kontrol ederdi.

O îmân Sultanı, dünya tarihinde, eşi ve benzeri bulunmayan ileri görüşlü bir devlet adamıdır.

Tarih sahifelerini inci inci, sedef sedef süsleyen ve İslâm medeniyetine en güzel çeşniyi veren Ulu Faruk'un halifelik devrinin her günü ciltlerle eserler dolduracak faziletlerle doludur. Deryadan katre misâli, onun ışıklı hayatından bazı örnekler sunduk. Ve yine de sunmaya devam edeceğiz. Masum Efendi Hazret–i Osman'ın azadlı kölelerinden biri anlatıyor:

– Sıcak bir yaz günü, Nur beldesi Medine'de Efendim Hazreti Osman'ın yanında oturuyordum. Bir ara gözlerimiz ufuklara kaydı, tâ uzaklarda iki deve yavrusunu sürerek gelen bir adam gördük. Güneş, dağlar, taşlar, kumlar alev alev yanıyordu. Bu derece misli görülmedik sıcak altında böyle çöle çıkmağa cesaret eden şahsın kim olduğunu bir an ikimiz de merak ettik. Fakat develeri süren meçhul adam, daha yakına geldiği zaman onun bizzat günün Halifesi Hazret–i Ömer olduğunu derin bir hayretle gördük. Hazret–i Osman (r.a.) doğrulup başını altında oturduğumuz gölgelikten dışarı çıkardı. Lâkin hava öyle amansız sıcaktı ki derhal başını yeniden içeriye çekti. Halifeler Halifesi Cenâb–ı Ömer (r.a.) az sonra yanımıza geldi. Alnında yıldız yıldız ter:

– Esselâmü Aleyküm, ya Osman! dedi.

– Ve aleyküm selâm! Bu korkunç sıcakta ne diye çöllere doğru gittin, ey Mü'minlerin Emîri?

– Yâ Osman! Bu iki deve yavrusu cizye mukabilinde bize gönderilmiş. Onları devlete ait otlağa kadar bizzat götürmek istedim. Başkalarına teslim eder, yahut bir yere bırakırsam belki gereği gibi bakılmaz veya kaybolur diye korktum!

Cenâb–ı Ömer'in hilâfetinde devlete ait at ve develerin sayısı dörtyüzbini geçiyordu.

Devlet ve idare şeklini Hz. Ömer'in şahsında billûrlaşmış olarak görüyoruz. İşte Hak ve adalet güneşi Ömer'in büyük şahsiyeti... Böyle olduğu halde misilsiz bir tevazuya da sahipti...

İŞTE VİCDAN HÜRRİYETİ

Vicdan hürriyeti insan haklarının temel prensiplerinden biridir. Mukaddes İslâm dîni bu ulvî temel üstünde yükselmiştir. Yirminci asrın modern insanının bile hayâl edemeyeceği öyle vak'alar var ki yirminci asrın insanı hâlâ bu inceliği kavrayamamıştır.

İslâm'daki şu ulviyet, şu saffet, şu incelik, şu ahenk, hiçbir nizamda yoktur.

Allah'ın bütün yer yüzünü ayaklarının altına ve bütün gökyüzünü de mukaddes başının üstüne çekip topyekûn kendisine bağışladığı Cenâb–ı Ahmedi Muhtar'ın Ulu Halifesi Hazretl Ömer (r.a.) in zeki, çalışkan, sahibine itaatli, son derece terbiyeli fakat gayri müslim bir kölesi vardı.

İrfan denizine gark olmuş din büyüğü Hazreti Ömer (r.a.) bir gün, gayri müslim kölesini İslâm'a davet etmek üzere çağırdı:

– Söyle bakalım, benden hoşnut musun?

– Ne diyorsun, â Efendim Sen dünyanın en iyi adamlarından birisin. Bana kendi evlâdın gibi bakıyor, hüsnü muamelede bulunuyorsun!

– Peki, ahlâkım nasıl?

– O nasıl söz? Faziletinin daha üstünü olamaz!

Hazret–i Ömer (r.a.), gün kadar aydınlık yüzünde ebediyyet tebessümleriyle tatlı tatlı devam etti:

– İşte bu ahlâk bana dinimden geliyor. Bak sana, İslâmın ne olduğunu anlatayım.

Ve din usûllerini bir bir anlattı. Köle bütün bunları dinledikten sonra:

– Çok doğru, çok güzel, çok âlâ şeyler!

– O halde ne duruyorsun İyi ve güzel olanı seçmek hakkın değil midir?

Ey Mü'minlerin Emîri! Bu hususta beni zorlarsan, emrin başım üstüne derim. Zorlamazsan bırak da babalarımın dininde kalayım!

Halifeler Halifesinden şu pırıltılı cevabı aldı:

– İslâm'da îmâna zorlamak yoktur. İstediğin dinde ve durumda kalabilirsin. Ben ancak sana hak ve hakikati anlatmaya çalıştım. Gerisini sen bilirsin.

Köle, nasipsiz nasibinde kaldı, ve Hazret–i Ömer onu zorlamadı. İşte vicdan hürriyeti.

MERHAMET

Varlığın sebebi olan Peygamber buyuruyor:

«– İyilik Cennete kavuşturur. Yeryüzündekilere merhamet edin ki göktekiler de size merhamet etsin.

İnsanlara acımayana Allah merhamet etmez. Merhamet ve şefkat sahiplerine Rahman olan Allah, rahmetiyle muamele buyurur.»

İşte bu ilâhi terbiye ile yetişen, Hazret–i Mustafanın Şerefli elinden ölümsüzlük iksîri içen Hazret–i Ömer (r.a.), adamın birini bir vilâyete vali yapıp ahitnamesinin yazılmasını emretti. Tam o an, minik bir çocuk Yüce Faruk'un yanına geldi. Çocuğun üzerindeki elbise yırtık ve yamalı idi. Fakir bir kimsenin çocuğu olduğu her hâlinden anlaşılıyordu. Cenâb–ı Ömer (r.a.), dudaklarına en güzel tebessümleri kondurup tatlı bir yüzle çocuğa kucak açtı. Çocuk, bu açılan kollara kendisini attı. Halife de, kıvırcık saçlarını tel tel okşamaya başladı. Artık yavrunun saadetine diyecek yoktu. Hz. Ömer'in yanında bulunan Vali namzedi:

– Ey Mü'minlerin Emîri, dedi, bu çocuk sizin nenizdir?

– Hiçbir şeyim değil, yetim olduğu için gönlünü almak istedim!

– Allah, Allah!. Benim birçok çocuklarım var. Benden o kadar korkarlar ve çekinirler ki, yüzüme bakmaya bile cesaret edemezler!

Gönüller aydınlatan Hak ve adalet güneşi Hz. Ömer (r.a.) bu sözleri duyunca köpürdü :

– Bir adam ki, kendi çocuklarına bile merhamet ve şefkati olmaya, onu Müslümanlar üzerine musallat etmek reva değildir!

Ve adamı Vali tayin etmekten vaz geçti, ahitnameyi oracıkta yırttı...

Merhamet, merhamet. Onun bütün şiarı buydu.

BEN SENİN BABAN DEĞİLİM

Yine bir gün adamın biri Cihan Faruk'u Hazret–i Ömer'e gelip saygısını ifâde ederek elini öpmek istedi... Cennet ehlinin kandili Yüce Faruk buna müsaade etmedi ve şöyle dedi:

– Â adam! Ben senin baban değilim. Sana ilim de öğretmedim, hocan da değilim. Benim eğer bir Emîr bir dünya büyüğü olarak elimi öpmek istersen, bu haraket bir insan için, yani senin için büyük zillettir ve dinde reddedilip sevilmeyen bir davranıştır; aynı zamanda hiledir. Senin kendini aldatmaya ihtiyacın olmadığı gibi bizim de aldanılmaya ihtiyacımız yoktur!

TECESSÜS YASAK

İmanın billûrlaşmış nurdan âbidesi Hazret–i Ömer'in işi gücü adaletti. Adalet yerini buluncaya kadar uyumaz, mazlumun hakkını zâlimden alıncaya kadar yatağına uzanmazdı. O kâh aşk derdiyle yanar, kâh îman zevkinden kararsız bir hâle gelirdi. Kâh gözlerinden iplik iplik yaş döker, kah âleme inciler saçardı.

Yine günlerden bir gün adamın 'biri Cenâb–ı Ömer'e geldi:

– Yâ Ömer, dedi,.komşum Ramazanda oruç tutmuyor ve gizlice yiyip içiyor!

Bu sözler, Halifenin tuhafına gitti. Çünkü bir Müslümanın gizli halleri araştırılmaz, evinin içi murakabe altında tutulmaz. İslâmın ahlâk anlayışı böyle şeylerle bağdaşmaz...

Halifeler Halifesi sordu:

– Sen o adamın oruç yediğini, Ramazan'a hürmet göstermediğini nerede gördün veya nasıl tesbit edebildin?

Zavallı adam mühim bir haberin müjdecisi olma edâsiyle :

– Efendim, dedi, bizim evin onların bahçesine penceremsi bir deliği vardır. Ben bu delikten zaman zaman onun evini gözetledim de oruç yediğini gördüm!

– Peki, adamın bir mazeretinin olup olmadığını da sorup öğrendin mi?

– Hayır, bunu hiç düşünmedim!.. Ve bir mazereti olduğunu tahmin etmiyorum!

– Tahmin ile hüküm verilir mi? Seninle ayni hâli görüp tesbit edebilen başka şahid var mı?

Din ve îman bayrağı Hazret–i Ömer'in büsbütün canı sıkıldı; fakat yine de sade sade konuşmasına devam etti:

– Önce, sen yalnız başına bir tek şâhidsin. Usûle göre bir tek şâhidle hiçbir dâva ispat edilemez. O halde adamın oruç yediği sabit olmuş olmuyor.. İkinci cihet, sen burada gayri ahlâkî ve gayri kanunî bir iş yaptığını kendin itiraf ettin; o da halkın müsaadesi olmaksızın evine bakmak... Biliyorsun ki bu da tecessüs babına girer. Tecessüs ise hem haram, hem de cezayı gerektiren bir suçtur. Bunun için sen herhalde ceza görmelisin!..

Ve emrettiler, adamın ayağının altuna sopalar inip kalkmaya başladı... Her sopa inişte Allah diye 'bir feryâd göklere yükseliyordu...

ALLAH'A ÎMÂN, İSTİKBAL İÇİN EN SAĞLAM YOLDUR

Mukaddes İslâm nizamını billur billur aydınlatan ve ayakta tutan iki mühim sebep vardır.

Birincisi; Allah'a dosdoğru îmân,

İkincisi de her yerde adaletle iş görme basîreti...

İmân ile adalet gönülleri aydınlattığı müddetçe din ve devlet dimdik ayakta durmuştur.

Tarih bunun sayısız örnekleriyle doludur. Mukaddes İslâm dîni, küfrün yerine îmânı, bâtılın yerine hakkı, Cehlin yerine ilmî, zulmün yerine adaleti getirmiş ve insanlık dudağına Kur'ân çeşmesinden hakîkat kâseleri içinde âbı hayat sunmuştur...

Allah Resûlü'nün büyük dostu. Mü'minlerin ulusu Cenâb–ı Ömer (r.a.), bir gün muazzez sahabî Selmânı Fârisi'ye sordu :

– Ey Selmân! Söyle, ben şimdi bir hükümdar mıyım, yoksa bir halife mi?

Kâinatın Efendisinin Sevgisiyle bahtiyar olmuş büyük sahabî cevap verdi:

– Yâ Ömer! Mü'minlerin topraklarına az veya çok vergi koyup ta aldığın parayı şeriat'ın sana izin vermediği işlere ve sahalara harcarsan o zaman Allah Resûlü'nün halifesi sayılmaz ve hükümdar sayılırsın!

Hak ve adalet güneşi Hazret–i Ömer (r.a.) titredi:

– Aman Allahım! dedi, bu izahattan sonra bile hükümdar mıyım, yoksa bir halife mi? Bir karar verememedim. Ben hükümdarsam, hükümdarlık ne korkunç bir şeymiş! Ey Rabbim! Beni Resulünün yolundan ayırma!..

Şu kâinat denilen varlık sedefinin adalet incisi Cenâb–ı Ömer (r.a.) Ömür ırmağını kevserleştirip Cennet gölüne akıtan bir bahtiyardı. Öyle olmasına rağmen haksız bir iş yaparım diye korkar hep inci inci yaşlar dökerdi.

O ne göz, o ne gönül, o ne iş?

İNCELİK ve ADALET

Bir gün, ilim ve hikmet Kutbu Hz. Ali (k.v.), Peygamber halifesi Hazret–i Ömer'i ziyarete gitmişti. Bir müddet tatlı tatlı sohbet ettiler. Dillerinden mâna incileri ve hakikat elmasları dökülüyordu. Ve devir, Hazret–i Ömer'in haşmetli devriydi.

İnsanlık dudağı Kelime-i Tevhîd nurunu yudumlamıştı. Hakikat çeşmeleri billur billur akıyordu. Ve böyle bir günde, böyle bir anda, bir adam Cenab–ı Ömer'in huzuruna çıktı:

– Allah'ın selâmı üzerine olsun, ey Allah Resûlü'nün halifesi, diyerek söze başladı. Ve devam etti

– Yâ Ömer! Ebu Talib'in oğlu Ali'den şikâyetçiyim!

– Sana bir fenalığı mı dokundu.

– Dâvamıza bak da anlarsın!

Az önce en sıcak sevgi ile birbirine bütün gönül kapılarını açan ve ebediyet sohbetine dalan bu iki İslâm büyüğünün şimdi biri hâkim, biri suçlu mevkiindeydi. Başbaşa verip sohbet ettiği arkadaşına karşı hemen tavrını değiştiren Hazret–i Ömer:

– Yâ Ebelhasen! Kalk da. davacı ile birlikte bulun, dedi.

İmamı Ali (k.v.) derhal kalkıp davacının yanında yerini aldı... İki taraf da dinlendi, delilleri karşılaştırıldı ve netice hükme bağlandı. Davacı ayrılıp gittikten sonra, Bilgi güneşi Hz. Ali'nin gün kadar aydınlık yüzünde benek benek ve nokta nokta ızdırap... Reisler reisi Hz. Ömer (r.a.) bunu fark etmekte gecikmedi ve :

– Yâ Ali, dedi; adalet ve hükmümden memnun olmadınız mı?

Zaten Hazret–i Murtazâ da böyle bir soru bekliyordu, hemen cevap verdi :

– Memnun olmadım, yâ Ömer!

– Ama niçin?

– Çünkü siz davacının yanında bana künyemle hitap ettiniz, «**Yâ Ebelhasen**» dediniz. Bilirsiniz ki künye ile çağırmak Araplarda bir saygı ifadesidir. Hasmımın yanında, beni künyemle çağırmanızı adaletinize yakıştıramadım!

Bu cevaba son derece sevinen ve duygulanan Hz. Ömer'in ela gözlerinde sevinç ve mutluluk ışıkları yandı, gönlü bir kuş gibi çırpındı ve dedi ki:

– Allah senden razı olsun yâ Ali! Beni irşâd ettiniz!

Sonra yerinden kalktı muhabbet kucağını Hz. Ali'ye açtı, onu bağrına basıp gözlerinden öptü...

Bir mislini ne tarihin bildiği, ne de insanoğlunun hayâl edebildiği bir tablo... Müslümanlığın altınla doldurduğu kalblerdekı saffet ve ulviyet işte budur!..

Ey sonsuz hüsranını görmek isteyen beşer! Gel, Gel mukaddes İslâm'a da bir nur elde et. Böyle bir saadetten nasıl uzak kalabiliyorsun?

GERÇEK HÜKÜM

O yüce yaradılışlı bakış ve görüş sahibi âdil Halifenin yanında adamın birisi şahitlik etti. Reisler reisi Hz. Ömer. onu iyi tanımadığı için şüphelendi ve «Seni iyi tanıyan birisini getir» diye emretti. Adam gidip tanıdık bir kimse buldu ve halifeler halifesinin huzuruna getirdi. Şânı yüce Faruk sordu :

– Şu adamı nasıl bilirsin?

– İyi bir adamdır, yâ Emîre'l-Mü'minîn!

Her şeyi en ince noktasına kadar araştıran halife yine sordu:

– Her hareketini görüp bildiğin bitişik komşun mu bu adam?

– Hayır!.

– Peki, ahlâk ve seciyesini anlayacak kadar yol arkadaşlığı ettin mi?

– Hayır!

– Bu adamla bir alışverişiniz mi oldu? Zira insanın takva ve dürüstlüğü bununla da belli olur!

– Alışveriş de yapmış değilim!

– O halde onu sallana sallana Mescid'de Kur'ânı Kerîm okurken mi gördün?

– Evet, yâ Ömer!

Cenâbı Ömer'in gözlerinde celâl şimşeği rengi birden değişti ve haykırdı:

– Sen git, çünkü bu adamı hakkıyle bilmiyorsun!

Sonra da şahide şu emri verdi:

– Haydi seni iyice bilen birini getir!

Dikkatin ve muhakeme usûlünün bu derecesi...

Bütün zaman ve mekân boyunca insanlık başını hangi kapıya vurmuşsa ve bundan sonra da hangi kapıya vuracaksa İslâm'dan başka hakîki **"DİN"** ve kurtuluş yolu bulamıyacaktır...

İKİ NUR

Cihanda en büyük Sıddîkiyet ve teslimiyet örneği Hazret–i Ebu Bekir (r.a.) geceleri namaz kılarken gayet hafif sesle kıraat ederdi. Hazret–i Mustafa'nın şerefli gönlünden onun gönlüne nurlar dökülmüştü. Rabbül Âlemînin bağrı yanık bir âşıkı idi... Allah Resûlü'nün sevgisiyle gönlünü yele vermişti. Her şeyini sonsuzluk Nebisi'nin uğrunda feda etmişti.

Buna mukabil Cenâb–ı Ömer (r.a.) dâima yüksek sesle okurdu. O da bir ulviyet çağlayanı idi. Kâh aşk derdiyle âleme inciler saçar, kâh gönül çeşmesinden hakikat billurları akıtırdı.

Bir gün, Allah'ın sevgilisi, topyekûn zaman ve mekânın ve bütün mahlûkatın Peygamberi Cihan Sıddîk'ına sormuştu:

– Yâ Ebâ Bekir! Ne diye hafif sesle okuyorsun?

– Anam babam sana Feda olsun ey Allah'ın Resûlü; Ben

Namazda Rabbime hitap ediyorum! Rabbim, ben ne kadar hafif bir sesle dua edersem edeyim beni işitir!

O zaman Ebedî Hayat Müjdecisi, güneşlerden daha parlak yüzünü Hazret–i Ömer'e döndü, dudaklarında Cennet sabahlarını andıran tebessümler vardı:

– Yâ Ömer, dedi, Peki sen namaz kılarken neden yüksek sesle okuyorsun?

– Ey Allah'ın Resûlü, Ömer'in canı sana feda olsun... Ben uyuklayanları uyandırmak ve şeytanı korkutmak için öyle yapıyorum!

Peygamberler Peygamberi tatlı tatlı güldüler... İki Nur, İslâmın iki büyük şahsiyeti... Ve Allah Resûlü'nün Halifeleri... İşte onlar böyleydi!..

CENNETLE MÜJDELE

Allah Resûlü'nün sahabîlerinden Ebû Musa el-Eşarî (r.a.) anlatıyor:

– Bir gün, evimden abdest alıp çıktım: Allah'ın Resûlünden ayrılmayacağım ve bu günümü onunla geçireceğim,. dedim. Doğruca Peygamber Mescidine gittim, Allah'ın Sevgilisi'nin nerede olduğunu sahabîlerden sordum:

– Şu tarafa doğru gitti! dediler.

Soruştura soruştura Varlık Nurunun izini takip ettim. Nihayet (Eriş) denilen kuyunun bulunduğu bahçede otururken buldum. Ben de kapının önünde oturdum. Allah'ın Resûlü abdest tazeledi. Yanına vardım. O, Eriş kuyusunun kenarındaki taşlar üzerine orta yere oturmuş ve mukaddes ayaklarını kuyuya uzatmıştı... Kâinatın Tâcı'na selâm verdim ve dönüp kapı önünde oturdum. Kendi kendime:

– Bugün Allah Resûlü'nün kapıcısı olacağım, dedim.

Derken Sıddîk Ekber gelip kapıyı itti:

– Kim o?

– Ebu Bekir!

– Biraz sabret!

– Peki...

Hemen Peygamberler Peygamberinin yanına koştum:

– Ey Allah'ın Resûlü, dedim, Ebu Bekir içeri girmek için sizden izin istiyor. Ne buyurursunuz?

– İzin ver ve Onu Cennetle müjdele!

Döndüm ve Ebu Bekir'e hitap ettim:

– Yâ Ebâ Bekir içeri giriniz, Allah'ın Sevgilisi sizi Cennetle Müjdeliyor!

Hilm âlemi Sıddîk başına konan gökler dolusu devlet karşısında saadetle içeri girdi ve Kâinatın Efendisine selâm verip onun sağ tarfına kuyunun etrafına dizilmiş taşlar üzerine oturdu ve Allah Resûlü'nün yaptığı gibi ayaklarını kuyuya uzattı.«Ben yine kapı önüne gittim. Evden çıkarken de kardeşimi abdest alır bir halde bırakmıştım. Arkamdan erişecekti. Onu düşünerek:

«Allahü Teâlâ filânca hakkında hayır dilerse onu buraya getirir» deyip dururken, birden kapı güm güm vuruldu:

– Kim o?

Ses cevap verdi:

– Ömer bin Hattab'dır!

– Yâ Ömer, biraz sabret!

– Peki...

Yine Allah Resûlü'nün yanına koştum:

– Ey Allah'ın Resûlü, Ömer gelmiş izin istiyor!

– Ona da izin ver ve kendisini Cennetle tebşîr et!

Kapıya koştum :

– Müjde yâ Ömer! Allah'ın Resûlü Sizi Cennetle tebşir etmemi buyurdu.

Ömer, Âlemler Efendisinin huzuruna vardı selâm verdi.'Ve Cenâb–ı Mustafa'nın sol tarafına kuyu kenarındaki taşlar üzerine oturdu, ayaklarını da kuyuya uzattı...

Ben tekrar dönüp kapının önüne oturdum. Cennete açılan kutlu kapı... Yine gönlüm alev alev yanıyordu, kardeşimi dileyerek:

– Allah filancaya hayır dilerse onu buraya getirir, diye düşünüyordum ki, birisi yine kutlu kapıyı tık tık çaldı:

– Kim o?

– Osman bin Affân!

– Biraz sabret yâ Osman!

– Olur!

Ve koştum Allah'ın Sevgilisine:

– Ey Allah'ın Resûlü! Osman bin Affân geldi, dedim.

Âlemin Fahri buyurdular:

– İzin ver içeri girsin. Onu mâruz kalacağı belâ ve musîbetlerle beraber Cennetle müjdele!

– Başüstüne Ey Allah'ın Resûlü!

Yine kapıya vardım ve Osman'a hitabettim:

– Yâ Osman, giriniz! Allah'ın Resûlü sana belâ isabet edeceğini söylemekle beraber Cennetle müjdeliyor!

Hz. Osman da girdi, Resûller Serverinin huzuru saadetine vardı ve sırada oturacak yer bulamadı, diğer tarafa karşılarına geçip oturdu...

Bütün insanoğluna Allah müjdesini getiren Peygamberler Peygamberinin aziz dostları ebediyyet serinliğine kavuşmuş oldular...

Tefsirci diyor ki:

Allah Resûlü'nün sağına ve soluna oturan Hz. Ebu Bekir ile Hz. Ömer'e bu imkânın verilmesi, onların kabir âleminde de Sonsuzluk Nebisi'nin yanında olacaklarına; Hz. Osman'ın bu imkânı bulamayıp karşı tarafa geçip oturması, kabrinin Âlemin Fahrine komşu olamayacağına işarettir. Nitekim öylece de olmuştur...

Fakat Cennette hep beraberdir. Saadetin bundan daha üstünü olur mu?

Sıddîk kim, Ömer kim, Osman kim, biz kim,
Onu vasfetmekten âciz kalemim!..

BÜYÜK İDARECİ

Allah Resûlü'nün şanlı halifesi Hz. Ömer (r.a.) basîretli bir teşkilâtçıydı. Çünkü Resûller Serverinin elinde ölümsüzlük iksîri içmişti... İç gözlerine ilâhî nurun sürmesi çekilmişti. Allah ve Peygamber Sevgisiyle âleme inciler saçardı. Bu sebeble din ve devlet işlerini en iyi ve en uygun şekilde yapardı. hiçbir zaman adaletten ayrılmaz, hakkı müdafaadan geri durmazdı. O öyle bir gönüller aydınlatan din büyüğü ki Allah'ın Sevgilisi onun hakkında :

– O kahraman bir mü'mindir, cömerttir, müttakidir, dinin koruyucusudur, İslâmın sahibidir, hidâyet nurudur ve takva nişanesidir. Sana tâbi olanlara müjdeler olsun.

– Sana hor bakanlara yazıklar olsun!

O hidâyet nuru Cenâb–ı Ömer (r.a.) bir taraftan devlet işlerini düzenlerken, diğer taraftan fütuhata devam ediyor ve geçim sıkıntısı çeken sahabîlere de tahsisat bağlıyordu. Peygamberler Peygamberinin çok sevip takdîr ettiği hatta son anlarında ordunun başına geçirdiği Zeyd oğlu Üsâme'yi bilirsiniz. İşte Yüce Faruk, Allah Resûlü'nün sevgisiyle bahtiyar olmuş genç Üsâme'ye de maaş bağlamıştı. Hem de kendi oğlundan çok fazla bir maaş... Bu duruma bilmeyerek üzülen halîfenin oğlu, bir ara münâsebet bulup babasının karşısına dikildi ve dedi ki:

– Aziz babam! Adaletinize diyeceğim yok... Amma Üsâme'yi daha fazla himaye etmişe benziyorsun. Ona daha fazla maaş vermiyor musunuz?

Hak ve adalet güneşi Hz. Ömer (R. A.}, oğlunun yüzüne tatlı tatlı baktı ve bütün insanlığa ışık tutacak derecede derin ve o nisbette güzel cevabı verdi:

– Evlâdım! Allah Resûlü'nün yanında Üsâme senden, onun babası Zeyd de senin babandan daha üstün idi!..

Halifenin oğlu bunları duyunca:

– Babacığım, dedi, bu meseleyi senin gibi düşünemediğim için özür dilerim, beni af ediniz!

Hidâyete ermiş ümmetin en ulu Rahmeti Cenâb–ı Ömer'deki tevazuya bakınız ve oğlundaki asaleti görünüz! Anlayış ve sezişin bu derecesi...

TAM VE MUTLAK HÜKÜM

Şu kâinat denilen varlık sadefi, İslâm ruhunun billûrlaştıracağı hükümet ve idare şeklini, bütün zaman ve mekân boyunca en mükemmel ve en mefkûrevî çizgiler ile pırıldattığına, Hak ve adalet güneşi Hazret–i Ömer'in devrinde olduğu kadar hiçbir vakit şahit olmamıştır. O hidâyet nuru, mukaddes İslâmı bütün kâinata ışık yaptı. Kur'an nurunu beşer gönlüne akıtmasını bildi... İnsanlığın gönül semasında hidâyet yıldızlarının parlamasını sağladı... O mübarek zat, o Cennet ehlinin kandili o adaletiyle gönüller fetheden sultan öyle isabetli hükümler verirdi ki sade müslümanlar değil, kâfirler bile hayrete düşerlerdi. Şu hâdise bunun en canlı örneğidir:

Hz. Faruk'un şanlı ordusu İran muharebelerinde ve bir şehir muhasara altında... Bir sabah Müslümanlar hayret ve dehşetle gördüler ki, şehir halkı hiçbir tehlike ve muhasara mevzuu bahis değilmiş gibi şehrin bütün kapılarını açmış. İslâm ordusuna kapıları açık bırakmış, herkes işiyle gücüyle uğraşmakta... Hayret, dehşet!.. Müslümanlar açık kapılardan şehre giriyor. Bu anlaşılmaz hâdisenin sebebini soruyorlar:

– Ey şehir halkı! Bütün kapılarınız ardına kadar açık ve siz de işinizde gücünüzdesiniz, bunun mânâsı nedir?

Şu cevabı veriyorlar:

– Ey Müslümanlar, sizinle cizye karşılığı sulh akdettik ya!..

Herkes donup kaldı. Sulhun kimin tarafından aktedildiğini uzun uzadıya tahkik ettiler. Bir Müslüman kölenin bu işi gizli olarak yaptığı meydana çıktı. Fakat Ordu Kumandanı bir köle tarafından akdedilen sulhu tanımayacağını bildirdi. Buna karşılık, İranlılar da bir köleyi hür bir adamdan ayırd edemediklerini söylediler. Ve durum Cihan Faruk'u Hz. Ömer'e bildirildi.. Allah Resûlü'nün şanlı halifesi şu karşılığı verdi:

– Müslüman kölelerin öbür Müslümanlardan farkı yoktur. Onlar tarafından bahsedilen sulh da öbür Müslümanlarca teklif olunan sulh kadar muteberdir!..

İşte İslâmı davetteki ince ve derin metod... Artık bu hâli gören insan kendisini bu nur denizine atmaz mı?

ONDAN ŞEYTANLAR BİLE KAÇARDI

İns ve Cinnin Peygamberi ve Allah'ın Sevgilisi topyekûn zaman ve mekânın Peygamberi buyururlar:

– İnsan ve cin şeytanlarının Ömer'den kaçtığını gördüm!

Kutlu Sahabî Sa'd bin Ebî Vakkas (r.a.) rivayet etmiştir ki:

– Bir gün Cenâb–ı Peygamberin huzurunda bir çok kadınlar oturmuş yüksek sesle konuşuyorlardı. bu sırada Hazret–i Ömer (R. A) geldi ve huzuru sadâdete girmek için izin istedi. Kadınların hepsi kalkıp acele ile perde arkasına geçtiler. Hazret–i Ömer'e izin verildi. Ömer içeri girdi. Allah Resûlü'nün Cennetler gibi tebessüm ettiğini gördüler. Ve sordular:

– Ey Allah'ın Resûlü, gülmenizin sebebi nedir?

Kâinatın fahrinden şu cevabı aldılar:

– Bu kadınlara hayret ettim. Biraz evvel burada oturuyorlardı. Senin sesini duyunca hepsi kaçtılar.

O Peygamber Sevdâlısı yüce Faruk kadınlara hitabetti:

– Niçin Resûli Ekremin huzurunda otururken ben gelince kaçtınız?

Kadınlar cevap verdiler:

– Yâ Ömer! Sen yaradılışda şiddetli ve gadablısın!..

Bunun üzerine Allah'ın Sevgilisi dediler ki:

– Yâ Ömer! Nefsim yedi kudretinde olan Allah ü Teâlâya yemin ederim ki, sen yolda şeytana rastlasan şeytan muhakkak yolunu değiştirir!..

❁❁❁

Cenâb–ı Ömer (r.a.) ne büyük bir erdi düşünün . Gönlü, bilgiden meydana gelmiş bir büyük denizdi. Bedeni, adaletten yapılma oturaklı bir dağdı. O gönül, âlemin bütün sırlarına vâkıftı.. Onun yüce gönlü, adaletle uzlaşınca iki âlem de adaletinden coştu, dalgalandı.

BÜYÜK İDARECİ

Medine'ye Hak ve adalet güneşi Hazret–i Ömer'in zamanında bir kervan gelmiş ve gece vakti şehrin kenarında konaklamıştı. Çok yorgun oldukları için hepsi de uyumuşlardı. Kervanda bulunanlar da İslâm ile şereflenmemiş kâfirlerdi. Bu gece vakti, develerini ve mallarını koruyacak hiç. kimseleri de yoktu...

Allah Resûlü'nün şanlı Halifesi Cenâb–ı Ömer onları bu halde görünce ilâhî bir ürperişle ürperdi:

– Bu yabancı insanların eşyaları kaybolur da ben mes'ül olurum, dedi. Hemen muazzez sahabi Abdurrahman Bin Avf (r.a.) ın yanına gitti. Kapıyı tıkırdattı:

– Tak, tak!

– Kim o?

– Ömer'dir!

– Buyur ey Mü'minlerin Emîri!

– Yâ Abdurrahman dışarı gel!

– Geliyorum, bir şey mi oldu?

– Hayır, korkacak bir şey yok, şehrin kenarına bir kervan gelip konakladı. Hepsi de yorgun oldukları için uyuyup kalmışlar. Bu kervanı, bu gece beraberce bekleyelim olmaz mı?

– Olur yâ Ömer!

Ve Allah Resûlü'nün iki büyük sahabîsi gidip kervanı sabaha kadar beklediler. Sabah namazı vakti girince Hazret–i Ömer (r.a.) yüksek sesle:

– **Namaza, namaza!** diye nida etti...

Kervan halkı hep uyandılar. Hayret ve dehşet içinde kervanlarını bekleyen bu tanımadıkları adamlara donuk gözlerle baktılar...

Cennet ehlinin kandili Hazret–i Ömer (r.a.) oradan ayrıldı ve evine geldi. Kervancı başı bir adamına:

– Koş. dedi, şu iyilik sever zatı takip et ve kim olduğunu öğren!

Adam koştu; Hazret–i Ömer'i evine kadar takip etti. Sabaha kadar kervanlarını bekleyen bu büyük insanın kim olduğunu öğrenmek istiyordu. İlk gördüğü adama sordu :

– Bu zat kimdir?

– Müslümanların en büyüğü ve Allah Resûlü'nün Halifesi Hazreti Ömer'dir!

Adam büsbütün irkildi. Ve elinde olmayarak çığlığı bastı:

– Demek dünyayı titreten Ömer bu

– Evet!

Hemen arkadaşlarının yanına döndü ve haykırdı:

– Ey arkadaşlar! Sabaha kadar bizi bekleyenin kim olduğunu biliyor musunuz?

– Ne bilelim

– O zat Müslümanların âdil Halifesi Hazret-i Ömer'dir!..

– Öyleyse ne duruyoruz?

– Evet durmayalım. Hemen ona gidip Müslüman olalım. Onun kâfirlere merhameti bu kadar olursa, Müslümanlara ne kadar olur düşünün!

Ve hep birlikte Peygamber Şehri Medine'ye girdiler. Hak ve adelet güneşi Hazret-i Ömer'in saadetli huzuruna çıktılar:

– Yâ Ömer, dediler. Bize İslâmı tarif et!

Cenab-ı Ömer hepsini kutladı. Kervan halkı da ebediyyet caddesine iman kervanı olarak dizildi.

İşte İslâmı tebliğ metodu... Evvelâ onu öz nefsinde yaşayacaksın, sonra bütün cemiyet hayatına sunacaksın ve sonra güzel ahlâkınla her yana pırıltılar saçacaksın...

Biz, nur asrını mes'ûd eden âhenge baksak,

Şu vurdum duymazlığı bir tarafa bıraksak!...

HEP O ÖLÇÜ

Yine Müslümanların başında Hazret-i Ömer (r.a) var. Yine birgün adamın biri hanımından şikâyet etmek için Halifeler Halifesi'nin evine gitmişti. Cenab-ı Ömer'in hane-i saadetlerine kadar geldi ve tam kapıyı vuracağı zaman içeriden Halife'nin hanımı Ümmü Gülsüm (r.a) ün Hazret-i Ömer'e karşı sert sert konuştuğunu, Halife'nin de hiç cevap vermediğini duydu... Ve hemen geri döndü:

– Ben, dedi, hanımdan şikâyet etmeye geldim. Halbuki Hazreti Ömer benden daha çok söz işittiği halde sabrediyor...

Bu sırada Cenabı Ömer de evinden dışarı çıktı. Ve o adamın geri döndüğünü görünce seslendi:

– Dur bakalım, niçin gelmiştin?

– Aman ey Mü'minlerin Emiri! Hanımdan şikâyete gelmiştim, ama aynı hâl sizin de başınızda, bunu görünce geri dönmeye karar verdim...

– Ha öyle mi?

– Evet!

– Hanımımı, üzerimde olan şu hakları sebebiyle af ederim.

1 – Nefsim onunla sakin olup haramlardan kurtulurum. 2 – Cehennem ile benim aramda perdedir. 3 – Ben evde olmayınca evimin bekçisidir. 4 – Çamaşırlarımı yıkar. 5 – Çocuklarıma bakar. 6 – Ekmeğimi yapar, yemeğimi pişirir... İşte onun bu hakları beni, onu azarlamaktan alıkoyar...

– Ey Mü'minlerin Emiri! Beni irşad ettiniz. Sözleri ve işleri doğru olanları Allah sever... Doğrusu, benim hanımımın da benim üzerimde bu hakları vardır.

İÇİ CEVHERLER DOLU KUTU

Kanaatte ve adeletini öz nefsine her şeyi esirgemek suretiyle göstermekte eşsiz olan Cenabı Ömer ordular donatıp cihanın dört bir yanına göndermişti. Bütün küfür ejderleri İslâm kılıcına boyun eğiyordu. İslâmın azamet kılıcı küfür biçip duruyordu... Yine böyle gazalardan birinde İslâm ordusu zafere ermiş o beldeyi İslâm ile nurlandırmıştı. Tabiî ki İslâm'a gelmeyenler esir ediliyordu. Hazret-i Mugîre'ye esir düşen bir Mecûsî Acem koynundan bir kutu çıkardı ve dedi ki:

– Babam bana, bu kutuyu Padişah olduğun zaman açarsın diye vasiyet etmişti. Bundan sonra padişah olacak durumum yok. Buyurun kutuyu size teslim ediyorum!

Hazret-i Mugîre kutuyu İslâm mücahitlerinin içinde açtı. Gözleri kamaştıran mücevherlerle dolu idi. Gönülleri ilâhi aşkın lezzetini tatmış olan Müslüman gazileri dediler ki:

– Bu kutu muharebe sırasında ele geçirilmediği için ganimet malı olamaz. Bundan bizim zerrece hakkımız yoktur. Bunu Hazret-i Ömer'e gönderelim, o ne isterse öyle yapsın!

Bu karar üzerine kutu Nur beldesine Mü'minlerin Emîr'i Hazret'! Ömer'e gönderildi... Hak ve adalet güneşi yüce Faruk (r.a.), muazzez sahabîleri topladı ve huzurlarında kutuyu açtı.

İçinde çil çil altınlar ve pırıl pırıl mücevherler... Fakat Hazret–i Ömer (r.a.) elini bile sürmedi. Kutuyu getiren mücahide hitap etti:

– Haydi ey yiğidim, bu kutuyu geri götür. Çünkü Ömer'in bunda hiçbir hakkı yoktu. Bunu İslâm askerlerine taksim ediniz !...

Ve kutu yine İslâm ordusuna gönderildi, içindeki kıymetli mücevherler satılıp parası mücahitlere taksim edildi...

Allah Resûlü'nün büyük halifesi öyle bir kanaat ehli idi ki, ganimet malından kendisine hiçbir şey almazdı...

Cenab–ı Ömer'in sözlerinden:

– Allahü Teâla **«Bütün kullarımı Cennetime koyacağım, yanlız bir kuluma azap edeceğim»** buyursa, günahlarımın çokluğuna bakarak, azap gören kimse benim derim. Eğer Şânı Yüce Rab **«Bütün kullarımı Cehenneme, yalnız bir kulumu Cennetekoyacağım»** buyursa, acıması ve ikramı bol olan Rabbimden, benim Cennete gireceğimi ümid ederim...

İşte imanın kemâli ...Korku ve ümid arasında yaşayacaksın.... Cehennem ateşlerini göz yaşlarının söndürdüğü unutulmamalıdır... Allah için akacak bir damla göz yaşı ne güzeldir...

YİNE KERAMET

Bütün insanoğluna Allah müjdesini getiren Peygamberler Peygamberi Cenab–ı Mustafa'nın Halifesi Hazret–i Ömer'in kerametleri bağlı olduğu Resûlün mucizesi olarak pek çoktur... En büyüklerinden biri :

Müslümanların en büyük başı ve din erlerinin ulusu Hazret–i Ömer, Bizans İmparatoruna bir elçi gönderip mukaddes İslâm'a davet etti. Bizans İmparatoru da naziklik göstererek bir elçisini kıymetli hediyelerle Cenab–ı Ömer'e gönderdi.

Bizans elçisi Peygamber beldesi Medine'ye geldi. Hayâlinde billurdan saraylar ve yakuttan köşkler bulacağını kuruyordu. Ama gördüğü manzara tüyler ürpertici bir şeydi...

İmanın nurdan billûrlaşmış yüce âbidesi Hazret–i Ömer o sırada bir kadının duvarını yapıyordu. İman aynası berrak yüzünde yıldız yıldız ter ve ellerinde kerpiçler, kızgın güneş altında bir işçi gibi çalışmaktaydı. Bir haberci gelip dedi ki:

– Ey Mü'minlerin Emîri! Bizans İmparatoru size elçi göndermiş, makamınıza teşrif ediniz de kabul buyurunuz !

– Buraya alıp getiriniz !

– Nasıl olur? Sizi bu vaziyette görmesi kötü bir tesir bırakmaz mı ?

– Hayır! Olduğumuz gibi görünmekten daha üstünü olamaz!

– O halde ellerinizi yıkayıp bir yere otursanız.

– Ben milletimin işinde çalışıyorum!

Bizans elçisini oraya getirdiler. Adam büsbütün afalladı ve haykırdı:

– Arap Padişahı bu mudur Böyle olduğunu bilsem gelmezdim ve Bizans İmparatoru da beni göndermezdi.

Hazret–i Ömer (r.a.) gürledi; ve iki parmağı ile işaret ederek dedi ki:

– Eğer göndermeseydi onun iki gözünü çıkarırdım!

Cenab–ı Ömer'in bu sözü söylediği anda tâ binlerce kilometre uzaklıkta bulunan Bizans İmparatorunun iki gözü de kör oldu...

Elçi bir müddet sonra Bizans'a dönünce, İmparatorunun gözlerinin kör olduğunu gördü, sebebini araştırdı... Hazret–i Ömer'le aralarında geçen o konuşmadan sonra olduğunu anladı ve apışıp kaldı...

Peygamberler Peygamberine bağlılığın bu derecesi...

BİRİ DAHA

Allah Sevgilisi'nin şanlı Halifesi hak ve adalet güneşi Cenab–ı Ömer İslâm mücahidlerini Allah yolunda gaza etmek için cihanın dört bir yanına göndermişti. Mukaddes İslâm, bir çığ gibi büyüyor, ırmak ırmak, sel sel, pınar pınar tevhid bestesi çağlıyordu. İslâmın nuru bütün gönülleri aydınlatmış, bütün gözler hakikat nurlarıyla parlamıştı.

İşte böyle günlerden ve böyle cenklerden birinde yine İslâmın kutlu zaferi gönülleri sevince gark etmişti...

Bir gün, Peygamber beldesinde îmanın nurdan billûrlaşmış âbidesi Yüce Faruk Mescidi Nebevide oturuyordu. Etrafında sahabîler halka halka... Tam o anda Mü'münler Ulusu Hazret–i Ömer:

– Lebbeyk, Lebbeyk, Lebbeyk! dedi. Hiç kimse bundan bir şey anlamadı. Sormağa da cesaret edemediler. Fakat o günün tarihini yazdılar. Bir kaç gün sonra İslâm ordusu nur yatağı Medine'ye geldi. Başbuğ cenk meydanlarında geçen hâdiseleri Mü'minler Emîri'ne anlatmaya başladı... Allah Resûlü'nün büyük dostu ve reisler reisi Hazret–i Ömer (r.a.) sordu:

– Ey kumandan! O gencin hâli ne oldu ?

– Ey Mü'minlerin Emîri! Bundan bizim bir kasdımız yoktu. Bir ırmak kenarına varmıştık. O genç, suyun derinliğini ölçmek için soyunup ırmağa atıldı. Su çok soğuk olduğu için üç kerre:

– Yâ Ömer, Yâ Ömer. Yâ Ömer! deyip ruhunu teslim etti...

Din erlerinin ulusu Cenab–ı Ömer (r.a.) kaşlarını çattı ve dedi ki:

– Şayet benden sonra adet olarak kalacağından korkmasaydım, seni hemen katlederdim! Çabuk git, o gencin çocuklarına fidye borcunu ver. Bir daha da emrin altındaki askere göz kulak ol!...

A dostlar görünüz ibret alınız! O ne göz, o ne gönül, o ne duyuş öyle? Allah Resûlü'nün Halifesi Hazret–i Ömer (r.a.) binlerce kilometre uzaktaki bir eskerin **«Yâ Ömer!»** diye feryâd edişini duyuyor. İşte Peygambere bağlılığın ve Allah'a itaâtin semeresi... Bu derece ulviyyet, bu derece saffet kimde var?

Mukaddes İslâmın altınla doldurduğu kalblerdeki ulviyettir bu !...

NAMUSA UZANAN EL KIRILIR

Mukaddes İslâm insanlık fezasını hakikat nurlarıyla aydınlatan bir ebediyet kandilidir. İmanın nur dudaklariyle hidayet şerbeti içen bahtiyar insanlar rıza ve safa uçuşları yapan kimselerdir. İslâm, namus ve iffeti her şeyin üstünde tutan bir nizam, bir ilâhi nurdur. İslâmın iffet ve ismetine hiç kimse gölge düşüremez.

Bunun en canlı ve ibretli bir taplosunu idrakinize sunalım Hidâyete ermiş ümmetin ulu rahmeti Hazret–i Ömer (r.a.) Şam'a gittiği zaman huzuruna kan revan içinde kalmış bir Yahudi geldi:

– Ey Ömer, dedi, Müslümanlardan biri beni gördüğün şekilde dövdü!

Bu hâli gören Ulu Faruk'un yüzünde damar damar gazap belirdi... Reisler reisi çok kızdı ve emretti:

– Ey Şüheyb! Git bu adamı döveni bul ve acele bana getir!...

– Başüstüne ey Emîr'ül Mü'minîn !

Şüheyb gitti, adamı arayıp buldu. Gördü ki, Yahudiyi döven Avf ibni Mâlik... Şüheyb dedi ki:

– Ey İbni Mâlik! Ne yaptın? Hazret–i Ömer sana çok kızdı. Onun pençesinden yakanı kurtarman için Muaz Bin Celeb'e git de hâdiseyi anlat ve sana şefaatçi olmasını iste, Hazret–i Ömer'in seni katletmesinden korkuyorum!

Avf ibni Mâlik, muazzez sahabi Muaz Hazretlerine koştu, durumu anlattı. Hep birlikte Mescide geldiler. Mü'minler Emîri namaz kılıyordu. Namaz bitince sordu :

– Ey Şuheyb! Adamı getirdin mi ?

– Evet, Yâ Ömer!

Muazzez sahabi Muaz Hazretleri hemen ayağa fırladı ve:

– Yâ Ömer, dedi; bu işi yapan Avf b. Mâlik'dir. Kendisinden dinle. Fakat aleyhine acele edip hüküm verme!

Hazret–i Faruk'un gözlerinde ateşten şimşekler sordu:

– Ey İbni Mâlik! Bu Yahudi'ye ne ettin?

İbni Mâlik tane tane cevap verdi:

– Bu adamı gördüm ki, bir eşeğe binmiş olan Müslüman bir kadını yere düşsün diye sopa ile dürtükleyip kovalıyor. Kadın hayvandan yere düşmeyince onu iterek yere düşürdü ve masum kadının üzerine abandı. Bu ise İslâm'ın iffet ve ismetine atılmış bir Yahudi pençesi idi. Buna gönlüm razı olmadı. Ve adamı iyice pestil ettim...

Cenab–ı Ömer'in gözleri hançer hançer Yahudi'yi süzmekte... Tekrar emretti:

– Ey İbni Mâlik! Git o kadını getir, söylediklerin doğru mu bakalım ?

– Peki, Ey Mü'minlerin Emîri!...

Avf. b. Mâlik o kadına gitti, durumu anlattı. Kadının babası ve kocası dediler ki:

–Be adam! Bizi rüsvay mı etmek istersin? Bu hanımı nasıl götürürsün.

Kadın hemen bir kaplan gibi atıldı:

–Allah'a yemin ederim ki, ben gider her şeyi olduğu gibi anlatırım.

Ve hep birlikte Cihan Faruk'unun saadeti! huzuruna gittiler. Reisler Reisi sordu :

–«Ey Hanım! Avf b. Mâlik'in anlattıkları doğru mu?

– Doğru, ey Mü'minlerin Emîri!...

Hak ve adalet güneşi gürledi:

– Şu Yahudi'nin boynunu vurunuz!

Yahudi, hak arayayım derken adaletin pençesinde can verdi...

Şu kâinat denilen varlık sedefinin adaletli Sultanı Yüce Faruk (r.a.) islâm'ın namusuna namert eli sürdürür mü hiç...

O ne gönüller aydınlatan bilgi güneşi. O ne aşk ateşiyle gönül tüttüren sevdâlı. O ne adaletle hükmeden sultan...

İşte îmanın nur dudaklarıyla hidayet kevseri yudumlayan Cenab–ı Ömer (r.a.)... İhtiyar dünya bugün onun gibi bir sultana sahip olmadığı için başına topraklar saçmada, âh edip inlemede...

O bilgi güneşi öyle bir hak âşığı idi ki, gece gündüz gönül ocağını buhurdan gibi tüttürürdü. Öyle bir adalet sahibi idi ki, onun karşısında hiç kimse yalan söylemezdi. Onun iç gözlerine ilâhî nurun sürmesi çekilmişti. Allah Resûlü'nün sevgisiyle bahtiyar olmuş Yüce Faruk Cihanın bir numaralı adalet örneğiydi...

CENÂBI ÖMER'İN RİVAYET ETTİĞİ HADİSLER:

Gönül aydınlatan din büyüğü Hazret–i Ömer (r.a.) 532 hadis rivayet etmiştir. En meşhurlarından biri şudur:

«– Saadet devrinde bir gün Allah Resûlü'nün huzurunda bulunduğumuz sırada birdenbire yanımıza bir adam çıka geldi, elbisesi bembeyaz, saçları simsiyahtı; üzerinde yolculuk eseri görülmüyordu –uzak yoldan gelmişe benzemiyordu–. hiçbirimiz onu tanımıyorduk. Nihayet Ebedî Hayat Müjdecisi ve Allah'ın sevgilisi Cenâbı Peygamberin önünde oturdu ve dizlerini Peygamberler Peygamberinin mukaddes dizlerine dayadı, ellerini uyuklarına koyup :

– Yâ Muhammed, dedi, İslâmın neden ibaret olduğunu bana söyle !

Kâinatın Efendisi –Selâm üzerine olsun– buyurdular:

– İslâm; Allah'tan başka ilâh yok, Muhammed de Allah'ın Resulü'dür, diye şehadet etmen, namazı – vaktinde dosdoğru kılman, zekâtı vermen, Ramazan orucunu tutman, yoluna gücün yeterse hacc etmendir. ey Allah'ın Resûlü !

– Doğru söylüyorsun, ey Allah'ın Resûlü !

O adam, hem soruyor, hem de doğru söylüyorsun, diyordu. Biz buna hayret ettik. Tekrar sordu:

– İman nedir? Bana haber ver!

Âlemin Fahri de:

– İman, Allah'a ve meleklerine, kitaplarına, peygamberlerine ve kıyamet gününe, kaderin hayır ve şerrine inanmandır! dedi.

– Doğru söylüyorsun, diye tasdik etti ve:

– İhsan nedir? dedi.

Allah'ın Resulü de:

– İhsan, Allah'ı görüyormuşsun gibi ibâdet etmendir. Eğer sen O'nu görmüyorsan, O seni görüyor, buyurdu.

Adam yine:

– Ey Allah'ın Resulü, doğru söylüyorsun, dedi. Sonra:

– Kıyametin vaktinden bana haber ver, dedi. Peygamber (a.s):

– Bu hususta kendisinden sorulan kimse, sorandan daha âlim değildir, buyurdu:

– O halde, alâmetlerinden haber ver; deyince, Peygamberler peygaberi:

– Kıyamet alâmeti cariyenin kendi hanımını doğurması, yalınayak, çıplak, yoksul koyun çobanlarının binaları yükseltmekte birbirleriyle yarışmalarıdır, dedi...

Sonra o yabancı kimse kalkıp gitti. Ben bir müddet kaldım , sonra Allah'ın Sevgilisi buyurdular:

– Yâ Ömer! Soran kişiyi bilir misin?

– Allah ve Resulü bilir!

O Cibril'dir, size dininizi öğretmek için gelmiştir.

❁❁❁

Hak ve adalet güneşi Cenab–ı Ömer (r.a.) şöyle demiştir:

– Umre yapmak için Allah Resûlünden izin istemiştim, Varlık Nuru izin verdiler ve dediler ki:

– Kardeşim, beni de duandan unutma!

Bu şekilde hitap buyurmaları benim için dünyaya bedeldir.

❁❁❁

Yine gönüller aydınlatan din büyüğü Hazret–i Ömer (r.a.) anlatıyor:

– Bir gün Allah'ın sevgilisi –Selâm üzerine olsun– esirler arasında, çocuğundan ayrılan bir kadını gördü. Kadın, çocuğuna tahassüründen rast geldiği çocuğu kucağına alıyor ve emziriyordu. Ebedî Hayat Müjdecisi sahabîlerine:

– Hiç bu kadın çocuğunu ateşe atar mı? dedi. onlar:

– Asla, cevabını verdiler. Bunun üzerine Allah Resûlü:

– O halde biliniz ki, Allah'ın kullarına merhameti, bu kadının çocuğuna merhametinden çok daha fazladır, buyurdu.

❁❁❁

Selâm sana ey Cennet ehlinin kandili! Merhaba ey Tuba gölgesinde oturan Peygamber dostu yüce Faruk!... Ne de güzelsin ey adalet tahtının şahı; elimizden tut, ey gönül kaynağının nur denizi!... Dünyaya gönül vereli nice mihnetlere uğradık. Şimdi İslâm âbı hayatından bir nişane elde edemiyoruz. Gönül evimiz bir sürü heveslerle doldu. Halbuki bu gönül doğruluk yurdu olmalıydı...

Ey zamanı iyilikle geçen Yüce Faruk! Mustafa'nın aşkına elimizden tut, himmet kuşunu bir kerecik başımızda uçur kâfi...

❁❁❁

CENÂBI FARUK'UN VEYSEL KARANÎ İLE BULUŞMASI

Gönüller aydınlatan bilgi güneşi Hazret–i Ömer (r.a.)in rivayet ettiği hadislerden birisi de muhabbet ehlinin ulusu Veysel Karani hakkındadır. Mü'minlerin Emîri demiştir ki:

– Ben Allah Resûlünden işittim,. **«Tâbiîn'in hayırlısı, Üveys denilen bir kimsedir. Bir tek anası vardır. Vücûdu ala tenlidir.Ona rastlarsanız, sizin için istiğfar etsin.»** buyurdu...

Gönlü güzel sevdalarla tutuşan Hazret–i Veysel Karânî (r.a.), kâinatın efendisinin muhabbetiyle ömür süren bir erdi. Bunun için Allah'ın Resûlü insanlık ufkundan çekilip visal yolculuğuna çıkmadan önce Hz. Ali (R. A.)ye emir buyurdular:

– Benim ümmetimden, Yemen ilinde Veysel Karânî vardır, deve güder, gövdesi tüylüdür. Sağ elinin ayasında ak nurdan ben vardır. Derede, dağda daima ibâdetle meşguldür. Onu görün, bizden selâm edin, şu Hırkamı giysin ve ümmetimin âsîlerine dua etsin...

İnsanlığın efendisi ebediyyet ülkesine göçünce Allah Resûlü'nün büyük dostu ve Mü'minler Emîri Cenab–ı Ömer ile ilim ve Hikmet Kutbu Hz. Ali (k.v.) bu emâneti sahibine vermek istediler. Ve bu vesile ile Hac mevsiminde nur şehri Medine'den îman beşiği Mekke'ye geldiler ve Arafat dağına çıktılar. Cihanın dört bir yanından gelen Hacılarla Arafat dağı dolup taşmıştı. Cenâb–ı Faruk Yemenli hacılara sordu:

– İçinizde Karanlı Üveys nâmında biri var mı?[26]

Fakat cevap veren çıkmıyordu:

Adalet tahtının yüce sultanı gür sesiyle önüne gelene hitap ediyordu:

– İçinizde Yemen'in Karen köyünden biri var mı?

Nihayet bir ses ortalığı çınlattı:

– Ben varım, ey Mü'minlerin Emîri!

Bu sesin sahibi ak sakallı bir ihtiyardı... Allah Resûlü'nün Halifesi ihtiyarın yanına gitti:

---

26 Haşiye: Varlığın sebebi olan peygamber, Hz. Veysel Karani hakkında şöyle buyurdu:
– Ben **Rahmân'ın kokusunu Yemen tarafından alıyorum.**

– Yanlış işitmedik sanırım. Yemen'in Karen köyünden olduğunu söyledin öyle mi ?

– Evet!

– Otur o halde !

İhtiyar oturdu. Onlar da onun yanına oturdular ve tek tek sormaya başladılar:

– Sizin köyde bir Üveys olacaktır!

– Evet!

– Nasıl bir kimsedir?

– Divânenin biridir!

– Ne demek o ?

– Yâni hep insanlardan kaçar. Tenhalarda gezer, deve çobanlığı yapar, hiç kimsenin işine karışmaz. Kendi âlemine dalmış birisidir o... işte biz onu arıyoruz!

– Hayret ettim, yâ Emîr! Onun aranacak nesi var ki ?

– Onu Allah ve Resûlü sever, biz de severiz. Peygamberin emanetini teslim etmek için aramaktayız!

– Öyleyse aradığınız buradadır!

– Şükür Allah'a !

İhtiyar hacı hayret ve dehşetle Müminlerin ulusu Cenâb–ı Ömer ve Cenâb–ı Ali'ye bakıyordu.

O bakış ve görüş sahibi Peygamber dostu emir buyurdu : – Bizi hemen onun yanına götür!

– Olur. yâ Halife!

İhtiyar hacı önlerinde Hz. Ömer ve Hz. Ali (r.a.) heyecanla yol alıyorlardı. Nihayet bir düzlükte durdular, ihtiyar parmağıyle ileride bir yeri gösterdi:

Dikkatle baktıkları zaman birisinin ileride tek başına namaz kıldığını gördüler. Muhabbet ehlinin ulusu namazını bitirdi. Şânı yüce Faruk gönül coşkunluğu içinde Üveys'e yaklaştı:

– Esselâmü Aleykûm!

– Ve Aleykûmüsselâm ve Rahmetullahî ve berekâtuhû!

Şimdi fazilet cihanının îman kahramanları göz göze idiler.

İmanın billurlaşmış nurdan âbidesi Hz. Ömer (r.a.) gayet içli ve tatlı bir sesle hitap etti:

– Adınız nedir?

Hazret-i Üveys, Allah'a teslimiyetin misilsiz örneği cevap verdi:

– Abdullah! yani Allah'ın kulu.

– Hepimiz Allah'ın kuluyuz. Husûsi adınız nedir?

– Pekâlâ ama, sizin maksadınız nedir ?

– Biz Karenli Üveys'i arıyoruz! Âlemlerin Efendisinin emâ netini kendisine teslim edeceğiz!

– Öyleyse Üveys benim !

– Sağ elinizi açar mısınız ?

Hazret–i Üveys'in yüzü pırıl pırıldı. Gözlerinde hakikat nurları parlıyordu. Sağ elini açarak avucunun içini Cenâb–ı Ömer'e gösterdi.

Din güneşi Hazret–i Ömer ile, Kevser Sakisi Hazret–i Ali sevinç içinde kaldılar ve mırıldandılar:

– Allah Resûlü'nün buyurduğu aynen çıktı!

Hak ve adalet güneşi Hazret–i Ömer'in îman dudakları tekrar kıpırdadı:

– Ey Allah Resûlü'nün sevgilisi olan muhterem zat! Kâinatın efendisinin size selâmı var. Ümmetime dua etsin ve şefaat kılsın buyurdu.

Üveys başına konan gökler dolusu devlet karşısında vecd ile selâmı aldı. Başını yere eğerek bir müddet öylece kaldı. Nihayet titrek ve heyecan dolu bir sesle :

– Allah'ın Resûlü bu âcize mi selâm etti? O'nun arzularını yerine getirmeye bende takat var mı? Ben, bu hâlimle O Varlık Nurunun selâmına lâyık mıyım? dedi.

– Evet sen, Resûller Serverinin selâmına lâyıksın! Lâyık olmasan bizim burada işimiz ne ?

– Siz kimlersiniz? Adınızı bağışlayın da ben de bileyim!

Cennet ehlinin aydın ışığı, gönüller coşturan Yüce. Faruk, Üveys'e iyice ve ela gözlerini önüne eğerek cevap verdi:

– Ben Müslümanların Halifesi Hattaboğlu Ömer'im! Yanımdaki de Allah Resûlü'nün damadı Hazret–i Ali'dir!

Muhabbet ehlinin ulusu Hazret–i Üveys bu sözleri duyunca hemen' ayağa kalktı:

– Ey Mü'minlerin Emîri! Allah'ın selâmı, rahmeti. sonsuz hayır ve bereketi üzerinize olsun! Siz dua etmeye daha lâyıksınız !

Yüce Faruk dedi ki:

– Ben dua ederim. Amma, Cihan Peygamberi size, Ümmeti için dua etmeyi vasiyet eyledi!

– Yâ Ömer, bu nasıl olur? Ben zâif, günahkâr bir kulum.

Dikkat buyur; bu vasiyet başkasına olmasın!

– Hayır yâ Üveys! Aradığımız adam sizsiniz. Âlemin Fahri sizin nişanınızı verdi ve hem kendi mübarek hırkasını da size gönderdi. Buyur, giy ve Ümmeti Muhammed için dua et.

O gönüller yakan aşk ne güzeldir. Allah'ın ve Resûlü'nün sevgisiyle bahtiyar olmuş mübarek zat Hırkai şerifi aldı, öptü koklayıp nefes nefes içine çekti, yüzüne gözüne sürdü. Ve biraz ilerledi, bir kuytu yere varınca secdeye kapandı. Gözlerinden billur billur yaşlar akıyordu. Cenâb–ı Rabbil İzzete şöyle yalvardı :

– İlâhî! Senin sevgilin, benim ve bütün mahlûkatın Peygamberi Hazret–i Muhammed Mustafa (s.a.v.), ben âciz zâif kuluna Hz. Faruk ve Hz. Murtaza ile mukaddes

bedenine giydiği hırkasını göndermiş. Sen onun ümmetini yargılayıp bağışlamayınca, ben bu hırkayı giymem! Gâıbden bir ses duydu:

– Yâ Üveys! Sana bu ümmetten birkaç kişiyi bağışladık!

Hz. Veysel Karânî iştiyakla titredi. Gönül aydınlığı içinde Allah'ın hacet kapısında yeniden inlemeye başladı:

– Yâ Rabbi! Zâtı Ulûhiyetin hürmetine, nurun şerefine, bu ümmeti marhumeyi narda yakma. Ben birkaç kişiyi değil, onların hepsinin bağışlanmasını yüce Zâtından diliyorum. Yâ Rabbi! Onları sen kaldır ki, kimse yere atmasın...

Ses ikinci defa:

– Öyleyse birkaç mücrimi daha aff eyledik! Yâ Üveys, diyordu.

Gönül toprağında marifetullah ağaçları yeşeren yüce Pir bu sefer daha içten ve daha acıklı bir dille yalvarmaya başladı :

– Ey Keremi sonsuz Rabbim« Huzuruna sermaye getirmedim, ümit ile geldim. Defteri benimkinden daha kara olan birisini kimse görmemiştir. Amma senin affın her şeyden büyüktür. İlâhî! Beni affından ümitsiz etme! Ümmeti Muhammedi af buyur, ey aziz olan Allah!...

Böylece karşılıklı devam eden yalvarış ve bağış nidaları bir hayli uzun sürünce, biraz ötelerdc Üveys'i beklemekte olan Cenâb–ı Ömer ile Hz. Ali (r.a.), artık yerlerinde duramaz olmuşlar ve Veysel Karânî Hazretlerinin bulunduğu yere doğru gitmişlerdi.

O gönül eri, muhabbet ehlinin ulusu bir kaya altında secdeye kapanmış, îman aynası berrak yüzünü topraklara koymuş, gözlerinde iplik iplik yaş, dua ediyordu :

– Ey Rabbi Rahîmim! Sen ümmeti Muhammed'in birkaçını değil hepsini .bağışla!... İsyan defterlerine af kalemini çek!...

Ona biraz daha sokuldular. O anda Veysel Karani? Hazretleri secdeden başını kaldırdı ve feryadı kopardı:

– Âh ne yaptınız? Biraz daha sabırlı davranıp da bekleseydiniz olmaz mıydı ?

Gözlerinden hicran ırmakları akıyordu. Boğazında hıçkırıklar düğüm düğümdü. Secdegâhından ağır ağır ayrıldı ve Allah Resûlü'nün Halifesinin yanına geldi.

Bu vaziyette Hazret–i Ömer ve İmamı Ali çok üzülmüşlerdi. Veysel Karânî onlara hitap etti:

– Bilirsiniz ki, sırat köprüsünün üzerinde dik bir yokuş vardır. Bu yokuşu kolayca çıkabilmek herkese nasip değildir.

Oradan ancak îman ve amel burakı ile geçilir. Ben şer bilinen her şeyi bir anda hayra çeviren Yüce Rabden bütün ümmeti

Muhammedin o yokuşu rahat çıkmasını diliyorum. Allah Resûlü'nün dileği de bu olsa gerek...

Din erlerinin ulusu Hazret–i Ömer:

– Ey gönlü aydın Üveys, dedi, pek geciktin, merak ettik, bu yüzden yanınıza kadar geldik işte !

– Ey bakış ve görüş sahibi dostlar! Olan oldu, artık kendi hâlime mi, yoksa ümmeti Muhammedin hâline mi ağlayayım ?

– Yâ Üveys! .Burada kaldığın müddetçe yatıp kalktığın yeri göster, sana ikramda bulunalım. Giyecek ve yiyecek bir şeyler verelim...

– Beni mazur görünüz. Teklifinizi kabul edemeyeceğim... Muhtaç ve biçârelere ikramda bulununuz... Bana çobanlıktan aldığım ücret yetiyor... Ben tenhalarda yaşarım. Benim dünya ile ne alıp vereceğim olur? Benim deve çobanlığım insanlara sultan olmaktan daha iyidir...

Adalet tahtının sultanı Hazret–i Ömer (r.a.) feryadı bastı:

– Eyvah!... Keşke Ömer'in annesi Ömer'i doğurmasaydı...

Ve ilâve etti:

– Benden halifeliği bir dilim ekmek karşılığında alan yok mudur?

Üveys, bu sözü duyunca dedi ki:

– Sen bırak, alan var mı, yok mu, aldırış bile etme!

Sonsuzluk müjdecisinin halifesi Cenab–ı Ömer dedi ki:

– Ey gözümün nuru Üveys! Bana dua et!

İç gözlerine ilâhi nurun sürmesi çekilen Muhabbet kahramanı Hz. Üveys:

– İmanda meyl olmaz. Biz herkese duacıyız... Eğer siz, îmanınızı kabre kadar selâmetle iletirseniz, dua da sizi bulur...

– Yâ Üveys! Bana nasihatte bulun !

Ezel sabahından ebediyyet akşamına kadar Allah ve Resûlü'nün aşk potasında erimiş olan Üveys dedi ki:

– Ey Mü'minler Emîri! Allah ı bilir misin ?

– Evet, bilirim !

– Öyleyse, Allah'dan gayrisini bilmeyesin!

– Allah seni bilir mi?

– Evet, bilir!

– Öyleyse, Allah'dan gayrisi seni bilmez!..

Cenab–ı Ömer'in gözlerinde iplik iplik yaş. Elindeki asayı bıraktı, yanındaki çantadan ekmek çıkardı. Üveys'le birkaç lokma olsun beraber yemek istiyordu.

– Yâ Üveys, dedi; bir şeyler yesek...

Aşk ve vecd adamı Hazret–i Üveys ayağa kalktı. Kesesinden iki dirhem çıkarıp gösterdi ve :

– Ey aziz dost, dedi. Eğer benim şu iki dirhemi yiyip bitirinceye kadar yaşamama kefil olursan bunu yerim. Sonra seninverdiğini kabul ederim.

Sözlerinin sonunu yine bir öğütle bağladı:

– Ey Âlemler Efendisinin dostları! Zahmet çektiniz, benim gibi bir âcizi arayıp buldunuz. Fakat artık dönünüz. Çünkü kıyamet yakındır. Orası öyle bir çetin yerdir ki oraya gidenin gelmesi muhaldir. Ben şimdi Kıyamete ait ihtiyaçlarımı tedarik etmeye çalışıyorum. Haydi, Allah'ın selâmı üzerinize olsun!...

İslâm mektebinde yetişen bu îman kahramanları hasretle birbirlerini kucakladılar gözyaşları ve hıçkırıklar içinde vedâlaştılar...

Cenâb–ı Üveys'in gönlü, ilâhî muhabbetin neş'esiyle mum gibi parlamaktaydı. Canlar yakan aşk öyle bir şeydir ki arslanla cenk etmeye benzer. Aşkın yüceliği ne derecededir, herkes bilmez. Aşk ebcedini okumayan, ne bilsin aşkın dilinden...

O gönlü aydın kişi, Hazret–i Ömer ve imamı Ali hakkında hayırlar dileyerek ayrıldı... Develerine doğru yürüdü.

Cenâb–ı Ömer ve Cenâb–ı Ali (r.a.), arkasından yaşlı gözlerle bir müddet bakıştılar. Sonra onlar da Arafatta insanlara karışıp vecd içinde ibâdetlerini ifaya başladılar.

❁❁❁

Ey Rahîm Allahım! Bizi o büyük insanlara bağışla... Onların aşkı hürmetine elimizden tut, defteri isyanımıza af kalemini çek..

Hz, FARUK'UN YÜZÜĞÜNDEKİ YAZI

Cihanın bir numaralı Hak ve adalet örneği, Allah Resûlü'nün aziz dostu, hidâyete ermiş ümmetin ulu rahmeti Cenâb–ı Ömer'in yüzüğünde şu mealde bir yazı vardı: «**Vaaz verici olarak sana ölüm kâfidir.**»

O gönüller aydınlatan din büyüğünün hakkında şâirler, en yakıcı mersiyelerini söylediler. Başta, Peygamber Şâiri Hassan

Bin Sabit (r.a.) Hassan ki, bir gün Hak ve adalet güneşi Cenâb–ı Ömer ona yolda rastlamış ve sormuştu :

– Hassan, niçin şiir söylemez oldun?

Ondan şu cevabı almıştı:

– Kur'ân indikten sonra dilim tutuldu...

CENÂBI ÖMER DE ŞÂİRDİ

Bütün Arap büyükleri gibi din erlerinin ulusu Yüce. Faruk da Şâir. Bir şiirinden:

«Allah'ın nimetleri sayısız;
Sense vehim ve gam içindesin!
Bu dünyada hiçbir şey baki değil,
Senin vehmin ve gamın da!..»

Şu kâinat denilen varlık sadefinde, güneşin doğduğu ilk günden batacağı son güne kadar bir devlet reisi lisaniyle bundan daha güzel bir söz söylenebilir mi?

Ebedî Hayat Müjdecisi Cenâb–ı Ahmed'in (s.a.v.) dört büyük, halifesi, her biri aynı meziyetlerin ayrı ayrı mâliki olarak, sırayla, rikkat, adalet, hikmet ve nezaket cevherinin sahibidirler. Resûller Resûlü'nün sevgisiyle bahtiyar olmuş o din büyükleri olmasa insanlık kara bahtına ağlasındı. İnsanlığı ebediyyetin gerçekler sabahına erdirecek yolu onlar açmıştır...

Mukaddes ruh mirasının en üstün hissedarı, cihanda en büyük sıddîkıyyet ve teslimiyet örneği Hazret–i Ebu Bekir (r.a.), o kadar rikkat sahibiydi ki bir kuzu melemesinin arkasında saatlerce billur billur gözyaşı dökebilirdi. Bütün devleti, Allah Resûlünden devraldığı gibi şer'i ölçülere tam sadakat hâlinde aynı rikkat ruhiyle idare ediyordu... O'nun altın devrinde bir gün, yakınları, veziri makamındaki Hazret–i Ömer'in fazlaca şiddetinden bahsetmek istediler... Büyükler büyüğü şu cevabı verdi:

– Bırakınız; dilediği gibi hareket etsin. O benim rikkatimi tâdil ediyor.

❁❁❁

Mukaddes İslâm, Allah Resûlü'nün muazzez sahabîlerinden mürekkep şûra huzurunda ve her mesele üzerinde Devlet reisini en derin, en çileli nefs muhasebesine davet eder. Bu şûrada saf ve mücerret hakikat adına herkes serbestçe fikrini söyler ve sadece hakikati abideleştirmekten başka gaye gütmez. Bu, yeryüzünde ne kadar inkarcı varsa hepsinin gözlerini kör edecek ve körlerin gözünü açacak kadar keskin hak ve hürriyet ışığını Din erlerinin Ulusu Hazret–i Ömer'in şûra huzurundaki bir sözünden seyrediniz:

– Sizi bana yüklemiş olduğunuz emânete iştirak etmeniz için davet ediyorum. Zira ben ancak sizin gibi bir ferdim. Benim ferdî arzuma ve keyfime körükörüne bağlanmamanızı istiyorum!...

Şu kâinat denilen varlık sadefinde fert ve topluluk münasebetleri bakımından bu derece güzel bir söz söylenebilmiş midir?

Canlar yakan aşkın sahibi yüce Faruk'taki kâinat çapındaki anlayışı görünüz...

Hâlâ o altın devre «orta çağ» diyebilen karanlık ağızlı demokrasi kahramanlarına (!) ne demeli?

TAŞKIN VECD

Allah Resûlü'nün ebediyetlerin gerçekler ülkesine gitmesiyle bütün gönüller alev alev yanmıştı. Yine böyle bir gündü, hidayete ermiş ümmetin en ulu rahmeti Hz. Ebu Bekir. (r.a.), Hak ve adalet güneşi Hz. Ömer'e dedi ki:

– Yâ Ömer! Ümmü Eymen (r.a.) e gidelim. Allah Resulünün yaptığı gibi biz de ziyaret edelim !

– Peki Yâ Ebâ Bekir!

Ve beraberce Ümmü Eymen'e gittiler. Ümmü Eymen onları görünce gözyaşlarını tutamadı ve hıçkıra hıçkıra ağladı. Hazret–i Ebu Bekir ve Hazret–i Ömer (r.a.) dediler ki:

– Neye ağlıyorsun? Allah'ın nezdindeki ni'metin Peygamber için daha hayırlı olacağını bilmiyor musun?

Ümmü Eymen'den şu cevabı aldılar:

– Allah'ın nezdindeki şeylerin Peygamber hakkında hayırlı olduğunu bilmediğim için değil, gökten vahyin kesilmesine ağlıyorum!

Allah Resûlü'nün aziz dostları bu söz üzerine taşkın bir vecd ile ağladılar.

❁❁❁

Din pâdişâhı, bahtı kutlu o Sahabîler ne büyük bir aşkın sahibiydi. Cihana onlardan üstün aşk ve vecd adamı gelmedi ve bundan sonra da gelmeyecektir.

CENÂBI ÖMER'İ SEVENLERE MÜJDE

Din pâdişâhı, bahtı kutlu Halife Hazret–i Ömer'in Allah katındaki kıymetini bilmek istemez misiniz? O halde sonsuzluk Nebisini dinleyiniz. Varlık Nûru'nun muazzez sahabîsi Ebu Hureyre (r.a.) rivayet ediyor :

– Kıyamet günü İslâm dîni mahşer yerine çok güzel sûretde ve süslenmiş olara gelir. Aziz ve Celîl olan Allah onu biliyorken, «Sen kimsin?» diye sorar. İslâm dîni:

– Yâ Rabbi, ben İslâmım, der.

Cehâbı Hak buyurur:

– Bunu Cennete götürün !

İslâm dîni der ki:

– Ey âlemlerin Rabbı olan Allah! Beni aziz tutup ikram edenlere, ikram etmeyince, bana yardım edenlere

yardım etmeyince ve bana yer veren kimselere köşk vermeyince Cennete girmem!

– Seni aziz tutan, sana yardım eden kimseleri getir!

Bu ilâhî hitap üzerine İslâm dîni, halkın safları arasına girer, gezer ve Hazret–i Ömer'in elinden tutar. Yüksek sesle nida eder:

– Yâ Rabbi! Bu herkesin beni sürdüğü zaman, bana yer veren, beni kabul eden; herkesin beni red ettiği zaman, bana yardım eden ve beni aziz tutan kimsedir.

Cenâb–ı Hak buyurur:

– Onu Cennete götür!

Mukaddes islâm dîni, safların arasında dolaşır, Hazret–i Ömer'i sevenleri bulup Hazret–i Ömer ile beraber Cennete götürür.

Yine Âlemin Fahri buyuruyorlar:

– Hak Ömer'in Lisanı ve Kalbi üzere indi.

FAZİLETİ

Din erlerinin ulusu, Cennet ehlinin aydın ışığı Hazret–i Ömer (r.a.) demiştir ki:

Allah'ın Resûlü –Selâm üzerine olsun– bir gün bana dedi ki:

– Yâ Ömer, Cebrail (A. S.) yanıma gelmişdi. Ondan senin göklerdeki üstünlüğünü sordum. Cevabında, eğer Hz. Ömer'in göklerdeki faziletlerini, menkıbelerini Nuh (A.S.) in ömrü miktarı boyunca durmadan anlatsam, yine de bitiremem, dedi.

Bütün insanoğluna Allah 'müjdesini getiren Peygamberler Peygamberi buyurmuştur:

– Ey Ömer! Muhakkak ki senin gazabın izzettir, rızan hükümdür...

– Ömer'in gadabından hışmından korkunuz. Çünkü bu sebeple Hak Teâlâ da gadablı olur!

Yine Resûller Serveri buyuruyor:

– Cebrail (A. S.) yanıma geldi. Allahü Teâlânın Ömer'e selam söylediğini ve onun rızası benim hükmümdür. Onun hışmı benim adâletimdir. Buyurduğunu haber verdi.

Kutlu sahabi Hazret–i Enes (r.a.) in nakli:

– Bir gün Allah'ın Resûlü Hazret–i Ömer'in yüzüne bakıp gökleri ışıldatacak şekilde güldü ve: **«Ey Hattaboğlu! Biliyor musun, neden tebessüm ediyorum?»** buyurdu. Hazret–i Ömer (r.a.) cevap verdi:

– Allah ve Resûlü bilir!

Gaye –insan ve ufuk– Peygamber saadetle dediler ki:

– Arefe gecesi Cenâb–ı Hak, Arafatta bulunanların hepsine bir nazar inayet buyurdu. Sana ise husûsî olarak nazar etdi. Onun için gülüyorum!

Allah ve Resûlü'nün sevgisiyle bahtiyar olmuş yüce Faruk başına konan gökler dolusu devlet karşısında elmas elmas yaşlar döktü...

❁❁❁

İşte adaletiyle gönüllerde taht kuran, bütün insanoğlunun bir defa gördüğü, bir daha da görmeyeceği din ulusu,, irfan denizine gark olmuş Hak ve adalet güneşi Hazret–i Ömer (r.a.) budur...

Hazret–i Huzeyfe (r.a.) diyor ki:

– İslâm, Hazret–i Ömer zamanında, gelen kimseye benzerdi. Yakınlığı artardı. Hazret–i Ömer'den sonra İslâm, arkasını dönmüş giden kimseye benzerdi. Uzaklığı artardı...

Bilgi güneşi İmamı Ali (k.v.) buyuruyor ki:

– Sâlihleri hatırlayacağınız zaman Ömer'i hatırlayın. Çünkü biz Allah Resûlü'nün sahabîleri olarak, sekîne ve ârâmın

Hazret–i Ömer'in lisanı üzerinde olduğunu ittifakla kabul etmişizdir.

Yine bir gün, Kevser Sakisi Hazret–i Ali (r.a.) evinden dışarı çıkmıştı. Üzerinde çok güzel bir elbise vardı. Bu elbiseyi bana kardeşim, dostum, Sıddîk'ım Ömer İbnil Hattab (r.a.) giydirdi, buyurdu...

NE YÜCE GÖNÜLLÜYDÜ O

Bir gün yakınları din ve şeriat ulusu Hazret–i Ömer'e dediler ki:

– Yâ Ömer! Kölelerin sırf azat edilmek için namaz kılıyorlar. Seni aldatıyorlar.

Cevap verdi:

– Aldanıyorsam Rabbimle aldanayım. Beni aldatırlarsa Rabbimle aldatsınlar. Zira dostla aldanan aldanamaz!..

Ey yüce gönüllü dost! Allah seni en güzel mükâfat ile mükâfatlandırsın...

HEP O DUYGU

Hazret–i Ömer (r.a.), bütün halifeliği boyunca adâletten'bir nebze ayrılmamış, ebedî olarak zulmün kapısını kapamış ve bütün insanları islâmın Nuru ile aydınlatmıştı.

Yine onun devrinde bir zaman Peygamber beldesi Medine'de zeytinyağı sıkıntısı başgöstermişti. İmanın nur dudaklariyle ebediyyet iksiri içmiş olan mü'min halk bir dirhem yağ için günlerce kervan yolları gözlerdi. Sıcakların ortalığı kasıp kavurduğu o müthiş günlerde birçok saatlerini şehrin kenarında geçirirlerdi.

İmanın nurdan billûrlaşmış âbidesi Cenâb–ı Ömer bu sıkıntıyı görünce derhal tedbir aldı. Şam'a kervanlar gönderdi... Nur şehri Medine'ye zeytinyağı getirtti. Ve bizzat kendisi Peygamber Mescidinde bu yağları halka dağıtmaya başladı. Ellerine yağ küplerini alan sahabîler Halifenin etrafında halka halka oldular. Bu sırada beklenmedik bir şey oldu. Üst üste yığılan yağ küplerinden bir ikisi yuvarlanarak Halifenin önüne kadar geldi. Şânı yüce Faruk kendisine en yakın olan küpü doldurmak için eline alırken adamın birisi ona hitap etti:

– Al Yâ Ömer, o küp benimdir!

Cenâb–ı Ömer başını kaldırdı. Küpün sahibini gördü. Elini hemen o küpten geri çekti ve başka bir küpü doldurmaya başladı. Küp sahibi buna çok üzüldü. Fakat Reisler Reisine de bir şey diyemedi. Resûller Serverinin Halifesi onun üzüldüğünü görünce tane tane konuştu:

– Â iki gözüm üzülme! Seni en sona bırakmaya mecburum. Zira Ömer akrabasına iltimas ederek Hilâfet makamını yakınlarını korumaya vasıta yaptı dedirtmiş olmaktan korkarım...

Cenâb–ı Ömer bu işlerle meşgul olurken yanına küçük bir çocuk yaklaştı. Boşaldıkça yağ taksim ettiği kabın dışına elini sürüyordu. Sonra da parmaklarına bulaşan yağları saçlarına bulaştırarak başını yağlıyordu. Halifenin gözünden bu kaçar mıydı? Nitekim Hazret–i Ömer (r.a.), bu çocuğun da elinden tutarak onu bir berbere götürdü ve şöyle dedi:

– Bu başta devlet malının bulaşıkları vardır. Bu gövde üzerinde böyle bir başın durması lâyık değildir. Ancak, devlet malını başına çalan mükellef olmayan bir çocuk olduğu için baş değil de baştaki saçları kesmek gerekir. Bu çocuğun başını tamamen kazıyınız!...

Devlet ve millet malına gösterilen ehemmiyetin inceliğini görünüz... İnsanlık âlemi böyle bir devir gördü mü? İşte Nur asrı diye özlemini çektiğimiz o kutlu devir bu idi...

Ey insanlık! İslâmın **«Dur!»** dediği yerde duracak, **«Koş!»** dediği yerde koşacaksın ki sadâdete erebilesin...

İRŞAD METODU

Bizim için Nur asrı, numunelerin en güzeli ve en renklisidir. Hayat yolumuzu aydınlatacak nice hâdiseler var ki onları îman gözlüğü ile seyredebilseydik bu hâle gelmeyecektik...

Gönüller aydınlatan din büyüğü Cenâb–ı Ömer (r.a.) in kendine kardeş edecek kadar candan sevdiği bir dostu vardı. Bir gün Şam'dan Nur şehri Medine'ye bir adam geldi. O aydın ışık, oradaki dostunu gelen adamdan sordu:

– Benim dostum ne âlemdedir?

– Aman ey Mü'minlerin Emîri! O senin değil İblis'in dostudur...

– Dur hele, acele etme. Niçin İblis'in dostu oluyormuş?

– Yâ Ömer ! Kardeş kabul ettiğin o dostun içki içti ! Allah Resûlü'nün halifesi ve en sadık dostu Cenâb–ı Ömer (r.a.), hemen o dostunu red edip, teşriki mesaisini kesmedi... Şam'dan gelen bu adam tekrar Şam'a dönerken ona dostuna verilmek üzere bir mektub verdi ve mektuba da insanlığın nur ve hüner kaynağı, iz'an ve irfan pınarı olan Kur'anı Kerîm'den şu mealdeki Âyetleri yazdı:

– Allah günahı affeder, tevbeyi kabul buyurur. Fakat azabının şiddetinden de kimsenin şüphesi yoktur.

Yolcu Şam'a vardı ve Reisler Reisinin dostunu buldu:

– Al, dedi, bu mektub sana Mü'minler Emîri Hazret–i Ömer'den geliyor !

Adam mektubu aldı, saygı ile öptü ve açıp okudu. Sonra gözlerinde bir saadet ışığı yandı. Can-ı gönülden tevbe eti:

– O devletli kardeşim beni red etmemiş de nasihat ediyor, dedi.

Ve bundan sonra eski iyi hâline döndü, imânda kemâle erdi...

Yüce Faruk'taki inceliğe bakınız...

İşte, dindeki safvet ve asliyet..

Allah'ın, bütün yeryüzünü ayaklarının altına, bütün gökyüzünü de mukaddes başının üstüne çekip kendisine topyekûn bağışladığı Peygamberler Peygamberinin :

– Allah'ın rızası Ömer'in rızasıdır; ve Ömer'in rızası da Allah'ın rızasıdır.[27] buyurduğu büyük insan... Hazret–i Ömer (r.a.)...

Cenâb–ı Ömer buyuruyor :

– Bir kimse gündüz saim (oruçlu) **ve gece de ibâdetle kaim olsa, hayır ve hasenat yapsa, cihada gitse, fakat sevdiğini Allah için sevip, sevmediğini de Allah için sevmedikçe yaptığı ibâdetlerden bir fayda göremez...**

Evet, böyleyken? Ne oldu da sevgiler hep riya perdesine büründü...

KEMÂL

Hak ve adalet güneşi Hazret–i Ömer (r.a.) bir gün, içi su dolu tulumu sırtına yüklenerek Medine sokaklarında halk içinde dolaşıyordu. Oğlu babasının bu hâlini gördü ve irkildi:

– Ey Aziz Babam, dedi, niçin böyle yapıyorsun? Cennet ehlinin kandili gülümsedi ve oğluna şu cevabı verdi:

– Ey canımın içi oğul! Kendimi –nefsimi– biraz beğenir gibi oldum. Onu zelil etmek, gururumu kırmak için böyle yapıyorum !..

Kemâl'in bu derecesi...

Buyurun cemiyetimize...

NESEBİ

Hak ve adalet güneşi Hazret–i Ömer'in babası Hattab, annesi Hanteme dokuzuncu baba da, Sonsuzluk Nebisi'nin nesebiyle birleşiyor.

---

27 Kenzülirfan, Muhammed Esat Erbili.

Câhiliyet ve Saadet devrinde birçok izdivaçları oldu. Bilgi güneşi Cenâb–ı Ali (k.v.) nin kızı Ümmü Gülsüm'ü de aldı. Başka bir zevcesi tarafından da Kâinatın Efendisinin bacanağı.

Altısı erkek ve'üçü kız, dokuz evlâd sahibi...

Erkekler: Abdullah, Büyük Abdurrahman, Ubeydullah, Âsim, Zeyd, Küçük Abdurrahman...

Kızlar: Hafsa, Fatıma, Rukiyye...

Sözü :

– Ahmak kimse ile arkadaşlıktan sakın. Şüphesiz o, bazan sana faydalı olmak isterken zarar verebilir.

Sözü :

– Borcunu azaltırsan hür yaşarsın, günahlarını azaltırsan rahat ölürsün...

Sözü :

– İmanın üçte biri haya, üçte biri akıl, üçte biri cömertliktir...

Sözü:

– Din, kerim kimselerin güzelliğidir!

FETİHLER BOYUNCA

İmanın nurdan billûrlaşmış âbidesi Cenâb–ı Faruk'un devrindeki fetihlerin hikâyesi gökteki yıldızları, deryadaki dalgaları, çöllerdeki kumları saymak gibi bir iştir ve tarih onlarla doludur...

İlk önce Allah Sevgilisi'nin, daha sonra Cihan Sıddıkı Hazret–i Ebu Bekir'in başlattığı ve daha sonra da Cihan Faruk'unun devam ettirdiği Allah yolunda cihad, nur asrının en ulvî çehresini teşkil etmektedir. Allah'ın âlemlere «**Rahmet**» olarak gönderdiği Resûlü kâinatın burcuna tevhîd bayrağını dikti ve insanlık gönlüne marifetullah tohumları attı. İlk önce Mekke'de yanan tevhid meş'alesi daha sonra Medine ufuklarını nurlandırdı oradan da cihana ışık saçtı...

İslâmın azamet kılıcı küfür ormanını öyle bir biçti ki, bütün insanlık bu kılıca boyun eğdi...

Cihanda en büyük sıddîkiyet ve teslimiyet örneği Hazret–i Ebu Bekir (r.a.) Efendimiz Halifeliğinde mukaddes dinden dönenlerin ayaklanmalarını ve yalancı peygamberlerin çıkardıkları gülgüleyi bastırdıktan sonra Irak ve Suriye'nin fethine başlamıştı...

Büyük zafer haberini alamadan muazzez ruhunu teslim eden Sıddîkı Ekber, sonsuzluk âlemine göçmeden, o gece başucunda bekleyen Hazret–i Ömer'e dedi ki:

– Hiçbir engel, sizi dînî vazifelerinizden ve Allah'ın emirlerinden alıkomasın!.. Şam'ın fethi tamamlanınca Irak'ın askerlerini yerlerine iade et!..

Bu ihtiyar dünya, İslâm ruhunun billûrlaştıracağı hükümet ve idare şeklinin, bütün zaman ve mekân boyunca en mükemmel ve en mefkureyi çizgileri tekeffül ettiğine, nur asrında olduğu kadar hiçbir vakit şahid olmadı...

Gönülleri aydınlatan din büyüğü Cenâb–ı Ömer (r.a.) ilk iş olarak dahi kumandan Hazret–i Halid İbni Velid'i başkumandanlıktan uzaklaştırdı ve yerine eski serdar ve şanlı sahabi Hazret–i Ebu Ubeyde'yi getirdi ve büyük harekete girişti...

Onbuçuk senelik halifeliğinde, boğuştuğu Fars ve Şarkî Roma'yı dize getirdi, mânada ve maddede büyük İslâm fetihlerinin, Peygamber sonrası hareket temellerini attı ve Mukaddes İslâm Cihan Sıddîk'ının geçirdiği boğazdan uçsuz bucaksız düzlük ve genişliğe kavuşturdu...

Dahî kumandan Halid İbni Velîd'in emrindeki İslâm mücahidleri küfür kanserini kökünden kazımaya devam ediyorlardı. İslâm ordusu her gittiği yeri fethediyordu. Bu arada cepheden fütuhat hakkında Reisler Reisine mektuplar gönderiliyor ve zaferler müjdeleniyordu. Yine bir defasında Abdullah bin Amir (r.a.) Hazret–i Faruk'a mektup götürdü. Hak ve adalet güneşi Cenâb–ı Ömer (r.a.) mektubu okudu. İslâm mücahidlerinin kahramanca kılınç çekerek mansur ve muzaffer olduklarından mesrur olup muazzez sahabîleri Peygamber Mescidine davet ettiler ve minbere çıkıp tane tane konuştular:

– Âlemlerin Rabbı olan Allah'a şükürler olsun ki, dini Celili İslâm sayesinde askerlerimiz mesrur ve muzaffer olmuşlardır. O tarafta birçok mülk elimize geçmiştir.

Malûmunuz olsun ki, ben Ebu Ubeyde'yi Başkumandanlığa getiriyorum. Halid İbni Velid'i de Başku-

mandanlıktan azlediyorum. Zira bazı cihetlerde hatası görüldü.

Cemaat içinden biri ayağa fırladı:

– Ey Allah Resûlü'nün Halifesi, dedi; Âlemi İslâm'a bu kadar hizmeti geçmiş olan Halid'i niçin azlediyorsun?

Din büyüğü Cenâb–ı Ömer (r.a.) aynı tatlılıkla sözlerine devam eti:

– **Ben kendisini başkumandanlıktan azleyledimse hizmetini, bahadırlığını unuttuğumdan değil... Halid'in son derece ibraz eylediği güzel hizmetleri bence müsellemdir.**

Bu sözlerden sonra minberden indiler ve yeni başkumandan şanlı sahabi Hz. Ebu Ubeyde'ye bir mektup yazdılar. Ağzını mühürleyip Abdullah'a verdiler.

Mektup aynen şöyle:

– **Mektubunuz bize vâsıl oldu. Nail olduğunuz muzafferiyetten dolayı Cenâb–ı Hakka şükürler eyledik. Sevinç ve neş'eye gark olduk. Halid İbni Velid'i Başkumandanlıktan azl ve seni Şam ordularına başkumandan nasbeyledim !**

Bu mektup Ebu Ubeyde Hazretlerinin eline geçtiği zaman Allah'ın çekilmiş kılıcı Hz. Halid cenge girmiş, Yermuk harbinin en şiddetli anında idi..

Nur beldesinden gelen Abdullah'ın yanına bazı sahabîler gelerek havadis öğrenmek istemişlerse de, O, Halife tarafından imdat gönderilmek üzeredir, diyerek hakikati gizlemişti.

Çünkü o zaman, el değişecek zaman değildi Şanlı Sahabî Hz, Ebu Ubeyde, muvakkaten olsun bu emri gizlemiş ve bu suretle büyüklük ve «Emin-ül Ümmet» lik göstermiş ve bilâhare hakikati ilân etmiştir...

Dahî kumandan Hazret–i Halid (r.a.), mü'minler Emîri tarafından azledilmiş olduğunu anlayınca, asla müteessir olmayarak :

– **Biz, Halifemize itaat eyleriz**, diyerek geri çekildi. Nice küfür devrinin ciğerini delen, İslâm'a nice zaferler kazandıran büyük kumandanın azledilmesi bazı mücahitlerce hoş karşılanmayınca şanlı ve asîl kumandan Hz. Halid İbni Velid (r.a.) yüksekçe bir yere çıkıp şöyle haykırdı:

– **Ey büyük ve şanlı gaziler!.. Ey Kelimei Tevhid gölgesinde kılınç çeken mücahitler!.. Bizim maksadımız, i'lâyı kelimetillahdır. Emirül ceyş olmak değildir... İslâmiyet ilerlesin, âfitabı şevketimiz parlasın da emirül ceyş kim olursa olsun... Bundan ne çıkar. Benim, bu kadar muharebelerde, her türlü ma'rekelerde can atıp muharebe etmekliğim, başkumandan olmak fikrine mebni değil, ancak Allah rızası içindir. Düşmanın istifade edeceği ihtilâflara düşmemenizi tavsiye eder ve bundan böyle âdi bir nefer gibi mukaddes din uğruna fedâyı can etmeği deruhte eylerim...**

Şanlı ve dahî kumandanın bu ulvî sözleri İslâm mücahitlerini teskin eyledi. Herkes bu derece âlicenap olduğuna taaccüple ahlâk güzelliklerini takdir eylediler...

Allah Sevgilisi'nin şanlı sahabîsindeki şu ulvî ahlâkı görüyor musunuz? İşte kısa bir zamanda cihanın dört bir bucağında Tevhid meş'alesini bu ruh ile yaktılar ve bütün insanlığa Kur'an oluklarından ebediyyet iksiri içirdiler...

Yine orduda Hz. Ebu Ubeyde'nin nezareti altında kumandanlık vazifesini Hz. Halid yürüttü ve nice zaferler kazandı...

Hak ve adalet güneşi Cenâb–ı Ömer (r.a.) dahi müteakiben bütün hükümet memurlarına bir tamim göndererek Hz. Halid'in namusu ihlâl edici bir hareketinden, yahut hizmetlerinden memnuniyetsizlikten değil, ancak halkın onu pek müfrit derecede teveccüh göstermesinden ve onu her şeyin faili, muvaffakiyetinin yegâne amili addetmesinden dolayı yalnız başına bir insanın hiçbir şey yapmağa muktedir olmadığını göstermek için azlettiğini bildirmiştir.

❁❁❁

Büyük kumandan Hz. Halid'in birbirini takip eden muvaffakiyetleri ve büyük fütuhatı cihetiyle hasbelbeşeriye kendisine ucub ve gurur gelmek tehlikesinden korumak için Reisler Reisi Hazret–i Ömer (r.a.) ona o tedbiri mürşidaneyi tensip buyurmuşlardır.

Ve bu suretle İslâm ümmeti içinde, gayet âli-î zişan bir kumandan daha yetiştirmişlerdir ki aşerei mübeşşere **–Cennetle müjdelenen–** **meyanında yegâne** –Eminül ümmet– unvanı celili ile mübeccel bulunan muazzez sahabî Hz. Ebu Ubeyde'nin namı âlisini cihana öylece göstermişlerdir...

Hazret–i Ebu Ubeyde (r.a.) nin zaferlerine ileride göz atacağız...

❁❁❁

Bir orduya, bir başbuğa, millî bir hareket başındaki selâhiyet sahibine, bundan daha ince bir yol kim gösterebilir ki?

Cenâb–ı Ömer'deki din ve îman şuurunun billur pırıltıları bizi aydınlatacak ne güzel bir ışıktır...

CİHAN FARUK'UNUN ORDULARI İRAN'I FETHEDİYOR

Kâinatın yaradılış sebebi, Allah'ın Sevgilisi, topyekûn zaman ve mekânın ve bütün mahlûkatın Peygamberi Cenâb–ı Ahmed (s.a.v.) in şanlı Halifesi ve en sadık dostu Hz. Ömer 'R.A.) ordular donatarak cihanın dört bir yanına saldı. Bütün emeli, mukaddes İslâmın nurunu insanlık gönlüne akıtmak ve bütün insanları Tevhîd bayrağı altında toplamaktı. Din büyüğü Hz. Ömer (r.a.) kumandanlarına her zaman şöyle derdi:

– Düşmanla döğüştüğünüz zaman gadretmeyiniz! Kimsenin gövdesini, organlarını kesmeyiniz! Çocuklara, ihtiyarlara ve kadınlara dokunmayınız...

1400 sene evvel İslâmın getirdiği gerçek medeniyete bakınız. Bir de bugünkü insanlığın perişan hâlini düşününüz İman kürsüsüne oturmadıkça hiçbir insan gerçek medeniyete ve insanlığa eremez...

Bir zamanlar İran tahtında adaletiyle ün yapmış Nuşirevan vardı. Ondan sonra torunu Perviz'in ölümüne kadar iran en kudretli ve en parlak devrini yaşamıştı... Perviz'in ölümüyle taht kavgaları başladı ve koca devlet günden güne çöktü.

İlk defa Cihan Sıddîkı Hazret–i Ebu Bekir (r.a.) in hilafeti zamanında Müsenna İran'a saldırdı. Dahî kumandan Halid İbni Velid kumandasında yardımcı kuvvetler gönderildi. Hire şehri Cihan Sıddîk'ının devrinde fethedildi. İslâm orduları bütün cihan ordularıyla çarpışmak zorunda idi. Çünkü bütün kâfirler îman ordusu karşısında tek vücut oluyorlardı. Nitekim İslâm mücahitleri Bizans ordulariyle çarpışmak zorunda kalmıştı, Bu sebeple Hazret–i Halid (r.a.) Suriye cephesine gönderildi. Irak'taki ordu da Müsenna'nın kumandasında kaldı. İranlılar İslâm ordusunun akınını yavaşlatmayı başardılar. Bu günlerde hidâyete ermiş ümmetin en ulu rahmeti, Allah Resûlü'nün en sadık dostu ve mağara arkadaşı Hazret–i Ebu Bekir (r.a.) ebediyyete intikal etti.

Cihan Faruk'u Hak ve adalet güneşi Hazret–i Ömer (r.a.) Hilâfet makamına oturunca Sıddîkı Ekber'in başlatmış olduğu fetihleri tamamlama kararını verdi... Arap yarımadasının dört bucağından akın akın gelen ve kendisine biat eden müslüman. hey'etlere bu fikrini söyledi. Peygamber mescidinde sık sık nutuklar verdi. Müslümanları Allah yolunda cihada davet etti. İç gözlerine ilâhî nurun sürmesi çekilen muazzez sahabîler büyük bir azîm ve coşkun bir îman ile harekete geçtiler...

Müsenna Şeybanî Cenâb–ı Ömer'in nutkuna cevaben dedi ki:

– Ey şanlı gaziler! Biz zerdüştlerle kılıcımızı ölçtük! Onların iyi harp ettiklerini görmedik. İmanımız ve kılıcımız sayesinde Irak'ta nice nice ülkeler fethettik ve acemlerden üstün olduğumuzu gösterdik...

Ebu Ubeyde el Sakafî de ateşli nutuklar ile Reisler Reisini destekledi. Artık bütün Müslümanların gönlü cihad aşkı ile buhurdan gibi tütüyordu. Gözlerde saadet ışıkları yanıyordu. Peygamber beldesi cıvıl cıvıl kaynıyordu. Cenâb–ı Ömer (r.a.) Nur beldesinde 1000 kişilik küçük bir birlik hazırladı. Bu 1000 kişilik birliğin başına Ebu Ubeyde el Sakafî'yi başbuğ tayin etti. Ebu Ubeyde kahraman bir mü'min olmakla beraber sahabeden değildi. Onun için bazıları onun başbuğluğunu kabul etmek istemediler. Gönüller aydınlatan din büyüğü Hz. Ömer'e dediler ki:

– Ey bakış ve görüş sahibi! Bu yüksek mevkii Allah Resulünün sahabîlerinden birisine verseniz olmaz mıydı? Irak'a gidecek orduda nice nice sahabîler var, kumandanın da onlardanolması icap ederdi...

Cenâb–ı Ömer gün kadar aydınlık yüzünü sahabî topluluğuna çevirdi ve şöyle dedi:

– Sizin şimdiye kadar gördüğünüz saygı cesaret ve sebata dayanırdı.

Bununla beraber bütün sahabilere sonsuz bir saygı ve şefkat beslediğini belirtti. Başbuğa da; Allah Resûlü'nün sahabîlerine saygı göstermesini ve her zaman onlarla müşavere etmesini emretti...

İslâm mücahitleri kartopu alınlı geyik bacaklı arap atları ile Irak istikametinde yola koyuldular...

❁❁❁

İran Hükümdarı, İslâm askerine tekrar yenilmemek için ünlü kumandanı Rüstem'i başbuğ tayin etti. Rüstem, İran'ın dört bir yanına adamlar gönderdi. Halkı dinlerine ve hükümdarlarına bağlı kalmaya çağırdı.

İran, bu didinmelerle çabucak eski kudret ve kuvvetini elde etti. islâm ordusu Irak'a girmeden İslâm mücahitlerinin evvela zabtettikleri yerleri geri aldılar... İran ordusu Cihan Sıddîk Hazret–i Ebu Bekir (r.a.) in devrinde fethettikleri topraklarda yürüyüşlerine devam ettiler. Ebu Ubeyde kumandasındaki İslâm ordusu Hire'ye vardı...

Küfür ordusu durmadan ilerlerken îman ordusunun Hire'de kalması askerlik bakımından doğru olamazdı, onun için geriye Hefan'a çekildi. İman. ordusu burada hazırlığını tamamladı. Tekrar küfür ordusunun üzerine azîmle yürüdü... Allah Allah sesleri gökleri deliyor, İslâm mücahitleri küfür ormanını biçiyordu. îman kılıçları yıldırımdan bir gülle gibi değdiği yeri yakıp geçiyordu. İranlılar tez zamanda bozguna uğradılar. Kumandanları azap diyarını boyladı. İran'ın ünlü kumandanlarından Caban bu müthiş cenkte Müslümanlara esir düştü...

Küfür heyulası Caban, Müslümanlara esir düşünce, ruhunda olan kalleşlik yine depreşti ve hileye başvurdu. Kendisini yakalayan fakat kim olduğunu bilmeyen İslâm mücahidine dedi ki:

– Ey yiğidim ! Ben ihtiyar ve güçsüz bir adamım, benim yerime güçlü kuvvetli iki köle kabul edersen bu ihtiyarı bahtiyar edersin!..

İslâm mücahidi dedi ki :

– Üzülme sen, biz ihtiyar ve güçsüz kimselere esir muamelesi yapmayız. Madem ki ilk ihtiyarsın teklifini kabul ediyorum!..

Hilekâr kumandanın gözlerinin içi güldü... İslâm mücahidi de onu serbest bıraktı.

Fakat az sonra bu ihtiyarın İran ordusu kumandanı Caban olduğu anlaşıldı. Bunun üzerine İslâm ordusunda bir uğultu başladı. Mücahid mü'minler dediler ki :

– Caban hile ve yalan ile kendisini esir eden mücahidi kandırdı, ona verilen sözü yerine getirmeyelim !..

Bu durum, başbuğ Ebu Ubeyde'ye arzedildi. Başbuğdaki îman asaletine bakınız ki :

– **Müslüman verdiği sözde durmalıdır**, diyerek ortalığı çınlattı. Ve mücahidin verdiği söz yerine getirildi. Hilekâr kumandan iki genç köle ile değiştirildi. Böylece mutlak bir ölümden kurtuldu.

İşte Müslümanlardaki iman asaleti ve verilen söze sadâkat...

❁❁❁

Ebu Ubeyde kumandasındaki İslâm ordusu öyle bir şahlandı ki küfür cüceleri kaçacak delik aradılar, îman ordusu, kükremiş bir arslan gibi İran askerinin peşine düştü...

İran ordularının başkumandanı Rüstem, ordusunun perişan olduğunu ve Müslümanlara yenildiğini öğrenince seçme askerlerden 4 bin kişilik bir kuvveti yine ünlü kumandanlarından

Cazuye Behmen'a verdi. İran'ın mukaddes saydıkları bayrakları direfşi kâviyan-i Behmen'e teslim edildi.

4 bin kişilik bu küfür ordusu müthiş gülgüleler içinde revan oldu. îman ordusu ile Fırat'da karşı karşıya geldiler. İran ordusu Fırat'ın doğusunda, İslâm ordusu da batısında yer aldı. İki ordunun arasında kocaman Fırat nehri vardı.

Küfür ordusunun kumandanı çarpışmak için kendisinin batıya, ya da Müslümanların doğuya geçmelerini istedi...

– Ey İslâm kumandanı! İstersen geç, istersen ben geçeyim...

– Ben geliyorum Kumandan !

İslâm ordusunda bulunan sahabîlerin ileri gelenleri dediler ki:

– Ne yapıyorsun? Karşıya geçmek bizim için bir çılgınlık olur!

Ebu Ubeyde kükredi:

– Burada kalmak da korkaklık sayılır!

– Ey kumandanımız! Bizler bu emrin ordumuzu yok edeceğine inanıyoruz. Kumandanımız olduğunuz için sizi takip edeceğiz. Çünkü: Kumandanımıza karşı gelemeyiz!

– Sağolun gazilerim!..

İslâm kumandanı kararından dönmedi. Halbuki İran ordusunda sayısız filler vardı. Üzerlerinde kılıçlı, oklu, süngülü birçok cenkçiler bulunuyordu. Ziller derseniz ortalığı çınlatıyordu...

Ebu Ubeyde emir verdi kayıklar hazırlandı. İslâm ordusu Fırat'ın doğusuna geçti. İran ordusu çok kuvvetli bulunuyordu. İslâm mücahidleri o zamana kadar fillerle karşılaşmamışlardı. İran askerinin zırhı, kalpağı, gürzü, çanları.ordularına müthiş bir manzara veriyordu. Bu manzaradan İslâm ordusunun atları korktular, huysuzluk etmeye, öteye beriye kaçmaya başladılar.

Başbuğ Ebu Ubeyde ortalığı çınlattı:

– Cesur askerlerim filleri çeviriniz! Üzerindeki tahtırevanla birlikte üzerlerindekileri yere seriniz!

İslâm mücahidleri derhal atlarından indiler. Yıldırım gibi ileriye doğru akın edip fillerin .kayışlarını kestiler. Üzerindeki küfür cenkçileri yerlere yıkıldı... Böyle olmasına rağmen koca filler İslâm mücahidlerini ayakları altında pestile çeviriyordu.

Başkumandan Ebu Ubeyde bir filin kayışlarını ve oturacak yerini kesti. Üzerindeki cenkçileri yere düşürüp hepsini azap diyarına yolladı. Öyle müthiş bir andı ki, çan sesleri, fillerin homurtusu, atların kişnemesi ortalığı çınlatıyordu.

Ebu Ubeyde, bir arslan misâli ileri atılıyor, durmadan kılıç sallıyordu. Bir beyaz file karşı hücuma geçti, bir darbede filin hortumunu kesti. Ne çâre ki fil onu ön ayağı ile çarpıp altına aldı ve şehid eyledi.

Başkumandanın şehid olması üzerine kardeşi Hatem bayrağı eline aldı. Az sonra o da şehid olup ebediyyet âlemine uçtu. Savaş çok şiddetlenmişti. Görülmemiş bir gülgüle ortalığı inletiyordu. Arka arkaya yedi İslâm kumandanı şehid oldu. İslâm ordusunun kumandanlığını Müsenna ele aldı ise de savaş çoktan kaybedilmişti. Asker dağılmaya başlamıştı.

Abdullah İbni Mersedi'sSakafî, köprüye durup haykırdı:

– **Ey insanlar! Ya kumandanlarınız gibi siz de şehid olunuz, ya sebat edip harbi kazanınız!**

Fakat hiç kimsede bu sözü duyacak hal kalmamıştı.

İran askeri köprü başına hücum etti. Bozgun olan islâm askeri birbirini çiğneyerek niceleri Fırat'a dökülüp boğuldular. Manzara cidden tüyler ürpertici idi.

İslâm ordusunun yeni kumandanı Müsenna çığlık çığlık bağırıyordu :

– **Ben arkanızdayım, durun ey gaziler! Korkmayın, Kendi kendinizi helak etmeyin. Sonra hep birlikte geçeriz!...**

Kumandan tekrar köprü kurdurdu. Ordudan arta kalanlar rahatça Fırat'ın batısına geçtiler. Bu savaşta Müslüman ordusu

4000 şehid, 2 bin de kayıp vermişti. Bu sayı İslâm ordusunun üçte ikisi demekti.

Şimdiye kadar müslümanların savaş meydanından kaçtıkları görülmüş şey değildi. Fakat bir defa olan olmuş, savaş kaybedilmiş. İslâm ordusu küfür önünde tutunamamıştı...

ÎMÂN YUMRUĞU KÜFRÜN BEYNİNDE PATLIYOR

İslâm ordusunun Fırat kenarında küfür ordusuna yenildiği haberi nur beldesi Medine'ye gelince Cenâb–ı Ömer (r.a.) ve diğer Müslümanlar çok müteessir oldular. Hatta için için ağlayanlar bile vardı. Bu yenilginin acısını çıkarmak ve küfrün beynine îman yumruğunu indirmek için Allah Resûlü'nün Halifesi Cenâb-ı Ömer (r.a.) yeniden büyük bir ordu hazırlamaya başladı. Arap yarımadasının her yanına haberler uçurdu :

– Ey Müslümanlar Allah yolunda cihad için koşunuz!

Gönül dudakları ile îman nuru içmiş mü'minler coştu. Her taraftan Peygamber beldesine sel sel insan gelmeye başladı. Artık Islâmın zafer topu küfür ordusunu yere serecekti...

Müsenna da boş durmadı. Irak yakınlarındaki araplardan bir ordu topladı. Medine'den hareket eden gönüllüler de Müsenna'nın ordusu ile birleşti. Durumu haber alan İranlılar da bir ordu hazırladılar. İki ordu yeniden Kûfe yakınlarında karşı karşıya geldi. İran kumandanı ordusunu nehirden geçirdi. Saflar düzeltildi. İslâm ordusunun başbuğu askerini savaş düzenine soktu ve dedi ki:

– Askerlerim ! Yapacağınız savaşta arapların adını lekelememeye dikkat ediniz!

Küfür ordusu görülmedik gürültü ile îman ordusuna saldırdı. İslâm başbuğu askerlerine:

– Bu gürültü, âciz ve korkak insanların gürültüsüdür, dedi.

Ordudaki Hıristiyan araplara da: **«Sizler Hıristiyan olmakla bizden ayrısınız, fakat bizim milletimizdensiniz, bu millî bir savaştır. Ben Mihran'a hücum edeceğim, siz de yanımda bulununuz.»** diye nutuklar veriyordu.

Sonra bir şahin gibi ileri atıldı. Hıristiyan araplar da onu takip ettiler...

İran ordusu gerilemeye başladı. Hatta sağ kanadı bozuldu. Lâkin çok geçmeden yine toparlanıp İslâm ordusuna hücum ettiler. Müslümanlar bu amansız saldırı karşısında geri çekilmek zorunda kalmışlardı.

İslâm kumandanı Müsenna ortalığı çınlata çınlata haykırdı:

– Ey mücahidler nereye? İşte ben buradayım! Küfrün beynine îman yumruğumuzu indirelim!..

Bu haykırış üzerine İslâm ordusu toparlandı. Kumandanının kardeşi şehid oldu. Artık müthiş bir cenk başlamıştı. Artık îman ile küfür birbirine amansız hücumlar yapıyordu. İran kumandanı Mihran'ı bir kılıç darbesiyle yere serip canını cehenneme yolladılar. Kumandanı öldüren asker haykırdı:

– İranlıların kumandanı Mihran'ı öldüren benim!...

İran ordusunda hemen bir şaşkınlık ve bir panik başladı. Ancak kaçabilenler canını kurtarabiliyordu. İslâm kumandanı Müsenna yıldırımdan bir gülle gibi köprünün başına yetişti. Kaçıp kurtulmak isteyen küfür cücelerini îman kılıcı ile doğradı.

Bu cenkte ölenlerin sayısı o kadar çoktu ki, ölüleri gömmek bile mümkün olmadı. Küfür ordusu tam manasıyla perişan olmuş, îman ordusunun müthiş darbelerine dayanamıyarak bozguna uğramıştı. Bu cenk, İslâm mücahidlerinin mâneviyyatlarını öyle yükseltti ki, bütün gönüller cihad aşkı ile gürül gürül çoğalıyordu.

İslâm kumandanı Müsenna şöyle haykırıyordu:

– İslâmdan evvel İranlılarla defalarca göğüs göğüse dövüştüm, o zaman yüz İranlı bin arabı yenerdi. Bugün bir arap on İranlıdan üstündür.

İslâmın pırıltılı zaferiyle biten bu savaştan sonra Müslümanlar artık Irak'a tamamiyle hakim oldular.

KADİSİYE MEYDAN SAVAŞINA HAZIRLIK

İslâm'ın îman atı şahlanmış sonsuzluğa uzanan ebedî yolda azimle ilerliyordu. Buveyb meydan savaşını da kazanıverince artık bu at büsbütün şahlandı... Artık bütün küfür hiziplerini perişan edecek ve Tevhîd nurunu bütün âleme sunacaktı...

Bu sırada İran tahtında kadın hükümdar bulunuyordu. İranlılar Müslümanlara yenilince devlet idaresini ve sehinşahı sorumlu tuttular. Devlet idaresi bir kadının elinde oldukça daima yenileceklerini söylediler. Ve kadın hükümdarı tahtından indirip onun yerine 16 yaşında bir çocuk olan Yezdigerd'i hükümdar yaptılar. Başkumandanları Rüstem ile Firûzan'a aralarındaki geçimsizliği bir tarafa itmelerini, milletlerinin selâmeti için elele vermelerini bildirdiler...

Küfür yeniden canlanmaya ve İslâm'a diş bilemeye kalkıştı.. O bakış ve görüş sahibi Cenâb–ı Ömer (r.a.), İrandaki bu son durumu öğrendi. Hemen İslâm ordularının başbuğu Müsenna'ya haber uçurdu :

– Ey kumandan! Kuvvetlerini bir araya topla. Sınırdaki arap boylarını silâha sarılmağa ve yardıma davet et... Çetin bir savaşın eşiğinde olduğumuzu unutma!..

Gönüller aydınlatan din büyüğü Cenâb–ı Ömer (r.a.) İran'ın bu son tutumunu Arap yarımadasının her yanına haberciler göndererek açıkladı. Ve Allah'a inananları cihada davet etti.

İç gözlerine ilâhî nurun sürmesi çekilen Müslümanlar yepyeni bir heyecanla dalga dalga küpürdüler. Bütün gönüllerde cihad meş'alesi yeniden yandı...

Halifeler Halifesi Hz. Ömer (r.a.) bu sırada Hac farizasını yapmak üzere Peygamber beldesinden cihanın iman beşiği olan kutlu beldeye, Mekke'ye gitti. Orada bu Müslümanları Allah yolunda cihada davet etti. Mekke'den nur şehri Medine'ye döndüğü' zaman gördü ki nur şehri Allah için cihad edecek îman kahramanları ile dolup taşıyor... Bu îman arslanları reisler reisini Medine'nin dışında coşkun bir tezahürat ile karşıladılar. Hz. Faruk (r.a.) mücahitleri savaş düzenine soktu. Başkumandanlığı da kendi üzerine aldı. Kutlu sahabî Hz. Talha (r.a.) ı ileri kuvvetlere, Hz. Zübeyir (r.a.) ı sağ kanada ve Hz. Abdurrahman ibni Afv'ı sol kanat kumandanlığına tâyin etti. Bilgi güneşi Hz. Ali (k.v.) yi de Pepgamber şehrine kendi yerine vekil bıraktı. Şanlı İslâm ordusu Irak'a doğru nazlı nazlı yürüyüşe geçti. İslâm mücahitleri baş Kumandanlığına bizzat Halifenin üzerine almasından çok memnun.

Şanlı ordu Medine'den üç mil uzaktaki Zısar mevkiinde konakladı. Burada muazzez sahabilerin ululları Cenâb–ı Ömer'e dediler ki:

– Ey mü'minlerin Emirî; Sizin bizzat savaş yerine gitmeniz ve ordunun başında bulunmanız İslâmın istikbali bakımından endişe vericidir.

– Öyleyse bir harp meclisi kuralım!

Bunun üzerine bir harp meclisi kuruldu. Muazzez sahâbîler dediler ki:

– Ey Allah Resûlü'nün Halifesi! Savaşta yenmek mümkün olduğu gibi yenilmenin de imkân dahilinde olduğu, Allah göstermesin, bir yenilgi hâlinde, Müslümanların en büyük başı Hz. Ömer'in ölümünde ise koskoca İslâm devletinin temelinden sarsılacağı, belki de

her şeyin sonu olacağı kanaatindeyiz. Bu sebeple savaşa iştirak etmenizin doğru bir hareket olmadığını belirtmek isteriz!..

Harp meclisi bu işi enine boyuna tartıştı. Sonunda Cenâb-ı Ömer'in savaşa katılmamasına karar verdiler.

Din büyüğü Hazret–i Ömer (r.a.) ulu sahabîlerin kararına boyun eğdi. Orduya düşündüklerini şöyle açıkladı:

– Şanlı mücahitler! Ben sizinle olmak istiyordum! Fakat Allah Resûlü'nün muazzez sahabîleri bunu doğru bulmadılar. Şimdi onların kararına uyuyorum!..

Hak ve adalet güneşi Cenâb–ı Ömer (r.a.) yeni bir başbuğ aramaya koyuldu. Şanlı Sahabîlerden Ebu Ubeyde ile dahî kumandan Halid İbni Velid (r.a.) Suriye'de idiler. Hz. Ali (k.v.) tamamen iç âlemine çekilmiş olduğu için bu vazifeyi kabul etmedi.

Halifeler halifesi sahabî ulular ile durumu yeniden gözden geçirdi. Yine sahabînin büyüklerinden Hz. Abdurrahman İbni Afv başkumandanlığa Saâd İbni Ebî Vakkas'ı teklif etti. Çünkü Saâd İbni Ebî Vakkas (r.a.) sahabînin seçkinlerindendi ve aynı zamanda Allah Resûlü'nün dayısı idi. Ve cesareti ile ün yapmış bir büyük zattı... Ve cennetle müjdelenen saadet kadrosundandı.

Hak ve adalet güneşi Hz. Ömer (r.a.) tereddüt içindeyken sahabî ululari Saâd İbni Ebî Vakkas'ın başkumandanlığına karar verdiler. Din ve Şeriat ulusu Cenâb–ı Faruk da bu kararı tasdîyk etti.

Şimdi Peygamber beldesinden kartopu alınlı geyik bacaklı Arap atları ile yola çıkan İslâm ordusu, İran istikametinde hareket etti. Cihan Faruk'u savaş plânını başkumandana verdi. Ordu nurdan bir ırmak gibi kıvrıla kıvrıla ufuklar boyu süzüldü. Cenâb–ı Ömer (r.a.) gözlerinde iplik iplik yaş, bir zaman ordunun peşinden baktı... İmân ordusu, nazlı nazlı dalgalanan bayrakların gölgesinde bir sel gibi gidiyordu...

Çöller, dağlar, dereler aşıldı. Kûfe'ye 18 konaklık mesafe kala karargâh kuruldu, îman ordusu burada üç ay kaldı...

Şanlı Sahabî Hz. Saâd (r.a.) daha ileri gitti. Şerâfede Öncü birliklerin kumandanı Müsenna yaralanıp şehid olmuştu. Müsenna'mn kardeşi Mana ile görüştü ve ondan gereken bilgileri aldı.

Halifeler halifesine de ordunun yaptıklarından, düşmanın hareket ve niyetlerinden haberler verdi. Cenâb–ı Faruk îman ordusuna gereken talimatı gönderdi. İslâm mücahidlerinin sağlığı için sağlık teşkilâtı, beslenme teşkilâtı, kurdu. 10 bin kişilik koca bir ordunun sağlık ve beslenme işleri elbette az bir şey değildi... İşte Din büyüğü Cenâb–ı Ömer (r.a.) bu işleri en ince noktasına kadar plânlamıştı. O ne bakış ve görüş sahibi bir halife idi ki, bütün insanlar ondan hoşnut olmuştu.,. Allah ve Resûlü'nün hoşnut olduğu bir zatı âlî nasıl sevilmesindi...

İslâm ordusunun başbuğu Hz. Saâd (r.a.) Şerâfe'de din ve şeriat güneşi Hazret–i Ömer'den aldığı emirle :

– Ey şanlı gaziler, dedi; ilerleyiniz! Kadisiye'de karargâhınızı öyle bir yerde kurunuz, öyle bir şekilde hazırlayınız ki; İran'ın orduları önünüzde, Arabistan dağları arkamızda olsun. Böylece zafer kazandığınızda bir engele uğramadan ilerler, bir yenilgiye uğradığınızda arkanızdaki dağlara sığınırsınız!..

Hidâyete ermiş ümmetin ulu rahmeti Hazret–i Ömer'in fermanı bu idi. Çünkü daha evvel Kadisiye'yi görmüştü. Başbuğuna gönderdiği emirde şöyle yazıyordu :

– Ey Saâd! Bu bölge hakkındaki bilgim yeni değildir. Bölgenin bir haritasını gönderiniz! Bölge hakkındaki yeni bilgim olmadığından yazmak istediğim birçok talimatı yazamıyorum.

Muazzez Sahabî Hz. Saâd (r.a.) hemen halifeye istediği bilgiyi gönderdi. Bu defa yüce Faruk orduya ileri emrini verdi.

NUR ORDUSU HAREKETE GEÇİYOR

Muhteşem büyük Cenâb–ı Ömer'in emri üzerine Hicret'in on dördüncü senesinde kartopu alınlı geyik bacaklı atlar üstünde nurdan birer âbide gibi doğuya doğru akın eden İslâm mücahidleri, karşılarında o günün en kudretli iki devletinden biri olan İranlıları buldular. Ateşe tapan küfrün ve dalâletin kölesi İran hükümdarları 120 bin kişilik ordusuna Kadisiye de vaziyet aldırarak, sayıları sadece 40 bin sahabîden ibaret olan îman ordusunu bir anda toz ed'eceğini sanıyordu.

Muhteşem îman ordusu her türlü maddî mahrumiyet içinde bulunuyordu. Fakat bir tek şeyleri vardı ki. ondan yana cihanın eri kudretli ordusu idiler. O da: **ÎMÂN!**

Bu îman dağına çarpan hangi ordu param parça olmazdı.

İşte bu müthiş îman sayesinde bâtılın yerine Hak, zulmün yerine adalet, cehlin yerine ilim, vahşetin yerine medeniyet dağılıyordu. Kâinat sarayının zümrüt bahçelerinde îmân ve İslâm bülbülleri dem çekmedeydi.

İran ordusu başkumandanı Rüstem, Müslüman ordusunun başkumandanı Hz. Saâd'dan görüşmek üzere bir elçi istedi. Ve elçi gönderildi.

İranlıların kumandan çadırı bütün dünya ziynetleriyle pırıl pırıl... İpek halılar, sırmalı sedirler, sedef sedef işlemeli taht... Ve madde pehlivanlarından seçilmiş bir sürü süvari...

İslâm elçisi geyik bacaklı soylu atıyla dört nala ve yıldırım hızıyla gelip çadırın önünde durdu; bir sıçrayışta atından indi ve atının dizginlerini kumandan çadırının süslü direklerinden birine bağladı. İran'ın madde pehlivanlarında hayret, dehşet, ibret... Bugüne kadar görmedikleri bir heybetle gelen adam...

Dediler ki:

– Ey elçi! Silâhını olsun dışarıda bırak...

islâm elçisi kükredi:

– Olmaz!

– Fakat kumandanın yanına böyle girilmez ki...

– O da sizin gibi bir insan değil mi?

– Evet, öyle!...

– Öyleyse mesele yok!

Ve îman arslanı bir hamlede çadıra girdi. Sanki bir nur sütunu, erkek adımlarla küt küt tahta kadar yürüdü.

Etrafında iki büklüm dalkavuklar halkalanan Rüstem hançer hançer gözlerle İslâm elçisini süzüyordu. Ve karanlık ağzını açıp sordu :

– İran'a ne maksatla akın ettiniz?

İmanın nurdan billûrlaşmış âbidesi cevabı yapıştırdı:

– Maksadımız, milletlerin, Allah'ın yaratıklarına değil, Allah'a ibâdet etmeyi öğrenmeleridir...

Rüstem'in ağzı bir karış açık kaldı... Elçi yine konuşmasına devam etti:

– Yâ mukaddes İslâm'ı kabul etmeyi, yahut Müslümanlara vergi vermeyi, bunların birini kabul etmediğiniz takdirde kılıçlarımızın konuşacağını biliniz!..

Rüstem kahkahayı bastı. Çünkü elçinin kıyafeti oldukça perişandı. Sırtında yamalı bir aba, elinde uzun bir kılınç... Buna rağmen başı dimdik ve oldukça heybetli...

Rüstem hakarete başladı:

– Daha önce sizler milletlerin en yoksulu, en ziyade başı bozuğu idiniz. Arada bir isyan ederdiniz. Biz kudretli iran hanedanı adamlarımıza emreder, size haddinizi bildirmelerini temin ederdik... Kuzu gibi olurdunuz... Bu isyanınızın karınlarınızın açlığından ileri geldiğini bildiğimizden önünüze birer ekmek kırıntısı atar, sustururduk. Ümid ediyorum ki, bu gelişinizde böyle bir ihtiyaçtan doğmaktadır. Size bir miktar hurma, Reisinize de atlas elbiseler verelim, azametli İran ordularının ayakları altında ezilip yok olmaktan canınızı kurtararak buradan gidiniz!..

Küfür heyulası Rüstem'in bu derece mağrur ve büyük konuşmasına karşı İslâm elçisi Muğîre şu cevabı verdi:

–Evet, kumandan! Biz Araplar sizlerin dediği gibi idi. Daha düne kadar yoksulluk çektiğimiz, kız çocuklarımızı diri diri kumlara gömecek vahşette olduğumuz, birbirlerine saldırarak kan döktüğümüz doğrudur. Ancak artık devir değişti, nöbet bize geldi... Mekke'den bir nur fışkırdı, Allahü Azimüşşan bizlere rahmet olarak bir peygamber gönderdi.. Önce itiraz ettik, isyan ettik, fakat en sonunda doğru yolu bulup, hakkı kabul ettik. Artık karşınızda kendi kavim ve kabilesiyle bile anlaşamayan başı bozuk Arap kabileleri değil, Âlemlerin Rabbını tanıyıp, âlemlere rahmet olarak gönderilen Resûlünü tasdik edenlerin hepsinin kardeş olduklarına inanan yek vücud Müslüman birliği var. İsterseniz Tevhîd dinini seçip siz de bu îman birliğine katılınız; istemezseniz vergi verip her türlü haklarınızın teminat altına alınmasını sağlayınız!.. Bunu dahi kabul etmezseniz kılıçlarımıza boyun eğeceğinizi biliniz. Eğer madde üstünlüğünüze ve sayı çokluğunuza güvenerek gururlanıyorsanız size acırım. Zira aldanıyorsunuz... Şunu iyi biliniz ki, hiçbir zaman müsavi değiliz. Çünkü sizden putperest olarak ölenler ebedi olarak cehenneme, bizden mü'min olarak şehid olanlar ise cennete giderler...

Küfür ve gurur heykeli Rüstem sırıttı:

– Eğer, dedi, elçileri öldürmek adet olsaydı, seni hemen gebertirdim!

Kâfirlik bu ya, bu sefer de başka bir yol deneyerek Müslüman elçilerine hakaret etmeyi düşündü. Ve içine toprak doldurttuğu bir sepeti vererek :

– Alın, dedi, sizin müstehak olduğunuz işte şu kara topraktan başka bir şey değildir!

İslâm elçisi şevk' içinde haykırdı:

– Ver ey kumandan, kendi elinle ver!

– Haydi defolun huzurumdan!

İslâm elçileri yine geldikleri gibi erkek adımlarla başları dimdik dışarı çıktılar.

Rüstem kahkaha ile ortalığı çınlatıyordu:

– Aptallar, diyordu, toprağı bile sırtladılar götürüyorlar.

Sonra yanında bulunan dalkavuklar halkasına döndü :

– Söylen şu baldırı çıplaklara da geçtikleri köprüyü yıkmasınlar, yıkacak olurlarsa yarın gözlerini çıkarırım!

İman arslanı Muğîre ortalığı inletti:

– Sizin gibi küfrün kölesi olmuş müşriklerle Cihad etmek benim için ne büyük zevktir. Bu iki gözümün zaten hiç kıymeti yoktur, bir an evvel çıkarmalısınız!

Sonra İran askerlerinin hayretli bakışları altında sırtına toprak dolu sepeti vurup oradan uzaklaştı.

İslâm ordusunun başkumandanı muazzez sahabî Saâd bin Ebî Vakkas'a gelip sevinç içinde dedi ki:

– Yâ Saâd! Zaferinizi tebrik ederim, düşman toprağını kendi eliyle bizlere teslim etti!

Hz. Saâd tatlı tatlı tebessüm etti.

❁❁❁

Şimdi îman ordusu nazlı nazlı dalgalanan bayrakların gölgesinde karargâhında heybetle duruyordu. İki ordu nice zaman karşı karşıya beklediler. İran kumandanı Rüstem Şehinşahtan, birkaç defa hücum emrini aldı ise de, îman ordusuna saldırmaktan çekiniyordu. Böylece aradan epey zaman geçti. Bu uzun beklemeden bıkan İran askerleri, gidip hükümdarlarına başvurdular. Savaşın bir an önce başlamasını istediler. Küfür ve gurur heykeli Rüstem savaşa mecbur oldu... Ve 120 bin kişilik ordusuyla Kadisiye üzerine yürüyüşe geçti...

Ne şaşılacak şey ki, ileri geçen İran ordusu yollarda kendi milletinin mallarını yağma ediyordu. Sarhoş subaylar nice masumun ırzına geçiyordu. Akla hayâle gelmedik fenalıkları kendi milletine yapmaktan haya etmiyorlardı.

Bu sırada İslâm ordusu esirler alıyor, bunlardan İran ordusu hakkında değerli bilgiler topluyordu...

Böylece ahlâkı sükût etmiş bir ordunun muzaffer olması elbette beklenemezdi. Fakat küfrün kan çanağına dönmüş gözü bunu görebilir miydi?

İran ordusunda bir subay, İslâm ordusuna gelip sonsuzluk caddesine girdi. Gönül dudaklarıyle îman şurubu içti, kendisine Müslim adı verildi... Yeni Müslüman bu savaşta ve daha sonraki savaşlarda büyük yararlıklar gösterdi...

İran kumandanı Rüstem, daha evvel İslâm elçilerine göz dağı vermiş olmasına rağmen, Müslümanlarla savaşmak istemiyordu... Yine İslâm kumandanına haber gönderdi. Barış için elçi istedi. Hz. Saâd (r.a.) Rebiî bini Amr'ı elçi olarak gönderdi. Rüstem aynı soruyu tekrarladı:

– İran topraklarına niçin akın ediyorsunuz?

– Maksadımız, milletlerin, Allah'ın yaratıklarına değil de, Allah'a ibâdet etmesidir!

– Hep aynı şeyi söylüyorsunuz?

– Yüz defa sorsanız, yine aynı şeyi söyleriz!

– Öyleyse müsaade edin, arkadaşlarımla görüşeyim!

– Peki görüşünüz!

Ve elçi geri döndü. Rüstem'in sözlerini Hz. Saâd bin Ebî

Vakkas'a anlattı.

Rebiî'den sonra ikinci defa Muğîre elçi olarak gitti...

Rüstem çadırını yeni baştan süsledi. Adamlarına en güzel elbiseleri giydirdi. Başlarına taçlar koydu... İki büklüm dalkavuklar halka halka dizildi.

İslâm elçisi Muğîre, evvelce olduğu gibi yine sade giyinişi ve heybetli duruşuyla Rüstem'in çadırından içeri süzüldü. Ve erkek adımlarla yürüyerek varıp Rüstem'in yanına oturdu. İranlılarda hayret, dehşet, ibret!,. İslâm elçisinin bu korkusuz hareketine çok kızdılar, onu tahttan aşağı indirmek istediler. Muğîre gürledi:

– Ne oluyorsunuz? Ben buraya kendi isteğimle gelmedim. Siz davet ettiniz, davetinize icabet ettik. Misafire böyle saygısızlık olmaz. Biz hiçbir zaman fâni bir insanı Allah yerine koyup, onun karşısında iki büklüm duramayız!

İman arslanı Muğîre'nin bu fütursuz hâli ve inci gibi sözleri İranlılar üzerinde çok büyük tesir yaptı. Kumandanlardan biri kendini tutamayarak mırıldandı:

– Gerçekten biz böyle asil bir milleti aşağılamakla büyük hatâ ediyoruz!

Rüstem bile bu durumdan utanarak Muğîre'den özür diledi. Sonra asıl maksadını açıkladı:

– İran devletinin büyüklüğünü, 120 bin kişilik ordusunu biliyorsunuz. Bu ordunun önüne dağlar bile duramaz, böyle olduğu halde nasıl oluyor da bizimle boğuşmayı göze alabiliyorsunuz?

– Biz hiç kimseden korkmayız!

– Güvendiğiniz bir yer mi var?

– Evet!

– Kim o?

– ALLAH!

Rüstem titremekten kendini alamadı. Sonra aşağıdan alarak sözüne devam etti:

– Şimdi bu toprakları terk edip gidecek olursanız, size bir fenalık yapmayız. Belki size mükafat bile veririz!

İslâm elçisi yerinden fırladı ve elini kılıcının kabzasına götürüp haykırdı:

– Ya Müslüman olursunuz, ya da cizye'yi kabul edersiniz. Yoksa aramızda hakem işte bu kılınçtır!

Rüstem karanlık ağzını açtı ve homurdandı:

– Yemin ederim ki, yarın bütün Arabistan'ı çiğneyeceğim!

– Biraz zor yaparsın o işi!

– Sizin burnunuzu topraklara süreceğim!

– Biz palavradan korkmayız!

Artık her şey bitmişti. Savaş kaçınılmaz olmuştu...

BİR ÎMÂN ZAFERİ Kİ ÖVÜNMEYE DEĞER

İman ordusu ile küfür ordusunun bu savaşı Hicret'in 14. cü senesinde oldu. İran ordusunun başkumandanı Rüstem hemen savaş hazırlığına başladı, iki orduyu birbirlerinden ayıran kanal, geceleyin gizlice dolduruldu. Sabahleyin küfür ordusu kanalı geçti. Küfür ve gurur heykeli Rüstem, iki katlı zırhını giymiş, atına atlamış ortalığı çınlatıyordu .

– Yarın bütün Arabistan'ı mahv edeceğim!

İran askerlerinden biri şöyle dedi:

– Allah izin verirse!

Kuduruk kumandan homurdandı:

– Vermezse de!

❁❁❁

Küfür ordusunun en müthiş kuvveti, Fillerin kurduğu kalelerdi. Filler sıra sıra dizildi, başkent ile muhabereyi sağlamak gayesi ile birinden öbürüne ses gidecek kuleler yapıldı. Bu kulelere de haberciler yerleştirildi. Fillerin üzerine tahtırevanlar kuruldu... İşin daha garibi, bu kadar maddî tedbir alınmışken bununla iktifa edilmeyip 120 bin kişilik ordunun 30 binini bozulup kaçmamaları için zincirlerle birbirlerine bağlayıp ön safa dizdi ve tam vaziyet aldı...

Küfür ordusunun bunca didinmesine karşılık, îman ordusunun kumandanı muazzez sahabî Hz. Saâd bin Ebî Vakkas böyle bir tedbire başvurmadı. İmanın izzetini, küfrün zilletini burada bir defa daha görüyoruz...

İslâm başbuğu Hz. Saâd bin Ebi Vakkas'ın (r.a.), tam bu günlerde vücudunun muhtelif yerlerinde çıbanlar çıktı. Büyük Sahabî, bu çıbanlar sebebiyle ordusunun içinde bulunamıyordu. Ordusunu yüksek bir tepe üzerindeki kuleden hasta yatağında idare ediyordu.

Sahabîlerin Şâirleri şiir okuyor, hatipler nutuklar söylüyor, Kur'ân bülbülü nice Hafızlar da Kur'ânı Kerîm'den cihad âyetlerini yanık ve içli sesleriyle tilâvet ediyorlardı. Başkumandan Hz. Saâd (R,A.) de «Enfal» Sûresinin okunmasını emretmişti... İslâm ordusunda adet olduğu gibi Başkumandan tepedeki kulesinden üç defa tekbir getirdi. Dördüncü tekbirin getirilmesiyle savaş başladı... 40 bin îman arslanı, 120 bin küfür ejderini toz duman edecekti...

Küfürün madde pehlivanları allı pullu, ipekli elbiseler içinde, bellerinde altın kemer, kollarında altın bilezikler ileri atılıp bağırdılar:

– İçinizde bizimle döğüşecek bir yiğit var mı?

– Ben varım!

Bütün gözler hayretle açılmıştı. Zira ileri atılan bu îman arslanı yüz yaşını geçmiş olan Amr bini Ma'dı Kerîb idi.

Bizzat Âlemlerin Efendisinin elinden hidâyet nurunu içmiş, Allah'ın Sevgilisiyle birçok vakitler geçirmişti.

İşte bu yüz yaşının üstündeki kutlu sahabi en ateşli bir delikanlı gibi ileri atılmıştı... Buna îman delikanlısı demek daha doğru...

Büyük sahabi ile cenkleşen İranlı ok atmakta usta idi. Amr, İranlının okundan kendisini kurtardı. Karşı saldırı için yıldırım hızıyla atını ileri sürdü. İranlıyı belinden yakaladı. Ortalık toz duman olmuştu. Bir hamlede atından yere attı. Sonra şimşek gibi bir kılıç indirdi ve İranlı askerin imansız başını uçurdu. Bu müthiş manzarayı gören îman ordusu tekbir sesleriyle gökleri deliyordu.

Koca mücahid Hz. Amb bini Ma'di Kerîb mücahitlere dönüp haykırdı:

– Ey şanlı gaziler! İşte böyle savaşacaksınız!

Artık savaş bütün şiddetiyle başlamıştı... İranlılar fillerini ileri sürüyorlardı. İslâm ordusunun atları bu fillerden ürküyordu. Yayalar fillere karşı, görülmemiş bir cesaretle savaşıyorlardı. Fakat henüz göz doldurucu bir başarı sağlayamamışlardı... Bu beklenmedik durum karşısında İslâm mücahidleri mızrakları ile filleri karşıladılar. Bu defa filler bozguna uğradı. Bunu gören Rüstem, filleri mızraksız Beni Esed kabilesinin üzerine yürüttü. Şanlı kumandan Hz. Saâd (r.a.) ok atmakta maharet sahibi olan Temîm kabilesini Esed kabilesinin yardımına gönderdi... İslâm mücahidleri yağmur gibi ok yağdırıyorlardı. Artık bu ok yağmuru altında İranlıların feryadı görülecek şeydi. Fillerin üzerinden hep aşağı döküldüler. Mücahidler fillerin tahtırevanlarını devirdiler. Bu müthiş savaş o gün akşama kadar böylece devam etti...

Gece sakin geçti. Sabah olur olmaz iranlılar yine filleri ileri sürdüler. İslâm ordu kumandanı Hz. Saâd (r.a.) tepedeki kuleden beri manzarayı seyrediyordu...

Hanımı Selma dedi ki:

– Yâ Saâd! Sana şaşıyorum. Sen de benim gibi burada oturuyorsun!..

– Hâlimi görmüyor musun?

– Ne var imiş hâlinde?

– Her tarafım yara bere içinde!

– Öyle de olsa, ben senin yerinde olsam burada pineklemezdim!

– Sana öyle demek düşer!

Bu sırada bir toz bulutu ufuklar boyunca uzanıyordu. Suriye'den Hz. Eb'u Ubeyde'nin gönderdiği yardımcı kuvvetler tekbir sesleriyle gökleri inlete inlete gelmişlerdi. Bu kuvvetler muhteşem büyük Cenâb–ı Ömer'in emri ile Suriye'den Kadisiye savaşına katılmak üzere Ebu Ubeyde tarafından gönderilmişti.

Kadisiye savaşının en sıkışık ve en kritik ânında Hâşim bini Atebe'nin kumandasındaki yardımcı kuvvetler savaşın talihini Müslümanlar lehine çevirdi.

Hidâyete ermiş ümmetin ulu rahmeti Hazret–i Ömer (r.a.) in emri ile savaş meydanına yetişen öncü birliklerin kumandanı Ka'kaa ilerledi. Ve nurdan bir âbide gibi durup haykırdı:

– Ey İranlılar! Bileğine güvenen varsa gelsin!

Bir küfür delisi atıldı :

– Ben geliyorum!..

Bu gelen Behmen'di. Şanlı mücahid Ka'kaa Behmen'i görünce büsbütün coştu ve ortalığı inletti :

– Ebu Ubeyde'nin katili geliyor! Artık elimden kurtulamaz...

Cihan Sıddîkı Hazret–i Ebu Bekir (r.a.) in bahadır Ka'kaa Hazretleri hakkındaki bir sözünü nakledelim .

– Ka'kaa gibi bir bahadırın bulunduğu ordu mağlûb olmaz!..

İşte büyük bahadır Ka'kaa şimdi İranlı küfür devi ile kılıç tokuşturuyordu. Küfür devi derhal hücuma geçti. İşte tam o ân, Hz. Ka'kaa'nın şanlı kılıcı parlayıverdi. Havada iki şimşek parıltısı ve üstüste iki hamle...

Acı bir haykırış :

– Öldüm!

İranlı Behmen'in vücudu kan kusmada, islâm mücahidinin ayaklarının dibinde debelenip durmada. Bahadırlar bahadırı

Ka'kaa'nın kılıncı havaya kalkıp yere indi ve Behmen'in imansız başını gövdesinden kopardı...

İman ordusu Tekbir sesleriyle gökleri deliyor. Allah Allah nidaları Arş'a çıkıyordu.

Ka'kaa'nın gür sesi ortalığı inletti:

– Ey şanlı mücahitler! Dalkılıç olunuz. İnsanlar kılıçla biçilir!

Bu nidanın heybetinden İranlılar korktular, islâm mücahidleri yalın kılıç atıldılar. Artık küfür ormanı îman kılıcı ile biçiliyordu. îman arslanı Ka'kaa o gün tam otuz kâfirin kafasını kopardı.

İran askeri bu hücumlara dayanamayarak selâmeti kaçmakta bulmuştu. İslâm ordusu bir yanardağ gibi etrafa dehşet saçıyor, küfür askerini çiğneyip geçiyordu... Savaşın bu en müthiş ânında gözyaşı döken birisi vardı ki, Arapların söz ve kılıç şövalyelerinden biri olan Ebu Mihcen Sakafi'den başkası değildi. Bu ünlü Şâir dilinin ve kaleminin belâsına uğramıştı. Şarabı metheden bir şiir söylemişti. Başkumandan Saâd Hazretleri bundan dolayı onu zincire vurmuş ve kendi kulübesinde hapsetmişti.

Şimdi Ebu Mihcen hapsolduğu yerin penceresinden beri gözyaşları içinde savaşı izliyordu. Daha fazla dayanamadı, kumandanın hanımı Selma'ya dedi ki:

– Aziz bacım! Ne olur ayaklarımı çözüp beni salıver. Ve Kumandanın atını da lütfet. Şu müthiş savaşa ben de katılayım. Allahü Teâlâ selâmet verirse gelirim ve ayaklarımı yine bağlarım!

– Olmaz öyle şey!

– Niçin olmasın â Bacım?

– Sen kötü bir iş yaptın!

– Suçumu kabul ediyorum!

– Yapamam bu isteğini!

Ebu Mihcen gözyaşları içinde içli ve yakıcı bir şiir söyledi. Bu defa Başkumandan Saâd Hazretlerinin hanımı dayanamadı :

– Ey Ebu Mihcen! dedi, beni mağlûp ettin. Senin bu kadar iştiyakla savaş meydanına gitmeyi istemene dayanamadım. Haydi güle güle git, Allah yolunda sen de savaş!

Ebu Mihcen'in gözlerinin içi güldü:

– Allah razı olsun!

Ve tanınmaz bir kıyafete büründü. Başkumandanın atına atladığı gibi şimşek şimşek uçtu... Bir fırtına olup İran ordusunun içine daldı, iran süvarileri neye uğradıklarını anlayamadılar. Hepsini birbirine kattı. Sonra soylu atının başını düşman ordusunun sağ tarafına çevirdi, yıldırımdan bir gülle gibi orayı da perişan etti. Nice kâfirin ciğerini delip canını Cehenneme yolladı. Gece yarısına kadar kılıç salladı. Hiç kimse onu tanıyamadı...

Hatta İslâm mücahidleri aralarında konuşuyorlardı bile:

– Bu kim?

– Melek olmasın?

– Belki de Hızır (A.S.) dır!

– Her kim ise yaman dövüşüyor!

– Allah'ın İslâm'a ihsanı!

– Evet en doğru söz de bu...

Mücahidler aralarında böyle konuşadursunlar. Yukarıda İslâm ordusunun şanlı kumandanı Hz. Saâd (r.a.) hayretler içinde. Kulübesinin damından beri bu pervasız kahramanın amansız cengini seyrediyor. Nihayet dayanamayıp dedi ki:

– Bu bahadır, aceb kim ola? Ebû Mihcen zincire vurulmuş olmasa bu. odur ve bindiği de benim atımdır derim!

Gece yarısı iki ordu, birbirinden ayrıldığı vakit, Ebû Mihcen, doğruca Kumandan köşküne koştu, attan atladığı gibi gidip ayaklarını yine bende koydu ve zincirle bağladı. Kumandanın hanımı yetişti ve dedi ki:

– Seni tebrik ederim, ey yiğit asker!

– Vazifemizi yaptık bacım!

– Şimdi doğruyu kumandana söyleyeceğim.

– Siz bilirsiniz...

Ve Selma Hâtûn kocasına koştu :

– Yâ Saâd, dedi, o kahramanca cengeden kimdi biliyor musun?

– Nerden bilebilirim!

– Eğer onu af edersen söylerim!

– Ebû Mihcen mi yoksa?

– Tâ kendisi...

– Hayatını din ve îman uğrunda bu kadar yiğitçe fedaya hazır bir adamı tekrar cezalandıramam

– Çok iyi edersin yâ Sa'd! Muazzez sahabî Sa'd, Ebû Mihcen'i af etti. Ebû Mihcen de bir daha haram olan bir şeyi methetmeyeceğine söz verdi...

❁❁❁

Yine bu îman savaşına Arapların ünlü şâirlerinden Şâire Hansa Hanım da katıldı. 'Gönüllerinde tutuşan îman alevi bütün Müslümanları dalga dalga heyecana vermişti. Artık sonsuzluk caddesinde bir ebediyyet ırmağı gibi çağlayan Müslumanlar bütün cihana hakim olacaklar, bütün insanlığı Tevhîd bayrağının altında toplayacaklardı...

Yanık ve içli Şâire Hansa Hanım heybetli adımlarla savaş meydanına giderek oğullarına şu sözleri söyledi:

– Ey benim ciğerpare ve kahraman çocuklarım! Yemin ederim ki, siz aynı ananın ve aynı babanın çocuklarısınız!.. Ben kocasına ihanet etmiş bir kadın

olmadığım gibi, babanız da mazisi lekeli bir insan değildir. Duru ve pak bir ananız, faziletli ve ahlâklı bir babanız vardır. Hem de ben zorla değil de, kendi isteğimle mukaddes İslâmı kabul ettim ve yine kendi arzumla hicret eyledim. Sizler işte böyle tertemiz bir maziye sahipsiniz... Aynı zamanda îman ile şereflenmiş, İslâm ile gıdalanmışsınız. Sizden, gireceğiniz savaşta bu asaletinize uygun cesaret ve celâlet bekliyorum. Mukaddes dinin düşmanlarına ilk hücum eden sizler olmalısınız!.. Sizlerin safların arkasında değil, daima ön saflarda «Allah, Allah» sesleriyle cenk meydanlarını inleterek kılınç sallamanızı görmeliyim! Çünkü bu cenk, eski savaşlarımız gibi âdi menfaatler uğruna yapılan çapulculuk ve yağmacılık hareketi değildir. Bu savaş, îman zaferi ile bitecektir. Kısaca bu cihadda emir Allah'dan, kumanda da Allah'ın Resûlü Cenâb–ı Muhammed (s.a.v.) dendir.

Ey oğullarım! Gözlerinizi açınız, bir îmân arslanı gibi hücuma geçiniz. Yâ şehid, yâ gazi olunuz!..

Bu ulvî sözlerden sonra çocuklarını ayrı ayrı kucaklayan ve onları alınlarından öpen îman abidesi anne devam ediyor:

– Yâ İslâmın zafer bayrağını Kadisiye'de dalgalandıracaksınız, yahud da din uğrunda cihad ederken şehid olduğunuzu duyacağım!

Annelerinden bu sözleri duyan evlâtlar atlarını düşman saflarına doğru şimşek gibi sürdüler. Artık küfür ormanı îman kılıçlariyle biçiliyordu.

Anneleri ellerini ulvîlik âlemlerine kaldırarak:

– Ey Rabbi Rahimim! Evlâtlarımı koru, İslâmı muzaffer et! diye dua etti...

Savaş bütün şiddetiyle devam ediyordu. Savaşın ikinci günü onbin İranlıya karşı ikibin İslâm mücahidi dövüştü' Savaşın sonu, bugün de belli olmadı. Akşam olunca iki taraf da yerlerine çekildiler...

Savaşın ikinci gününü üçüncüye bağlayan gece bahadırlar bahadırı Ka'kaa birliklerinin bir kısmını gizlice bir yere gönderdi. Sabahleyin erken tekrar geri dönmelerini emretti. Geri dönen birliklerini karşıladı. Böylece yeni yardımcı kuvvetlerin îman ordusuna katıldığı fikrini düşmanda uyandırdı. Bu durumdan düşmanın ödü patladı. Aynı gün gerçekten Hişâm'ın kumandasında 700 süvari gelmişti. Hişâm İslâm mücahidlerine hitap etti:

– Ey şanlı gaziler! Silâh arkadaşlarınız Suriye'nin fethini tamamladılar. Cenâb-ı Allah'ın vâdettiği İran'ın fethi de tarafınızdan tamamlanacaktır!..

Savaşın üçüncü günü bir kâfir ileri atıldı ve haykırdı:

– Ey Müslümanlar! İçinizde, benimle döğüşecek bir yiğit var mı?

Bir iman arslanı ortalığı inletti:

– Ben varım!

Ve müthiş bir boğuşma başladı. Kılıçlar havada parladı. Ve acı bir feryâd :

– Öldüm!

İranlı asker bir kan havuzu içinde yüzüyordu...

❁❁❁

İranlılar baktılar ki iş yaş, Müslümanlar her önüne geleni biçiyor. Bu defa filleri sağ ve sol kanadın önüne geçirdiler. Amr bin Ma'di Kerîb fillerle çetin bir savaşa başladı. Amr yaralandı, fakat savaştan vazgeçmedi. Bu sırada yanından geçen bir İranlı askerin atının kuyruğuna yapıştı ve ortalığı inletti :

– Dur, ey kâfir!

At bile yerinden kımıldayamadı. İranlının korkudan gözleri dışarı fırladı ve atından indiği gibi tabana Kuvvet kaçmaya başladı. Hz. Amr arkasından kıs kıs gülüyordu. Sonra bir şahin gibi İranlının atına bindi, kalabalığın üstüne doğru sürdü. Küfür askerleri birden dağıldılar. Fakat filler o korkunç hortumlarıyla etrafa dehşet saçıyordu...

Muazzez Sahabî Hz. Sa'd bin Ebi Vakkas (r.a.), Müslüman olmuş iki İranlı ile müşavere etti. Fillerin en korkunçları beyaz fillerdi. Ama onların da zayıf tarafları olmalıydı. Evet, fillerin en zayıf yeri hortumları ile gözleriydi. Fillerin gözleri mızraklarla kör edilir, hortumları kesilirse zararsız hâle gelebilirlerdi. İslâm kumandanına bunları İranlı Müslümanlar söylediler.

Kahraman Ka'kaa'nın birlikleri bu korkunç filleri arkadan çevirdiler. Asım'ın kumandasındaki birlikler de, mızraklarla fillerin gözlerini kör ettiler. İmân ordusu için müthiş bir tehlike olan ve o devrin tankları sayılan filler böylece zararsız hâle getirildiler...

Müslümanlar yeni bir şevkle hücuma geçtiler. Allah Allah sesleri ile savaş meydanı inledi...

Küfür ordusu yeniden düzene girdi. İslâm ordusu da aynı işi yaptı. Hz. Sa'd (r.a.) üçüncü tekbirden sonra Müslümanlara hücum emrini verdi. İranlılar bu defa, Müslümanları ok yağmuruna tuttular. Ka'kaa İslâm mücahitlerinin en önünde savaşa atıldı. Yıldırımdan bir gülle gibi ortalığı altüst etti.

Başkumandan ellerini ulvîlik âlemlerine kaldırmış dua ediyordu:

– Ey Rabbim! Bana başarı ihsan et!..

İslâm mücahidleri **"Allah, Allah!.."** sesleriyle savaş meydanına hücum ettiler. Küfür ordusu, bir kaya gibi duruyordu. İslâm süvarileri bu kayayı yaramadılar. Soylu atlarından indiler, müthiş bir saldırıya daha geçtiler. Ne var ki İslâm askerinin mızrakları küfür askerinin zırhlarına işlemiyordu. Fakat yılan kim? îman dolu sinelere ne dayanabilirdi ki... Bu îman hamlelerine zırh mı dayanırdı...

Nitekim dayanamadı da... îman ordusunun kahraman mücahitleri kitle hâlinde, küfür ve gurur heykeli Rüstem'in bulunduğu tarafa doğru şiddetli saldırıya geçtiler. Bir an evvel bu zaferi kazanmak, İslâmın tevhid bayrağını Kadisiye'de nazlı nazlı dalgalandırmak istiyorlardı.

İran kumandanı Rüstem tehlikeyi sezdi. Tahtından inerek asker içine karıştı. Güneş, bir yanardağ gibi ortalığı yaktıkça muharebe de kızıştı.

Öğleye doğru İran ordusu gerilemeye başladı. Şiddetli bir rüzgâr çıkıp Rüstem'in tahtını uçurdu. Şimdi Rüstem'in dünya ziynetleriyle dolu olan çadırı nehirde yüzüyordu. İşte tam o ân Ka'kaa hücum ederek Rüstem'in tahtına kadar vardı. Gurur ve küfür heykeli Rüstem ise bir katırın gölgesine gizlenmişti. İslâm mücahidlerinden Hilâl İbni Alkame onu gördü ve yıldırımdan bir gülle gibi beynine indi. Bir kılınç darbesiyle imansız başını gövdesinden ayırdı. Sonra madde pehlivanının üstüne çıkarak ortalığı çınlattı:

– Ey İslâm mücahidleri! Kâbe'nin Rabbine yemin olsun ki, Rüstem'i öldürdüm!..

Bunun üzerine İslâm mücahidleri hep birlikte tekbir aldılar. İranlılar Rüstem'in öldürüldüğünü görünce daha fazla dayanamayıp kaçmaya başladılar. Ve İranlılar bir defa daha îman yumruğunu yiyip hezimete uğramış oldular. Artık Müslümanlar savaşı kazanmış, İslâmın Tevhîd bayrağı nazlı nazlı dalgalanmaya başlamıştı... İranlıların kayıpları çok fazla idi. Müslümanlar da bir hayli şehid vermişlerdi. Ve İran tahtı, Kisraların yurdu, bu savaştan sonra Müslümanların ayakları altına serilmişti... İman kılıcı küfür kanserini kökünden kazımış, İslâm mücahidleri ise tekbir sesleriyle gökleri inletmişti. Artık kâinatın burcunda Tevhîd sancağı dalgalanıyordu. Artık bir İlâhî beste nağme nağme cihana yayılıyordu.

ŞEHİTLER ANASI

Bu savaşta Şâire Hansa Hanımın dört oğlu da şehid olup cennete uçmuşlardı. Kahraman anne ise hasta yatağında yatıyordu. Kendisine dört oğlunun da ebediyyetlerin Cennetine göçtüğü haber verildi:

– Yâni ben şehîd anası mı oldum şimdi? diye sordu.

– Evet, ya Hansa.

– Şükür Rabbime!

– Kahraman oğullarınla övünebilirsin.

– Zafer kimlerde? Zafer Müslümanlardadır. Şimdi Kadisiye'de Müslümanların Tevhîd sancağı dalgalanıyor!

– İslâm'ın bir zaferi için dört oğlum feda olsun!

– Allah da senden razı olsun.

– Âmin!

Hansa Hanım ellerini ulvîlik âlemlerine kaldırarak şöyle yalvardı:

– Ey Rabbim! Bana emanet ettiğin dört kahramanı yine senin dînin uğrunda feda etmiş bulunuyorum. Artık beni şehîd anaları defterine kaydeyle Benim için şehîd anası olmak kâfi ikramdır, bunu benden esirgeme!..

❁❁❁

Müslümanları muzaffer eden işte bu îmandı. Bu îmanla bütün cihanları nura boğmuşlardı. Allah Resûlü'nün elinden ebediyyet iksiri içen kutlu insanlar her tarafa ışık dağıtıyorlardı...

NUR ŞEHRİ MEDİNE'YE HABER UÇUYOR

Adalet mefhumunun billûrlaşmış nurdan âbidesi, din erlerinin ulusu, Allah Resûlü'nün en sâdık dostu Cenâb–ı Ömer (r.a.) her sabah Peygamber şehrinin dışına çıkıyordu. Kadisiye'den zafer müjdesini getirecek haberciyi bekliyordu. Gönlü buhurdan gibi tütüyordu. İslâmın zaferi için Cenâb–ı Hakka niyaz edip, inci inci gözyaşı döküyordu. Yine bir sabah Nur beldesinden çıkmıştı. İmanlı gözleri ufukları tarıyordu. Tâ uzaklarda nokta kadar bir şey gördü. Bu nokta gitgide kendisine doğru geliyor ve geldikçe de büyüyordu. Nihayet devesine binmiş bir adamın gelmekte olduğunu gördü. Ve coşkun bir heyecan içinde adama doğru koştu.. Adam Mü'minler Emîrinin yanına kadar geldi. Gönüller aydınlatan din büyüğü sordu :

– Ey Allah'ın kulu! Nereden geliyorsun?

Müjdeci Hazret–i Ömer'i tanımıyordu. Sür'atle devesini sürdü. Peygamber beldesine doğru yoluna devam etti. Bir taraftan da Müslümanların Kadisiye'deki zaferini anlatıyordu:

– Allah'a şükür, İslâmın kılıcı küfür ormanını biçti. Kâfirler perişan oldular. İslâmın Tevhid bayrağı Kadisiye'de şerefle dalgalanıyor!..

Allah Resûlü'nün halifesi kendisini tanıtıp, habercinin devesini durdurmasını istemedi. Haberci deveyi koşturdukça, o da peşinden kan ter içinde 'Medine'ye doğru koşuyordu. Bir taraftan da zaferin müjdesini yudum yudum tatmıştı. Gönül dudakları zafer şurubu içiyordu. Ruhu bir kuş gibi uçuyor sevinç gözyaşları iplik iplik sakalına doğru akıyordu. Böylece haberci ile birlikte Nur şehri Medine'ye girdi. Halkın peşindeki adama saygı gösterdiğini, ona Mü'minlerîn Emîri diye hitap ettiklerini gören haberci hayret ve dehşetle ürperdi. Devesinden bir sıçrayışta indi ve :

– Ey zamanın ulusu, dedi; niçin bana kendini tanıtmadın? Bilmeyerek işlediğim hatânın bağışlanmasını diliyorum!

Hazret–i Faruk tebessüm etti:

– Sen, dedi, sözü değiştirme! Zaferin tafsilâtını anlat ki. gönlümüz bu sonsuz zevki yudum yudum tatsın...

Müjdeci anlattı. Cenâb–ı Ömer'in îman aynası berrak yüzünde saadet tebessümleri. Şimdi gökler dolusu devlet başına konmuştu... Böylece evinin önüne kadar gittiler. Heyecan ve merak içinde zafer müjdesini bekleyen muazzez sahabîlere bekledikleri müjde verildi. Sonsuzluk Nebisi Cenâbi Muhammed (s.a.v.) in şehri tekbir sesleriyle inledi. Gözlerden inci inci saadet yaşları döküldü. Bütün mü'minler, bu zaferden dolayı Allah'a hamd ettiler...

Sonra Cennet ehlinin aydın ışığı ve hidâyete ermiş ümmetin ulu rahmeti Faruk'u A'zam bir hutbe irâd etti:

– Ey hidâyete ermiş insanlar! Ben sizi kul köle eden bir hükümdar değilim!.. Ben de tıpkı sizin gibi Allah'ın kullarından biriyim ve Resûlü'nün ümmetiyim... Aramızdaki fark benim bu kutlu ümmetin yükünü taşımamdır. Sizi emniyet ve huzur için de yaşatacak şekilde hizmet edebilirsem, ne mutlu! Sizi kapımın önünde bekletmek bir faciadır. Ben size sözlerimle değil, davranışlarımla önder olmak isterim!..

Muazzez sahabîler dediler ki:

– Ey zamanın ulusu! Senin gibi bir âdil sultan ne kendi nefsine, ne de halkına zulmetmez. Ebedî olarak zulmün kapısını sen kapadın... Sen âleme güzelim miskler saçtıkça biz huzur ve emniyet içinde ömür sürmekteyiz...

Şanı yüce Faruk tatlı bir tebessümle gülümsedi ve şöyle dedi:

– Ey Allah Resûlü'nün elinden ölümsüzlük iksiri içen dostlar! Kusurumu yüzüme vuran bana kötülük etmiş sayılmaz, aksine Ömer'e en büyük iyiliği etmiş olur!...

Halk, bu derece âlicenap ve bu derece tevazu sahibi bir emirleri olduğu için mes'ût ve bahtiyardı...

Bir halife düşününüz ki, sırtında saka gibi su taşır, zaman gelir koca karıya hamallık eder, zaman olur çöllerde deve peşinde koşar, zaman olur aşk ateşiyle ciğerlerini dağlar...

Ne tarihin bildiği, ne de insanoğlunun hayâl edebildiği bir hayattı onun hayatı... Cihanda söz ve davranışları ile böylesine büyük bir Sultan görülmüş müdür?

İşte cihanda bir misli olmayan bu vecd ve kuvvet İslâm'da ve onun telkin ettiği seciyededir...

Ey mahlûkatın şeref tacı olan insanlar,

Ancak îmanla mümkün: Neş'eler, mes'ût anlar..

MUHTEŞEM BÜYÜK, DÜŞMANLARI AFFEDİYOR

Dalâlet batağında küfür yelkenlisi ile hayat süren İranlılar birçok Arap oymaklarını ve İran'ın kendi hâlinde yaşamak isteyen zavallı halkını kışkırtarak savaşa sokmuşlardı. Neticede İslâm mücahidleri küfür ordusunu kılıçtan geçirdi, şanlı bir zafer daha kazandı... İranlıların kışkırtmasına kurban olan zavallı insanlar İslâm ordusunun başbuğu Muazzez sahabi Hz. Saad bin Ebi Vakkas'a başvurdular:

– Ey şanlı kumandan, dediler; biz büyük bir hatâ ettik, fakat şimdi aldatıldığımızı anladık... Bizi affetmeni rica ediyoruz. Zira sizin gibi îman ile pırıldayan bir kimse insanlara zulmetmez...

Hz. Saad (r.a.) dedi ki:

– Teklifinizi Halifemize arz edeceğim, ondan alacağım emire göre hareket edip, hakkınızda ne karar verirse onu yapacağım...

Kumandan bu durumu Reisler reisi Cenâb–ı Ömer'e bildirdi. Hz. Faruk (r.a.) başkumandandan aldığı haberi sahabi ululları ile müzakere etti:

– Ey Allah Resûlü'nün sahabîleri! Bu hususta fikriniz nedir?

– Ey mü'minler Emîri! Karar sizindir. Ancak İslâmın şefkat ve merhametini bu zavallı insanlardan esirgemeyelim!

– Peki, öyle olsun!

Bu karar üzerine umûmî af ilân edildi. İslâmın af ve müsamaha bayrağı bir daha dalgalandı. Böylesine adaletli ve böylesine âlicenap bir milletin ordusunun önüne kim durabilirdi?

Kadisiye'de İslâm kılıcını ense köküne yiyen düşman, artık, İslâm ordusuna ciddî bir engel olamadı... Ancak ufak bir engel vardı. İran'ın başkenti Medâin'e varmak için Behreşir şehrinden geçmek gerekiyordu, iranlılar burasını savunarak Medâin'i korumak istediler... İslâm ordusu burayı kuşattı. İki aylık bir kuşatmadan sonra şehir İslâm ordusunun eline geçti. Artık İslâm ordusunu Medâin'i fethetmekten alıkoyacak hiçbir engel kalmadı... Ve İslâm ordusu kartopu alınlı atlarının başını Medâin'e doğru çevirip sel gibi aktı...

İSLÂM ORDUSU MEDÂİN'DE

Behreşir'in işgalinden sonra, îman ordusunun Medâin'e varması için Diclenin geçilmesi lâzım geliyordu. Küfür ordusu Diclenin üzerindeki köprüleri yıkmıştı. İman ordusu Dicle'ye geldiği zaman gördü ki köprüler uçurulmuş... Ellerinde nehri geçebilecek hiçbir araçları yoktu... Baş kumandan Hz. Saad (r.a.) ordusuna hitap etti:

– Şanlı mücahidlerim! Düşman nehrin karşı kenarına sığınmıştır. Düşmanı orada da yenecek olursak zaferimiz tam olur!..

Sonra soylu atını şimşek gibi nehre sürdü. İslâm mücahidleri kumandanı takip ettiler. Nehir köpük köpük, dalga dalga idi. Geçiş ise oldukça güçtü...

İslâm mücahidleri yan yana, ahenkli ve intizamlı bir şekilde karşıya geçtiler. İranlılarda hayret, dehşet!., hayâl bile edemedikleri bu hakikat karşısında apışıp kaldılar. İman ordusunu artık insan üstü bir varlık olarak görmeğe başladılar... İmansızlığın verdiği bir korku ile dediler:

– **Devler geliyor! Devler geliyor!..**

Ve amansız bir kaçış... Müthiş bir bozgun... Artık herkes canını kurtarmaya gayret ediyordu. İran'ın gurur ve küfür heykeli hükümdarı Yezdigerd îman ordusunun coşkun bir ırmak gibi üzerine doğru geldiğini öğrenince tâc ve tahtını bırakarak kaçtı..

Muazzez sahabi Sa'd bin 'Ebi Vakkas kumandasındaki îman ordusu Medâine tekbir sesleri içinde girdi. Şehir bomboş ve terk edilmişti. Burada İslâm Başbuğu Hz. Saad şu âyeti celileyi okudu.

«– **Onlar bağlardan, pınarlardan, ekinlerden,** (süslü mahfellerden)**, içinde nâz ve naıym ile yaşadıkları ihtişâm**(lar) **dan neler,** (nice şeyler) **bırakdılar. İşte** (emir) **böyledir. Biz** (bütün) **bunları başka başka kavm**(ler) **e miras verdik.** [28]

İSLÂM KUMANDANI İRAN SARAYINDA

Sonsuzluk Nebisi'nin elinden ölümsüzlük iksiri içen muazzez sahabî Hz. Saad bin Ebi Vakkas İran şahının muhteşem sarayında... Madde pehlivanı bütün dünya zıynetleriyle sedef işlediği sarayını bırakıp kaçtı. Ve İman ordusu artık zafer topunu patlatmış, tevhîd bayrağını İran'ın başkentine dikmiştir.

Hz. Saad (r.a.) vakar dolu adımlarla taht odasına kadar yürüdü, maddeye ram olmuş alık adamların hâline acımaktan kendini alamadı. Şahın tahtı yerinden kaldırıldı. Oraya kutlu bir minber kuruldu. İslâm mücahidleri Cuma namazını İran şahının muhteşem sarayında kıldı. Ezan sesleri göklere doğru tatlı nağmelerle yayıldı. Bir sonsuz ışık ebediyyet kıvılcımları saçarak ufuklar boyu yükseldi... Artık İslâmın hidâyet denen nuru İran sarayını da ihata etmişti...

28 Duhan, Ayet: 25, 26. 27. 28.

Sarayda kılınan bu cuma, İran'da kılınan ilk cuma namazıdır. Başbuğ Hz. Saad (r.a.) Saraydaki san'at kıymeti çok üstün olan bazı eşyaları yerli yerinde bıraktı. Çünkü: Kara bir taassubun mukaddes İslâm'da yeri yoktur. Şanlı ordu üç gün istirahat ettikten sonra başkumandanın emri ile saraydaki eşyaların içinde «**Bahar**» adında çok kıymetli bir halı vardı. Halının ortası çayır, kenarları çiçek, ağaç, yemiş resimleri ile süslenmişti. Halının yeri altın, kenarlarının her yanı kıymetli taşlarla bezeli, yeşil zümrüt taşlardan yapılmıştı... Gözleri kamaştıran bir manzara arzetmekteydi. İşte böyle maddî değeri çok üstün olan nadide eşyalar îman ordusunun eline geçmişti...

Gönülleri Hakikat nurlariyle pırıldamış olan İslâm mücahidleri böylesine değerli eşyalara el sürmediler. Onlar Ebedî Hayat müjdecisinin kutlu sahabîleri idi. Onların ruhları İlâhî adaletin emrine serilmişti. Gönül gözleri İlâhî nurun sürmesi ile sürmelenmişti. Öyle yüksek ahlâk sahibi idiler ki cihana fazilet dağıtıyorlardı. Böyle yüce yaradılışlı kimselerde eğrilik olabilir miydi...

Olmadı da... İran'ın haşmetli sarayı ellerine geçti, kıymetli inciler her yana saçıldı. Yine de hiç kimse öz nefsine bir pay çıkarmadı. Buldukları her şeyi getirip kumandanlarına verdiler, işte ülkeler fetheden ordunun askeri...

İran sarayındaki kıymetli eşyalardan hiçbir şey zayi edilmedi. Hepsi bir araya toplandı. Bu ganimetin beşte biri nur şehri Medine'ye gönderildi. Bahar isimli halı da Medine'ye gönderilen ganimetin içinde idi...

İRAN'IN HAZİNELERİ NUR ŞEHRİNDE

Küfür kanserini kökünden kesen İslâm kılıcı İranlıların ense köküne de inmişti. Artık İman ordusunun önüne hiçbir kuvvet duramıyordu. Nitekim İran'ın 120 bin kişilik kos koca ordusu da duramadı. Ve müthiş bozguna uğrayarak kaçmak zorunda kaldı. İslâm ordusu İran'ın hazinelerine kondu ve bu hazineyi Peygamber beldesi Medine'ye Reisler Reisi Hz. Ömer'e (r.a.) gönderdi. Cihan Fâruk'u Cenâb–ı Ömer (r.a.) İslâm mücahitlerinin bu ulvî hareketine çok sevindi... Şahın elbiselerini birine giydirdi. Tacını da başına koydu. Manzara o kadar ihtişamlı ve heybetli oldu ki, herkes hayretle dudadığını ısırdı Lâkin hiçbir mü'min bu dünya ihtişamına imrenmedi. (**İşte dünyanın bütün gurur ve gafleti**) deyip bu misilsiz ihtişamı ibretle seyrettiler.

İrfan denizine gark olmuş din büyüğu Hazret–i Ömer (r.a.) Peygamber mescidinde. Bunların ve ötekilerin en ince hikmetleri üzerinde konuşuyor:

– Ey İnsanlar! Dünyaya ve onu sevenlerin başına gelene bakın da ibret alın!..

Görülmüyor mu ki, onun verdiğinden ve başınıza getirdiğinden neler hasıl oluyor? İşte Kisra!.. Sağlığında durmadan, mallarıyla, paralarıyla askerinin

çokluğuna güvenir övünürdü. Allah indinde kendine yarayacak hiçbir şey takdim etmedi...

Bir ömür boyu, boşu boşuna yalan dolan atıp savurdu da; şimdi –Azîz ve Celil olan Allah yakasından tutuverdi. Güvendiği, dayandığı herşey elinden gitti. Din ve dünyası için ne işlere başladıysa onunla kalakaldı...

Ey Nâs!.. İşte Medâin Meliki... Onun da mülkü parçalandı, paylaşıldı, kendi dostlarından ayrı düştü. Nerde şimdi o haşmet, o saltanat?.. Nerde kaldı o askerler, nerde kaldı tâcu taht? Nerde kaldı filler, nerde asker? Dostları nerde!.. Arkadaşları nerde gezer?..

Rahim olan Allah kitabı Kerîminde Habîbine buyurdu:

«De ki: Habîbim; dünya malı azdır, çabuk biter.»

Hidâyete ermiş ümmetin ulu rahmeti Hazret–i Ömer (r.a.) hutbesini bitirdikten sonra dedi ki:

– Ey insanlar! Kimin övünülecek bir işi varsa söylesin!

Cihan Sıddîkı Hazret–i Ebû Bekir (r.a.) in oğlu Abdurrahman ayağa fırladı:

– Ey Kâinatın Nurunun dostu, dedi; Ben, Allah Resûlü'nün en sâdık dostu kendisine en önce îman eden Sıddîkiyet ve teslimiyet örneği Hz. Ebu Bekir'in oğluyum!.. O, Allah ve Resûlünün yoluna malını, canını, şerefini, şânını koyandır. Onunla mağarada yalnız kalıp:

«Korkma Yâ Ebâ Bekir! Allah bizimle beraberdir!» hitabına mazhar olandır. O, Allah ve Resûlü'nün yolunda ölmeyi, öldürmeyi, öldürülmeyi göze alıp işe koyulandır. Onun hakkında Azîz ve Celîl olan Allah kitabında:

«Fetihten evvel malını, canını Allah ve Resûlü'nün yoluna verenle; Fetihten sonra gelen denk olmaz.» buyurmuştur.

O bakış ve görüş sahibi Yüce Faruk dedi ki:

– Ey Abdullah! Pek doğru söyledin.. Fakat sayılması uzun sürmesi gereken fazilet sahibinin hâlini kısa beyân ettin...

Sıddîkı Ekberin oğluna on bin dirhem ve bir de hil'at verilmesini emretti. Sonra îman aynası berrak yüzünü cemaata çevirip tane tane konuştu:

– Ey insanlar! Başka söz söylemek isteyen yok mu?

Bunun üzerine Masum Efendi, edep ve haya madeni Hazreti Osman (r.a.) ayağa kalktı :

– Ben, dedi; **darlık günlerinde İslâm ordusunu teçhiz ettim. Revme kuyusunu kazdırıp Allah Resûlü'nün sahabîlerini susuzluk derdinden halâs ettim... Kıbleteyn'de namaz kıldım. Allah ve Resûlü'nün yolunda malımın en güzelini infak eyledim...**

Allahü Teâlâ Kitabı Keriminde, benim hakkımda :

«Yoksa, o, âhıret – azabın – **dan korkarak, Rabbinin rahmetin! umarak gecenin saatlerinde secdeye kapanır, kıyamda durur bir hâlde tâât ve ibâdet eden kimse** – gibi – **midir? Deki: Bilenle bilmeyenler bir olur mu? Ancak temiz akıl sâhipleridir ki** – bunlar – **hakkıyla düşünür.»** buyurdu...

İki rek'atlık namazda Kur'anı Kerimi hatmeyledim. Resûlü'nün iki kerimesini tezevvüç eyledim, dedi.

Cennet ehlinin aydın ışığı yüce Faruk (r.a.) ona da :

– Doğru söyledin, Yâ Osman! dedi. Ve onbin dirhem verilmesini emreyledi. Sonra ışık ışık yanan ela gözlerini cemaat üzerinde gezdirdi. Sahabi topluluğunun arasında Allah Sevgilisinin torunlarını gördü. Yumuşak ve tatlı bir sesle hitap etti:

– Ey benim sevdiklerim! Ne şey o ki; sizi, herkesin kendi işlerini saydığı toplantıda kendi işlerinizi

saymaktan geri bıraktı. Siz Alemlerin Efendisi'nin sevgili torunları değil misiniz?.. Valideniz Hz. Fatıma (r.a.) değil mi? Babanız, Allah'ın Arslanı, kınından sıyrılmış İslâmın kılıcı Hz. Ali (k.v.) değil mi? Sizin evinizde kutlu kitabımız Kur'anı Mübîn nazil olmadı mı? Altıncısı Cebrail (A.S.) olan Ehli Aba sizin evinizde değil mi? Allah .(C.C.) kitabında sizin hakkınızda:

«– Bir de şunlara günah –ve mesuliyet– **yoktur ki: Kendilerini bindir** –ib sevk et– **men için ne zaman sana geldilerse,** –size bir binek bulamıyorum– **dedin ve**–bu uğurda kendilerini– **harcayarak bir şey bulamadılar da kendilerinden gözleri yaş döke döke döndüler.» buyurmadı mı? Şimdi bütün saydıklarım sizde varken övünseniz yeridir ve gerektir.**

Cihanı nesil nesil nurlandırmaya memur edilen Hz. Hasan ve Hz. Hüseyin (r.a.) e yirmişer bin dirhem verilmesini emretti.

Bu ulvî manzarayı gören bilgi güneşi Hz. Ali (k.v.) ayağa kalkıp dedi ki:

– Yâ Ömer! Ehli Beyti senin gibi kim övebilir?

Sonsuzluk Nebisi'nin muazzez sahabîlerindeki şu ilâhî muhabbete bakınız!.. Bir de onları birbirine düşman gibi göstermek isteyen hiyânet cephesini düşününüz!.. Âlemde Faruk kadar Hz. Ali'yi ve Ehli Beyti seven az bulunur. Böyle olduğu halde halâ hilâfeti Hz. Ali'den aldılar demenin bir mânâsı var mı?

Â adam! Onlar islâm'ı senden de benden de iyi biliyorlardı. Hz. Ömer haksız bir iş yapsaydı, hakkı en iyi bilenler ona tabî olurlar mıydı? Ey durmadan fitne davulunu döven adam! Senin çıkası canın taassubla coşmada, fakat Allah Resûlü'nün muazzez sahabîlerinde böyle bir hâl yok...

❁❁❁

Şu Kâinat 'denilen varlık sadefinin adaletli Sultânı Hz. Ömer (r.a.), ganimetlerden hisseleri verirken kölelerden de herkese isabet edeni veriyordu. O gönlü güzel Halife, Müslümanlar elinde esîre olarak bulunan İran Kisrası Yezdigerd'in kızı Nuru Bânû'yu Peygamber torunu Hz. Hüseyin (r.a.) Efendimize hediye eyledi. Zira Kâinatın Tâcı'nın torunlarını canından da ziyade seviyordu.

Bu sırada Cemaat arasında bulunan Cihan Faruk'unun oğlu, büyük aşk ve vecd adamı Hz. Abdullah ayağa kalktı:

– Ey aziz babam, dedi; ben senin oğlun, sen de benim babam değil misin? Sen hamdetmek, iftihar etmek, vekar sahibi olmak, hakkı tercihe mâlik bulunmak gibi faziletlerin sahibisin. Mukaddes İslâm'a ve Müslümanlara yardım etti. Aziz ve Celîl olan Allah kitabında senin hakkında :

«– Ey Peygamber, sana da, müminlerden senin izince gidenlere de Allah yeter.» buyurmadı mı?

Sen o âlicenap kişisin ki; Müslümanlar sayıca pek az oldukları o zamanda İslâm'ı âleme ilân ettin; ve «**Allah'a gizli ibâdet olmaz!**» diye haykırdın. Âlemlerin Efendisi sana «**Kardeşciğim Ömer bizi duadan'unutma!**» demedi mi?

Bunun üzerine Cihanın bir numaralı adalet sultânı Hazret–i Ömer (r.a.) oğlu Abdullah'a ve cemaata yeniden hitap etti. Buraların ve ötelerin en ince hikmetleri üzerinde konuştu. Gönül tarlalarına gayb incileri yağdırdı. İnsanlık kulağına şöyle seslendi:

«– Ey oğlum! Şâkî o kimsedir ki, aldatıcı dünyaya dadanır ve onun yaldızlı yüzüne aldanır. Dünya ve âhirette mes'ûd olan da o kişidir ki; her işini sonunu görerek işler ve sonunda da hayrı bulur. Hem Allahü Zülcelâl ve'l-Kemâl kitabında buyurdu ki:

«– Kim iyi amel –ve hareket– **ederse** (bu) **kendi lehine, kim de kötülük ederse bu da kendi aleyhinedir.** (Yoksa) **Rabbin kullarına** (zerrece) **zulümkâr değildir.»**

Sonra Abdullah'a bin dirhem verilmesini emretti. Abdullah yine söz istedi. Kendisine müsaade verilince dedi ki:

– Babacığım! Ben hicret ettim. Rumların ordularını yardım. Hizmette asla kusur etmedim. Malımı Hak yolunda sarf eyledim. Sen ise Allah'ın ihsan buyurduğu çok maldan bana pek az verilmesini emir buyurursun!

Bu defa din ve şeriat güneşi Hazret–i Ömer îman aynası berrak yüzünü oğluna çevirdi. Ona tatlı tatlı baktıktan sonra dedi ki:

– Ey oğlum! Sen insaf yolunda da israfa tabî olma. Hem ben sana derim ki: Eğer onların dedeleri gibi senin bir deden olsaydı ben sana çok verirdim. Eğer onların gibi anan olsa idi senin dediğin gibi sana verirdim. Babaları gibi bir baban olsa idi sana razı oluncaya kadar verirdim.

Oğlum! Bütün soylar silsileler kıyamet gününde yok olur. Ancak Hz. Fâtıma'nın nesli kalır.»

Hak ve adalet güneşi Hz. Ömer'in oğlu yerine oturdu. Ve daha hiçbir şey istemedi. Aynı zamanda babasının görüş ve düşüncesine hayran kaldı..

CEZİRE SAVAŞI

Âlemin Fahri'nin kutlu sahabîleri İslâmın azamet nurunu insanlık dudağına sunmaya devam ediyorlar. Yine kılıçlar kınlarından sıyrılmış, küfrün ense köküne inmek üzere...

Cezîre, Dicle ve Fırat ırmaklarının arasında kalan arazinin adıdır. Bugünkü tabirle Mezopotamya da denir.

Medâin'in İslâmın eline geçmesinden sonra İran kâfirleri büsbütün korku içinde kaldılar. Yeni bir saldırı için Cezirede tekrar savaş hazırlığına başladılar. İslâm Başbuğu Muazzez sahabî Hz, Saad bin Ebi Vakkas durumu Cenâ'bı Ömer'e arzetti. Hz. Ömer (r.a.) «**İleri!**» emrini verdi.

İman ordusunun öncü birlikleri hemen harekete geçtiler. Yine tekbir sesleri gökleri deliyordu. Tekrit şehri kuşatıldı.

Cezîre'nin yerli Arapları İranlılarla birlikte îman ordusuna saldırdı. Öncü birliklerin kumandanı Abdullah B. El Mutem yerli arapların ileri gelenleri ile gizlice buluştu :

– Ey Araplar, dedi; ne yapıyorsunuz? Sizin İslâmın askerine karşı savaşmanız Arap milliyetçiliğini lekeler.

Cevap verdiler:

– Peki ne yapalım?

– Müslüman olun!

– Yâni ecdadımızın dinini bırakalım mı?

– Allah Hak olarak İslâmı göndermiştir. Allah'ın birliğine ve onun Resûlüne inanırsanız size cennet vardır!

– Peki teklifini kabul ediyoruz.

Böylece Cezîre'nin Arapları da nura ermiş, gönül dudaklariyle îman şurubu içmiş oldu. Ve Savaş meydanına bu sefer İslâm mücahidi olarak katıldılar. İranlılara arkadan saldırdılar iki ateş arasında kalan küfür ordusu yine yenildi...

Cezîre topraklarının bir kısmını sahabi ulularından Ebû Musa el-Eşârî fethetti.

Bu defa İran Şahı Cezîre'yi geri alabilmek için yeni bir kuvvet hazırladı. Ve bu ordunun başına yine Kendi yakınlarından Hürmüzan'ı tayin etti. Hürmüzan ordusuna «**ileri!**» emrini vererek Tustar'a gitti.

Tustar; Küfrün beyni yerinde. Saraylar, kışlalarla dolu muhteşem bir şehir. Hürmüzan şehrin etrafına hendekler kazdırdı. Şehrin kalelerini tamir ettirdi. Sonra halkı toplayarak onların millî hislerini kamçıladı:

– Ey İranlılar, dedi; bir avuç Müslümanın topraklarımızda at oynatması, şehirlerimizi kasabalarımızı işgal etmesi ne acı!.. Artık yek vücud olup Müslüman akınlarını önlemeliyiz!..

Halk Hürmüzan'ın bu sözleriyle coştu. Kısa zamanda büyük bir ordu meydana geldi...

Öte taraftan îslâm mücahidleri de yeni yardımcı kuvvetler aldı. Ebu Musa el Eşârî (r.a.) Tustar üzerine akın etti... Küfür ordusu, İslâm ordusundan sayıca ve silâhça çok üstündü...

İman ile küfür yine karşı karşıya geldi. Kılıçlar kınlarından sıyrıldı. Şehrin dışında müthiş bir cenk oldu. İmân arslanları, "**Allah Allah!..**" sesleriyle hücuma geçtiler. 1000 İran askerini kılıçtan geçirdiler, 600 de esir aldılar. İranlılar selameti kaçmakta buldu ve kalenin içine sığındı. Bu muharebe sırasında birçok sahabi ve değerli kumandan şehîd oldu. İki ordunun savaşı uzun zaman devam etti...

Bir gün, aniden bir İranlı Müslümanlar tarafına geçti ve İslâm kumandanına baş vurdu :

– Ey şanlı kumandan! dedi; Eğer canımı bağışlarsanız ordunuzun şehre girmesini sağlarım. Size şehre gidilecek gizli yolu gösteririm...

– Peki, seni bağışladım!

– O halde bende vadimde duruyorum!

– Öyleyse hemen harekete geçelim...

– Siz önce bana bir arkadaş veriniz.

– Onu da veriyoruz!..

İranlının bütün şartları kabul edildi. Kendisine bir arkadaş verildi. İranlı önde, İslâm mücahidi arkasında, kalenin altında akan Dicle'nin küçük kollarından birinin altındaki yer altı geçidinden şehre girdiler. Müslüman Mücâhid yüzünü bir örtü ile peçeledi. İranlının arkasından kölesi imiş gibi yürüdü. Hürmüzan'ın sarayına kadar gittiler. Şehri köşe bucak dolaştılar. Sonra tekrar aynı gizli yoldan İslâm karargâhına döndüler.

İslâm kumandanı tatlı tatlı tebessüm etti ve sordu:

– Ne yaptınız yiğitlerim?

– İstediğimiz bilgiyi aldık.

– Çok memnun oldum!

– Bize 200 mücâhid verirseniz şehri fethederiz!

– Olur!

İslâm kumandanı 200 îman kahramanı seçti onları Müslüman mücahide teslim etti:

– Ey şanlı gazilerim, dedi; gazanız mübarek olsun!.

200 gönüllü, bir şahin gibi gizli yoldan şehre süzüldüler. İranlılarda hayret, dehşet!.. Apışıp kaldılar... İslâm mücahidleri şimşek gibi küfrün beynine indi. Müthiş bir boğuşmadan sonra İranlılar yenildiler... Şehrin kapısı artık müslümanlara açılmış oldu... İslâm ordusu nurdan bir ırmak gibi şehre gürül gürül aktı... İranlılarda görülmemiş bir panik başladı. Herkes canının derdine düştü...

Küfür ve gurur heykeli Hürmüzan iç kaleye sığındı. İslâm mücahidleri iç kaleyi de kuşattılar. Hürmüzan haykırdı:

– Ey Müslümanlar! Yüz okum var. Bunların her biri ile bir müslüman öldürmeden beni esir edemezsiniz. Halifeniz tarafından muhakeme edilmek üzere beni Medine'ye göndermeyi kabul ederseniz teslim olurum!

Hz. Ebu Musa :

– Ey Hürmüzan teklifini kabul ediyorum, dedi.

– Peki ben de teslim oluyorum!

Hürmüzan teslim oldu. İslâm kumandanı onu Peygamberler Peygamberinin manevî evlâdı Enes Bin Malik'e (r.a.) teslim etti:

– Al bunu Medine'ye götür ve Mü'minler Emîrine takdim et...

İmânın billûrlaşmış nurdan âbidesi Enes Bin Malik (r.a.) Hürmüzan'ı Peygamber beldesine götürdü...

Büyük İran kumandanı Hürmüzan yanında en ileri İran asilleriyle akrabası... Nur şehrine yaklaşınca şahane elbiselerini giydi, elmaslı tacını başına kondurdu, murassa kılıcını taktı, esir olmasına rağmen mücessem bir gurur ve ihtişam hâlinde şehre girdi ve girerken etrafına sordu:

– Ömer'in sarayı nerede?

Zavallı Hürmüzan, ismi dünyaları titreten Hak ve adalet güneşi Hz. Ömer'in dünyada bir eşi ve benzeri olmayan heybetli ve ihtişamlı bir sarayda olacağını sanıyordu. Hz. Ömer gibi dünyaları titreten bir şahsiyet Hürmüzan'ın hayâl âleminin billur saraylarında yaşıyordu. Fakat Hürmüzan hayâl ettiği sarayı bulamadı. Ona Peygamber mescidini gösterdiler. Din erlerinin ulusu Cenâb–ı Ömer (r.a.) ordaydı. Hürmüzan ve yanındaki iran'ın asilleri Mescide koştular. İslâm ümmetinin en büyük başı ve Allah Resûlü'nün halifesi hafifçe bir köşeye dayanmış, son derece sade elbiseler içinde, istirahat ediyordu.

İran kumandanı Hürmüzan, şeklindeki ihtişamı hayret ve dehşetle seyreden binlerce insan arasından geçip Peygamber mescidine girdi. Cenâb–ı Ömer (r.a.), bulunduğu yerden onu tepeden tırnağa kadar süzdükten sonra ilk söz olarak şöyle dedi:

– İşte dünyanın bütün gurur ve gafleti!..

Hürmüzan ise, halifeler halifesinin bu kadar sade ve gösterişsiz hâlini görünce hayretinden donup kaldı. 'Şaşkın şaşkın etrafını bir müddet süzdü.

Bu şaşkınlığı geçince Mugîre'nin tercümanlığı ile Cenâb–ı Ömer (r.a.) Hürmüzan'a sordu:

– Â ahdine hiyânet eden adam! Niçin bütün anlaşmaları bozup nice insanın ölümüne sebep oldun?

Hürmüzan Kadisiye savaşından sonra yaptığı anlaşmaları çekinmeden bozmuştu.. Yüce Faruk (r.a.) bu yüzden pek büyük acılar çekmişti. Çünkü nice İslâm kahramanları Hürmüzan'ın hiyanetine uğrayıp şehid olmuşlardı. Bin bir defa ahdine hiyânet eden bu adamın idam edilmesi lâzımdı. Onun için Cenâb–ı Ömer ('R.A.), ona son arzusunun ne olduğunu sordu.

İran kumandanı şöyle cevap verdi:

– Allah bizimle beraberken siz bizim esirimiz idiniz. Şimdi Allah sizinle beraber olduğu için biz sizin esiriniz olduk.

Bundan sonra Hürmüzan bir bardak su istedi ve bu suyu içmeden öldürülmemesi için Cihan Faruk'undan söz aldı. Suyu getirdiler, içmedi, elinde tuttu ve sonra da yere döküverdi.

Suyu içmeden öldürülmeyeceğine söz verildiği suyu da döktüğü için artık kendisini öldüremeyeceklerini söyledi. Bu bir hîle idi. Hürmüzan bu hîle ile canını kurtarmıştı. Canını kurtardığı için artık ölüm korkusu da yoktu. Hemen kelimei şehâdet getirerek ebedî kurtuluşa erdi. Kendisine soruldu.

– Niçin böyle yaptın?

– Korku yüzünden İslâm'ı kabul etti demesinler diyerek böyle yaptım, dedi.

Hazret–i Ömer gibi bir din sultanının verdiği sözden dönmesi elbette mümkün değildi. Hürmüzan bunu bildiği için suyu döküp müslüman oldu...

Allah Resûlü'nün halifesi Hürmüzanı affetti ve Nur şehri Medine'de oturmasına izin verildi. Ayrıca kendisine maaş bağladı...

Hz. Ömer'le Hürmüzan'ın arasında daha sonra dostluk bile başladı. İran'ın topyekûn fethedilmesine ait birçok meselelerde Hürmüzan'a fikir sordu. İran'ın fethi işinde onun fikirlerinden de faydalandı...

CELÛLÂ SAVAŞI

İslâmın îman suyunda bilenmiş kılıcını ense köküne yiyen İranlılar son bir defa, şanslarını denemek istediler. Yine büyük bir ordu hazırladılar. Ordunun başbuğluğunu Rüstem'in kardeşi Hürzaad'a verdiler. Ve Celûlâ'da toplandılar. Küfür askerinin kumandanı, Celûlâ'nın çevresine büyük bir hendek kazdırdı

Hendeğin önüne de çeşitli engeller yaptırdı. Gayesi İslâm ordusunun akınını durdurmaktı.

İman ordusunun başkumandanı muazzez sahabi Hz. Saâd bin Ebi Vakkas (r.a.) durumu Hak ve adalet güneşi Hazret–i Ömer (r.a.) e bildirdi. Gönüller aydınlatan din büyüğü Cenâb–ı Ömer (r.a.) şöyle ferman etti:

– Hâşim b. Utbe kumandasındaki öncü birlikler İranlıların üzerine doğru ilerlesin.

Bunun üzerine Hâşim b. Utbe'nin birlikleri soylu atlarına atlayıp Medâin'den harekete geçti. Sıkı bir yürüyüşten sonra dördüncü gün İran ordusunun sığındığı Celûlâ kasabası kuşatıldı.

Kuşatma bir kaç ay devam etti. Küfür askeri şehirden dışarı çıkıyor, îman ordusu ile savaşıyor, fakat hiçbir başarı elde edemeden akşam olunca tekrar kaleye sığınıyordu. Celûlâ'da yiyecek ve içecek çoktu. Ayrıca savaş için lâzım olan her türlü malzeme de vardı. Bu sebeple uzun zaman dayanabilirlerdi.

İranlılar bir gün müthiş bir hücuma geçtiler. İslâm ordusu da bunu bekliyordu. Hemen Allah Allah nidâlariyle ortalığı çınlattılar ve arslanlar gibi düşmana hücum ettiler. Havada kılıçlar pırıltılı izler çizerken birden bire amansız bir fırtına başladı. İranlılarda hayret, dehşet... Göz gözü görmez olmuştu... Şehre sığınmak istediler...

Lâkin hiç ummadıkları bir şeyle karşılaştılar. .Hendeklerin üzerindeki köprüler çoktan yıkılmıştı. Arkalarında İslâm askeri önlerinde çukur, ne yapacaklarını şaşırdılar ve can havliyle kendilerini hendeğe attılar. Hendekler iran askerleriyle dolmuştu.

Şehirdekiler hendeğin bir tarafını doldurup arkadaşlarını kurtarmak istediler. İslâm mücahitleri, bu bozgundan faydalanarak, şehre girmek istiyordu. Amansız bir gayretle açılan gedikleri genişletmek için hücum üstüne hücum ediyordu. İranlılar ise, açılan gedikleri kapatmaya çalışıyordu.

Tam bu sırada bahadırlar bahadırı Ka'kaa birliğinin başında, elinde kılıcı, altında soylu atı, peşinde yüzlerce inanmış adam, kale kapısına dayandı. Öncü birliklerin kumandanı Hâşim de askerleri ile aynı yere geldi. Müthiş bir hücum başladı, îman suyunda bilenmiş İslâm kılıçları küfür ormanını durmadan biçiyordu. Bu kahramanca saldırışlara dayanamayan İranlılarda görülmemiş bir panik... Gökleri delercesine yükselen «**Öldüm!**» feryâdları... Kaçan kaçana... Kaçarlarken kendi elleriyle kazdıkları hendeklere ve kurdukları tuzaklara düştüler...

Öyle bir yenilgiye uğradılar ki tam 100 bin ölü verdiler. Yüzbin küfür askeri İslâm kılıcından geçti. Mukaddes İslâmın düşmanları hak ettikleri cezayı buldular. İslâm ordusu Şehre girdi. Milyonlar değerinde ganimet ele geçirdi. Şanlı Kumandan Hz. Saad bin Ebi Vakkas (r.a.) bu ganimetlerin beşte birini Nur şehri. Medine'ye Cenâb–ı Ömer'e gönderdi...

Kâinatın Efendisinin kutlu Halifesi Hz. Ömer (r.a.) evvelâ zafer müjdesini, sonra da ganimeti aldı... Medine'de bulunan kutlu sahabîleri mescide topladı. Zafer müjdesini getiren İslâm mücahidi Ziyad'a hitap etti:

– Ey Ziyad! Celûlâ savaşını ve zaferin tafsilatını bize anlat!

Ziyad söz aldı.. Beliğ bir ifade ile savaşı anlattı. Hz. Ömer'in gün kadar aydın yüzü pırıltılar saçıyordu. Gözlerinde sevinç yaşları vardı. Allah'a hamd ü sena ediyordu.

Sonra yine gönül dudakları kıpırdadı:

– Aziz arkadaşlarımız yaptıkları ile dillerimize talâkat veriyorlar! Allah yolunda, dini mübîn uğrunda can feda ederek görülmemiş kahramanlıklar gösteriyorlar!..

İranlılardan alınan ganimetler o gün pay edilmedi. Gece Abdullah bin Erkam ile yine sahabî ulularından Abdurrahman bin Avf'e teslim edildi. Ertesi gün ganimetler açıklandı. O kadar ganimet alınmıştı ki, ortaya altın ve mücevherden bir tepecik çıktı. Sahabîler böylesine büyük ve ihtişamlı bir servet karşısında hayrete düştüler... Maddeye mahkûm oluş İranlıları ne hale koymuştu...

İrfan denizine gark olmuş din büyüğü Cenâb–ı Ömer (r.a.) göz yaşlarını tutamadı. Mübarek gözlerinden billur billur yaşlar akıyordu! Kendisine sordular:

– Ey bakış ve görüş sahibi! Niçin ağlıyorsun?

Cenâb–ı Faruk (r.a.) ortaya bir tepe gibi yığılmış serveti işaret ederek:

– Servet ve para nereye girerse düşmanlık ve nefret onların peşinden gelir, dedi.

Güneş kadar parlak bir söz. Bugün madde almış ruhların ilâhî cevherini İnsanlık servet denizinde yüzdüğü halde selâmet sahiline çıkamiyor. Demek ki, mal mülk, servet, şan, şöhret insanı mes'ûd etmeye kâfi gelmiyor. İnsanlık dudağı îman tası ile hidâyet nuru içmedikçe hiçbir zaman feryadı dinmiyecektir...

İran Şahı, ordusunun Müslümanlar tarafından yine yenildiğini öğrenince müthiş bir korkuya kapıldı ve Rey şehrine doğru yola çıktı. İslâm bahadırı Ka'kaa düşmanı takip etti.. Kasrı Şirinde Irak seferinin son bulduğu ilân edildi. Başka bir çıkar yol bulamayan halk cizyeyi ve müslümanların himayesini kabul ettiklerini bildirmek için kumandan Ka'kaa'ya heyetler gönderdi:

Irak artık Müslüman mülkü oldu. Tevhîd sancağı Irak ufuklarında pırıl pırıl dalgalandı. İslâmın hidâyet çeşmesinden gürül gürül nur akıyordu. Ve bütün insanlık artık bu nura koşuyordu...

İRAN TARİHE KARIŞTI

İran'ın gurur ve küfür heykeli' hükümdarı Yezdigerd III Celûlâ savaşından sonra Rey şehrini kendisine başkent yaptı. Fakat burada da emniyet ve huzur içinde yaşayamayacağını anlayarak Horasan'a gitti. Bu defa da Merv şehrini İran devletinin başkenti yaptı. Etrafında bir sürü dalkavuk halkası, eski debdebeli hayatını, yeniden, yaşamağa başladı...

Nasipsizler nasipsizi Yezdigerd üçbin senelik İran Hükümdarlarının Müslümanlara yenilmesinin sebebini bir türlü anlayamadı. Bunu gelip geçici bir âfet sandı. İslâm kılıcının yıldırımdan birer gülle olduğunu çabuk unuttu. Yeniden savaş hazırlığına başladı. Yine madde pehlivanlarından 150 bin kişilik büyük bir ordu hazırladı. Bu ordunun başkumandanlığına Merdem Şah'ı tayin etti. Artık küfür hizip hizip kaynaşıyor ve hançer hançer gözlerle İslâm'a yiyecek gibi bakıyordu. İran baştan başa, Müslümanlara karşı ayaklandı. Kılıçlar kınlarından sıyrıldı, atlılar yollara dizildi. Binlerce insan sel sel akın etti. Savaş güneşi ufukta göründü. Artık iş hücum etmeye kalıyordu. Küfe Valisi muazzez sahabî Ammar bin Yasîr Cenâb–ı Ömer'e bir haber uçurdu:

– Ey Mü'minlerin Emîri! Düşman yine baş kaldırdı. Bütün hazırlıklarını tamamlayarak yürüyüşe geçti. Bu hususta fikriniz nedir?

Hak ve adalet Güneşi Hz. Ömer (r.a.) halkı Peygamber mescidine topladı ve Ammar bin Yâsir'den aldığı mektubu okudu. Sonra da şöyle dedi:

– Ey Peygamberin sahabîleri! Bu defa İranlılar Müslümanları yeryüzünden silmek emeliyle ayaklandılar. Buna karşılık alacağımız tedbirleri görüşmek istiyorum.

Talha Bin Abdullah ayağa fırladı:

– Allah Resûlü'nün Halifesi çok tecrübelidir. Ne emir etse, şüphesiz itaat ederiz!..

En büyük rikkat ve haya madeni Hazret–i Osman (r.a.) söz aldı:

– Suriye, Yemen, Basra kumandanları Irak'a hareket etsin. Mü'minlerin Emîri Medine halkını toplasın.

Bütün kuvvetler Kûfe'de toplandıktan sonra bizzat Halife-i müslimin kumandasında hareket etsin...

Sahabîlerin bir çoğu Hz. Osman'ın düşüncelerini uygun ve yerinde buldular. Fakat ilim ve Hikmet Kutbu Hz. Ali (k.v.) bu fikri uygun bulmadı.

Cenâb–ı Ömer'in (r.a.), «**Allah'ın Arslanı**» sıfatlı dostuna güven derecesini görünüz ki, İran'a karşı encanlı ve en şiddetli tos vuruş hareketini çerçeveleyen «**Nihavend**» seferinde başkumandanlığı Cenâb–ı İmamı Ali'ye teklif etti. Kevser sakisi Cenâb–ı Ali (r.a.) artık iç iklimine çekilmiş olduğu için bu teklifi kabul etmedi. Hak ve adalet güneşi Hz. Ömer'e şunları söyledi:

– Ey Mü'minlerîn Emîri! Dine yardım, ordunun çokluğuna, azlığına bağlı değildir. İslâm, Allah'ın, dini, ordusu da Allah'ın ordusudur. Allah, dinini yüceltmiş, ordusuna da yardımını bildirmiştir. İş son noktasına varmış ve apaçık belirmiş bulunuyor. Yüce Rabbin yardımını beklemekten başka düşünülecek şey yoktur.

Din büyüğü, İslâm ümmetinin başı, ülkesinin bir numaralı adamı, boncuk dizili bir ipliğe benzer. Boncuklar o iplikte birleşir. İplik koparsa her şey dağılır, gider. Arap bugün azınlıktadır, fakat mukaddes İslâm sayesinde kuvvetlidir. Bu kuvvet çoğunluğa bedeldir, îman birliği Arabın en büyük kuvvetidir.

Bu bakımdan sen, değirmen taşının mili ol ve cenk değirmenini Arab'a döndürt; Onu ateşin içine sür, fakat kendin gitme! Sen bu mukaddes beldeden uzaklaşsan, çöl Arapları ahitlerin! bozabilir yoldan sapabilirler. Senin için gerileri koruma işi, cenge gitmeden daha hayırlıdır. Hem cenk meydanında İranlılar seni görüp, Arabın başını ve İslâm ümmetinin Emîrini düşürmek için ellerinden geleni yapmaya kalkabilirler.

Hz. Ali'yi can kulağiyle dinleyen yüce Faruk:

– Yâ Ali, dedi! İranlılar bizden evvel harekete geçmek niyetinde, onlara böyle bir imkânı vermemek istiyorum!

İmamı Ali cevap verdi:

– Yâ Ömer! Bu senin istemediğini, eksik sıfatlardan münezzeh olan Allah da istemez. Öncelik sende kalsın! Çokluklarına gelince, biz bu zamana kadar çokluk olarak savaşmadık, Allah'ın yardımıyla cenk ettik...

❁❁❁

Bilgi güneşi Hz. Ali (k.v.) Hz. Ömer'in, hikmet ve derinliğine idrakte biricik mizanı, murakıbı, veziri ve en sâdık dostudur. Cenâb–ı Ömer'in, on yıl içinde İslâm'ı gelmiş ve geçmiş imparatorlukların en büyüğü hâlinde, Kızıl Denizden Akdeniz kıyılarına, Hazar Denizinden Hint Okyanusuna ve Hindistan kapılarına kadar yayan hamlesi boyunca Hz. Ali bu Hak ve adalet devletinin en büyük fetva makamıdır. O büyük iç marifet kahramanı, dünya ufku üzerinde, İslâmın sadece müdafaacısıdır. Ve Hz. Ömer'in sağ koludur...

Hikmet ve şeriat inceliklerini en iyi bilen Hazret–i Ali (k.v.) nin bu ulvî görüşünü Cenâb–ı Ömer candan alkışladı. Ve bütün sahabîler de bu fikri beğendiler...

Hz. Ömer (r.a.) başkanlığındaki sahabi topluluğu bu karara vardıktan sonra, Iranlılarla savaşacak îman ordusunun başkumandanlığına kimin getirilmesi meselesi ortaya çıktı. Bu oldukça önemli vazifeyi kim başarabilecekti. Ünlü İslâm kumandanlarının her birisi şu anda başka bir cephede savaşıyordu. Hak ve adalet güneşi Cenâb–ı Ömer'in en büyük özelliği yakınlarını ve insanları çok iyi tanıması idi. Herkesin seciye ve karakterini çok iyi bilirdi. Bu sebeple sahabîler Hz. Ömer'in seçeceği kumandanı kabul edeceklerini ve kumandanı kendisinin seçmesini bildirdiler.

Gönüller aydınlatan din büyüğü Cenâb–ı Ömer (r.a.) etrafı gözden geçirdi. İslâm ordusunun başkumandanlığına Nûman bini Mukarrin'i seçti. Allah Resûlü'nün mescidinde toplanmış olan muazzez sahabîler Hz. Ömer'in bu kararını cânı gönülden alkışladılar...

❁❁❁

Din ve Şeriat ulusu Nûman'a şu emirnameyi gönderdi:

«– Rahman ve Rahim olan Allah'ın adıyla başlarım. Mü'minlerin Emiri Ömer'den, Nûman İbni Mukarrin'e. Allah'ın selâmı üzerine olsun. İranlıların size karşı büyük bir kuvvetle Nihavent şehrinde toplandıklarını haber aldım. Mektubumu alır almaz beraberindeki İslâm mücahidleriyle birlikte Allah'ın emir, inayet ve zaferiyle yola koyul. hiçbir Müslümana eziyet etme, herkesin hakkını ver ve hiçbir kimseye karşı sert davranıp hiddetlenmesine sebep olma... Zira benim nezdimde bir Müslüman, yüzbin dinardan çok daha kıymetlidir. Tekrar selâm...

Yola devam et ve bir su üzerinde karargâh kur. Ben, Kûfe'ye haber gönderdim. Gönderecekleri kuvvet ayni yerde seninle buluşacaktır.

Böyle ordunu tekmil ettiğin zaman Firüzan ve beraberindekilerin üzerine yürü, muzaffer ol ve: «La havle velâ kuvvete illâ billâh = Günah ve kötülüklerden dönüş ve sevap ile iyiliğe yöneliş ancak Allah'ın inayetiyle olur.» **sözünü çok çok tekrarlayınız!..»**

Bu mektup üzerine başkumandan Nûman 30 bin kişilik ordusu ile harekete geçti. Öncü birlikler Nihavend'e kadar düşman ordusuna rastlamadılar, kolayca ilerlediler. Nihavend'ten 10 mil uzakta Espizehan'a varan îmân ordusu düşman ordusu ile karşılaştı.

Bahtı kutlu din sultanı Hz. Ömer (r.a.) diğer kumandanlarına da emirler göndererek Nûman'a katılmalarını bildirdi, İran ordusunun da birleşip daha çok kuvvetlenmemesi için tedbir alındı...

İmân ordusunda dünyanın en saf ve en temiz insanları, Allah Resûlü'nün muazzez sahabîleri ve Arapların kahraman ve cengâverleri vardı. Nice nice ünlü sahabî ve nice nice bahadırlar îman ordusunun aydınlık yüzünü büsbütün ışıldatıyordu. Küfür ordusunda ise; madde pehlivanları, şeytan kurbanları ve ateşperestler bulunuyordu...

Nihayet yüce bahadır Hz. Nûman hemen ordusunu topladı ve harp nizamına koydu. Kardeşi Nûaym İbni Mukarrin'i öncü kuvvetlerin, Huzeyfe İbni Yeman ile diğer kardeşi Süveyd'i sağ ve sol cenahlara, Hz. Ka'kaa'yı süvari kuvvetlerinin başına ve Müşaci İbni Mesud'u da artçı kuvvetlere tayin etti...

İslâm tarihine nakşolunacak yeni bir zaferin hazırlığı böylece tamamlandı. İranlılar da başlarında kumandanları olduğu halde cenge hazır vaziyette idiler. İki ordu artık karşı karşıya gelmişti. Her tarafta kopacak fırtınanın esintileri vardı.

İran kumandanı, Hz. Numan'dan barış için elçi gönderilmesini istedi. İslâm kumandanı da Sahabîlerden Hz. Mugîre bini Şu'ba'yı gönderdi...

İran başkumandanı yine atlas çadırını kurmuştu. Her tarafta gözler kamaştıran bir ihtişam. Her tarafta sırmalı işlemeli sedirler. Ve çadırın ortasında altın bir taht.. Ve dünyanın bütün gafleti...

Küfür ve gurur heykeli adam tahta oturmuştu. Yanında bir sürü dalkavuklar halkası... Başları taçlı, kolları altın bilezikli şehzadeler dizi dizi... Altın tahtın önünde kılıçları parlayan gösterişli askerler sürü sürü... İran kumandanı bütün ihtişam ve azametiyle oturuyor... İslâm elçisi soylu atıyla dört nala geldi, bir şimşek gibi atından indi. Atını kumandan çadırının direklerinden birine bağladı. Ve erkek adımlarla çadırdan içeri süzüldü.

Tok tok yürüdü ve kumandanın tahtına varıp oturuverdi. İran kumandanı küplere bindi ve karanlık ağzını açıp ortalığı çınlattı:

– Siz Araplardan daha bahtsız, daha zavallı, daha pis, daha adî bir millet yoktur. Tahtımın etrafındakiler sizi derhal yok edebilirler. Oklarımın pis kanlarınızla lekelenmesini istemiyorum. Memleketimizi derhal terkederseniz sizi affederim!

Ulu sahabî, bu küstah adama nasıl bir cevap vermeliydi? Kâinatın Efendisinin elinden ölümsüzlük iksîri içmiş bir insan, bu küfür heyulası gibi terbiyesiz olamazdı. Korkak da değildi. Onun için tane tane konuştu:

– Beni buraya siz çağırmadınız mı?

– Evet biz çağırdık!

– Peki misafire böyle muamele olur mu?

– Ben istediğimi yaparım!

– Öyleyse şunu iyi bil ki, biz büsbütün yok olmadan bu toprakları terk etmeyiz! Tevhîd sancağını İran topraklarında dalgalandıracağız. Yâ îmana gelir kardeşimiz olursunuz, yâ da kılıçlarımız konuşur!..

Sonsuzluk Nebisi'nin ulu sahabîsi Allah'a güveniyordu. Ve İslâm mücahidlerinin coşkun bir sel gibi taşan îmanlarını biliyordu. Bu îman ordusuna hiçbir kuvvet karşı koyamazdı. Bunu böylece bildiği için de İran kumandanına çok sert cevap vermişti...

Artık iki ordu birbirine toslayacaktı. İki cevizden birisi mutlaka kırılacaktı. Fakat bu kırılacak ceviz küfür ordusundan başkası değildi...

İslâm ordu kumandanı Hz. Nûman yüksekçe bir yere çıktı ve **«Allahü Ekber!»** diyerek ortalığı inletti. Ey hayatı kendine ram eden, faniyi çizgi çizgi kuşatan ve sonsuzdan gelen İlâhî nağme!.. Evet, bu ilâhî nağme bütün imanlı gönülleri coşturdu. İslâm mücahidleri hep bir ağızdan **«Allahü Ekber!»** nidalarıyla gökleri deldiler.

Ve beklenen saat gelip çattı. İki ordu birbirine hücum etti. İslâm mücahidleri her tarafa dehşet saçıyordu. İranlılar bocalamaya başladılar. Yerler İran askerlerinin kirli kanlarıyla bir kan havuzu hâlini almıştı... İranlılar ordugâhlarının çevresine hendek kazdılar. İslâm ordusu düşman ordusunu kıskaç içine aldı. İran ordusu dışarı çıkmak istemiyor ve müdafaa harbi yapıyordu. Bu böyle ne kadar devam edecekti?

İslâm ordusunda bulunan ulu sahabîler muharebenin uzamasından korktukları için çareler düşünmeye başladılar. Kumandanlar da aynı şeyi düşünüyordu. Nihayet Başkumandan Hz. Nûman'ın yanına vardılar. Muazzez sahabî Nûman da aynı şeyleri düşünüyordu.

Dediler ki:

– Aziz kumandanımız! Harbin uzamasından korkuyoruz. Bir çâre bulalım!

Hz. Nûman (r.a.) bir meclis kurdu ve dedi ki:

– Müşriklerin durumunu biliyorsunuz. Hendek kazdılar ve istemedikçe dışarı çıkmıyorlar. Biz de bu durumda onları dışarı çıkarmaya muktedir değiliz. İçinde bulunduğumuz güçlüğü müşahede ediyorsunuz. Şu küfür ordusunu muharebe meydanına çekmek ve bu oyalama hareketine son vermek hususunda görüşünüz nedir? Herkes bildiğini açıkça söylesin..

En yaşlı mücahidlerden Amr ibni Ebi Selman söz aldı:

– İranlılar böyle hendek içinde siperlenmiş oldukları halde işin uzamasından kendileri de sıkılacaklardır. Bırakalım istedikleri kadar hendek içinde kalsınlar. Biz dışarı çıkanları avlıyalım kâfi..

Mecliste bulunan ulu sahabîler bu görüşü benimsemediler:

– Duvarla tos mu vuruşalım? dediler.

Bu defa da Tulayha söz aldı:

– Benim görüşüm şudur ki, ileriye bir miktar süvari gönderiniz. Cengi iyice kızıştırıp düşmanla karşılaştıklarında gerisin geri kaçar gibi bir oyun yapsın. Küfür ordusu bizim hezimete uğradığımızı zannederek dışarı fırlar ve hücuma geçer. Onlar zafere eriyoruz diyerek mecnunlaşırlar biz de hemen bu fırsatı ganimet bilerek saldırırız. Allah yâ bize, yâ onlara verir zaferi..

Hz. Nûman gülümsedi:

– Çok güzel konuştun, yâ Tulayha!

Mecliste bulunanların hepsi bu fikri alkışladılar... Artık iş tatbik etmeye kalıyordu...

Bu plân gereğince Hz. Nûman, süvari kuvvetlerinin kumandanı yüce bahadır Ka'kaayı vazifelendirdi. Ka'kaa küçük bir kuvvetle şehre hücum etti. İranlılar demirden ağlar gibi hendeklerden fırladı. Daha önce kaçmayacaklarına and içmişlerdi. Yek vücut idiler. Birbirlerinden ayrılmamak için de her yedi neferi birbirine bağlamışlardı. Bozguna uğrayıp geri dönmemek için arkalarına demir dikenler döşemişlerdi. İranlılar hendekten fırlar fırlamaz, plân gereğince Ka'kaa geri çekildi..

Küfür ordusu ilk anda müslümanların hezimete uğradıklarını zannederek fırsatı ganimet »bildiler ve **«Hey, hey!»** diyerek Ka'kaa'yı takip ettiler. Madde, pehlivanları İslâm ordusunun gerçekten kaçtığına inanmışlardı.. Ka'kaa ise, İman ordusuna doğru bir şahin gibi süzülüyordu. Müşrikler hançer gözlerle onu takip ediyor ve ordugâhlarından gittikçe uzaklaşıyorlardı. Zaten îman ordusunun da beklediği buydu.. Nihayet mankafalı İranlılar İslâm ordusuna yaklaştı. Başkumandan Hz. Nûman, İslâm mücahidlerine hitap ediyordu:

– Ey şanlı gaziler! Yerlerinizde sebat ediniz. Emir verilmedikçe hücum etmeyiniz!..

İslâm mücahidleri kumandanın emrine uyarak yerlerinde sebat ediyor ve küfür ordusuna hücum etmiyordu. Bu sırada

İran ordusu yağmur gibi Ok yağdırıyordu. Zafere erdik zanniyle naralar atan iranlılar müthiş saldırıyorlardı... Ok yağmurundan bazı İslâm mücahidleri yaralandı... islâm mücahidleri başkumandana dediler ki:

– Aziz kumandanımız! Durumumuzu görüyorsun, boş yere askerlerimiz yaralanıyor. Artık hücum emrini ver de cenk edelim!.

Kumandanın dudaklarında saadet tebessümleri ve altın bir gülüş.. Hitap etti:

– Ey müslümanlar!.. Sabır edin. Allah'ın Resûlü ile beraber bulundum. O, sabah vakti savaşa girmeyince savaşı tehir eder ve güneşin tam tepe noktasından batıya doğru inmesini beklerdi...

Nihayet İslâm kumandanının beklediği an geldi. Hz. Nûman (r.a.) soylu atına bindi, askeri teftiş etti, her sancağın yanında durup, onları harbe teşvik eden konuşmalar yaptı. Sözünü şöyle tamamladı:

«– Ben, üç tekbir alacağım, üçüncüsünde düşmana hücum edeceğim. O zaman siz de hücuma geçersiniz. Eğer ben şehid olursam kumandanlığı Huzeyfe ibni Elyeman deruhte edecektir. O da şehid düşerse falan..»

Yedinci Hz. Mugire olmak üzere yedi isim verdi.

Artık hücum saati yaklaşmıştı. Hazret–i Numan ellerini Allah'ın hacet kapısına açmış, gözlerinde iplik iplik yaş dua ediyordu:

– Allahım! Dinini aziz kıl, kullarına zafer ihsan eyle. Mukaddes dinin şan ve şerefi için bugün ilk olarak şehidlik rütbeni Nûman'a nasip et! Ey Keremi sonsuz Rabbim! Senden dilerim ki, beni, İslâmın şânına lâyık bir fetihle sevindiresin. Ve şehid olarak ruhumu al, kanımı bu mukaddes dâva için akıt.

Başkumandan Hz. Nûman'ın bu içten yalvarışını duyan islâm mücahidleri göz yaşlarını tutamadılar. Gönülleri dalga dalga kabardı, ruhları bir kuş gibi çırpındı. Allah ve dini mübin uğrunda savaşacakları için sonsuz bir haz duydular...

İmanın billûrlaşmış nurdan âbidesi Hz. Nûman (r.a.) kumandanlık mevkiine döndü. **«Allahü Ekber, Allahü Ekber, Allahü Ekber!»** diyerek üç tekbir aldı ve ortalığı çınlattı. Sonra bir arslan gibi atını düşman saflarına doğru şimşek gibi sürdü.

İslâm mücahidleri de **«Allah Allah!»** sesleriyle gökleri deliyordu. Hep birden hücuma geçtiler. İslâm kılıçları havada pırıltılar çiziyordu. Feryâdlar göklere çıkıyordu. Müthiş bir cenk başlamıştı. Cenk meydanı korkunç dalgalar gibi dehşet saçıyordu. Yerler âdeta kan havuzuna dönmüştü. Şanlı mücahidler bu kan denizinde kahramanca kılıç sallıyordu.

Öyle ki kan bir ırmak gibi her yerde akmaya başlamış, insan ve hayvanların kaymalarına bile sebep olmuştu. Hele başkumandan Hz. Nûman yıldırımdan bir gülle gibi vardığı yeri dağıtıyor, küfür ormanını biçiyordu. İranlılarda hayret, dehşet...

Öyle bir fırtınaya çatmışlardı ki kurtulmak ümidi artık yoktu.. Hz. Nûman (r.a.) hücum ediyor, safları yarıp geçiyordu. Artık zafer şimşekleri parlak ve net şekilde Hz. Nûman'ın gözlerinde parıldamaya başlamıştı. İranlılar son bir gayretle ok yağdırıyorlardı.

Hedef olarak da İslâm kumandanını seçmişlerdi. Nihayet oklardan biri başkumandana isabet etti ve onun îman sînesine saplandı. Yüce bahadır soylu atından aşağıya kanların içine düştü.

Kardeşi Nuaym, koştu, onu elbisesi ile örttü ve sancağı alıp Huzeyfe'ye verdi. Huzeyfe sancağı aldıktan sonra Hz. Nûman'ın yerine geçti. Ve Nuaym'i de kendi yerine tâyin etti.

İslâm ordusunun maneviyatı bozulmasın diye Mugîre, Nuaym ve Huzeyfe'den Nûman'ın durumunu gizlemelerini talep etti. Artık kumandanlık vazifesini Huzeyfe ifa ediyordu.

Cenk bütün şiddetiyle devam ediyordu. Müslümanlar atalarının dinini yüceltmek için kanlarını sebil ediyorlardı. İran ordusu hezimete uğradı, her taraf İran askerlerinin cesetleriyle dolmuştu. Artık canını kurtarabilen tabana kuvvet kaçıyordu. Mücahidler de yalın kılıç peşlerinden kovalıyordu, islâm ordusu İranlılardan 30 bin kişiyi hendeklere doldurdu. Cenk meydanında öldürülen müşriklerden başka 100 bini de firar esnasında hendeklere düşüp ebedî azap diyarına göçtüler..

Bu arada İran başkumandanı kaçtı. Nuaym ile bahadırlar bahadırı Kaka'a onu takip ettiler. Ve nihayet Hz, Ka'ka'a yetişip enseledi ve bir kılıçta ikiye biçti ve başını gövdesinden ayırdı... Böylece İslâm ordusu zaferlerine yeni bir zafer daha katmanın sevinci içinde Allaha şükretti. Tekbir sesleri nağme nağme göklere yükseldi. Ezanı Muhammedî okundu, İslâm ordusu namazını Nihavend topraklarında eda etti.

Zaferin yaralı başkumandanı Hz. Nûman'a müjde vermek istedikleri zaman kutlu sahabî îmanlı gözlerini araladı ve tatlı tatlı gülümsedi:

– Savaşın sonu ne oldu?

Cevap verdiler:

– Müjde ey aziz kumandanımız, zafer sizindir!

– Elhamdü lillâh!

– Elhamdü lillâh!

– Öyleyse hiç vakit geçirmeden Halifeye müjdeci gönderiniz!

– Olur aziz kumandan!.

Bu konuşmalardan sonra başkumandanın dudaklarından cennet tebessümleri ve dilinde kelimei tevhîd, son nefesini verdi ve rütbelerin en büyüğü olan şehitlik mertebesine erişti...

❁❁❁

İslâm mücahidlerinden bir çoğu başkumandanlarının şehid olduğunu bilmiyordu. Sordular:

– Kumandanımız nerede

Nuaym cevap verdi:

– Gözleriniz aydın olsun! Allah sizlere zafer ve Nû-man'a şehitlik mertebesini ihsan etti...

İman ordusunun erleri büyük Nihavend kahramanı için çok göz yaşı döktüler. Fakat onu bekleyen, onu özleyen biri vardı. O da, Hak ve adalet güneşi, din erlerinin ulusu Cenâb–ı Ömer'di. Hep Nihavend'i düşündüğü için, gece uykusu ona haram olmuştu. Nur şehri Medine'nin dışına çıkıyor ve gelen habercileri gözlüyordu.

Ufukta bir atlı belirdi. Peygamber beldesine doğru kanatlanmış gibi geliyordu. Hz. Ömer'in gönlü dalga dalga heyecanla doldu. Atlı yanına kadar gelince Hz. Ömer'i tanıdı ve hemen atından inerek halifeyi selâmladı. Cenab–ı Ömer de onu tanımıştı. Sordu:

– Ey Saib ne haber?

– Müjde ey Mü'minlerin Emîri! Allah sana büyük bir fetih nasip etti ve İslâm ordusunu muzaffer kıldı..

Gönüller aydınlatan din büyüğü Cenâb–ı Ömer (r.a.) gözlerinde sevinç yaşları hemen secdeye kapandı. Yüce Allah'a hamdü sena ettikten sonra yine sordu:

– Kumandanınız nasıl?

Saib boynunu büktü:

– O mu?

– Evet, onu soruyorum!

– O en büyük mertebeye ulaştı, şehid oldu...

– Biz (dünyada) **Allah'ın** (teslim olmuş kullarıyız). **Ve biz** (ahirette de) **ancak ona dönücüleriz.**

Hz. Ömer, dudaklarında bu İlâhî nağme, gözlerinde ise billur billur yaş bir müddet olduğu yerde kaldı..

Saib bu sükutu bozdu:

– **Ey Mü'minlerin Emîri,** dedi, **üzüntünüzü anlıyorum.**

– **Nûman sâlih bir kumandandı, onu kaybetmenin acısını tâ gönülden duyuyorum. Ne ise olan olmuş, ilâhî takdir bu imiş. Şimdi biz şehre dönelim...**

– Peki, Ey Mü'minlerin Emîri!

Cenâb–ı Ömer (r.a.) ile Saib Peygamber beldesine döndüler. Saib İran'dan getirdiği ganimet ve paha biçilmez mücevherleri Hz. Ömer'e takdim etti. Fakat Allah Resûlü'nün en sâdık dostu Cenâb–ı Ömer (r.a.) ganimetleri kabul etmedi.

Ebedî Hayat Müjdecisinin mescidine girdi ve minbere çıktı. Buraların ve ötelerin en ince hikmetleri üzerinde konuştuktan sonra, Nihavend'in büyük kahraman ve kutlu şehidi Hz. Nûman'ın ebediyyete intikal ettiğini herkese duyurdu. Yine gözlerinden iplik iplik yaşlar akıyordu...

Aşk ve vecd adamı, muazzez sahabî Abdullah İbni Mes'ud (r.a.) minberin yanında oturmuş, şöyle diyordu:

– **Gerçekten birçok imanlı aileler olduğu gibi, nifak ve küfre sapmış nasipsiz aileler de vardır. İşte bu imanlı ailelerden biri de, şüphesiz ki, Mukarrin oğlunun ailesidir.**

İslâm ordusunun zafer haberini Halifeye getiren Saib ayağa tırladı ve dedi ki:

– **Ey Mü'minlerin Emîri! Muharebe meydanında (Nihaventte) Nûmandan sonra şehit olanlar arasında öyle meşhur biri yoktu.**

Cenâb-ı Ömer gün kadar aydınlık yüzünü Saib'e döndü ve tane tane konuştu:

– **Yâ Saib! Onlar, zaif ve fakir Müslümanlardandı. Fakat onlara şehitlik mertebesini ihsan eden Allah,**

onları da soylarını da çok iyi bilir. Ömer onları tanımış veya tanımamış ne çıkar?

Allah ve din uğrunda ebediyyetin altın sabahına eren Hz. Nûman İbni Mukarrin ve diğer İslâm şehitleri dal dal çiçek çiçek yeşermiş ulu ağaçların asude gölgesinde ebedî uykularına daldılar. İslâmın yumruğu bir defa daha küfrün İmansız beynini parçalamış ve İslâmı sonsuz düzlüğe çıkarmış oldu...

ŞEHİD

Rabbin rızâsı için yollara düşmüş asker,
Kanatları üstünde taşır onu Melekler!..
Dini mübin uğrunda candan el yumuş kimse,
Ruh, Cennette uçan kuş, ceset billur bir kâse!..

CENÂBI ÖMER'İN GAYESİ

Hidâyete ermiş ümmetin en ulu rahmeti Hz. Ömer (r.a.) in İran seferi İslâm devletini kurmak, bütün müslümanları küfür tecavüzünden korumak maksadı ile yapılmış, savunma seferleri idi. Zira her zaman saldırı ve tecâvüz küfürden gelmiş ve yine her defasında îman kılıcı ile kafası kopartılmıştı. Din ve şeriat ulusu Yüce Faruk (r.a.) onların saldırılarından o kadar bıkmış ve usanmıştı ki bir gün şöyle dedi:

– Keşke bizimle Farslar arasında ateşten bir dağ olsaydı hiçbirimiz ötekine saldırmasaydık!

Ne yazık ki, idrak gözlerinde katrânî bulutlar, beyinlerinde zebaniler dolaşan İran ateşperestleri her defasında zavallı halkı kışkırtmışlar, yeni yeni savaşlar açmışlar, pek çok kan dökülmesine sebep olmuşlardı..

Nihâvend zaferinden sonra Cenâb–ı Ömer (r.a.) Peygamber sahâbîleri ile İran seferlerinin sebeplerini en ince noktasına kadar görüştü. Muazzez sahabîler görüşlerini şöyle açıkladılar:

– İranda Yezdigerd yaşadıkça, Sasâniyan hanedanı ortadan kalkmadıkça Farslar bu Sasâniyan tahtının etrafında toplanacaklar ve savaşların hiçbir zaman sonu gelmeyecektir...

Hak ve adalet güneşi Cenâb–ı Ömer (r.a.) bu görüşü doğru buldu. Tam ve tekmil bir barışın kurulması, bir sürü suçsuz insanın huzura kavuşması ve Müslümanların emniyeti için bu fesat batağını kurutmak lâzımdı, İran'ın fethine Yezdigerd'in yok edilmesiyle başlanmalıydı.

Peygamber Halifesi Hz. Ömer (r.a.) İran vilâyetlerini teker teker feth etmek için birlikler hazırlamaya başladı. Bütün Müslümanları yine Allah yolunda cihada davet etti. Gönülleri iman dâvası için yine şahlandı. İrfan denizine gark olmuş din büyüğü Cenâb-ı Ömer (r.a.) her birliğe bir kumandan tâyin etti ve yine her birliğe sancak verdi... Sancak, hem nasıl sancak!... **"Lâilâhe illâllah Muhammedürresûlüllah!"** yazılı sancaklar...

Mukaddes İslâm'ın hidâyet nurunu yudumlayan mücahidler gönül coşkunluğu içinde, şanlı sancakların gölgesinde toplandılar. Reisler Reisi Hz. Ömer (r.a.) şeref ve haysiyetin sembolü olan sancakların hazırlanmasına çok önem verdi. Cihan ufuklarının şeref burcunda dalgalanacak olan bu sancaklar İslâm'ın azamet ve şevketini temsil edecekti...

Hicret'in 21. yılında İslâm birlikleri kendilerine verilen sancaklarla, kendilerine verilen ulvî vazifeleri yerine getirmek için harekete geçtiler. İslâm mücahidleri İran'ın vilâyetlerini birer birer fethe başladılar. Artık hiçbir kuvvet iman ordusunun önünde duramıyordu. Nurdan bir ırmak gibi çağıldayan İslâm mücahidleri her gittikleri yeri nura boğuyorlardı. Her yerde tevhid bestesi nağme nağme göklere yükseliyordu. İsfahan, Azerbaycan, Taberistan, Ermenistan, Fars, Kirman, Sistari, Miran gibi önemli vilâyetler Müslümanların eline geçti. Bunlar vilâyet değil, her birisi koca bir devlet büyüklüğünde ülkelerdi.

İman beşiği olan Mekke'den sürülen sonsuzluk müjdecisi ve onun muazzez sahabileri, bir avuç inanmış insan, şimdi İran gibi koca bir imparatorluğu paramparça ediyor, vilâyetler değil ülkeler aşıyordu. Kâinat sarayını iman nuru ile aydınlatan bu asil insanlar Allah yolunda canlarını sebil ediyorlardı.

İran toprakları ve İran vilâyetleri birer birer iman ordusunun eline geçerken Yezdigerd III kaçmaya devam etti. En son Horasan'da Mev'rud'a gitti. Oradan Çin hükümdarına mektup yazdı, elçiler gönderdi. Kendisine yardım ellerini uzatmasını istedi. Müslümanlarla yeniden boğuşacağını ve topraklarını kurtaracağını ileri sürdü. İman ordusunun kumandanı Hz. Ahnef, emrindeki birliklere Yezdigerd'in bulunduğu Mevrud üzerine yürüdü. Yezdigerd ne yapacağını şaşırdı, içerilere doğru bu defa da Belh üzerine akın etti. İki ordu amansız bir muhrebeye başladı. İslâm mücahidleri **Allah Allah** sesleriyle gökleri çınlata çınlata kılıç sallıyordu. Yezdigerd'in imansız ordusu yine perişan oldu.

İslâm ordusu yeni bir zafer daha kazandı. Kaçan düşmanı takibe koyuldu. Horasan vilâyetinin her tarafı kısa bir zamanda fethedildi. Tevhid sancağı Horasan burcunda nazlı nazlı dalgalandı. Din erlerinin ulusu, Cennet ehlinin aydın ışığı Cenâb-ı Ömer (r.a.) Peygamber beldesinden beri savaşları günü gününe takip ediyordu. İman ordusunun bu zaferini de öğrenince çok mesrur oldu. Gözlerinde saadet ışıkları yandı, gönlü ırmak ırmak çağladı. İslâm orduları kumandanı Hz. Ahnef'i tebrik etti:

– Ey yiğit kumandan! Allah sizi en güzel mükâfat ile mükâfatlandırsın. Düşmanı yine takip ediniz, bu küfür yuvasını tarumar etmedikçe Müslümanlara huzur gelmez... Haydi Allah'a emanet olunuz!...

İran'ın mankafalı Hükümdarı yine Çin Hakan'ından yardım istedi. Çinlilerin sözde semavî hükümdarı, İslâm ordusunun kırılmaz azmini, bükülmez iradesini, sonsuz vecdini anladı ve Yezdigerd'e şu haberi gönderdi:

– Müslümanlarla boy ölçüşmek semeresiz bir iştir.

Daha evvelce de bahsettiğimiz gibi iman ordusu ile küfür ordusunun muharebelerinin birinde bir İranlı kumandan cenk sahnesinden kaçmaya mecbur olmuştu. Fakat İranlı, Başbuğ tarafından yargılanarak mahkeme huzuruna sürülmek istendi, İranlı kumandan bütün cesaretini toplayarak başbuğuna şöyle cevap verdi:

Okunu istedi, aldı, adalelerini sünger gibi şişiren bir kuvvetle gerdi biraz ilerdeki bir taşa nişan alarak attı. Ok havada vızıltılar çıkararak uçtu, taşı parça parça etti. Sanık kumandan bu manzarayı takdirle seyredenler arasındaki başbuğuna dönüp haykırdı:

– Ey başbuğum! İşte benim bu elim, bu kuvvetim ve bu ok Müslümanlara tesir etmediğine göre, bunun mânâsı, Allah'ın onlarla beraber olduğudur; ve öyleyse onlarla harbetmekte ümit olmadığıdır!..

İran kumandanı gerçekten Müslümanlardaki manevî gücü kavramıştı. Fakat onu dinleyen yine olmadı.

İran Şehinşahı yine kaça kaça Çin'e sığındı. Çin hükümdarı onu saygı ile karşıladı. Yine Çin hükümdarından yardım talep etti. Şehinşahın yalvarmalarına dayanamayan Çin hükümdarı ona yardım etti. Şehinşah yeniden bir ordu hazırladı ve Horasan üzerine yürüdü. İslâm kumandanı Hz. Ahnef Belh şehrinde idi. İran Şehinşahı Yezdigerd III Merv Şahsan istikametinde ilerlemeğe başladı... İman ordusunun kahraman başbuğu Hz. Ahnef, üstünlüğü küfür ordusuna kaptırmamak için 24 bin kişilik ordusu ile nehri geçti. İslâm ordusu arkasına dağı. önüne de ovayı aldı. Müslümanlar artık iki düşmanla çarpışıyorlardı. Çinliler her gün cenk meydanına çıkıyorlardı ...İmân ordusunun cesur kumandanı ortalığı çınlattı:

– Ey Çinliler! İçinizde benim ile mübâreze edecek er yok mu?

Bir küfür cücesi atıldı:

– Ben varım!

– Gel öyleyse!

– Geliyorum!..

Ve kılıçlar kınlarından çıktı, havada iki şimşek çaktı, Çinli de ortalığı allak bullak eden bir feryâd:

– Öldüm!..

Hz. Ahnef bir vuruşta Çinliyi ikiye bölmüştü. Hemen başka bir Çinli meydana koştu. O da aynı akıbete uğradı. İman suyunda bilenmiş İslâm kılıcı ölüm saçıyordu. Yine Çinlilerden birkaç kişi daha cenk meydanına koştu, fakat yıldırım çarpmış gibi hepsi de yere serildiler. İslâm kumandanı küfür askerlerini biçiyordu... Bunu gören Çinlilerde hayret, dehşet!.. Ve Çin hükümdarında müthiş bir korku... Ve hemen ordusuna dikkat emri:

– Biz neden başkaları hesabına ateşten kestane çıkarmak için bir kedi pençesi gibi kullanılalım?

Ve ordusunu peşine taktığı gibi,cenk meydanını terk etti..

Gerçek şu ki, çok isabetli bir karar verdi... Yoksa ölüm kusan İslâm kılıcı onun da kellesini koparacaktı ...

Merv'i Şahsan'ı kuşatmış olan İran şehinşahı Çin hükümdarının cenk meydanından geri çekildiğini öğrenince çok kederlendi. Hemen muhasarayı kaldırdı, geri çekildi, sonra Türkistan'a gitti. Saray hanedanı onu geri çekilmekten vazgeçirmek için çok gayret ettilerse de Yezdigerd'in artık gözü yılmıştı. Müslümanlarla boy ölçüşemiyeceğini anlamıştı... Bu sebeple hiç kimsenin sözünü dinlemedi. Saray hanedanı ona isyan etti, her şeyini yağma ederek onun yoksul ve perişan olmasına sebep oldu. Yezdigerd III, nasibinde olan nasipsizliğe doğru perişan bir halde Türkistan'a kaçtı. Gönüller aydınlatan din büyüğü Cenâbı Ömer'in son günlerine kadar sefalet içinde yaşadı...

İslâm ordusunun bahadır kumandanı Hz. Ahnef (r.a.), İslâmın bu kutlu zaferini Nur şehrine Halifeler halifesine bildirdi. Hidâyete ermiş ümmetin ulu rahmeti Hz. Ömer (r.a.) Müslümanların İranlılara indirdikleri son ve kesin darbenin müjdesini Peygamber mescidinde bir nutukla sahabîlere bildirdi. Nutkunun sonunda :

– Bugün İran devleti, artık mahvolmuştur. Cenâb–ı Hak vâd'ini yerine getirmiştir. Onların memleketlerini ve mallarını size miras bırakmıştır. İranlılar bundan sonra size zarar veremezler. Fakat size şunu da hatırlatmak isterim ki, îman ve ahlâkınızı değiştirirseniz Allah (C.C.) size ihsan ettiği nusret ve üstünlüğü sizden alır ve bu memleketleri başkalarına verir, dedi...

İşte üç bin yıllık İran tarihe böylece karışıp gitti...

İmandan mahrumiyet sıcak yarada kezzap,
Sonu gelmez nedamet ve haşmetli bir azap!..

ATLARIN BAŞI SURİYE İSTİKAMETİNE DÖNDÜRÜLÜYOR

Suriye'nin fethi, cihanda en büyük Sıddîkiyet ve teslimiyet örneği Hz. 'Ebu Bekir (r.a.) in devrinde başlamıştı. İslâm orduları Şam, Humus, Erden ve Filistin üzerine akın etmişti.

Bizans İmparatoru Herakliyüs, îman ordusuna karşı kuvvetler göndermişti... Müslümanları kılıçtan geçireceklerini sanıyordu. Zira Müslümanların maddî gücü yok denecek kadar azdı. Buna mukabil küfür ordusu her türlü malzemeye sahipti... Fakat en çok lâzım olan şeye mâlik değildi. O da **iman**... İşte bütün güçlerin üstünde bir güç... **İmân!..**

Bizans ordularına karşı koyabilmek için ayrı ayrı kollardan ilerleyen İslâm orduları birleştiler. Her şehrine haberci göndererek yardımcı birlikler gönderilmesini istediler. Cihan Sıddîk'ı da Irak'ta bulunan dahi kumandan Hz. Halid İbni Velid (r.a.) kumandasındaki birliklerin Suriye'ye hareketi için emir verdi.

Bu emir üzerine dahi kumandan emrindeki birliklerle harekete geçti. Ecnadeyn'de Bizanslılar ile cenge tutuştular. Öyle bir cenk olmuştu ki, 3 bin İslâm mücahidi şehadet şerbetini yudumlamıştı. Küfür ordusunun ise ölü sayısı.müthişti... Ecnadeyn savaşını Müslüman ordusu kazandı, Bizans ordusu perişan oldu.

Bu defa İslâm ordusu Şam'ı kuşattı. Bu sırada Allah Resülü'nün en sadık dostu ve mü'minlerin en ulu rahmeti. Hz. Ebu Bekir (r.a.) hastalandı. Zafer müjdesini alamadan ebediyete – Ölüp te ölmeyenlerin – diyarına gitti. Sonsuzluk Nebisi'nin vuslatıyla şerefyab oldu...

Hak ve adalet güneşi Hz. Ömer (r.a.) onun yerine İslâm devletinin başkanı olunca, Hz. Ebu Bekir Sıddîk (r.a.) zamanında başlayan Suriye seferinin devamını emretti.

ŞAM MÜSLÜMANLARIN ELİNE GEÇİYOR

Şam meşhur bir şehirdi. Araplar Cehalet devrinde de ticaret için bu şehre gelip giderlerdi. Şam Suriye'nin çok önemli bir merkezi olduğu için, dahi kumandan Hz. Halid bin Velid (r.a.) Şam'ın kuşatılmasına ve fethine büyük bir önem verdi. Seçkin kumandanlarını şehrin kapılarına nöbetçi koydu. Muhasara uzadıkça uzadı. Şam ahâlisi sıkıntı çekmeğe başladı...

Kendilerini ancak Bizans İmparatorunun göndereceği yardımcı kuvvetler sayesinde kurtaracaklarını sanıyorlardı. Diğer bir husus ise kış bastırınca soğuklara dayanamayacak olan İslâm ordusunun çekip gitmesiydi. Halbuki İslâm ordusu öyle tipiden fırtınadan yılacak bir ordu değildi. Hepsi Allah yolunda canlarını, kanlarını sebil etmeye hazırdı. Şam'ı mutlaka fethedeceklerdi.

Bizans İmparatorunun gönderdiği yardımcı kuvvetler ise İslâm mücahitlerinin önünde tutunamadı, daha yolda iken perişan oldu... Şamlıların her iki umutları da söndü.

Muhasara devam ediyordu. Şehirdeki Hıristiyanların başında ise – Torna – isimli bir kumandan vardı. Sabahın erken saatinde rahipler, çıkış hareketinin yapılacağı kapıya yaklaştılar. Kapının üstüne büyük bir haç taktılar. Haçın altında İncil olduğunu iddia ettikleri bir kitap koydular. İmandan mahrum, nasipsizler nasipsizi Torna elini bu kitabın üzerine koydu ve karanlık ağzını açıp kaykırdı:

– İlâhî! Bizim dinimiz haksa bize yardım et! Bize yardım et! Bizi düşman eline düşürme!..

İki. ordu arasında müthiş cenk başladı. Torna, her tarafa sadağındaki zehirli oklardan yağdırıyordu. Bu zehirli oklardan biri, İslâm mucahidlerinden Eban'a değdi. Eban, yarasını başındaki tülbentle sarıp cenge devam etmek istedi. Fakat yapamadı, çadırına götürülürken şehid oldu. Eban'ın zevcesi yanındaydı. Misilsiz bir teslimiyet gösterdi. Ne tek damla yaş, ne bir çığlık. Şehid kocasının üzerine eğildi ve:

– Sen, dedi, ne mesutsun ki, Allah'a kavuştun! Ben de senin intikamını alıp sana kavuşacağım!

Ve îman kadını kocasının oklarını ve yaylarını alıp cenk sahnesine koştu. Adalelerini sünger gibi kuvvetle gerdi, biraz ilerdeki düşman kumandanını nişan alarak attı. Ok şimşek gibi bir hızla Toma'nın arkasındaki bayraktarın sırtına saplandı ve onu yere serdi. Bayrak Müslümanların eline geçti.

Bayrağın peşinden koşmak isteyen Toma'nın tam gözünden içeriye bir ok girdi. Ya bu oku atan kimdir?.. Yine şehid Eban'ın kahraman zevcesi!.. Toma öküz gibi bağırdı. Askerleri, artık bayrağın peşini bırakarak Toma'yı şehire taşıdılar.

Nihayet, 70 gün süren muhasaradan sonra Şam, düştü, muhasara devam ederken Şam patriğinin bir oğlu oldu. Küfrün alık adamları patriğin şerefine sabahlara kadar şarap içtiler, sarhoş olup sızdılar.

Muazzez sahabi Halid (r.a.) düşmanı yakından gözetliyordu. Durumu anlar anlamaz harekete geçti, surlara tırmandı. Şehrin etrafındaki su ile dolu hendekler tulumlarla aşıldı. Kale surlarından birer şahin gibi İslâm mücahidleri şehre süzüldüler.

Hz. Halid (r.a.) şehre giren İslâm mücahidlerini kapılarda nöbet bekleyen Bizans askeriyle savaşa soktu. Bizans askeri kılıçtan geçirildi. Şehrin kapıları ardına kadar açıldı.

Bizanslılar İslâm mücahidlerinin kılıçlarını enselerinde hissedince apışıp kaldılar. Suriye ordularının başkumandanı şanlı Sahabî Hz. Ebu Ubeyde (r.a.) nin askerleri de açılan kapılardan şehre girdiler.

– **İlâhî bizim dinimiz haksa bize yardım et!..** diyenin mümessilleri Başkumandan Hz. Ebu Ubeyde (r.a.) yi ziyaret etti. O da mukaddes İslâmın bütün yeryüzüne ve bütün insanlara şâmil adalet ölçüleriyle şehrin teslim alınmasını kabul etti.

Hıristiyanlar şanlı sahabi Hz. Ubeyde'ye sığındılar. Müslümanlar hiçbir kimsenin malına el sürmediler. Hiç kimsenin namusuna yan bakan olmadı. Hiç kimsenin burnu kanamadı. Hiç kimseye esir muamelesi yapılmadı. Mukaddes İslâmın Tevhîd sancağı Şam kalesinin şeref burcunda nazlı nazlı dalgalandı...

İslâmın nuru, insanlık gönlüne îman olukları ile akıtıldı. Kuruyan gönül dudakları inayet serinliğine kavuştu. Gözler hakikat nurlariyle ışık ışık yandı.

Şam, Hicret'in 14. (636) yılında ebediyyen Müslümanların oldu...

FUHUL CENGİ

İslâm ordusu, Şam'ı fethedince Bizans imparatoru telâşlandı. Büyük bir korkuya kapıldı. Artık bu İslâm cereyanı bütün kâinatı kuşatıcı bir ışık olmuştu. Bunun mutlaka önüne geçilmeliydi. Bu sebeple yeni bir ordu hazırlandı.

50 bin kişilik Bizans ordusu şöhretli bir Bizans kumandanının emrinde harekete geçerek Taberiye gölünün kenarındaki Bizans çevresinde karargâh kurdu.

İslâm orduları ise, Taberiye gölünün yakınlarında Bizanslıların Sıla nehrine Arapların Fuhul diye adlandırdıkları eski bir şehrin kazıntıları çevresinde toplandı.

Bizans ordusu, İslâm mücahidlerinin baskınına uğramaktan çok korkuyordu. Bunun için çareler düşündü ve Bizans ve Fuhul arasındaki yolları suya bastırdı. Artık her taraf çamur deryası hâlini almıştı. Burada savaşın imkânsız olduğu anlaşılıyordu. Kendi akıllarınca bu çamur deryasında cenk edilmezdi. Bu deryayı geçecek hiçbir kuvvet yoktu. Bizanslılar îman ordusunun azim ve iradesini henüz anlayamamıştı. Barış için islâm ordusundan elçi gönderilmesini istediler. Şanlı kumandan ve muazzez insan Hz. Ebu Ubeyde Bin Cerrah (r.a.) yine sahabi, ulularından Hz. Muaz bin Cebel'i elçi olarak Bizans karargâhına gönderdi...

İmanın nurdan âbidesi Hazret–i Muaz (r.a.), düşman karargâhına vardı. Sırmalı, işlemeli, püsküllü, kordonlu bir çadır. Her tarafta ve her yönde, Hazret–i Muaz'ı hürmetle bekleyenlerin serpiştirdiği şatafatlı eşya... Her taraf pırıl prıl, Muaz Hazretlerine, üstünde oturması ve istirahat etmesi için ipekten bir halı gösterdiler. Muazzez sahabî Bizanslıların hayretli bakışları arasında şöyle dedi:

– Fukaranın hakkını ve kanını sömürerek dokunmuş bir halıya oturamam!

Bizanslılar dondu :

– Fakat biz, dediler; **size hürmet göstermiş olmak için bu halının üzerinde oturmanızı rica ediyoruz!..**

Hazret–i Muaz'ın dudaklarında hafif bir tebessüm. Tane tane konuşuyor:

– Sizin hürmetinizi ifade eden şeylere kıymet veremiyeceğim! Eğer yere oturmak yalnız kölelere göre bir iş ise, biliniz ki, Allah'ın benden daha âciz kölesi yoktur!..

Bizanslılarda hayret, dehşet, ibret:

– Müslümanların arasında acaba sizden daha yükseği var mı?

– Bana Müslümanların en fenası olmamak yeter!

Ve ulu sahabî, Bizanslılara niçin elçi istediklerini sordu. Dediler ki:

– Niçin bizim üzerimize geldiniz? Habeşistan size daha yakın değil miydi? İranlıların başında bir kadın var... Bizimse başımızda öyle bir hükümdar var ki, cihana hâkim... Nüfusumuz, gökteki yıldızlar, çöldeki kumlar gibi hesapsız...

Hz. Muaz (r.a.) gün kadar aydınlık yüzünü Bizanslılara döndürdü ve tane tane konuştu :

– Siz, mallarınızı elinde tutan bir hükümdarla iftihar ediyorsunuz... Bizim reisimizdeyse hiç kimseye karşı üstünlük hakkı mevcut değil... Zinaya düşecek olursa, en âdi bir kimse gibi cezasını bulur. Hırsızlık ederse yine herkesin uğradığı cezaya uğrar. Perdeler arkasında oturmaz ve kendisini bizden üstün bilmez. Herkesin sahip olduğundan fazla da malı yoktur. Sade bir hayat sürer. Buna mukabil dağlar gibi heybetlidir.

– Demek Ömer'in sizden farkı yok!

– Ömer Müslümanların en büyüğü, en faziletlisidir. Fakat biz neye sahipsek, o da ancak ona sahiptir...

Bizanslılar hayretten dudaklarını ısırdılar. Muazzez Sahabî Hz. Muaz (r.a.) sözlerine şöyle devam etti:

– Sizden ilk istediğimiz mukaddes İslâm ile nurlanmanızdır. Namaz kılarken Kabe'ye yönelip, içki içmekten fena huylardan vazgeçmenizdir. Bunları kabul ederseniz bizim kardeşimiz olursunuz. Kabul etmezseniz teslim olunuz. İdaremizi kabul ediniz. Cizyeyi veriniz, bunların ikisini de kabul etmediğiniz takdirde kılıçlarımızın konuşacağını biliniz! Sayınızın deryadaki kumlar gibi çok olduğuna güveniyorsanız, biliniz ki biz öyle şeylere önem vermeyiz. Bizim azim ve irademiz imanımızdan gelmektedir. Ve Yüce Allah buyurmuştur ki:

«Nice küçük birlikler, büyük orduları Allah'ın izni ile yendi.»

Bizans kumandanı mırıldandı:

– Erdem vilâyetinin Arap yarımadasına yakın Belka şehrini size verebilirim. Buna mukabil Suriye'nin boşaltılmasını istiyorum!

Hz. Muaz (r.a.) gök gibi gürledi;

– Bu teklifinizi kabul etmiyorum!

Ve hemen ordugâhına döndü. Olup bitenleri başkumandan Hz. Ebu Ubeyde'ye anlattı...

Bizanslılar çaresizlik içinde çırpınıyorlardı. Bir defa bizzat İslâm ordularının başkumandanı ile görüşmek ve barış müzakeresine girişmek istediler, îman ordusuna bir elçi gönderdiler. Elçi geldi. Kumandan çadırına götürüldü. Adam apışıp kaldı. Zira Hz. Ebu Ubeyde'yi de kendi kumandanları gibi debdebe içinde göreceğini sanıyordu. Elçinin hayâl âleminin billur saraylarda altın taht üzerinde bir kumandan vardı. Fakat şimdi gördüğü manzara tüyler ürpertici bir sadelik arzediyordu. Elçi, îman ordusunun şanlı kumandanı Hz. Ebu Ubeyde'yi yere oturmuş, önündeki okları muayene ederken buldu. Ve şaşkınlık, sordu :

– Başkumandanınız nerede?

Cevap verdiler:

– İşte ileride oturuyor!

– Nasıl olur, bir yanlışlık olmasın?

– Hayır, yanlışlık yoktur!

– İnanamıyorum!

– İnansan da, inanmasan da başkumandan odur!

Bizans elçisi hayatında böyle bir şey görmediği için iyice şaşırmıştı... Böyle sadelik, böyle tevazu, böyle ahenk... Neydi bütün bunlar? Nasıl oluyordu bu iş? Bütün cihan ordularını ezen, zaferine zaferler katan bir ordunun başkumandanı böyle mi olacaktı...

Elçi bu defa bizzat Hz. Ebu Ubeyde'ye sordu :

– Başkumandan siz misiniz?'

– Evet, benim!

– Ne tuhaf insanlarsınız!

– Neden?

– Ömrümde sizin gibi insanlar görmedim! İnsan inanmak istemiyor. Fakat işte gerçek... Gözlerimle görmeseydim inanmazdım!..

Bizans elçisi zeki bir adamdı. Müslümanların iman aynası berrak yüzünü görünce onlardaki azmi ve kararı anlamıştı.

Şanlı sahabî Hz. Ebu Ubeyde'ye dedi ki:

– Şayet Müslümanlar geri dönmeyi kabul ederlerse adam başına iki altın vermeğe hazırız!

Hz. Ebu Ubeyde (r.a.) ortalığı çınlattı:

– Olamaz!

Elçi kaşlarını çattı. Müslümanları aldatamamış, para ile satın alamamıştı. Bu Müslümanlar hiçbir şeyden korkmuyordu. Hiçbir menfaata dâvalarını feda etmiyordu... Çaresiz geri döndü. Artık başlarına gelecek felâketi beklemekten başka yapılacak iş yoktu...

CENK BAŞLIYOR

Şanlı kumandan ve muazzez sahabî Hz. Ebu Ubeyde (r.a.) îman ordusuna savaş emrini verdi. Durumu Allah Resûlü'nün halifesi Cenâb–ı Ömer'e bildirdi. Hidâyete ermiş ümmetin ulu rahmeti Hz. Ömer (r.a.) başkumandana verdiği cevapta İslâm mücahidlerini savaşa teşvik etmesini ve yalnız Allah'a güvenmesini tavsiye etti.

Muazzez sahabî Hz. Ebu Ubeyde (r.a.) şanlı orduya hücum emrini verdi. İslâm mücahidleri ırmak ırmak çağladı. Gönüllerde sonsuz heyecan vardı. Fakat küfür ordusu savaş meydanına çıkamadı.

Dâhi kumandan Hz. Halid (r.a.), ertesi gün soylu atlarına binip süvarilerle ilerledi. Bizanslılar ordularını üçe böldüler; bir kısmını Hz. Halid'in karşısına diktiler. Bizans'ın bu ordusu en güçlü ve en büyük savaş araçları ile donatılmıştı. Bizansın bu çok iyi teçhiz edilmiş olan ordusu Dahî Kumandanın birlikleriyle karşılaşınca çekindiler, mayaları korkaklıkla yoğrulmuş olduğundan hücum edemiyerek geri çekildiler. Başkumandanlarından yardım istediler. Celâdet ve şecaatin nûrânî âbidesi Hz. Halid Bin Velid (r.a.) durumu hemen anladı, kendi birliklerine de hücum emri vermedi. Başkumandan Hz. Ebu Ubeyde'ye haber uçurdu.

İman ordusunun başkumandanı Hz. Ebu Ubeyde (r.a.) ertesi gün orduyu savaş düzenine koydu. Bütün birlikleri dolaşarak gereken talimatı verdi. Bu duruma göre, sağ kanada Hz. Muaz Bin Cebel, sol kanada Hâşim Bin Atabe, yayalara Said Bin Zeyd ve atlı birliklere de Hz. Halid Bin Velid kumanda edecekti.

Allah Resûlü'nün bizzat:

«Her ümmetin bir emîni vardır.»[29] diye taltif ettiği 'kutlu sahabi Hz. Ebu Ubeyde İslâm mücahidlerine hitap etti:

---

29 Buhârî.

– Ey Allah'ın kulları! Allah'ın yardımını sabır ve sebatla bekleyiniz! Çünkü Allah sabr edenlerle beraberdir.

Ve şanlı orduya **«İleri!»** emrini verdi...

İman ordusu **«Allah Allah!»** sesleriyle hücuma geçti. Bizans ordusunun mevcudu 50 bin kişi idi. Aynı zamanda çok iyi savaş araçlarına sahipti. Sayısız okçu vardı. Ve bu okçular İslâm askerinin üzerine ok yağdırmaya başladı. İslâm ordusu bir ara geriler gibi oldu. Bunu gören küfür ordusu neş'elendi. Kuduz bir sırtlan gibi îman saflarına yüklendi...

Tam o sıra dahi kumandan Hz. Halid (r.a.) düşmanın sağ kanadına saldırdı. Bu defa küfür ordusunun Hz. Halid'in birliklerine saldırdığı görüldü. Zaten Hz. Halid'in maksadı da buydu. Düşmanı aldatmak, düşman ordusunun sağ kanadını esas ordudan ayırmaktı. Ve istediği olmuştu. Bizans ordusunun sağ kanadı Hz. Halid'in birliklerine toslamıştı. Hz. Halid (r.a.) birliklerini geri çekti. Bizanslılar onu takibe başladılar. Bizans ordusunun sağ kanadı esas ordudan epeyce uzaklaştı. Dahi kumandan Hz. Halid (r.a.) yüksek dehâsını yine göstermişti. Ve Bizans ordusuna toslamanın tam vakti idi. Nitekim muazzez kumandan beklenen emri verdi:

– Hücum!..

İslâm mücahidleri Allahü Ekber sesleriyle gökleri deliyordu. Amansız bir hücum başlamıştı, îman kılıcı küfür ormanını biçiyor, biçiyordu. Feryatlar, iniltiler, öldüm sesleri arasında Bizans ordusu eridi. Bir İslâm mücahidi, Bizans ordusunun büyük rütbeli bir kumandanını cansız yere serdi. Küfür heyulası bir kan havuzu içinde yüzüyordu. Niceleri azap diyarını boylamıştı. Niceleri can çekişiyordu. Niceleri de cenk meydanından kaçıyordu...

İslâm ordusunun diğer birlikleri de küfür ordusunun sol kanadına bütün gücü ile yüklendi. Amansız bir boğuşma başladı.

Bizans ordusunun sol kanadı da ezildi. Bugüne kadar görmedikleri bir fırtınaya tutulmuşlardı. İslâm mücahidleri yıldırımdan birer gülle gibi değdiği yeri yakıp perişan ediyordu. Bizans ordusunun ancak ortadaki birlikleri sağlamdı ve mevzilerinde duruyordu. Bir defa îman ordusunun sol kanat kumandanı Hâşim bin Atabe bayrağı eline aldı ve haykırdı:

– Bu bayrağı Bizans ordusunun merkezine dikmeden geri dönmeyeceğim!..

Ve atından inerek kalkanı ile düşmana doğru heybetle yürüdü. Hâşim'in üstüne beş on kişi çullanmak istediler ise de Hâşim buna meydan vermedi. Şimşek gibi kılıç kullandı ve küfür ejderlerini yere serdi. Emrindeki birlikler kahramanca kumandanlarını takip ettiler. Cenk meydanı bir kan deryası hâlini almıştı.

Bizanslılarda hayret, dehşet, ibret... Kaçan kaçana. Canını kurtaran kaptandı. İslâmın ölüm saçan şanlı kılıcı düşmanın ense köküne inmişti. Artık hiçbir kurtuluş ümidi yoktu. 50 bin kişilik koca ordu erimiş toz olmuştu...

Şanlı İslâm gazileri yeni bir zafer daha kazanmışlardı. Fuhul meydan muharebesi İslâmın zaferiyle neticelenmişti...

Şanlı kumandan Hz. Ebu Ubeyde (r.a.), Peygamber beldesine müjdeci gönderdi. Hak ve adalet güneşi Hz. Ömer (r.a.) sevinç gözyaşları döktü.

Ulu kumandan Ebu Ubeyde (r.a.) Cenâb–ı Ömer'e zaferin müjdesi ile birlikte mağlûplara yapılacak muameleyi de sordu... İrfan denizine gark olmuş din büyüğü verdiği cevapta mağlûpların ehli zimmet sayılmasını, toprakların eski sahiplerine terk edilmesini emretti. Bu savaştan sonra Suriye'nin büyük bir kısmı Müslümanların eline geçti. Mağlûplara bildirilen barış şartlarında :

«Herkesin malı, canı, yeri, yurdu, tapınaklar emniyettedir. Ancak parasını ödemek şartı ile cami yapmak için yer alınabilecektir.» denilmekteydi...

İşte nizam üstü nizam... Mukaddes İslâmın bütün insanlığa sunduğu gerçek medeniyyet...

İslâm mücahidlerinin tek gayesi beşeriyete baygın yaprakları canlandırıcı bir yağmur gibi İslâm ruhunu ve nurunu içirmekti... Bu ulvî gaye ile canlarını sebil eden muazzez insanlar bütün cihanı İslâmın nuru ile aydınlatmışlardı. Ve o hakikat nuru gönüllere girdiği günden beri insanlık aradığını buldu. O nurdan uzaklaşan insanoğlu ise bugünkü perişan hâle geldi...

Ey nur devri, sofranı getir de kur yeniden.
Cihanın karşısına haşmetle dur yeniden.
İman tasını değdir insanlık dudağına,
Topyekûn beşeriyet, nur bekler nur, yeniden!..

YERMÜK CENGİ

Yermük savaşı Hicret'in 15. (636) yılında oldu. Bizans'a bağlı küçük Prensler Suriye'deki birçok şehirlerin İslâm ordusunun eline geçmesinden sonra Antakya'da'toplandılar. İmparatorlarına dediler ki:

– Aziz imparatorumuz! Müslümanlar hiçbir engel tanımıyorlar, bütün şehirleri ellerine geçirdiler. Bu amansız selin önüne durmak lâzım. Yoksa yarın hepimiz boğulup gideriz!

Bizans İmparatoru Herakliyüs Prenslere sordu :

– Ey asilzadelerim! Müslümanlar sayı ve kuvvet bakımından sizden çok aşağıda iken nasıl oluyor ki bu bir avuç insana yeniliyorsunuz?..

Prensler verecek cevap bulamadılar. Yüzleri al al oldu, başlarını önlerine eğdiler. Derin bir sükût...

İçlerinden akıllı ve vicdanlı bir prens ileri atıldı ve tane tane konuştu :

– Hükümdarım! Şunu biliniz ki, Müslümanların maneviyatları bizden üstün. Onlar gecelerini ibâdetle;

gündüzlerini oruçla geçiriyorlar. Öyle bir îmana sahipler ki, dinlerinin «Öl!» dediği yerde ölüyorlar «Dur!» dediği yerde duruyorlar. Hiçbir insana zulm etmiyorlar. Hiçbir haksızlığa göz yummuyorlar. Birbirleriyle kardeşçe geçiniyorlar. Ne zulm ediyorlar, ne de zulme uğruyorlar. Biz ise bütün ömrümüzü kötülüklerle geçiriyoruz. Verdiğimiz sözü tutmuyoruz. Birbirimize zulm ediyoruz. Bizde herkes menfaatini düşünüyor. Müslümanlar hareketlerini sonsuz bir şevk ile yapıyorlar. Biz çekingen ve. korkak duruyoruz. Elbette ki bu ordu yenilmez. Müslümanların sayıca az olması, güçsüz oldukları mânasına gelmez. Onlarda öyle bir îman kuvveti var ki, isteseler bütün cihana boyun eğdirirler...

İmparator bu prensin sözlerine hak verdi. Çünkü doğru ve öz konuşuyordu. Müslümanları tam manâsıyla tanımıştı ...

Bizans İmparatoru Suriye'yi boşaltma kararı aldı. Lâkin Hıristiyanlar onu bu kararından döndürdüler. Dediler ki:

– Ey kudretli Hükümdarımız! Geliniz hep birlik olup Müslümanların üzerine çullanalım. Bu sefer zafere ereceğimiz muhakkaktır!...

İmparator bu hayâle kapıldı. İman ordusu ile bir kere daha cenk edeceklerdi. Bizans ordusunun Antakya'da toplanmasını emretti. Küfür ordusu, sözde İslâm ordusunu perişan edebilecekti. Gökteki yıldızlar, denizdeki kumlar sayısınca asker akın akın Antakya'ya geldi. Dağ gibi bir ordu kuruldu. Bütün gayeleri İslâm mücahidlerini kılıçtan geçirmekti...

Sonsuzluk caddesinin pırıltılı erleri, îmanın nurdan âbideleri İslâm gazileri ise feth ettikleri yerlerin halkına rüyalarında bile göremeyecekleri şefkati ve adaleti gösteriyorlardı, imanın nur tasını 'insanlık dudağına sunuyorlardı. Bunu gören halk Müslümanları bağrına basıyordu. Müslümanlar cihanın bir numaralı fazilet örneğiydi. İnsanlık İslâm ruhunun billûrlaştırdığı idare şeklini ancak şimdi görebiliyordu...

Bunu gören halk kendi kendilerine keşif birlikleri kurdu. Toplanan bilgileri İslâm ordusunun başbuğu Hz. Ebu Ubeyde'ye (r.a.) bildirdiler. Eski efendilerinin ve dindaşlarının aleyhine casusluk etmekte bir sakınca görmediler. Zira Müslümanların adaleti, fazileti, ahlâkı onları büyülemişti... Müslümanlar melek gibi birer insandı. İslâmı nokta nokta öz nefislerinde yaşıyorlardı. Onu bütün cemiyet hayatında da tatbik ediyorlardı... İşte ruh, işte bu vecd, işte bu îman canlara can katıyordu...

❁❁❁

Muazzez sahabi ve şanlı başbuğ Hz. Ebu Ubeyde (r.a.) Humusta kumandanlarını bir araya topladı ve içli bir hutbe irad ettikten sonra dedi ki:

– Ey şanlı kumandanlar! Cenâb–ı Hak sizi defalarca imtihan etti. Bütün imtihanları başarı ile kazandınız. Bu başarılarınızın meyvesi olarak sizi muzaffer etti. Şimdi düşman yeryüzünü titretecek kuvvetler hazırlıyor. Ne yapmayı tavsiye edersiniz?

Yezid B. Ebu Sufyan söz aldı:

– Aziz kumandanımız, dedi; çocuklarımızla kadınlarımız şehirde kalsınlar. Biz düşmanı şehir dışında karşılayalım. Bundan başka Halid B. Velîd ile Amr İbnil As'ı buraya çağıralım!

Şerhbil söz aldı:

– Düşündüklerimizi serbestçe söylecek durumdayız. Şüphesiz Yezid düşündüklerini iyi niyetle söyledi; fakat ben onunla aynı düşüncede değilim: Şehir halkı Hıristiyandır. Bunlar çocuklarımızı ve kadınlarımızı imparatora teslim edebilecekleri gibi, onları öldürebilirler de.

Bunun üzerine başkumandan Hz. Ebu Ubeyde (r.a.) dedi ki:

– O halde Hıristiyanları şehirden çıkaralım mı?

– Hayır buna hakkımız yok. Biz Hıristiyanlara barış ve emniyet içinde yaşayacaklarına dair söz verdik. Bu sözleşmeyi bozamayız!

Müşavere bu şekilde devam etti. Sonuç olarak şu karara vardılar:

– Müslümanlar şehirde kalacak, yardımcı kuvvetlerin gelmesini bekleyecek.

Başbuğ Hz. Ebu Ubeyde (r.a.) bu düşünceye katılmadı. Şam'a çekilmeğe karar verdi. Hazinedarını çağırdı. Hıristiyanlardan cizye olarak aldığı parayı geri vermesini emretti ve dedi ki:

– Biz bu vergiyi onları düşmandan korumak için aldık; madem ki korumaya gücümüz yetmiyor, o halde paralarını geri vermeliyiz. Kendileri ile dostluk duygularımız beraberdir. Onları koruyacak durumda olmadığımızı bildirmeliyiz.

Şehir halkından cizye olarak alınan binlerce altın ve mücevher geri verildi. Hıristiyanlarda hayret, dehşet ibret!..

Hıristiyanlar Müslümanların bu görülmemiş davranışlarından çok memnun kaldılar... Hatta içlerinde gözyaşı dökenler bile oldu:

– İnşallah tekrar geri döner ve bize hâkim olursunuz!

Dediler. Yahudiler de:

– Biz yaşadıkça imparator Humus'a giremez, diyerek sadâkat gösterdiler...

İslâm ordusu Humus'u terk etti. Hıristiyan halkın gözlerinde iplik iplik yaş... Böyle bir hayatı rüyalarında bile görememişlerdi. Müslümanlar şehirlerine nur yağdırmıştı. Herkes huzur ve emniyet içinde ömür sürüyordu.

Şanlı sahabi Hz. Ebu Ubeyde (r.a.) orduyu Şam'a çekti. Durumu Hak ve adalet güneşi Hz. Ömer (r.a.) e bildirdi. Din erlerinin ulusu ve Cennetin aydın ışığı Yüce Faruk (r.a.) önce bu işe bir mâna veremedi. Müslümanları düşmanın çokluğundan korkarak geri çekildiler sandı. Gönlü hicran ateşiyle doldu, îman ile pırıldayan bir ordu, nasıl olur da korkaklık gösterebilirdi...

İman ordusunun 'başbuğu muazzez sahabi Hz. Ebu Ubeyde (r.a.), Peygamber halifesinin üzüldüğünü öğrenince mü'minler Emîrine her kelimesinden azim ve îman fışkıran bir nâme gönderdi:

– Ey Allah Resûlü'nün halifesi! Geri çekilmemiz korkudan değil. Ancak savaş tekniği bakımından böyle yaptık... İslâm mücahidleri her zaman küfrün beynine bir şimşek gibi inecek kudrette ve îmandadır!..

Cenâb–ı Ömer (r.a.), bu nâmeyi alınca ferahladı. Ve îman ordusunun başkumandanına şu haberi yolladı:

– Size yardımcı kuvvetler gönderiyorum! Zaferin sayı ile değil de, her şeyden önce cesaret, itaat, doğruluk ve îmanla kazanılabileceğini unutmayınız!...

❁❁❁

İslâm ordusunun Humus'tan Şam'a çekildiğini öğrenen Hıristiyanlar Erden'de isyan çıkardılar. İslâm ordusunu bu defa perişan edeceklerini sandılar ve her yanda fitne ateşini körüklediler.

Muazzez Sahabî ve îman orduları başbuğu Hz. Ebu Ubeyde (r.a.), Hıristiyanların içinde bulunduğu durumun bu vaziyette olduğunu Erden'deki îman orduları Kumandanı Hz. Amr Bin el-As'a bildirdi ve yerlerinde sebat etmelerini, düşmana göz açtırmamalarını, kendisi gelip görüşmelerini yazdı. Sonra bu iki kumandan Erden vilâyetinin Yermük şehrinde görüştüler. Başbaşa verip savaş plânını hazırladılar. Bizans ordusuyla boğuşmak için en uygun ve en elverişli yerin Yermük olduğuna karar verdiler...

❁❁❁

İman ordularının Başbuğu Hz. Ebu Ubeyde (r.a.) yine Cenâbı Ömer'e haber uçurdu :

– Ey Mü'minlerin Emîri! Bizanslılar çok büyük bir ordu ile hareket ettiler. Papazlar ve rahipler ellerinde haçlarla ordunun önünde yürüyorlar, bütün Hıristiyanları Müslümanlar aleyhine ayaklandırıyorlar. Bu durum karşısında ne düşünüyorsunuz?

Hidâyete ermiş ümmetin ulu rahmeti Cenâb–ı Ömer (r.a.) bu mektubu alınca Sahabîleri Allah Resûlü'nün mescidinde topladı. Ve Hz. Ebu Ubeyde'den gelen mektubu okudu. Gönülleri îman zevkinden kararsız bir hâle gelmiş olan ulu sahabîler bütün güçleriyle savaşa katılmak kararını aldılar. Muazzez sahabî Hz. Abdurrahman Bin Avf (r.a.) ayağa fırladı ve ortalığı çınlattı:

– Ömer başkanımız ve emîrimizdir. Yürüsün bizler de bir sel gibi arkasından gideriz!

Diğer sahabi ululari bu düşünceyi uygun bulmadılar. Yeniden yardımcı kuvvetler gönderilmesine karar verdiler.

Hemen bir yardımcı birlik hazırlandı. Gönülleri marifetullah ağaçları ile yeşermiş olan muazzez sahabîler Allah yolunda cihad etmek için sonsuz bir vecd ile yola çıktılar. Bu sırada düşman Yermük'ten dört konaklık bir mesafedeydi. Nur şehri Medine'den harekete geçen yardımcı birlikler Tekbir sesleriyle Yermük istikametinde yola koyuldular. İrfan denizine gark olmuş din büyüğü ve reisler reisi Cenâb–ı Ömer (r.a.) bütün İslâm ordularına bir mesaj gönderdi:

– Ömer size selâm eder. Ve der ki: Ey İslâm dininin desteği yiğitler! Düşmanınızı imân ile karşılayınız! İmânınıza dayanınız, sabrediniz, bağlanınız! Üzerlerine arslanlar gibi saldırınız! Onlara zerre kadar önem vermeyiniz! Sizlerin zaferi kazanacağını biliyor ve bekliyoruz! Siz ki, îman ile pırıldamış birer mücahitsiniz! Allah sizlerle olsun yiğitlerim!..

***

Adalet mefhumunun billûrlaşmış nurdan âbidesi Hz. Ömer (r.a.) in mesajı ile Said Bin Amr'ın kumandasındaki yardımcı birlikler Yermük'e vardı. Cenâb–ı Ömer (r.a.) in mesajı ile gelen yardımcı kuvvetler îman ordusunun manevî gücünü pek yükseltti... îman ve küfür ordusu yavaş yavaş birbirlerine yaklaştılar... Savaş düzenine girmeğe başladılar.

Dünyada ne kadar îmansız varsa Bizans ordusundaydı. 200 bin kişilik bir küfür ordusu îman ordusunun karşısına dikilmişti... Gözleri hançer hançer, suratları kapkaranlık bir sürü küfür heyulası İslâm'a diş biliyordu. Bu 200 bin kişilik küfür sırtlanı madde pehlivanlarından meydana gelmişti.

Bizans ordusu 24 parçaya ayrıldı, savaş düzenine girdi. Her ordunun önünde kara cübbeli, şeytan suratlı Patrikler vardı. Ellerinde büyük büyük haçlarla yürüyorlardı, îman ordusuna karşı askerlerine cesaret veriyorlardı. Bir avuç Tevhîd ehlini kılıçtan geçireceklerini ve artık İslâm cereyanını durduracaklarını sanıyorlardı. Asırlarca sürecek haçlı seferlerinin tohumu işte bugün atılmıştı. Artık hizip hizip birleşen küfür, asırlarca İslâmın karşısında kan kusacaktı... Bu ne büyük kin, bu ne sırtlanca saldırıydı. Bu ne amansız düşmanlıktı. Bu ne vahşice sırıtıştı?

İman ordusunun mevcudu sadece 35 bin kişiydi. 200 bin kişilik küfür ordusuna karşı, 35 bin îman arslanı vardı. Düşmanın altıda biri kadar... Evet, bu kadarcık küçük bir ordu, dev gibi bir orduyu nasıl yenecekti?

İmanın neler yaptığını, Allah'a teslimiyetin misilsiz örneğini bu savaşta bir kere daha göreceksiniz...

YERMÜK'TE İLK KARŞILAŞMA

Yermük, İslâmın zafer şafağı... İslâm yine küfür ejderlerini ot biçer gibi burada doğrayacaktır.

Yermük savaşının ilk karşılaşmasında îman ordularına dâhi kumandan Hz. Halid bin Velid (r.a.) kumanda etti. îman ordusu pırıl pırıl sancakların altında vaziyet aldı. Hz. Halid, ordunun sağ kanadına Hz. Muaz Bin Cebel'i, sol kanadına Kubaş Bin Esim'i, yayalara da Hâşim bin Atebe'yi kumandan tayin etti. Kendisi de süvari birliklerinin başına geçti. Bu birliklerden birini kendi emrine koydu. Diğer süvari birliklerini de yine İslâm bahadırlarından güvendiği yiğitlerin kumandasına verdi. 35 bin kişilik îman ordusu ile, 200 bin kişilik küfür ordusu artık karşı karşıya gelmişlerdi.

İman ordusu tekbir sesleriyle gökleri inletirken Bizans ordusundan bir kara cübbeli patrik cenk meydanına doğru ilerledi ve karanlık ağzını açıp haykırdı:

– İçinizde benim ile dövüşecek yiğit var mı?

Bir îman arslanı ortalığı çınlattı:

– Ben varım!

Dâhi kumandan Hz. Halid (r.a.), Kays Bin Habire'yi Patrik'in karşısına çıkardı.

İslâm mücahidi erkek adımlarla cenk sahnesine doğru yürüdü ve gök gibi gürledi:

– İslâm'a gel, ey Patrik!

– Gelmiyorum!

Patrik daha elini kılıcına dokundurmak fırsatını bile bulamadı, îman devi şimşek gibi parladı ve bir kılıç darbesiyle Patrik'in İmansız kafasını uçuruverdi.

İman ordusu **«Allahü Ekber!»** diyerek cenk sahnesine doğru süzüldü. Bu müthiş hücum karşısında Bizans ordusu afalladı. Hücuma geçmek cesaretini gösteremiyerek savunmaya geçtiler... İslâm mücahidlerinin karşısına parça parça birlikler çıkarmakla yetindiler. Savaşın birinci günü böyle geçti...

İmansız ordu yine hileye başvurdu. İslâm ordusunun îman ve azmini görünce onları mağlûp etmenin imkânsız olduğunu anladılar. Bizans Başbuğu Bahem, kendi ordusundan altı defa daha az olan İslâm ordusunu yenmenin ne demek olduğunu hemen anlamıştı. Akşamleyin kumandanlarını topladı. Bir harp meclisi kurdu :

– Ey kumandanlar! Müslümanların nasıl cenk ettiklerini gördünüz. Şimdi ne yapmamız gerektiğini söyleyiniz!

Madde pehlivanları şu fikri ileri sürdüler:

– Müslümanları para ile kandırıp savaştan vazgeçirelim.

– Çok güzel bir fikir!

Ertesi gün îman ordusunun başbuğu muazzez sahabî Hz. Ebu Ubeyde'ye güya barış yapmak için elçi olarak Corc adında bir patrik gönderdiler.

Beyninde zebanilerin horan teptiği imansız adam akşam üstü İslâm karargâhına geldi. Hayret, dehşet, ibret!..

Sanki herkes, evinde çoluk çocuğunun içinde imiş gibi sükûn ve huzur dolu kalblerle abdest alıyor. Herkes namaza hazırlanıyor... Herkeste bir vecd, bir neş'e, bir heyecan... Ve bir taraftan göklere doğru yükselen Ezan sesi... O ne ilâhî nağme, o ne mânâ dolu bir ses, o ne gönüllere rahmet yağdıran nur bulutu?..

Patrik etrafına aptal aptal bakındı. Gördüğü bu ulvî manzara karşısında donup kaldı... Nihayet Müslümanlar huşu ve hudu içinde namazlarını bitirdiler. Namazdan sonra İslâm başbuğu Hz. Ubeyde'nin huzuruna çıktı. Hz. Ebu Ubeyde'nin îman aynası yüzüne dikkatle baktı. O ne îman heybeti? Sonra yavaş yavaş kendisini toplayarak fısıldadı:

– Ey Kumandan! Hz. İsa (A.S.) hakkında ne düşünüyorsunuz?

Muazzez sahabî Hazret–i Ebu Ubeyde (r.a.) Kur'an'daki şu mealdeki Âyeti Celileyi okudu:

– «Ey kitap ehli! Dininizde ifrat ederek Allah'a karşı haksız yalanlar söylemeyiniz. Mesih İbni Meryem ancak Allah'ın Peygamberidir. Meryem'e ilka ettiği

kelimesidir. Mesih hiçbir vakit Allah'ın kulu olmaktan istinkâf etmeyeceği gibi mağrip feriştehleri de bu kulluktan istinkâf etmezler.»

Patriğe bu âyetler tercüme edildi. Patrik:

– Doğrudur, dedi, İsa'nın vasıfları bunlardır. Peygamberiniz hak Peygamberi imiş!

Ve ruhuna bir ateş düştü. Patrik artık Müslümandır. Ve îmanın şeref tacını başına kondurdu. Bizans ordusuna geri dönmek istemedi:

– Aziz kumandan! Artık müsaade et sizinle beraber olayım. Allah yolunda ben de cenk edeyim!

– Teklifini kabul ediyorum! Ancak Hıristiyanlar bizim kötü niyetli olduğumuzu ve kötü davrandığımızı sanabilirler. Bu sebeple şimdi sen Hz. Halid ile ordugâhına dön ve tekrar birlikte bize geri gel!

❁❁❁

Dâhi kumandan Hz. Halid Bin Velid (r.a.) Bizans karargâhına doğru yola çıktı. Yolda bir sürü kâfir kuvvet gösterisi yaptı. Tepeden tırnağa silâhlı askerler, demirden zırhlar içinde atlara binmiş sürü sürü süvariler. Hançer hançer gözlerle Hz. Halid'in etrafında fırfır dönüyorlar. İmânın billûrlaşmış nurdan âbidesi yüce bahadır hiç aldırmadı. Erkek adımlarla ileri yürüdü. Bizanslılar akıllarınca onu yıldırmak korkutmak istiyorlardı.

«Allah'ın kılıcı» Hz. Halid Bin Velîd (r.a.) Bizans başbuğunun çadırına doğru yöneldi. Başkumandan onu saygı ile karşıladı:

– Hoş geldin asil kumandan!

– Hoş bulduk!

– Sizinle görüştüğüme memnun oldum!

– Biz de memnun olduk!

– Buyurun oturun...

Hz. Halid (r.a.) gösterilen yere oturdu. Bizans kumandanı yine söze başladı. Önce Hz. İsa (A.S.)yı övdü. Sonra İmparatorlarının kudret ve kuvvetinden söz etti:

– Bizim hükümdarımız, yeryüzündeki bütün hükümdarların hükümdarıdır!

Dâhi kumandan Hz. Halid (r.a.) cevap verdi:

– Sizin hükümdarınız dediğiniz gibi olabilir. Bizim Reisimiz, bir ân için, bize zulmetmeyi aklından geçirmez. Adaletiyle zulmün kapısını ebedî olarak kapatan bir Emîrimiz var ki, dünya onun gibisini bir daha göremiyecektir. O hiçbir kimseye zulmetmez, zulmedecek olsa onu, derhal, hallederiz!

Bizans başbuğu tekrar söze başladı:

– Sizin soydaşlarınız bizim memleketimize yerleştiler. Biz onlara çok iyilik ettik. Arapların bize minnettar kalacağını sanıyorduk. Halbuki şimdi siz bizi kendi öz topraklarımızdan çıkarıp atmaya çalışıyorsunuz. İhtimâl ki başka milletlerin aynı işe teşebbüs ettiklerini ve sonunda nedamet yaşları döktüklerini bilmiyorsunuz. Cihanın en barbar, en câhil, en vahşî ve en yoksul milleti olan sizler; bize karşı gelmek cür'etinin ne demek olduğunu bilmiyorsunuz. Halbuki biz sizi affediyoruz.

Şu şartla ki çekilip gidiniz. Topraklarımızı terk ederseniz size para veririz. Kumandanlarınıza on bin, subaylarınızın her birine biner altın derhal verebiliriz! Lâkin şartımızı kabul edip, topraklarımızı terk ediniz!

Allah Resûlü'nün şanlı sahabîsi söz aldı ve tane tane konuştu:

– Âlemlerin Rabbı olan Allah'a hamd ederim. O kudret ve celâl sahibidir. Resûlüne salât ve selâm olsun ki, O âlemlere rahmet olarak geldi, insanlığı nura erdirdi. Biz ondan aldığımız ilâhî feyz sayesinde dev gibi orduları yendik. Şimdi sizin zengin olduğunuzu, büyük kuvvet ve kudretiniz bulunduğunu şüphesiz

biliyoruz. Soydaşlarımıza iyilikleriniz ise bâtıl dininizi kabul ettirmek için yaptığınız propagandadan başka bir şey değildir. Nitekim soydaşlarımıza Hristiyanlığı kabul ettirerek bizimle dövüştürdünüz. Bizim yoksul ve bedevi bir millet olduğumuz da doğrudur. Cehalet ve zulüm yüzünden kuvvetlilerimiz zayıflarımızı tepeliyordu. Kabilelerimiz birbirleri ile savaşıyor, birbirlerini yok ediyorlardı. Biz elimizle put yapıyor ve ona tapıyorduk.

Nihayet âlemlerin Rabbı olan Allah –Azze ve Celle– **bize acıdı. Aramızdan en asil, en âlicenap, en şefkatli, en güzel huylu ve hepimizden ince ruhlu bir Zâtı Peygamber olarak gönderdi. Onun gelmesiyle memleketimize semâ semâ nur yağdı. Gönül topraklarımızda marifetullah ağaçları yeşerdi. Bize Allah'ın birliğini öğretti. Allah'ın ortağı eşi veya oğlu bulunmadığını, bir ve benzersiz olduğunu bildirdi. Bu inançları kabul edenler, onun elinden ebediyyet iksiri içip sonsuz kurtuluşa erdiler. Bizim ile aynı inançları kabul edenler Müslüman oldular. Bizden kardeş muamelesi gördüler. Bunları kabul etmeyenlerle aramızda hakem kılıçtır.**

Dâhi kumandanın bu ulvî sözlerini can kulağı ile dinleyen Bizans kumandanı içini çekti. Sonra elile ordusunu gösterdi:

– İşte şu gördüğün ordu öldükten sonra da cizycyi kabul etmez! dedi.

Hz. Halid (r.a.) ortalığı çınlattı:

– Öyleyse başınıza geleceklere katlanınız!

Bizans'ın hîle ve tuzakları geri tepmişti. Bu Müslümanlar gerçekten bir başka insanlardı. Artık söylenecek bir söz kalmamıştı. Müthiş bir cenk kaçınılmaz olmuştu. Hz. Halid (r.a.) karargâhına döndü... Durumu başkumandan Ebu Ubeyde Hazretlerine anlattı...

Bizans başbuğu Generallerini topladı:

– Ey generaller, dedi. Araplar hâkimiyetlerin bize kabul ettirmeden savaştan vazgeçmeyecekler. Bunu biliyorsunuz. Müslümanların hâkimiyetini kabul ediyor musunuz? Hep bir ağızdan cevap verdiler:

– Ölümü daha uygun buluyoruz!...

ASIL SAVAŞ BAŞLIYOR

35 bin kişilik nur serpen ordu, 200 bin kişilik Bizans ordusunun karşısına dikildi. İman ordusu Allah'a teslimiyetin misilsiz bir örneğini teşkil ediyordu. Karşısında dağlar gibi bir ordu vardı, fakat bundan zerre kadar korkmuyordu/ Çünkü bu savaş Allah için yapılacaktı. Allah kudret elini mü'min kullarına uzatacaktı, islâm mücahidleri dillerinde kelimei Tevhîd, ellerinde îman suyunda bilenmiş şanlı kılıçlar, düşmana adım adım yanaştılar. Bizans'ın İmansız ordusu sırtlanlar gibi îman ordusuna saldırdı. Papazlar ellerinde haçlarla ordunun önünde ilerliyor, savaşı kızıştırmaya, askerlerini caseretlendirmeye çalışıyorlardı.

Dâhi kumandan ve **«Allah'ın kılıcı»** Hazret–i Halid (r.a.) îman ordusunu 36 parçaya böldü. Yeri geldiği zaman her birlik vazifeyi başarıya ulaştırmasını bildi. İslâm mücahidlerini heyecana getirecek kahramanlık şiirleri okundu, nutuklar söylendi, îman askerinin gönlü köpük köpük kabardı, dalga dalga heyecan bütün ruhları sardı. Gözlerde sevinç ışıkları yandı. Öyle bir ân geldi ki yer gök **«Allah Allah»** sesleriyle inledi... Ebu Süfyan ileri atılıp içli bir nutuk söyledi... Nutkunun sonunu şu cümlelerle bağladı:

– Siz araplığın özü, Müslümanlığın temelisiniz! Düşmanınız rumluğun tortusu, puta tapanların koruyucularıdır. Yâ Rabbi! Bugün ne büyük bir gündür. Nusretini kullarına nasip et!

Bu defa muazzez sahabî Amr İbnülAs (r.a.) söz aldı :

– Ey şanlı askerler, dedi, gözlerinizi kapayarak mızraklarınızı çekiniz! Yerlerinizde sebat ediniz! Düşman mızraklarınızın ucuna değinceye kadar ilerleyiniz! O zaman birer arslan olup küfrün tepesine çullanınız!..

İman ordusu Bizans ordusunun altıda biri olmasına rağmen Müslümanlarda öyle bir manevî kuvvet vardı ki, bu îman heybetinden dağlar bile titriyordu. Zira :

İmandır ruha mîrac, îmandır başlara taç,

Topyekûn beşeriyet, işte o nura muhtaç!..

Bu cenkte yüz tane Bedir Arslanı vardı, sayısız sahabî bulunuyordu. Kâinatın Efendisinin mukaddes elinden ölümsüzlük iksiri içmiş Bedir gazileri etrafa nur saçıyordu, îman kadınları İslâm mücahidlerini cesaretlendirmek için cenk sahnesine gelmişlerdi. Bir zamanlar mukaddes İslâmın amansız düşmanı olan Ebu Süfyan, karısı Hind ve kızı Cüveyriye bile bu cenk sahnesine atılmışlardı. Şimdi îman ile pırıldayan birer kalbleri vardı. Bu cenk de, îman cengi idi.

Arap büyüklerinin ve İslâm bahadırlarının hepsi bu savaşa katılmışlardı. Kur'ân bülbülü nice hafızlar, yanık ve içli sesleriyle cihad âyetleri okuyorlardı. Bir İlâhî nağme ırmak ırmak çağlıyordu. Bir güzellik, bir eda, bir ahenk vardı ki, cennet sabahlarını andırıyordu. Kâinat nabzında çarpıyordu tekbir, **Allah büyük, Allah bir!** Bu ordu da Allah'ın ordusuydu. Allah için canını sebil ediyordu. Ebedî hayat müjdesinin yaktığı îman meş'âlesini hiç kimseye söndürtmeyecekti...

200 bin kişilik küfür ordusunda bu ahenk, bu şevk, bu azim yoktu. Küfrün alık adamları îman ordusunun sağ kanadına yüklendiler. İslâm mücahidleri. ilk anda geri çekildi. Hatta kadınların bulundukları çadırlara kadar geldiler. Fakat inanmış kadınlar heybetle karşı durdular, mücahidleri düşmanla tekrar cenge «zorladılar... Sağ kanat kumandanı Hz. Muaz İbni Cebel soylu atından indi ve haykırdı:

– Ben yaya olarak savaşacağım! Atıma binip savaşmak isteyen gelsin!

Bunun üzerine Muaz'ın oğullan babasının atına binmek istediler. İman ordusu tekrar toplandı. Düşmana şiddet ve hiddetle hücum etti. Düşman bozguna uğrayarak geri çekildi.

Öyle bir kanlı cenk başlamıştı ki, cenk sahnesinin her yanına insan vücudunun parçaları savruluyordu. İslâm mücahidleri küfür kanserini kökünden kazımaya devam ediyordu. Bu arada kabile reislerinden olan Amru B. El Tefil İslâm mücahidlerinin en önündeydi. Kılıcı ile küfür ordusunu ot biçer gibi biçiyordu. Öyle bir nâra attı ki düşmanın ödü patladı:

– Arkadaşlar, dedi, sakın gevşek davranmayın. Tutumunuz müslümanların namusunu lekelemesin! İmanın izzetini gösteriniz! Yerlerinizde sebat ederek cengi kazanınız!..

Bu büyük mücahid, İslâmın fedaisi idi; en sonunda, şehitlik rütbesine erişti. Dudaklarında nurdan tebessümler kelimei şehadet getirerek muazzez ruhunu teslim etti...

Ebu Cehilin oğlu İkrime de ön saflarda cenk ediyordu. Atını yıldırım gibi ileri sürdü. Müthiş bir toslama ile düşman saflarını biçti ve haykırdı:

– Peygamberle savaşan ben, size karşı nasıl geri kalırım?

İslâm ile şereflenmeden evvel Varlık nuruna karşı savaşanlar arasında o da bulunmuştu. Şimdi eski günahını canı ile ödemek istiyordu. Arkadaşlarından ölünceye kadar cenk etmek için söz aldı. İkrime bütün gücü ile düşmana yükleniyordu. Öyle hamleler, öyle kılıçlar savuruyordu ki, dağ gibi ordu erimeye başladı...

Dâhi kumandan beklediği fırsatı yakaladı. Küfür ordusuna yıldırımdan bir gülle gibi saldırdı. Küfür ordusu çatırdadı, panik... Nice imansız asker bir kan havuzu hâlini alan cenk sahnesinde can çekişiyordu. Hz. Halid (r.a.) düşmanın dayanak noktalarını birer birer parçaladı. Bizanslılar arkalarına bile bakmadan kaçmaya başladılar. Müthiş bir panik.. Herkes canını kurtarmak için birbirini ezip geçiyordu. 200 bin kişilik derya gibi bir ordu îman arslanlarının kükreyişi önünde erimiş, yok olmuştu. İslâm mücahidleri **Allahü Ekber** sesleriyle ileriye doğru süzüldüler. Bizans ordusunun başkumandanını çevrelediler. Bizans kumandanı mendili ile İmansız yüzünü örttü ve içli içli ağlayarak mırıldandı:

– Zaferimizi görmeyecek olduktan sonra bari, gözlerimiz bozgunumuzu görmesin!

Hakikat, bozgun ki ne bozgun!.. Bir îman seli hâlinde Bizans ordusunun kalb noktasına saldıran İslâm mücahidleri küfrü perişan ettiler. Düşman cephesi çatırdadı ve çöktü... Artık kaçan kaçana... İslâm süvarisi, elde yalın kılıç, atıldı ve kaçan piyadeyi ot gibi biçti...

Dâhi kumandan ve muazzez sahabi Hz. Halid Bin Velid (r.a.), savaş meydanını dolaştı. Allah için can veren şehidleri arıyordu. Cesetler arasından İkrime'yi çıkardı. Başını dizine koydu, hararetten şerha şerha olan dudaklarına yudum yudum su verdi. İkrime'nin îman aynası berrak yüzünde İlâhî tebessümler. Ruhunu Yaratanına –Yaratan için– verdi. Cennetin «Tuba» gölgelerinde ebedî serinliğe kavuştu...

Böyle bir îman ordusuna hangi ordu dayanabilir ki? İmanın altın tasından âbı hayat içmiş erlerle boy ölçüşmek semeresiz bir işti... Daha şimdiden 200 bin kişilik koca bir ordu, 35 bin kişilik küçük bir orduya yenilmişti...

Bizans ordusunun sağ kanadı İman ordusunun sol kanadına tekrar saldırdı. İslâm ordusunun sol kanadı Lahm ve Gassan boylarının askerleriydi. Bunlar uzun zaman Suriye'de Bizans hâkimiyetinde kalmış kimselerdi. Bu sebeple Bizanslılardan korkuyorlardı. Mânevi güçleri sağ kanat kadar üstün değildi... Küfür ordusunun ilk saldırısında geri çekildiler. Halbuki başlarında kumandanların mânevi güçleri çok üstündü. Onlar da sonsuzluk yolunun bahadırlarıydı. Bu bozguna razı olamazlardı. Nitekim İslâm kadınlarının çadırlarına kadar çekilen askere «**Dur!**» emrini verdiler. İslâm kadınları da, dişi kaplanlar gibi düşmana saldırdılar. Erkeklerine cesaret verdiler.

Kumandanlarından Yezid B. Ebu Süfyan, Amr İbnül As, Şerahbil B. Hasene ileri atıldılar, öyle amansız bir hücuma geçtiler iki düşman apışıp kaldı. Bir İslâm mücahidi atından bir şahin gibi sıçradı ve ortalığı çınlattı:

– Ey gaziler! Gayret ve cesaret dünyada insana şeref, âhirette rahmet verir. İkisini de kazanmaya çalışalım!

Ebu Süfyan ise oğlu Yezid'e hitap etti:

– Ey oğlum! Her asker bütün gücü ile cenk ediyor, sen ki subaysın, hiçbir askerin senden üstün olmamasına dikkat etmelisin! Yoksa utanırsın!

Şerahbil B. Hasene savaşın en şiddetli bir ânında yüksek sesle Kur'anı Kerim'den şu âyeti okumaya başladı:

«-Şüphesiz ki Allah hak yolunda (muharebe ederek düşmanları) **öldürmekte, öldürülmekte olan mü'minlerin canlarını ve mallarını –kendilerine cennet** (vermek) **mukabilinde– satın almıştır.»**[30]

İman arslanları pençelerini küfür ejderlerinin gırtlağına dayamışlar hâbire boğuyorlardı. En kanlı cenk burada oluyordu. Kays B. Hâbire müthiş bir saldırıya geçti. Küfür ormanını ot gibi biçti. Bizans ordusu gerilemeğe başladı. İman ordusunun bahadır kumandanlarından Said Bin Zeyd düşmanın kalb noktasına yıldırımdan bir gülle gibi düştü. Bizans ordusu arkasından akan çay tarafına döküldü. Az sonra koca ırmak Bizans askerlerinin cesetleri ile doldu. Artık kafi zafer alınmış, Müslümanlar gayretlerinin mükâfatını görmüşlerdi.

---

30 Tevbe. Âyet: 111'den.

Bizanslılar 100 bin ölü verdi, 40 bin kişi de esir düştü. Zafer, kâinatın efendisinin yıllarca evvel Hz. Alı (k.v.)ye buyurdukları şekilde, destan gibi anılacak bir şey olan.

İşte Bedir'lere nur serpen ordu,

Şimdi burayı da fethediyordu...

❁❁❁

Bizans İmparatoru Herakliyüs Antakya'da bozgun haberini aldı. Ordusuna İstanbul'a dönüş emrini verdi. Antakya'dan ayrılırken gözlerinden ırmak ırmak yaş akıyordu:

– **Elveda Suriye!** diyerek İstanbul istikâmetinde yola revan oldu. Bir daha da Suriye topraklarına ayak basamadı. Şanlı hilâl'in nuru, haç'ın karanlık çehresini ebediyyen silmişti. Artık karanlık adamlar mukaddes 'İslâm'a diş geçiremez olmuşlardı...

❁❁❁

Gönüller aydınlatan din büyüğü Cenâb–ı Ömer (r.a.) nur şehri Medine'de Yermük zaferinin müjdesini bekliyordu. Şanlı kumandan ve muazzez sahabî Hz. Ebu Ubeyde (r.a.), zaferi, her kelimesinden îman ve hamd kıvılcımları fışkıran bir nâme ile Hz. Ömer'e bildirdi. Hak ve adalet güneşi Cenâb–ı Ömer (r.a.) müjdeyi alınca billur billur göz yaşı döktü ve müslümanlardan nusretini esirgemediği için Allah'a hamdü sena etti... Peygamber şehrinde bir bayram havası esmeye başladı. Muazzez sahabîler vecd içinde ellerini ulvîlik âlemlerine kaldırarak niyaz ettiler.

Aşk ülkesi bir bahçe, hep güllerle bezeli,

Bu yüce mefkurenin, «Din» dir ancak temeli!...

BİLLUR TABLO

Yermük iklimine nur serpen ordunun îman askerlerine bir bakınız ki, şimdiye kadar cihanlar böyle bir şeye şahit olmuş değil... Ne tarihin bildiği, ne de insanoğlunun hayâl edebildiği bir ulvîyyet!...

İşte bu ruh, işte bu îman, işte bu azim, işte bu vahdet 200 bin kişilik dağ gibi bir orduyu cenk sahnesinden silmişti.

Muazzez sahabîlerden Hz. Huzeyfe (r.a.) anlatıyor :

«Yermük savaşında idi. Çarpışmanın amansız şiddeti geçmiş, ok ve mızrak darbeleri ile yaralanan İslâm mücahidleri, cenk sahnesinde sıcak kumların üzerine yuvarlanarak can vermeye başlamışlardı. Bu arada ben de güçlük ile kendime geldim. Ayağa doğruldum, her taraf can çekişenlerle doluydu. Amcamın oğlunu aramaya başladım. Son anlarını yaşayan mücahidlerin arasında biraz dolaştıktan sonra, nihayet aradığımı buldum. Her taraf bir kan deryası, vücutlardan gürül gürül kan boşanmada... Öyle bir manzara ki yürekler delmede... Amcamın oğlu, göz işaretleri ile bile zor konuşabilmedeydi. Daha evvel hazırladığım su kırbasını göstererek:

– **Su istiyor musun ?** dedim. Böyle anda su istenmez miydi. Belli ki istiyordu. Dudakları hararetten âdeta kavrulmuştu. Nefesi alev alev çıkıyordu. Göz işareti ile de **«Çabuk yetiş, hâlimi görmüyor musun?»** demek istiyordu... Canlar yakan sıcak onu büsbütün kavurmuştu...

Ben kırbanın ağzını açtım, kendisine doğru uzattım. O da ne? Yaralılardan birisi "**su su**" diye inliyordu. Bu, İkrime'nin sesiydi :

– Su! Su! Ne olur bir damla olsun su !

Amcamın oğlu Haris bu iniltiyi duydu. Artık kendi derdini, kendi hararetini unutmuştu. Mü'min kardeşinin imdadına koşmak istiyordu. Ne çâre ki buna gücü yetmiyordu. Göz ve kaş işaretiyle bana emretti:

– Suyu İkrimi'ye götür!

Kızgın kumların üzerinde yatan «Ölüp de ölmeyenlerin» şehidlerin aralarından koşa koşa İkrime'nin yanına vardım. Hemen su kırbamı kendisine uzattım:

– Al yâ İkrime! Bir yudum iç!...

İkrime elini su kırbasına uzatırken İyaş'ın canlar yakan iniltisi duyuldu:

– Allah için bir damla su verin! Bir damlacık su!...

Bu feryadı duyan İkrime, elini hemen geri çekti ve işareti yapıştırdı:

– Suyu o kardeşime götür!

İkrime de Haris gibi son nefesinde olduğu halde suyu içmedi. Biraz ileride **«Su, su!»** diye inleyen İyaş'a gönderdi.

Ben su kırbası elimde koştum. Şehidlerin arasında dolaşarak İyaş'ın yanına vardım. Ne çâre ki, o da son nefesini veriyordu. Ve Âlemlerin Rabbına dua ediyordu :

– İlâhî îmân dâvası uğrunda, senin yolunda canımızı feda etmekten asla çekinmedik. Artık bizden şahadet rütbesini esirgeme, hatalarımızı rahmet suyun ile yıka, bizi sevgili Resulüne bağışla!..

Anladım ki İyaş artık şahadet şerbetini yudumluyordu. Benim getirdiğim suyu gördü, fakat içebilecek vakit kalmamıştı... Başladığı Kelimei Şahadeti ancak bitirebildi. Muazzez ruhu cennetlere uçmuştu...

Hemen geri döndüm, hızlı hızlı koştum. İkrime'nin yanına vardım. Kırbayı uzatırken bir de baktım ki, İkrime de şahadet şerbetini içmiş ebediyyetlere kanat açmıştı...

Bari dedim, koşayım da amcamın oğlu Hâris'e yetişeyim.

Yine koşmaya başladım. Hâris'in yanına vardım. Aman Yâ Rabbi! O da diğerleri gibi ateş gibi kumların üzerinde kavrula kavrula ruhunu teslim eylemişti...

Hayatımda nice nice hâdiselerle karşılaştım. Fakat hiçbiri beni bu kadar duygulandırmadı. Aralarında akrabalık gibi bir bağ bulunmadığı halde, bunların birbirlerine karşı bu derece fedakâr ve bu derece şefkatli halleri gıbta ile baktığım en büyük îmân kuvveti en üstün kardeşlik tezahürü olarak hafızama âdeta nakşoldu !...

İŞTE İSLÂM

Bu dünya, İslâm ruhunun billûrlaştırdığı kardeşlik ahengini başka hiçbir nizamda bulamamıştır. Bundan sonra da bulamayacaktır. Evet, saffet ve hakikat yatağı altın kalbler ancak müslümanlarda bulunabilir...

Yer yüzünde bundan daha üstün hangi levha vardır?

Biz Asrı Saadet havuzundan îman boruları ile su akıtıp 20. Asrın beşer gölüne akıtmadıkça feryadımız bir an olsun dinmeyecektir. 35 bin kişilik bir ordunun 200 bin kişilik dağ gibi bir orduyu nasıl yendiğini gözler önüne serdik. Onlarda ihlâs, îman, irade, sebat ve vahdet vardı. Onlar her gittikleri yere nur götürüyorlardı. Onlar sadece ilâhî rızâ için can feda ediyorlardı. Burada küçük bir misâl vermemiz mümkündür.

İslâmın Altın Zaferi... Kadisiye'de îman ordusu açlık ve susuzluk içinde cenk ediyordu. Günler ve haftalarca süren amansız çarpışmalarda iki taraf da iyice yorulmuştu. Küfür ordusu şimdiye kadar hiçbir ordudan yemediği yumruğu bu îman ordusundan yemiş ve beyni ezilmişti.

İslâm mücahidlerinin yanlarında birer ok ve kılıç vardı. Dünya malı olarak başka hiçbir şeye sahip değillerdi. İman askerleri, sırtlarında birer aba, torbalarında da birer avuç hurmalarından başka bir varlığa mâlik değillerdi. Ordu müthiş bir sıkıntı içindeydi.

Bir İslâm mücahidi su aramak için kum tepelerine tırmandı. Tepelerin arkasında kumları eşmeye başladı. Kumların derinliğinde bir desti buldu. Bu küpün içinde bir insanı değil, koca bir orduyu bile idare edecek miktarda kıymetli altınlar vardı.

Mücahid küpü aldı. Sırtındaki elbisesinin irili ufaklı yamaları arasından vücudunun güneş yakmış etleri görünen bu yiğit, içi çil çil altın dolu küpü doğruca kumandanına getirerek içindekilerden bir tanesini eksiltmeden :

– Al kumandanım, bir küp dolusu altın, dedi.

Kumandan bu mücahidin îmanla pırıldayan berrak yüzüne baktı ve ona hayran oldu :

– Ey yiğit asker! dedi. Adını ve künyeni söyle de seni halife'ye takdim edeyim, bu doğruluğundan dolayı mükâfatlandırsın!

İmân asaletine bakınız ki, sırtındaki elbisenin bir ipliği çekilse kırk yaması dökülecek derecede fakir olan askerden şu cevabı aldı:

– Kumandanım! Ben insanların mükâfat ve takdirlerini hesaba katacak kadar zayıf ve sönük îmanlı biri olsaydım bu küpün içindeki altınların bir tanesini bile teslim etmeden götürebilirdim. Benim için ne Kadisiye ordusu başbuğunun, ne de Hz. Ömer'in takdiri mühimdir. Benim asıl beklediğim takdir senin ve Halifenin Rabbının takdiridir. Bu altınları herkesin malûmatından gizleyebileceğim halde Onun ilminden kaçıramazdım. Siz görmediniz, fakat O gördü. Siz bilmediniz, fakat O bildi. Beklediğim sırf O'nun mükâfatıdır. İnsanların değil!...

Ordu kumandanının gözlerinde damla damla yaş... Askeri bağrına basıp tebrik ediyor...

Ne tarihin bildiği, ne de insanoğlunun hayâl edebildiği bir ulviyyet! İşte İslâmın altınla doldurduğu kalbler... Ve işte nefsanilik ve ihtirasla birbirini yiyen bugünkü insanlık!...

Bu mevzuyu şöyle noktalayalım:

Kalbe ver, din sohbetinden bir gıda,
İnciler saç, artık ey merdi Hûda!
Emmek gerek südünden din ilminin,
Kanada muhtaçtır, kuş uçmak için!.

İMAN ORDUSU YÜRÜYÜŞE GEÇİYOR

Varlığın sebebi olan Cenâb–ı Ahmed (s.a.v.)in mukaddes elinden ölümsüzlük iksiri içen muazzez sahabî Hz. Ubeyde (r.a.) Humus üzerine yürüdü. Dâhi kumandan Hz. Halid B. Velid'i Kanisa üzerine gönderdi. Kanisa kalesi îman ordusuna karşı dayanmak istedi ise de Hz. Halid gibi bir dâhinin karşısında tutunamayacaklarını anlayarak teslim oldular. Ve cizye vermeyi kabul ettiler. Suriye halkı ilk defa, cizye vermeyi kabul ettikleri halde, daha sonra, nura erdi ve İslâm ile şereflenerek ebedî saadet havuzuna can attılar...

İslâm orduları başkumandanı Hz. Ebu Ubeyde (r.a.) Humus'a yüklendi ve orayı kolayca fethetti. Daha sonra Halep üzerine yürüdü. Halepliler de teslim bayrağını çektiler, cizye vermeyi kabul ettiler. Onlar da tıpkı Suriyeliler gibi İslâm'a can attılar ve ebedî kurtuluşa erdiler.

Baş kumandan Hz. Ebu Ubeyde (r.a.) Halep'ten sonra Antakya'yı fethetmek için orduya «İleri!» emrini verdi. İman ordusu kartopu alınlı soylu atlarının başını Antakya istikametine çevirdi ve yürüyüşe geçti. Antakya kuşatıldı. Antakyalılar da işin içinden çıkamayacaklarını anlayarak cenk etmekten korktular ve îman ordusuna kapılarını açtılar. İman ordusunun fetihler manzumesi böylece devam ediyordu.

Artık İslâm orduları Suriye'nin fethini tamamlamıştı... İslâm mücahidleri Maraş'a kadar ilerlediler. Bizans 637 yılında Suriye'den el ve ayağını tamamen çekmiş, Anadolu'nun içlerine sığınmıştı. Suriye'de şimdi Tevhid sancağı dalgalanıyordu. Delâlet bulutları Suriye semâlarını terketmişti, Artık Anadolu'nun da küfürden temizlenmesi, gerekiyordu. Bu işi kim yapacaktı? İleride Anadolu. Türklerin eliyle nura kavuşacaktı...

KUDÜS FETHEDİLİYOR

Gönüller aydınlatan din büyüğü, kalbi parlak incilerle dolu Yüce Faruk (r.a.) îman aksiyonunu bir an için durdurmadı. Donattığı orduları cihanın her yanına îman dağıtıcı hak davetçileri olarak gönderdi. İslâm bir bastan öbür başa kâinatı nakış nakış, yol yol, ülke ülke taradı... İslâm şaha kalkmış bir soylu at misâli hiçbir engel tanımıyordu... Cenâb–ı Ömer (r.a.) İran ve Suriye'nin fethi için ordular gönderdiği sırada Amr B. el-As (r.a.) kumandasındaki iman ordusuna da Filistin'i fethetmek vazifesini verdi...

Amr B. el-As, hidâyete ermiş ümmetin en ulu rahmeti Cihan sıddıkı Hazret–i Ebu Bekir (r.a.)in devrinde Filistin'in bir çok şehirlerini fethetmişti. Evvelce de ele geçirdiği yerleri iyice genişletti. Bir taraftan da Hz. Ebu Ubeyde'ye zaman zaman yardımda bulundu...

Amr B. el-As (r.a.) Filistin'deki toprakları genişlete genişlete Kudüs'e geldi. Kudüs öteden beri bilinen ulvî şehirlerden biri... Şehir kuşatıldı, Şehir halkı uzun zaman direndi... Suriye'nin fethi tamamlandıktan sonra İslâm orduları Amr B. As'ın ordularıyla birleşti. Kudüs muhasarası şiddetlendirildi. Fakat Hıristiyanlar dört aylık kuşatma sonunda yine karşı koymakta devam etti. İslâm orduları başbuğu Hz. Ebu Ubeyde, sulh yoluyla anlaşma zemini açmak istedi:

– Ey Beyt-ül Mukaddes halkı, dedi, aramızda sulh yapalım.

Yahudilerin ruhanî reisleri dediler ki:

–Sıfatları ve şekli, ismiyle beraber Tevrat'ta yazılı olan Ömer gelmedikçe bu mevzuu konuşmayız! O gelirse, muharebesiz ve mukavemetsiz kapıları size açarız!

Şanlı kumandan Hz. Ebu Ubeyde, vaziyeti Hak ve adalet güneşi Cenâb–ı Ömer'e yazdı. Şehir halkı yapılacak barış anlaşmasının Cenâb–ı Ömer (r.a.) tarafından imza edilmesini istiyorlardı. Bu isteklerinde ayak direділer. Bunun üzerine de Hz. Ebu Ubeyde (r.a.) Mü'minler Emîrini haberdar etti...

Din ve şeriat güneşi Cenâb–ı Faruk (r.a.) mektubu alınca muazzez sahabîleri topladı. Mektubu onların huzurunda okudu. Sonra da sahabîlere sordu :

– Ey Allah Resûlü'nün sahabîleri! Şimdi fikriniz nedir ?

Hz. Osman (r.a.) söz aldı:

– Ey Mü'mînlerin Emîri, dedi, Hıristiyanların bu teklifini kabul etmeyiniz!

Sonra bilgi güneşi Hz. Ali (k.v.) şu görüşü ileri sürdü:

– Beyt-ül Mukaddes halkının teklifini kabul etmek yerindedir. Boş yere kan dökülmesinin önüne geçmeliyiz !

Cenâb–ı Ömer (r.a.) :

– Doğru söylüyorsun, yâ Ali, dedi.

Ve Nur şehrinde kendi yerine ilim ve hikmet kutbu Hz. Ali (k.v.)yi vekil bırakıp yola çıktı. Yanında Zübeyr Bin Avvâm ve Ubâde Binüs Sâmit olduğu halde 637 senesinde Peygamber beldesinden yine bir başka Peygamber beldesi olan Kudüs'e doğru hareket etti...

ADALET GÜNEŞİ KUDÜS YOLUNDA

Adalet tahtının eşsiz sultanı Hz. Ömer (r.a.) Nur şehri Medine'den yanına bir çadır dahi almadan yola çıktı. Kendisini uğurlamak için merasim bile yapılmadı. Cihan tarihinde hiçbir devlet reisinin böyle sade, böyle gösterişsiz, böyle tevazu ile yola çıktığı görülmemiştir. O gönüller aydınlatan din büyüğü, gönlü parlak incilerle dolu Halife, devesinin iki tarafında, bir gözü **«Süveyk»**, öbürü **hurma** dolu bir heybe... Önünde bir **su tulumu** ve arkasında bir yemek çanağı çöl denizine doğru açıldı... Konak yerlerinde sabah namazını kıldıktan sonra yanındaki arkadaşlarına şöyle hitap etti:

– Hamd ve sena âlemlerin Rabbı olan Allaha ki, bizi İslâm ile azizleştirdi. Ve iman ile keremlendirdi. Sevgili Resulü ile öbür ümmetlerden üstün kıldı, delâletten hidâyete yöneltti, dağınılıktan sonra takvâ kelimesinde birleştirdi, kalblerimizi bir araya getirdi, bizi düşmanlarımıza galip ve düşman mülkünde mekân sahibi kıldı. Bizi, birbirine sevgiyle bağlı kardeşler etti. Bu yüzden, ey Allah'ın seçkin kulları; bunca görünür ve görünmez nimetlerini düşünerek, Allah'a şükrediniz. Allah –Azze ve Celle– şükredenlere nimetini tamamlar ve tükenmez hazinesinden dilediği kullarına bol bol verir!...

Sonra çanağını, bir nevi kurabiye ve peksimet olan "**Süveyk**" le doldurdu ve üzerine hurma dizerek arkadaşlarını davet etti:

– Buyrun, hep beraber yiyelim!

Koca Halife kendi eli ile yemek hazırlıyor ve arkadaşlarına takdim ediyordu. Bu kadar âlicenaplık kimde görülmüştü?

Cenâb-ı Ömer (r.a.), işte böylece çilekeş devesi ile yol alarak, Kudüs önlerindeki İslâm ordusunun karargâhına vardı... Şimdi iman ordusu köpük köpük... Orduda şevk ve saadet büyük... Herkes ve her şey, yeni bir hayat kazanmışçasına seviniyor, mücahitler birbirleriyle öpüşüyor, herkes birbirini tebrik ediyor...

İrfan denizine gark olmuş din büyüğü Cenâb-ı Ömer (r.a.) Başkumandan Hz. Ebu Ubeyde'den başlayarak etrafındakilerin hatırını sorduktan sonra yüksek bir yere çıktı ve:

– Allah'a hamd ve şükürler olsun!... O ki, Bir'dir... Mülkünde ortak yoktur... Allah ki, hamîd ve mecîd, kavi ve şedîd ve dilediğini işletmekte fa'al... Hamd ve şükürler olsun Allah'a ki, bize İslâm ile ikram etti, bizi salât ve selâmın sahibi Cenâb-ı Muhammed Mustafa ile Hakk'a yöneltti, hüsran ve delâletten kurtardı. Dağınıklık ve ayrılıktan sonra bizi topladı ve birleştirdi, kin ve düşmanlıktan sonra kalblerimizi sevgiyle demetledi.

Bu nimetlere karşı şükrediniz ki, daha fazlasına nail olasınız! Zira Allah buyurdu:

"Nimetlerime şükrediniz ben de onları ziyâde ederim; küfranda bulunursanız azabım büyüktür!" **Ben de size, zatından başka her şeyin fâni olduğu, bekanın ancak zatına mahsuz bulunduğu, takvâsiyle dostlarının nimetlendiği ve isyaniyle düşmanlarının mahvolduğu Allah'a ve emirlerine bağlanmanızı tavsiye ederim.**

Ey insanlar! Kalb hoşnutsuzluğuna düşmeyerek mallarınızın zekâtını eda ediniz ve size verilen öğütleri dinleyiniz! Akıllı, dinini korur ve saadete ehil olur. Siz peygamberinizin sünnetine bağlanınız ve Kur'an tilâvetine devam ediniz! Kur'an'da şifâ ve sevap vardır. –İki âlemin de saadet baharı odur.–

ANLAŞMA

Hidayete ermiş ümmetin ulu rahmeti Hz. Ömer (r.a.), anlaşmayı bizzat kendi eli ile yazdı. O, ne gönüller aydınlatan bir ışık idi ki, nur beldesinden sırf bu anlaşmayı yapmak için gelmişti. Şimdi Kudüs halkı onu saadetle bekliyordu.

Hak ve adalet güneşi Hz. Ömer (r.a.) şunları yazdı:

"Allah'ın kulu ve Mü'minlerin Emiri tarafından Kudüs ahalisine verilen berattır. Bu beratın verdiği emniyet onların canlarına, mallarına, mâbedlerine, haçlarına, hastalarına, sağlarına ve milletdaşlarına şamil olmak şartiyle aşağıdaki şartlara göre bahş olunmuştur:

1. **Onlara ait kiliseler konut yapılamaz, bu binalar yıkılamaz, içindeki mallar müsadere edilemez.**
2. **Bunlar dininde, mabetlerinde hiçbir cebir ve tazyike uğramayacaktır, hiçbir zarar görmeyeceklerdir.**
3. **Yahudilerin bunlarla –Hıristiyanlarla– birlikte oturmalarına izin verilmeyecektir.**
4. **Diğer şehirlerin ahalisi gibi bunlar da cizye vereceklerdir.**
5. **Kudüs halkı şehirlerinden Bizanslıları çıkaracaklardır.**
6. **Kudüs'ten çıkarılan Bizanslıların canları ve malları her çeşit saldırıdan korunacaktır. Bu şehirde oturmak isteyen Bizanslılar emniyette olacaklar ve cizye vereceklerdir.**
7. **Bizanslılarla birlikte şehirden çıkmak isteyen halkın canları, malları, kiliseleri ve haçları korunacaktır. Arzu ettikleri yere varıncaya kadar her çeşit saldırıdan korunacaklardır.**

8. Halk cizyeyi ödedikleri müddetçe bu anlaşmanın yerine getirilmesine Allah ve Resûlü ve bütün mü'minler şahittir!»

İmza

Mü'minlerin Emiri Hattaboğlu Ömer (r.a.)

Şahitler:

Halid Bin Velid, Amr binü'l As,
Abdurrahman Bin Avf, Muaviye Bin Ebu Süfyan...

Reisler reisi Cenâb–ı Ömer'in bu anlaşması bütün İslâm hükümdarlarına ışık tutmuştur. Müslümanlar hiçbir zaman ve hiçbir devirde Hıristiyanların mallarına, canlarına, ırzlarına tecavüz etmemişler, vicdanlarına baskı yapmamışlardır.

Müslümanlar kâinata hidâyet nuru sunmuşlar, insanlığı dalâleti'n pençesinden kurtarmışlardır. Koyu bir taassubun elinde canavarlaşan Hıristiyanlar ise bütün tarih boyunca verdikleri sözü tutmadılar. Masum insanları, müdafaasız müslümanları kitle hâlinde öldürdüler. Mallarını, mâbedlerini yağma ettiler... İşte Endülüs... İşte bundan yarım asır önce Anayurdumuza karşı giriştikleri amansız saldırı...

İşte **«Medeniyet dediğin tek dişi kalmış canavar»**

Daha evvelce de bahsettiğimiz gibi Hz. Faruk (r.a.) Peygamber beldesinden sade, gösterişsiz yola çıkmıştı... Çölleri kızgın güneş altında aşmak kolay değildi... Fakat o gönüller şahı, kızgın güneş altında kâh yaya, kâh deve üstünde Kudüs istikâmetinde ilerliyordu. Uzun yolculuk sırasında binekleri iyice yorulmuş kendi canını bile zor taşır olmuştu... Cenâb–ı Ömer (r.a.) hayvana eziyet olmasın diye yere iniyor, yaya yürüyordu.

Bineğe bazen kölesi biniyor, bazen de kendisi biniyordu... Böylece İslâm ordugâhına kadar gelmişlerdi...

Şimdi ordugâhdan Kudüs'e hareket başlıyordu. Mü'minler Emîrine devesini getirdiler.

İslâm orduları başbuğu ileri atıldı:

– Aman, yâ Emirül Mü'minin, dedi, keşke deve yerine ata binse idiniz. Üzerinizdeki elbiseyi de çıkarıp başka bir kılığa bürünseniz... Ne olur?..

Zira Reisler reisinin bu sadeliğini İslâm kumandanı yadırgamıştı. Kudüs halkı onu bu sade dekor içinde görecek olursa, itibarından düşeceğini ileri sürüyorlardı...

İslâm ordularının şanlı kumandanı Hz. Ebu Ubeyde (r.a.) Cenab–ı Ömer'e, **«Mü'minlerin Emiri»**ne uygun bir şekil tavsiye etti. Koca Dinin devlet reisi de bu tavsiyeyi tuttu. Sırtına beyaz bir elbise ve altına soylu bir at verdiler. Koca devletin reisi elbiseyi giydi ve ata atladı. Fakat üç beş gün gitti, gitmedi hemen attan aşağıya indi ve sırtındaki elbiseyi çıkardı. Sonra bir çok yerinden yamalı eski harmanisini sırtına geçirdi ve çilekeş devesine atladı ve kendisine şaşkın şaşkın bakınan insanlara hitap etti:

– Az kaldı. Emîriniz cins ata binip yeni elbise giymekle kalbini yoklayan kibirden helak oluyordu. Zira ben Allah'ın Resûlünden duydum: «Kalbinde zerre miktar kibir bulunan kimse Cennete giremez!»

Ordu kumandanı yine itiraz etmek istedi:

– Ey Mü'minlerin Emîri; devletin itibarının sarsılacağından korkuyoruz!

Cenâb–ı Ömer (r.a.), gün kadar aydınlık yüzünü kumandana döndürdü ve tane tane konuştu :

– Cenâb–ı Hakkın bize ihsan ettiği bu yücelik Müslümanlığa aittir. Kendimiz için sadelik yetişir!

Cennet ehlinin aydın ışığı Cenâb–ı Faruk (r.a.), bu sadelikle Kudüs'e girdi. Kudüs halkı, cihanı titreten, adaletiyle gönüllerde taht kuran, ordular donatıp kâinatı iklim iklim, ülke ülke fetheden bu büyük insanı istikbal etti...

Allah Resûlü'nün halifesi Mescidi Aksa'yı ziyaret etti. Hz. Davud (A.S.) in mihrabına geldi. Orada âlemlerin Rabbına şükür secdesine kapandı... Gözlerinden billur billur yaşlar akıyordu, îslâmın zaferleri için Hakka niyaz ediyordu...

TAŞKIN VECD

O sırada birçok mücahid, orduda bulunan Peygamberler Peygamberinin yanık ve içli müezzini Hz. Bilâli Habeşi'nin etrafını aldı:

– Bu mutlu günün şerefine ezanı sen oku! Yâ Bilâl!

Bu ricaya Halifeninkiler de katıldı.

Hz. Bilâl Sonsuzluk Nebisi'nin ebediyete intikalinden beri hiç ezan okumamıştı. Boğazının düğümlendiğini sanmıştı.

Fakat Cenâb–ı Bilâl (r.a.) o gün ısrarlara dayanamadı ve ezanı okumaya başladı:

– ALLAHÜ EKBER ALLAHÜ EKBER !..

Daha ilk tekbirde gönüller tutuştu. Allah'ın Resûlü kabirlerinden doğrulmuş gibi bir haşyet... **«Allahü Ekber!»** dedikçe tüyler ürperiyor ve gözlerden sel gibi yaşlar boşanıyor... Bütün ordu heyecan kasırgasına tutulmuş **«Allah!»** diye feryâd eden edene...

Hz. Bilâl R.A.) Ezanı 'bir vecd ile bitiriyor. Bilâl'in okuduğu Ezandan sonra taşkın bir vecd içinde namaz kılınıyor...

Bütün mücahidler Allah Resûlüyle beraber yaşadıkları o mes'ût günleri hatırlayarak şimdi Peygamberden ayrılığın bütün acısını yeniden tatmışlardı. Hatta Hz. Muaz Bin Cebel (r.a.) kendinden öyle geçti ki, uzun zaman kendini toparlayamadı... Bu arada Allah Resûlü'nün şanlı halifesi de sessiz sessiz ağladı... Beytül Mukaddes halkı şehri Cenâb–ı Ömer'e teslim ettiler Hz. Ömer (r.a.) orada 10 gün kaldı ve sonra nur şehri Medine'ye döndü.

HAK VE ADALET GÜNEŞİ ŞAM'A GİDİYOR

İmânın billûrlaşmış nurdan âbidesi Cenâb–ı Ömer (r.a.), Peygamber beldesinden Şam istikametinde yola çıktı. Yine aynen evvelce olduğu gibi sade ve gösterişsiz. Herhangi bir insan gibi çilekeş devesine bindiği gibi yola koyuldu... Öyle ki, deveye bazen kendisi, bazen de kölesi biniyordu. Böylece uçsuz bucaksız kum çölleri aşıldı...

İslâm ordusu bir nefes durmaksızın küfürle cenk ediyordu. Ve îman kılıçları küfür ormanını ot biçer gibi biçiyordu. Nihayet şanlı ordu Cezire topraklarına girdi... Cezîreliler kendi canlarının derdine düştüler, tabana kuvvet kaçtılar. Bizans ordusu kendi kaderi ile başbaşa kalmıştı... Bizanslılara yardım vaadinde bulunan Arap oymakları da islâm ordusunun bir sel gibi taştığını görünce vaadlerinden döndüler ve pişman oldular. Dâhi îmân kumandanı onları affetti; onlar da Bizanslılara yardım etmeyeceklerine söz verdiler.., Bizans bu defa sayı üstünlüğünü sağlayamadı...

İslâm mücahidleri coşkun bir heyecanla savaşın başlamasını istiyorlardı. Bu Bizans denen küfür heyulası ortadan kaldırılmalıydı. Bu sebeple Başkumandan Hz. Ebu Ubeyde'nin etrafını çevirdiler:

– Ey aziz Kumandanımız, dediler, Bizans'a göz açtırmıyalım ve bir an önce cenge başlayalım!..

Muazzez sahabî Hz. Ebu Ubeyde (r.a.) harp meclisini kurdu. Kumandanları ile durumu en ince noktasına kadar inceledi. Cenge karar verildi. Başbuğ İslâm mücahidlerini etrafına topladı. Onlara şöyle dedi:

– **Müslümanlar! biliniz ki, sabr ü sebat eden dünyanın her çeşit nimetine kavuşacaktır. Ölenler için sizi temin ederim ki; bizzat Allah Resûlü'nün şu sözleri söylediğini kulaklarımla duydum:** «Bir insan müşrik olmadığı halde cenk meydanında ölürse Cennete girer!»

Bu sözlerle mücahidler daha çok coştular. Gönülleri bir yanar dağ gibi fokur fokur kaynadı...

Kâinatın Efendisinin **«Bu ümmetin Emini!»** diye takdim ettiği muazzez sahabi Hz. Ebu Ubeyde (r.a.), sağ ve sol kanatların kumandasını Hz. Halid Bin Velid ile Hz. Abbas'a verdi. Ordunun kalb noktasının kumandasını da kendi üzerine aldı. Mü'minler Emîri Hz. Ömer (r.a.)in gönderdiği yardımcı kuvvetlerin kumandanlığını da Ka'ka'a yapıyordu...

Arap oymağının insanları Hz. Halid'e verdikleri sözü tuttular. Bizans ordusundan ayrıldılar. Bizans ordusu çarçabuk erimeye başladı. Artık canını kurtarabilen kaçıyordu. İmân ordusu düşmanı önüne kattı, yetiştiğini tepeledi... Nura düşman bu millet bundan sonra belini doğrultamadı. Hakikat nurlarından gözleri kamaşan Bizans bir daha müslümanların karşısına çıkmak cesaretini kendisinde bulamadı ...

Tâ Cihan Sıddîkı Hz. Ebu Bekir (r.a.) Efendimizin zamanında başlayan Suriye seferleri, bu savaşla sona erdi... Suriye ve Filistin'de Tevhid sancağı nazlı nazlı dalgalanmaya başladı. Küfür ve dalâletin kara bulutları îmân güneşi ile yok oldu... Ve bu topraklar Müslümanların elinde kaldı...

Burada bir noktaya dikkatinizi çekmek isterim. Uzun zaman İslâmın bayraktarlığını yapan Türkler, Birinci Dünya Savaşı'ndan sonra Suriye ve Filistin'den çekilmek zorunda kaldı.

Türklerin buralardan ayrılmasıyla Araplar birbirlerine düştü. Ve İslâmdan yavaş yavaş uzaklaştıkları için artık öz yurtlarını koruyamaz oldular. Yahudiler binbir hile ile buralara yerleştiler... Nefsin ve ihtirasın amansız pençesine düşen Arapları vatanlarından çıkardılar... Ve dünyanın başına belâ olan İsrail devletini kurdular... Araplar Sosyalizmin kurbanı oldu. Hâlâ İslama dönelim de ebedî kurtuluşa erelim demiyorlar... Bugün Araplar İslama dönmedikçe hiçbir başarı elde edemiyeceklerdir...

BİR KUMANDAN Kİ...

Bu toprakları fetheden, İlâyı Kelimetillah için kanlarını sebil eden sahabi ordusunun şu pırıltılı haline bir nazar atalım... islâm orduları Başkumandanı Hz. Ebu Ubeyde (r.a.) ve onun ordusu nasıldı görelim...

İslâm ordusu küfür ordusu ile cenk ettiği günlerden birinde iyice yiyecek ve içecek sıkıntısına duçar olmuştu. Sabahtan akşama kadar kılıç sallayan îman arslanları içecek bir damla soğuk su bulamıyor, bir dilim taze ekmeğe hasret çekiyordu... Bu sırada ordunun başbuğu Hz. Ebu Ubeyde'nin önüne bir tepsi içinde yemek getirdiler. Kendileri aç ölse, susuz yansa da kumandanlarının aynı acıyı tatmasını istemiyorlardı... Bunun için bütün gayretler gösterilerek bir sofra hazırlanmıştı:

– **Buyrun, aziz kumandanımız! Size getirdik,** diye takdim ettiler...

İmânın billûrlaşmış nurdan âbidesi ve bu ümmetin emini Hz. Ebu Ubeyde (r.a.) sordu:

– **Mücahitilerimizin sofralarında da böyle soğuk su, taze ekmek var mı? Yoksa sırf ben kumandanınız olduğum için mi böyle hareket ediyorsunuz?**

Cevap verdiler:

– Aziz kumandanımız! Kardeşlerimiz bu soğuk su ile şu taze ekmeği sizin için saklamışlarda...

Muazzez sahabî Hazret–i Ebu Ubeyde (r.a.) coşkun bir îman asaleti ile sofrayı geri itti... Kızgın kumların üzerine diz çöktü ve tane tane konuştu:

– Allahın rızâsı ve Resûlüllahın hoşnutluğu için kanlarını sebil eden İslâm mücahitlerinin sofrasından farklı bir sofraya oturmak kadar büyük ve kötü hareket tasavvur edemiyorum!.. Onlar, benimle aynı safta düşmana karşı kılıç sallasınlar da, ben yemek zamanı onlardan ayrı yemek yiyeyim, bu olur mu? Bu soğuk su ile, şu taze ekmeği götürünüz! Kardeşlerimin içtiği sıcak sudan ve yediği kuru ekmekten getiriniz! Yoksa ordu kumandanı değil, Müslümanların halifesi bile olsa Ebu Ubeyde, bu hususî sofraya Vallahi oturamaz!..

İşte İslâmın altınla doldurduğu kalbler... Böyle bir kumandanının emrindeki ordu mağlûp olur mu? İslâmı öz nefislerinde nokta nokta yaşayan muazzez sahabîler ne büyük insanlardı... Allah onlardan razı olsun!..

KISARİYE FETHEDİLİYOR

İmân ordusu kılıç elde dâima ileri harekette... Bu defa da Kısariye üzerine yürüdü... İslâm ordusu burayı da fethetti. Buranın fethi ile Suriye ve Filistin'de İslâm hâkimiyeti tamamlandı...

Kısariye daha önce Hicretin 13. (635) yılında Amr Bin'ül As tarafından kuşatılmış idi. Fakat o zaman fethi müyesser olmadı. Hz. Ebu Ubeyde ebediyyete intikal ettikten sonra mü'minler Emîri Hz. Ömer (r.a.) Yezid B. Ebu Süfyan'a Kısariye'yi fethetmesi için emir verdi. Yezid Bin Ebî Süfyan Hicretin 18. yılında şehri kuşattı. Yezid bu sırada hastalandı Kumandayı kardeşi Muaviye'ye bıraktı. Düşman bir kaç defa Çıkış hareketi yaptı. Lâkin bir başarı elde edemedi... İslâm ordusu azim ve sebatla şehri fethetmek için gayret gösteriyordu. Bir gün, Yusuf adında bir Yahudi şehirden kaçıp İslâm ordusuna geldi. Kumandanla görüşmek istedi. Kumandanın huzuruna götürdüler. Kumandan sordu :

– Ne istiyorsun?

– Size bir iyilik yapmak istiyorum !

– Ne gibi?

– Ordunuza şehre girecek gizli yolu göstereceğim !

– Memnun oluruz!..

Yahudi sözünde durdu. İslâm ordusuna yer altından şehre giden yolu gösterdi. İslâm ordusunun kahraman erleri bir ırmak gibi gizli yoldan akıp şehre gürül gürül girdiler Şehrin kapılarını açtılar... İslâm mücahitleri yalın kılıç içeri süzüldüler... Şehir halkında hayret, dehşet, ibret!.. Hayâl bile edemedikleri bir hakikatla karşı karşıya kalınca **«Teslim»** bayrağını çektiler... Artık Kısariye Müslümanların olmuş, tevhid bayrağı orayı da nurlandırmıştı...

İSLÂM ORDUSUNDA VEBA SALGINI

Kâinatı nur tufanına tutan ve her gittiği yere İslâmı götüren îmân ordusu bu defa amansız bir hastalığa yakalandı... Hicretin 17. yılının sonunda İslâm ordusunda veba hastalığı meydana çıktı islâm ordusu ve toplulukları için büyük bir âfet hâlini aldı. Nice bahadırlar, nice îmân arslanları bu âfete yakalanıp ebediyyete göçtüler.

Hak ve adalet güneşi Hz. Ömer (r.a.) veba mıntıkasına gitmek, vaziyeti gözleriyle görmek, alınacak tedbirleri bizzat incelemek istedi... Ve yola çıktı. İslâm orduları başbuğu muazzez sahabi Hz. Ubeyde (r.a.) mü'mmlerin Emirini Sürg kasabasında karşıladı:

– Ey Allah Resûlü'nün halifesi, dedi; **hastalık korkunç bir şekilde yayılıyor!**

– Peki, öyleyse sahabîlerle bir toplantı yapalım!

Ve meclis kuruldu. Bazı sahabîler, Halifeden hemen geri dönmesini, Mü'minlerin Emîri sıfatı ile kendisini daha fazla tehlikeye atmakta haklı olmayacağını söylediler...

Zira, Allah Resûlü'nün kutlu sahabîleri Cenâb–ı Ömer'i canlarından da çok severlerdi. O, adaletiyle gönüllere taht kurmuş bir sultandı. O, ebedî olarak zulmün kapısını kapayan bir insandı... Böyle bir din ve şeriat büyüğünün kendisini tehlikeye atması doğru değildi. O, aynen boncuk dizilmiş bir ipliğe benzerdi. O iplik bir yerinden kopacak olursa bütün boncuklar dökülüverecekti...

Gönüller aydınlatan din büyüğü, ve koca devletin reisi düşündü, geriye dönmeyi, sahabîlerin kararının daha isabetli olduğunu kabul etti. Ve atına atladığı gibi yola koyuldu. O anda İslâm ordularının şanlı kumandanı Hz. Ebu Ubeyde'nin gür sesi çınladı:

– Yâ Ömer! Allah'ın kaderinden mi kaçıyorsun?

Koca devletin ve koca dinin reisi atının dizginlerini topladı, başını Hz. Ebu Ubeyde'ye çevirdi ve en tatlı vakar içinde fısıldadı:

– Evet; Allah'ın takdirinden, Allah'ın kazasına sığınmaya gidiyorum!

Ve atını kamçıladığı gibi gözden kayboldu...

❁❁❁

Yer yüzünde kader ve tedbir sırrı üzerinde İslâmî hikmet bakımından bundan güzel hiçbir söz söylenememiştir... Kaza ve kaderi bundan daha özlü anlatmak mümkün değildir. Allah'ın kazasından, Allah'ın kudretine sığınmak ne güzel bîr inançtır... Önce tedbirini al, sonra Allah'ın kudretine sığın...

Allah'tır en büyük kudret sahibi,

Bin âlem yaratır bu dünya gibi...

İmanın billûrlaşmış nurdan âbidesi Cenâb–ı Ömer (R. A., nur şehri Medine'ye vardı. Peygamber beldesi, halifeler halifesini coşkun bir sevinç ile karşıladı...

Cenâb–ı Ömer (r.a.), İslâm ordusunun başkumandanı Hz. Ebu Ubeyde'yi bir iş için acele Medine'ye çağırdı. Muazzez sahabî ve hidâyete ermiş ümmetin **«Emini»** Hz. Ebu Ubeyde bunu kendisini hastalık bölgesinden çıkarmak için yaptığını sandı. Böylelikle onu, o mıntıkadan çekip büyük bir tehlikeye maruz kalmasını önlemek maksadı ile yapılmış bir çağrı olarak kabul etti.

Allah'ın Resûlü'nün halifesine şu haberi gönderdi:

– Ey Mü'minlerin Emîri! Allah'ın yazdığı alın yazısı değişmez. Ölüm gelmişse beni nerede olsam bulur. Müslümanları bırakıp tek başıma emin bir yere gidemem!... Ölürsem de onlarla beraber ölürüm, biliniz!...

İnsanda öyle bir îman fokurdamalı'ki, kaynar suyu buzlu şerbet diye içebilsin... İşte muazzez sahabî Hz. Ebu Ubeydedeki îman asaleti... Hazret–i Ömer (r.a.) başkumandanın bu cevabını alınca hüngür hüngür ağladı. Koca halifeyi bir çocuk gibi. ağlatan ilâhî vecde bakınız ...Her şey îman ve islâm dâvası için yapılıyordu... Kendi öz nefislerine hiçbir pay bırakmayan kutlu insanlar...

Korkunç hastalık müthiş bir şekilde yayılıyordu. Din erlerinin Ulusu Cenâb–ı Ömer (r.a.), ordunun, havası güzel bir yere gitmesini emretti. Ordu Cabiye'ye taşındı. Muazzez sahabî Hz. Ebu Ubeyde (r.a.) burada bu korkunç hastalığa yakalandı. Artık islâm orduları başbuğu da öleceğini anlamıştı. Hemen kumandanlarını ve arkadaşlarını topladı ve dünyanın en büyük cesaret ve soğukkanlılığı ile bazı öğütler verdi... Bu öğütler birer parlak inciye benziyordu ...Sonra îman aynası berrak yüzünü Hz. Muaz'a çevirdi:

– Yâ Muaz! Seni kendime halef seçiyorum. Müslümanlara namazlarını kıldır ve orduyu başsız bırakma!...

Hz. Muaz (r.a.) müslümanların önüne geçti. **«Allahü Ekber!»** diyerek tekbir aldı. Ve namaz başladı. Bin vecd ile kılınan namaz sona erince Hz. Ebu Ubeyde (r.a.) vefat etti. Ölüp de ölmeyen erlerin yurduna göçtü... Sonsuzluk Nebisi'nin muazzez sahabîsi şimdi gerçek hayata geçtiler...

Hz. Muaz (r.a.) çadırına döndüğü zaman oğlunun da aynı âfete tutulmuş olduğunu gördü ve dünyanın en üstün sükûn ve tevekkülü ile oğluna bir âyet okuyarak cevap verdi:

– Hak Allah'ındır, sakın şüphe edicilerden olma!

Hz. Muaz'ın îmanlı oğlu ise, bu mealdeki âyetten sonra **–aynen ismail (a.s.)ın –** babasına verdiği cevabı verdi. Şu ulvî mukabelede bulundu :

– İnşallah! Benim sabredicilerden olduğumu göreceksiniz!

İmân ne tatlı, îmân ne güzel! Ölüm ânında bile baba ile oğlun şu misilsiz hareketine bakınız... Ne tarihin bildiği, ne de insanoğlunun hayâl edebildiği bir ulviyyet...

Sen gönülden bir âh eyle de hele,

Kalbinde nur, ışık, îmân tazele!...

Ve asil genç, muazzez ruhunu Yaratıcısına teslim etti. Muazzez sahabi Hz. Muaz (r.a.) oğlunu kabre gömerken aynı akıbete uğradı, müthiş hastalığın pençesi onun da gırtlağına yapıştı. O da teslimiyet ve metanetin en eşsizi içinde muazzez ruhunu teslim etti...

Hz. Muaz'ın ölümünden sonra îman ordusunun başına Amr Binül As geçti. Hastalığın önlenmesi için büyük gayretler gösterdi. Orduyu küçük parçalara böldü, her birini bir tarafa gönderdi. Karantina uygulamasına başladı. Bu tedbirler hemen tesirini gösterdi. Müthiş hastalığın yayılması durdu... Koca dinin ve koca devletin reisi Cenâb–ı Ömer (r.a.) İslâm ordusunun durumunu günü gününe öğreniyordu. Hz. Muaz'ın vefat haberini alınca Hz. Muaviye'yi Şam valiliğine, Şurahbil Bin Hasene'yi de Erden valiliğine tâyin etti... Veba İslâm ordusuna çok büyük kayıplar vermişti. Ordunun ileri yürüyüşü durmuştu...

Bir ara veba salgını Arap yarımadasına da geçti. Suriye'deki salgından edilen tecrübeler ve Cenâb–ı Ömer'in aldığı tedbirlerle çabucak önlendi...

YİNE KUDÜS'E GİDİYOR

Kâinatın Efendisinin kutlu halifesi yine orduyu yakından görmek istedi ...Nur şehri Medine'den yola çıktı. İlim ve hikmet kutbu Cenâb–ı Ali (k.v.)yi yerine vekil bıraktı. Kudüs'e hareket etti. Yine bu yolculuk boyunca kızgın çölleri çilekeş devesi ile aştı. Kölesi ile nöbetleşe deveye bindi... Kudüs'e girecekleri sırada deveye binme nöbeti köleye gelmişti. Köle deveye binmek istemedi:

– Âmân, Yâ Emîrül Mü'minin! Deveye siz bininiz!

Hz. Ömer (r.a.):

– Hayır, olmaz! Sıra sizindir. Siz bineceksiniz, dedi.

Ve kölesini deveye bindirdi. Köle devenin üzerinde, koca dinin ve devletin reisi Cenâb–ı Ömer (r.a.) yerde şehre doğru gidiyorlardı. Kudüs halkı, ismi dünyaları titreten İslâm devletinin başını arıyorlardı. Sordular:

– Mü'minlerin Emîri Hz. Ömer nerede?

Köle arkasında yaya yürüyen adamı işaretle:

– İşte arkamda gelendir, dedi.

Kudüslüler dondu. Bu da neydi? Böyle şey de olur muydu? Hayâl bile edemedikleri bir hakikat ile yüz yüze gelmenin verdiği şaşkınlıkla avaz avaz bağırdılar:

– Hayır! Olmaz böyle şey!...

Fakat olmuştu bile... Çünkü bu insan Hz. Ömer'di. Adaletiyle gönüller aydınlatan bir güneş!... Her yaptığı iş iyi ve yerinde olan bir Pâdişâhtı Hz. Ömer... O ki, zulüm çarkını ebedî olarak durdurdu ve adaletiyle Acem ülkesini fethetti... O, öyle bir aşk ve vecd adamıydı ki, onun azim ve iradesinden mum, demire döndü. Rum ülkesinin Rumluk kilidini açtı. O'nun billur gibi duru gönlü, hakikat nurlarıyla öyle dolmuştu ki, ışığı doğuyu da aydınlattı, batıyı da... Ebedî hayat müjdecisi Cenâb–ı Ahmed (s.a.v.) O'na **«Gözüm!»** demiştir. Bu ne yüce kadir. **«Cennet ehlinin mumu!»** da demiştir, ne yüce er! Cenneti aydınlatan bu aydın ışık, dünyayı aydınlatmaz mı?

Evet, Cenneti ve dünyayı aydınlatan bu altın ışık Kudüs halkının gözlerini kamaştırmıştı... Kudüslüler âvâre âvâre Hz. Ömer'i takip ettiler. Cenâb–ı Ömer (r.a.) orada incelemelerini yaptı. Görüşeceği kimselerle görüştü. Alınacak tedbirleri söyledi... İslâmın esaslarını tatlı tatlı anlattı ve Kudüs'ten Şam'a hareket etti...

Suriye'nin bütün şehirlerini bir bir dolaştı. Müslümanlarda şevk ve heyecan sonsuz. Baygın düşen yapraklar nasıl nisan yağmurlarla hayat buluyorsa, İslâm askeri de Hz. Ömer'i görünce öyle oldu.

Hidayete ermiş ümmetin ulu rahmeti Cenâb–ı Ömer (r.a.) islâm mücahidlerinin aylıklarını bizzat kendi elleriyle dağıttı... Ölen subayların yerine yenilerini tâyin etti. Orduyu yeni baştan düzene koydu... Artık İslâm ordusuna yeni bir güç ve hayat gelmişti... Sonra nur şehri Medine'ye döndü...

HAK VE ADALET GÜNEŞİ HZ. ÖMER'İN İSLÂM MEDENİYETİNE HİZMETİ

Var oluşun hikmeti, ölümsüzlük rehberi, gerçek hayatın kurucusu, yıkılmaz çatının mimarı Cenâb–ı Muhammed Mustafa (s.a.v.) Efendimiz, küfrün yerine imânı, bâtılın yerine hakkı, zulümün yerine adaleti, vahşetin yerine medeniyeti, cehlin yerine ilmi getirmiştir... Ve bütün insanlığı vahşetten medeniyete erdirmiştir...

Gerçek medeniyet budur, insanlığı vahşetin, dalâletin, küfrün pençesinden kurtarıp murad kutuplarına erdirmek ne büyük inkılâptır. Medeniyeti fabrika yapmak, makina imâl etmek, aya tırmanmak, denizlerin dibinde göklerin sonsuzluğuna kadar uzanmak olarak anlayanlar aldanıyorlar... Evet, bunların hepsi güzel şeylerdir... Fakat bugün insanoğlu, bütün bunlara sahip olduğu halde gerçek medeniyetten mahrumdur. Medeniyeti de tıpkı kendisi gibi makina gürültüsüne boğulup gitmiştir... Madde almış ruhların İlâhî cevherini... Maddeye ram olan beşeriyat, mânâda öksüz kaldı... Bu öksüzlük sebebiyle saadetin kokusunu bile tadamıyor...

İçimizden şöyle haykırmak geliyor:

Hep karanlık ön ve yön,

Ey insan İslâm'a dön!...

Allah Resûlü'nün ebediyete intikaliyle Arap yarımadasında tam bir çalkantı meydana gelmişti... Onun dünya fezasından, âhiret ufuklarına uçuvermesi kurulan düzenin parçalanmasına doğru gidecekti... Onun yerine islâm ümmetinin başından geçen, dünyanın en büyük insanı Hz. .Ebu Bekir (r.a.) bu çalkantıları, bu bozulmaya yüz tutmuş düzeni yeniden kurmaya çalıştı... Fakat kısa süren halifeliği devrinde İslâm devletini kurup ve teşkilâtlanmasına vakit ve imkân bulamamıştı...

Hak ve adalet güneşi Hz. .Ömer (r.a.) İslâm devletinin temel müesseselerini kurdu. İslâm devletinin temellerini Kur'ân sütunları üzerine attı. Devletin' aynası, Allah tarafından kâinatın efendisine vahyolunan Kur'ân'dı. Cenâb–ı Faruk bütün ömrü boyunca Kur'ânı Kerîm'in ve Hadis'i şeriflerin gösterdiği Elmas hakikatten, pırıltılı yoldan bir nebze ayrılmadı...

O yol nurdu, o yol, ışık,

Başka yollar pek karışık!

Mukaddes İslâm, bütün yeniliklerin tohumunu ezelden getirip ebede götüren ve bu tohumun ihtiyarlamaz ve kurumaz ağacını dal dal göstermiş bulunan muazzam kâinat muhasebesidir... İşte Cenâb–ı Ömer (r.a.) ezelden gelip ebede giden tohumun içindeki hakikatleri en iyi bilen ve tatbik eden bir insandı...

Öyle ki, devlet gelirlerini ve hazinesini, İslâm ordusunu, bilgi ve din kurumlarını, adalet müesseseleri mahkeme, müftülükleri, zimmîlerin haklarını, mülkî taksimat, devlet memurlarının hak ve vazifelerini kuvvetli esaslara bağladı. Gaye, bütün insanlığın huzur ve saadet içinde yaşaması, hiç kimsenin zulme uğramaması idi ...İrfan denizine gark olmuş din büyüğünün kısa zamanda başardığı büyük işler akıllara hayret verecek kadar heybetlidir...

Cenâb–ı Ömer (r.a.), gönlünde pırıldayan, sonsuz îmandan aldığı şevk ve heyecanla bir an olsun durmadı. Bir taraftan İran ateşperestleriyle, diğer taraftan Bizans kâfirleriyle savaşmak zorunda kalmasına rağmen İslâm devletinin teşkilâtını kurmuş, bu teşkilâtın ahenkli bir şekilde çalışmasını sağlamıştır. İşte İslâmın ilk defa kâinata sunduğu rejim onun devrinde kurulmuştur. Şimdi hangi bir devlet reisi çıkar da:

– Ey insanlar fena bir yola düşecek olsam, bana ne yaparsınız? diye sorabilir. Sorsa bile, **«Seni kılıcımızla doğrulturuz!»** diyebilecek kahramanları bulabilir miyiz?

Nerede o insanlar, nerede o anlayış, nerede o îman?... Hak ve adalet güneşi Cenâb–ı Ömer (r.a.) Peygamber mescidinde verdiği bir hutbede halka şöyle dedi:

– Sizi bana yüklediğiniz emanete ortak olmak için çağırdım. Çünkü ben ancak sizin gibi bir insanım. Sizin benim arzuma uymanızı isteyemem!

Şu kâinat denilen varlık sedefinin adalet sultanına bakınız... islâmın bu altın devrini görmek istemeyen, İslâm nizamını, Allah'ın her günü, yeren ve sonra da îmansız kalbin dümensiz kafasiyle saadet arayan bîçarelere ne demeli?

Yine Cenâb–ı Ömer (r.a.) şöyle demiştir:

– Ey insanlar! Benim sizin mallarınız (devlet hazinesi) **üzerinde velayetim bir velinin yetimin malları üzerinde hakkı gibidir. İhtiyacım olmadığı zaman** (yâni umumî hizmetler için) **mallarınızdan bir şey sarf edemem. İhtiyaç olursa, sizin adınıza, şeriata ve Hz. Kur'ân ahkâmına göre, lâzım olduğu kadar alırım. Sizin benden isteyeceğiniz birçok şeyler vardır. Zekâtı, öşürü ve cizyeyi güzelce toplamak, bunları Allah ve Resûlü'nün emrettiği yerlerde sarf etmek, tahsisatları genişletmek hudutları korumak, sizi lüzumsuz tehlikelere atmamak!...**

Koca dinin ve koca devletin reisi Hz. Ömer'in vazife ve yetkisini açıklayan sözleri, sadece bu sözlerden ibaret değildir. O gönüller aydınlatan din büyüğü, her fırsatta ve her zaman bu gibi konuşmalarla kendisinde hiçbir üstünlük görmediğini tekrarlamıştır ...Ve bu açıklamalar böylece kalmamıştır... Bütün hayatı boyunca söylediklerini nokta nokta tatbik etmiştr. Öz nefsine hiçbir pay vermemiştir... Kendisini bir fert olarak kabul etmiş, üstün bir hak istememiş, kimseden üstün olduğunu düşünmemiş, kendisini yetimin malını gereken yerlere sarf edecek bir veli olarak kabul etmiştir, islâm ülkelerini korumakta kendisini borçlu sayıyordu, İslâm nizamını dimdik ayakta tutmakta büyük gayretler gösteriyordu. Cenâb–ı Ömer (r.a.)in söz ve hareketlerinden devlet başkanlığını bir iktidar ve nimet saymadığı, bu yüksek makamdan kendisi ve yakınları için hiçbir menfaat sağlamadığı, tam aksine bu yüksek mevkii bir hizmet ve yük sayacağı herkesçe bilinen bir şeydir... Hatta bu işe o kadar dikkat ve hassasiyet göstermiştir ki, bir tarihî hadise bunun en canlı delilidir...

O Cenâb–ı Faruk'un gönlü billurdan duru idi. Kâh aşk derdiyle alev alev yanar, kâh celâdet ve şecaatle gürül gürül çağlardı.. Kâh adaletle iş yapar, kâh etrafa inciler saçardı.. Kâh çöllerde deve peşinde koşar, kâh fakirlerin yemeklerini dağıtırdı... Yâni âdil ki, öyle bir âdil...Din denen ırmağı çöller ve ülkeler boyu çağlattı... İslâmın sancağını Kisran'ın saraylarında dalgalandırdı... İnsanlık âlemine sebil sebil hakikat nurları sundu...

Evet. o âdil Pâdişâh öz nefsine ve yakınlarına hiçbir menfaat sağlamadı. Cenâb–ı Faruk'un oğlu Abdullah (r.a.), bir deve satın aldı ve onu evvelâ meralara sürüp iyice besledi. Deve devlet meralarında iyice semizlendikten sonra Abdullah onu pazara getirdi ve satılığa çıkardı. Bir adamla pazarlığa tutuştu. Tam bu sırada hak ve adalet güneşi Hz. Ömer (r.a.) oraya geldi ve sordu :

– Bu semiz deve kimin?...

– Oğlunuz Abdullah'ın !

Hemen oğlunun karşısına dikildi:

– Yâ Abdullah! Bu deveyi böyle nasıl besledin ki, bu kadar semizlenmiş ?

Hz. Abdullah tatlı tatlı gülümsedi ve saf saf konuştu:

– Meraya sürdüm aziz babacığım! Orada iyi otlamış olacak ki, bu kadar semizlenmiş!

Gönüller aydınlatan din büyüğü ve koca devletin reisi Cenâb–ı Ömer (r.a.)'in îman aynası berrak yüzünde nokta nokta elmas ve kafasında düğüm düğüm düşünce... Sonra tane tane söz:

– Yâ Abdullah! Bu deveyi sattıktan sonra ana parasını kendin al, ticaretini derhal bana getir, hazineye yatıracağım!

Abdullah'ta hayret, dehşet, ibret:

– Niçin ey aziz babam?

Hazret–i Ömer'in dudaklarında ışık ışık bir tebessüm, dilinde hakikat incileri ve irfan elmasları:

– Herkesin devesi iskelet halindeyken senin devenin bu kadar semizlenmiş olması bir tesadüf değildir. Senin deveni merada görenler, **«Aman dokunmayın, halifenin oğlunun devesidir. Şurada sulansın, şurada da otlasın»** diyerek hilâfet makamımız senin devenin iyi otlanmasına vasıtalık etti. Devende nüfuzumuzla semizlenmiş oldu. Bu sebeple deveni satın aldığın fiat olan sermayesini al, nüfuzumuzla elde edilmiş olan semizleşme parasını hazineye devret!

Evet, ey insanlık! Böyle bir üstün idrak kimde var?

Adalet ummanı yüce Faruk (r.a.), herhangi bir yasak koyacağı zaman, onu herkesten evvel kendi ev halkına büyük bir şiddetle tatbik ederdi:

– Ben filân işi yasak ettim. Sakın onu içinizden biri işlemesin... Zira cezasını iki misli veririm!

Alemde hiçbir kimse Cenâb–ı Ömer'den incinmemiştir, O sultan, kanaatte ve adaletini öz nefsine her şeyi esirgemek suretiyle göstermekte tek ve eşsiz... Koca dünya, bütün nimetleriyle ona geldikçe, O dünyadan bütün gönül servetiyle kaçtı... Hırkasında 21 yama olduğunu düşünürsek ne kadar gönlü gani bir insan olduğunu anlamış oluruz!...

Nihayetsiz olan mülkün seyyidi ve Kevser havuzunun sahibi bir gün mukaddes yüzünde cennetler gibi bir tebessüm, Hz. Ömer'e hitap ettiler:

– Ey Ömer! Peygamberden sonra, senden daha hayırlısını yeşillikler gölgelememiş, tozlu yerler tozlamamıştır!..

Yine Ebedî hayat müjdecisi buyuruyorlar:

– (Rüyamda) **Cennete girdim. Bir de ne göreyim, altından bir köşk yanındayım.**

– Bu köşk, kimin diye sordum.

Kureyş kabilesinden bir gencindir, dediler.

Ben de zannettim ki, o genç benim:

– O kimdir? dedim.

– Ömer İbni Hattab'dır, dediler...

– Yâ Ömer! eğer senin gayretini bilmeseydim, o köşke girerdim!...

Allah'ın sevgilisi yine buyuruyorlar:

– Ebu Bekir'le Ömer, göklerin ve yer yüzü ehlinin ve kıyamete kadar kendilerinden sonra geleceklerin en hayırlısıdırlar!...

Kâinatın Efendisi buyuruyorlar:

– Benden sonra gelen Ebu Bekir ile Ömer'e tâbi olun, uyun. Çünkü onlar, Allah'ın uzanan ipidir. Onlara yapışan kimse, kopmayacak olan en sağlam kulpa tutunmuş demektir!...

Allah Resûlü'nün şanlı halifesi Cenâb–ı Ömer (r.a.), bir nefes olsun adaletten ayrılmadı. Hiç kimseye şer'î kanunların vazettiği emirlerden başkasını tatbik etmedi. Herkesi murakabe eder.

İslâm'ı neş'eler içinde yaşayıp yaşamadıklarına bakardı... Ve herkesten hesap sorardı. Hatta bir defasında Amr Bin As'tan hesap istedi:

– Yâ Amr! Devlet hizmetinde bulunduğun müddetçe ne yaptın? Bana yaptıklarının hesabını ver!

Amr Bin As, hayretler içinde mırıldandı:

– Allah'ın işine bakınız! İslâmdan önce benim babam ipekli, sırmalı elbiseler giyer, senin baban Hattap sırtında odun taşırdı. Bugün ise Hattabın oğlu benim hükümdarımdır!

İrfan denizine gark olmuş din büyüğü Cenâb–ı Ömer (r.a.) onun bu sözüne hiç aldırmadı. Hesabını istedi ve aldı...

ÖMER'DEN ŞİKÂYET ETME!

Bir gün, Kureyş'in ululları reisler reisi Cenâb–ı Faruk'u ziyarete geldiler. Hak ve adalet güneşi Hz. Ömer (r.a.), Hz. Bilâl ve Hz. Ammar gibi kölelikten hürriyete kavuşmuş ve İslamın çile devrinde mukaddes çileyi çekmiş kimselerle görüşüyordu. Hz. Ömer (r.a.) sohbetine devam etti, Kureyş'in büyükleri ile ilgilenmedi... Ebu Süfyan köpürdü :

– Talihe bakınız! Bugün köleler üstün tutuluyorlar!

Başka bir Kureyşli, Ebu Süfyan'a cevap verdi:

– Yâ Ebu Süfyan! Ömer'den şikâyete hakkımız yoktur. Biz kendi talihimize küselim. Müslümanlık herkesi birden dîne dâvet etti. Biz bu davete koşmadık geciktik. Bizden evvel İslâm dinini kabul edenler bize üstün olmaya hak kazandılar!

Hidâyete ermiş ümmetin en ulu rahmeti Hz. Ömer (r.a.), otoritesini yalnız adalet ve doğruluktan alır, kimseyi kimseye üstün tutmadığı gibi şahsını da başkalarından ayırmazdı. Kendilerini halktan üstün görenlerin mevkileri ne olursa olsun onları cezalandırırdı...

O, hilafeti bir makam olarak değil, halka ve dine bir hizmet vasıtası olarak biliyordu. Bir defasında şöyle demişti:

– İçinizde bu işe benden daha elverişli bir şahıs bulunduğunu bilsem, gidip ona bu emaneti teslim ederdim!...

HZ. ÖMER'İN CİHANI TUTAN ADALETİ

İrfan denizine gark olmuş din büyüğü Cenâb–ı Ömer (r.a.) dillere destan olan, nakış nakış ruhlara nakşedilen eşsiz adaletini nasıl uygulamıştı? Bu nurdan pırıltılar saçan insan nasıl bir yol tutmuştu? Adaletin uygulanmasında, hiç şüphesiz, onun şahsiyetinin büyük önemi vardı. Bir insan, ne kadar büyük olursa olsun tek başına her şeyi eksiksiz yapmasına imkân yoktur... Bu işler yapılırken, müesseselere ve prensiplere ihtiyaç vardır ...İşte Cenâb–ı Ömer (r.a.)in büyüklüğü, her şeyden önce adalet müesseselerini kurması, bunları en iyi bir düzende işletebilmesidir.

Hak ve adalet güneşi Hz. Ömer (r.a.), öyle güzel adalet müesseseleri kurmuş ve prensipler koymuştur ki, daha sonraki müslüman devletler adalet müesseselerini onun kurduğu temeller üzerine kolayca oturtmuşlardır.

Onun koyduğu prensipler şunlardır:

1 – Fetva mahkemeleri –Müftülükler–

2 – Polis teşkilâtı.

3 – Hapishaneler...

Adalet mefhumunun billûrlaşmış nurdan âbidesi Hz. Ömer (r.a.)'in zamanına kadar devlet başkanları ve onun vilayetlerindeki temsilcileri olan valiler devletin büyük kudret ve kuvvetlerini ellerinde bulundururlardı.

Şu içinde yaşadığımız dünyada ve 20. asırda her medenî devletin yazılı veya yazısız bir Anayasası vardır. Cenâb–ı Ömer'in başkan olduğu devletin anayasası Kur'ânı Kerimdir. Bütün insanlığa ışık tutan, saadet yollarını gösteren, ebediyyete uzanan nur... İşte şanı yüce Faruk İslâm devletinin temellerini bu Yüce Kitabın hükümlerine yaslamıştı... Böyle nur sütunu üzerine kurulan bir devlet elbette cihanlara hâkim olacaktı...

Din ve devlet reisi Hz. Ömer (r.a.), kaza kuvvetini devletin nufuzlu memurlarının ellerine bırakmazdı, herkesi kanun ve prensiplere uygun şekilde harekete zorladı. Hiç kimse kendi başına bir şey yapamaz, her şeyi halifeye sorur ona göre hüküm verirdi...

KANUNLAR: Mukaddes İslâm, Allah'ın nizamıdır, İslâm devletinin anayasası da şüphesiz ki, Allah'ın kitabı olacaktır. Buna göre kanunlar Kur'ânı Kerim hükümlerine uymak zorundadır. Herhangi bir meseleye dair Kur'ânı Kerim'de açık bir hüküm bulunmazsa Allah Resûlü'nün hadislerinde araştırılır, hadisi şeriflerde de meseleye açık bir hâl çaresi bulunmazsa İcmâ'i Ümmet kararı ile mesele aydınlatılırdı...

İcmâ'i Ümmet şu demektir: Allah Resûlü'nün muazzez sahabîleri toplanıp bir mesele üzerinde hüküm verirlerdi. Kur'ânı Kerim ve Hadisi şeriflerin ışığı altında çalışırlardı. Burada muazzez sahabîler kanun vâzı'ı durumundadırlar. Sahabîlerin vefatından sonra yetişen büyük İslâm fıkıh bilginleri, kıyas yolu ile meseleleri hâl yoluna gitmişlerdir.

İslâm hukukunda bu geleneği din büyüğü Cenâb–ı Ömer (r.a.) koymuştur. Selim akıl timsâli, büyük aşk ve celâdet adamı Hz. Ömer (r.a.) meşhur Kadı Şüreyh'e yazdığı mektupta şöyle demiştir:

– Hükümlerini Kur'ânı Kerim'e göre uygula! Şayet orada istediğini bulamazsan, Allah Resûlü'nün hadislerine baş vur. Orada da yoksa İcmâ'i Ümmete göre hüküm ver, bu da seni tatmin etmezse ictihad et.

İrfan denizine gark olmuş yüce Faruk işte bu güzel prensipleri koydu. Bu prensipler bütün İslâm devletlerinde asırlara uygulanmıştır. Roma hukuku, bu prensiplerin yanında güneşe karşı, ateş böceği hükmündedir...

Reisler reisinin İslâm hukukuna koyduğu belli başlı prensipleri şöylece özetleyelim:

1 – Hâkim tarafsız olmalıdır.

2 – Davacı, dâvasını ispat etmek zorundadır. (Davacı suçsuz olduğuna delil gösteremez, şahit gösteremezse yemin eder.)

3 – Taraflar İlâhî hükümlere aykırı olmamak şartıyla aralarında uyuşabilirler.

4 – Dâvâlı belli günde mahkemede bulunmazsa gıyabında hüküm verilebilir.

5 – Şahitlik edecek kimsenin evvelce yalancı şahitlik etmemiş olması ve kötü bir hali bulunmaması lâzımdır..

Din ve Şeriat ulusu Cenâb–ı Faruk'un koyduğu prensiplerden birisi de şahitlik yapacak Müslümanın evvelce yalancı şahitlik etmemiş olması ve kötü bir hâli bulunmamasıdır. Daha doğrusu şahidin, İslâmî hayatı nokta nokta yaşaması şarttır.. Hidâyete ermiş ümmetin ulu rahmeti Hz. Ömer (r.a.) Ebû Musa El Eş'ariye yazdığı bir nâmede şöyle diyor:

– Dâvalara bakmak senin vazifendir. Bu, uyulması gerekli bir senettir. Herkes ve her fert senin karşında, meclisinde ve adalet önünde eşit olsun! Zayıflar adaletten üzgün olmasınlar, kuvvetliler senden taraf tutma beklemesinler. Taraflar rızaları alınarak uyuşturulabilir. Haram bir şeyi helâl eden, yahut bir helâli haram eden uyuşma olmamak şartıyla verdiğin bir hükmü tekrar düşün... Yanıldığını anlarsan verdiğin hükümden dönmekte tereddüt etme ...Kitap ve Sünnette bulamadığını aklınla bul!... Birbirine benzeyen veya mümasil olan şeylere dikkat et! Bir kıyas yap, taraflar

delil göstermek isterlerse onlara mühlet ver... Verilen mühlet içinde delil gösterirlerse haklarını ver. Delil gösteremezlerse dâvayı reddet!.. Bütün müslümanlar şahitlik edebilir... Ancak evvelce yalancı şahitlik edenler, vasilik ve veraset işlerinde kötü niyet gösterenler şahitlik edemezler...

CENÂBI ÖMER'İN MAHKEMELERİ

O gönlü güzel büyük, Cennet ehlinin aydın ışığı Cenâb–ı Faruk (r.a.) âleme hakikat incileri saçmış ve adaletiyle gönüllerde taht kurmuş bir sultandır... Onun koyduğu prensipler asırlarca insanlığa ışık tutmuş ve beşeriyet hakikat elmaslarını ancak İslâm'da görebilmiştir...

Kaza gücünün hakikat manzumeleri gibi pırıl pırıl işleyebilmesi için çok iyi kanunlara ihtiyaç vardır. Mukaddes İslamm kanunlarının dayandığı esasları ve prensipleri yukarıda açıkladık. Koca dinin ve koca devletin reisi Hz. Ömer (r.a.) hâkimlere yaptığı içtihatları zaman zaman bildirmiştir. Hak ve adalet güneşinin içtihatları İslâm hukukunun feyizli ve bereketli bir örneği olarak İslâm hukuk kitaplarında yer almıştır...

O gönüller aydınlatan din büyüğü, mahkemelerin ihtiyaca göre olmasını, dâvaların birikerek adaletin sürüncemede kalmamasını sağlamıştır. Onun adalet manzumesi güneş çeşmesi gibi durmadan akmış ve şefkatli ellerle insanlık başını okşamıştır...

Hz. Ömer (r.a.}, mahkemeleri kırtasiyecilik belâsından korumuş, dâvalarda ağır masraflara yol açılmamasına önem vermiştir. Bugün ne hazin bir tecellîdir ki. 30, 40 hattâ 50 sene süren dâvalar vardır... Bugün yirminci asrın medenî memleketleri dediğimiz memleketlerde dâvalar ağır para harcamaları ve karışık kırtasiyecilik altındadır... Bu yüzden çok kerre hak sahipleri, hakları olan öz haklarından vaz geçmeyi tercih ediyorlar... İmanın billûrlaşmış nurdun âbidesi Cenâb–ı Ömer'in devrinde mahkemeler adaleti hem çabuk hem de masrafsız sağlıyorlardı.. Günümüzdeki mahkemeler büyük masrafları icap ettiriyor...

Hz. Ömer (r.a.) mahkemeler için binalar yaptırdığı gibi camileri de mahkeme binası olarak kullanmakta sakınca görmemiştir. Onun mahkemeleri herkese açıktır... Herkes hakkını aramakta serbestti... Haklı olduklarına inanan insanlar kolayca dâva açabilirlerdi. Dâva açmak için masrafa girmeye lüzum yoktu... Haklı olanlar zayıf, yoksul, her kim olursa olsun kuvvetli ve nüfuzlu kimseler aleyhine dâva açabiliyorlardı. Çünkü herkes adaletten emindi. Herkes aynı hakka sahipti... Cenâb–ı Ömer (r.a.) Allah Resûlü'nün güneşler yanan izinde gidiyordu... Onun rehberi sadece o idi... Gönlü onun sevdasıyla tüterdi... Ve zamanın hakikat kulaklarına şöyle seslenirdi:

– Dünyadan bana üç şey sevdirildi: Mâruf ile emir, münkerden nehy, ve bir de eski, elbise giyinmek!...[31]

HÂKİMLER

Hak ve adalet güneşi Cenâb–ı Ömer (r.a.) hâkimlerin tâyininde çok titiz davranırdı. Adalet terazisini elinde bulunduracak insanlar îman ile aydınlanmış, takva ile süslenmiş, ilim ile beslenmiş, sabır ile incelmiş kimseler olmalıydı... Onların vicdan sahifeleri Kur'ânın hakikat incileriyle bezenmeliydi... Yüce Faruk işte bu hususlara çok dikkat ederdi. Hakimlerin rüşvet almamaları için zamanına göre yüksek maaş verirdi. Hiçbir hâkimin geçim sıkıntısı çekmesine imkân yoktu...

Hz. Ömer (r.a.), hâkimlerin devlet otoritesini elinde bulundurabilecek yüksek nüfuzlu ve dirayetli kimselerden olmasına ve dâvaların inceliklerini şimşek çabukluğiyle kavrayarak hükme bağlayan, zeki ve güzel huylu, Allah'tan korkan, Sünneti Resûle sarılan zatlardan olmasını isterdi... Bunun için insan uslu gayretler gösterdi. Elinde îmân feneri, gece gündüz çırpınırdı. Bu fenerin ışık saçan fitili adaletti...

31 Münebbihat.

Din erlerinin ulusu Cenâb–ı Ömer (r.a.) Ebü Musa el-Eş'ari'ye yazdıkları mektupların birisinde:

– **Rüşvet yoluna sapmayacak kişilerden, yüksek mevkî sahipleri karşısında şaşırmayacak dirayetli kimselerden hakim tâyin et!** diyordu...

Bundan başka hâkimlerin ticaretle veya başka bir işle uğraşmalarını da yasak etmişti... İşle bu sebeptendir ki, Cenabı Ömer'in zamanındaki o izzetli Hâkimlerin ünü günümüze kadar ulaşmıştır. Bunlardan birisi de Kadı Şüreyh'tir. Kadı Şüreyh ünlü hâkimlerin başında yer alır. Onun nasıl tâyin edildiğini kısaca beyan etmekte fayda vardır:

İrfan denizine garkolmuş din büyüğü Hz. Ömer (r.a.) birisinden at satın almıştı. Alış şartlıydı. Atı beğenirse atın parasını ödeyecekti. At iyice denenmek için bir biniciye verildi. Bu sırada da sakatlandı. Hz. Faruk da atı almaktan vazgeçti. Atın sahibi, atını geri almak istemedi. Halifeden davacı olarak Kadı Şüreyh'e başvurdu. Dâvasını mahkemeye arzetti. Kadı Şüreyh

Şu hükmü verdi:

– At, sahibinin rızası ile denendi ise geri verilebilir. Değilse verilmez.

Cenâb–ı Faruk (r.a.), Kadı Şüreyh'in verdiği bu hükmü doğru bulduğunu kabul etti. Atın parasını da ödedi... Böylece Şüreyh'i de Kûfe kadılığına tâyin etti. İşte bu ünlü kadı da hak ve adaletten ayrılmıyarak etrafına nurdan pırıltılar saçtı... İslâmın adalet terazisini liyakatle elinde tuttu. Hiç kimseyi zulme uğratmadı, hiç kimseye haksızlık etmedi...

Halifeler halifesi Medine Hâkimliğine Allah Resûlü'nün vahiy kâtiplerinden Zeyd bin Sabit (r.a.)i tâyin etti. Hz. Zeyd (r.a.) Allah Resûlü'nün elinden ölümsüzlük iksiri içen bahtiyarlardandı. İbranî, Süryânî dillerini çok güzel biliyordu. Aynı zamanda İslâm hukuk ve ferâiz meselelerinde yüksek bilgiye sahipti... Peygamber sevgisiyle bahtiyar olmuş erlerdendi.

İnsanlığın vicdan sâhifelerine 14 asırdan beri irfan incileri yağdıran Kur'ânı Kerîm'i mushaf hâline getiren ilim heyetinin başkanlığını da Hz. Zeyd (r.a.) yapmıştı... İç gözlerine İlâhî nurun sürmesi çekilen bu muazzez sahabî elbette adaletten ayrılmıyacaktı...

❁❁❁

Cenâb–ı Mustafa'nın Halifesi Hz. Ömer (r.a.) Filistin kadılığına da Ubâde Bin Samit'i tâyin etti.

Bu muazzez sahabî de Allah Resûlü'nün saâdetli zamanında Kur'ânı Kerîm'i ezberlemişti. Kur'ânın yanık bir bülbülü idi... Kâinatın Efendisi Ubâde Bin Sâmit'e ehli Suffa sahabîlerine Kur'ânı Kerîm'i öğretmek vazifesini vermişti... Daha doğrusu Kur'ân muallimi yapmıştı... Âlemin Fahri'nin böyle faziletli bir işe tâyin buyurduğu Ubâde Bin Sâmit (r.a.) elbette adaleti de yerine getirmede başarı gösterecekti. Nitekim bütün ömrü boyunca bu büyük sahabî Allah Resûlü'nün izinden bir an olsun ayrılmamıştır...

Hidayete ermiş ümmetin ulu rahmeti Hz. Ömer (r.a.), Hz. Ubade'ye, her zaman, büyük bir saygı ve sevgi göstermiştir.

Hz. Ömer (r.a.), hâkimlerin herkese karşı aynı davranışta olup olmadıklarına çok dikkat ederdi.

Bir gün Cenâb–ı Ömer ile Ebi bin Kâab arasında bir anlaşmazlık oldu. Ebî bin Kâab, Mü'minler Emîrini Medine Kadısı Hz. Zeyd'e şikâyet etti. Kadı, Halifeyi mahkemeye davet etti. Cenâb–ı Ömer (r.a.) dâvâlı olarak mahkemeye geldi: Hâkim, Hz. Ömer'e karşı saygılı davrandı. Cenâb–ı Ömer buna üzüldü. Ve haykırdı:

– Taraf tutmanın ilk belirtisi budur!

Koca dinin ve koca devletin reisi Hz. Ömer (r.a.) Ebi bin Kâab ile yanyana oturdu. Ebi bin Kâab dâvasını ispat edemiyordu. Hz. Ömer de Kâab'ın iddialarını kabul etmiyordu. Ebi bin Kâab dedi ki:

– Halife yemin etsin!

Hz. Zeyd Bin Sabit (r.a.) Cenâb–ı Ömer'e saygısından ötürü müdahale etti:

– Yâ Kâab! Yemin teklifini geri al!

Hazret–i Ömer (r.a.) oturduğu yerden bir ok gibi fırladı ve parmağını hâkime uzatarak ortalığı çınlattı:

– Senin huzurunda halktan biri ile Ömer eşit olmazsa, sen hiçbir zaman hâkimliğe lâyık olamazsın!...

İşte gönüller aydınlatan yüce Halife böylesine büyük bir insandı. Onun elinden ve dilinden hep hakikat elmasları dökülüyordu. O, insanlık dudağına adalet bardağı ile nur içiriyordu. O, Kur'ânın irfan incilerini vicdan sâhifelerine adalet ipliği ile işliyordu... Onun bu güzel ve örnek hayatı bütün Müslüman hükümdarlara ışık tutmuştur. Hattâ güzel İstanbul'umuzun Fâtih'i de bir defasında böyle davranarak cihana hayret dudaklarını ısıttırmıştır... İslâmî hayatı yaşayan herkes bu türlü faziletler gösterecektir... İslâmdan uzaklaşış, öyle bir bataklıktır ki. çabaladıkça insanı yutar!...

Hep karanlık ön ve yön,
Ey insan, İslâm'a dön!

HZ. ÖMER İNSANLIK DUDAĞINA İSLÂM NURUNU SUNUYOR

Kâinatın Efendisinin şanlı Halifesi ve Cennet ehlinin aydın ışığı Hz. Ömer (r.a.) mukaddes İslâmî cihanın dört bucağına yaymak için üstün bir çaba göstermiştir. Bir damla inayet serinliğine hasret kalan insanlık, küfür ve dalâlet bataklığında çırpınıyordu. Beyinleri küfür kezzabiyle kavrulan bu insanların imdadına kim yetişecekti... Kim İslâmın billur? ırmaklarından insanlık gölüne su akıtacaktı... işte Hz. Ömer (r.a.}, elinde îman tası ve donattığı nurdan orduları ile kâinatı kıt'a kıt'a, ülke ülke dolaşıp bu hidâyet suyundan içirmek için çırpındı... Onun muzaffer orduları her gittiği yere İslâmı da beraber götürüyordu. İslâmın İmân feneri kâinatı pırıltılara boğarken İslâmın orduları da güzel ahlâk dağıtıyordu...

Cenâb–ı Ömer (r.a.), mukaddes İslamı zor kullanarak ve kaba kuvvetle yaymak istememiş, onu sevdirmek, gerçekleri göstermek, hakikatleri vicdan kulaklarına duyurmakla yetinmiştir. Bunun böyle yapılması Allah kanununa uygundu... Zira Rahman ve Rahîm olan Allahımız :

«– Dinde zorlama yoktur!» buyurmuştu. Elbette Yüce gönüllü halife Allah'ın bu ilâhî fermanını unutmazdı... Onun hareket noktası bu idi...

Hz. Ömer (r.a.), yeni fethedilen ülkelerin halkına mukaddes İslâmın temel inanışlarını açıklamak, Kur'an hakikatlerini duyurmak, îmanın zevkini tatdırmak, ahlâkın güzelliğini göstermekle İslâmı sevdirmeyi gaye edinmişti... Ordularına ve ordu kumandanlarına da hep bu yolda telkinlerde bulunuyordu. Halka islâm dininin temel inanışlarını açıklamalarını, onları dine davet etmelerini, hiçbir kimseye zulm etmemelerini tavsiye etmişti... islâm orduları başbuğu Hz. Sâad Bin Ebi Vakkas'a (r.a.) gönderdiği bir nâmede :

– Sana karşılaştığın insanları dine davet etmeni emrediyorum ! diye yazmıştı...

Kutlu halife, kumandanlarını. İslâm dinini çok iyi bilen ahlâkî güzellikleri sinesinde toplayan, takva yolunu tutan kişiler arasından seçmişti.. .Zaten Allah Resûlü'nün muazzez: sahabîleri gökteki yıldızlar gibi bütün cihana nurdan pırıltılar saçıyorlardı... Böyle mübarek ordunun böyle faziletli kumandanları olacaktı...

Yeni fethedilen ülkelere İslâm dininin esaslarını çok iyi bilen kimseleri öğretmen olarak gönderirdi. Bunlara devlet hazinesinden maaş verirdi. Mukaddes islâmı insanlara öğretmeğe, gönülleri îman nuru ile doldurmağa, iç gözlere ilâhî nurun sürmesini çekmeğe çok gayret ediyordu.

Cenâb–ı Ömer (r.a.), İslâm dinini yaymak isteyenlerin Müslüman olmalarını, islâm ahlâkı ile ahlâklanmalarını, her hareketlerini İslama göre ayarlamalarını, halka bir nümunei imtisal olmalarını istemişti ...Bütün islâm mücahidleri de halifenin bu isteğine uymuşlar, her gittikleri yere nur, îman, ışık, ahlâk, fazilet götürmüşlerdir... Ve bu sebeple islâm dini billûrî bir ırmak gibi çağlaya çağlaya kâinatı îman suyuna boğmuş, İslâm dini çabukça yayılmıştı. Asırlardır küfür bataklığında inlemiş insanlar şimdi Allah'a kul olmanın sonsuz hazzı içinde İslama can atmışlardı...

İslâmın o altın devrine bir bak,
Saçılmış her yana nur kucak kucak!....

CİHAN HAYRETTE

Cenâb–ı Ömer (r.a.), dünya güzeline gönül vermedi. Onun gönül evi eşsiz incilerle dolu idi. İslâm'ın billur çeşmelerini ümmet kovalarına akıtmış ve bütün insanlığı hidayet çadırının içine doldurmak istemişti... Dünyanın fanî lezzetlerinin peşine düşmedi. Baki kalacak işlerle uğraştı, ebediyetin gerçekler sabahına ermek için kâinatın Efendisinin yolundan bir nefes ayrılmadı ...Bütün ehli îmanın da Allah Resûlü'nün güneşler yanan izinde yürümesini istedi... Evet o şanlı Faruk, Cennet ufkundan Cihanlara inmiş bir adalet sultanıydı... İman bayrağı onun elinde nazlı nazlı dalgalandı. İslâmın nurdan orduları, onun uyanık politikası sebebiyle ülkeler fethetti... O peygamber dostu, O Cennet kandili, takva tacını başına kondurmuş bir erdi... Musavver Bin Mazume diyor ki:

– Biz takva ve perhizkârlığı öğrenmek için Hz. Ömer (r.a.) ile arkadaşlık ederdik...

Mesûdî de :

– Hz. Ömer (r.a.)in evsaf ve meziyetleri bütün memurların üzerinde öyle bir tesir yapmıştır ki; bütün memurlar ona benzemişlerdi...

Nur devrinde bir gün, Saffan Bin Umeyye Cenâb–ı Ömer (r.a.) ile Sahabei Kiramın bazılarını evine yemeğe davet etti. Bu arada hizmetçilerin Halifenin bulunduğu sofraya oturmalarına izin vermedi... Bunu fark eden şanlı halife Saffan'a kızdı ve dedi ki:

– Hizmetçileri hakir görenlerden Cenâb–ı Hak hesap soracaktır.

Saffan yaptığı hatayı anlayarak hemen özür diledi...

Bir gün, Cenâb–ı Ömer (r.a.) Ebû B. Kâab'ı ziyarete gelenlerin, onun arkasında yürüdüklerini, ona aşırı derecede saygı ve hürmet gösterdiklerini gördü... Haliyle buna çok üzüldü. Ve gün kadar aydınlık yüzünü Ebû B. Kâab'a çevirerek haykırdı :

– Senin davranışın, sana bağlı olanları küçültmektedir.

O gönül aydınlatan din güneşi, böylesine davranışları ve uyarmaları ile soy sopla öğünenlerin, halktan kendilerini üstün görenlerin gururlarını kırmış onları İslâm ahlâkı ile pırıldatmış, ışık ışık yanan birer hakikat kandili yapmıştı.

CİBRİL SENİNLE

Allah Resûlü Rabbin risâletini tebliğe memur edildiği zaman Kureyş'in şâirleri yılan dillerini Peygamberler Peygamberinin aleyhinde öyle döndürmüşlerdi ki; onlara cevap vermek için Peygamberimiz (s.a.v) Hassan Bin Sabit'i (r.a.) görevlendirmişti... Peygamber Şâiri Hassan Bin Sabit de öyle hicivler yazmıştı ki, imansızlar hayret ve dehşet içinde kalmışlardı... Hatta Allah'ın Resûlü, Hassan Bin Sâbit'e:

– Şiir söyle Yâ Hassan, Cibril seninle beraberdir!.. buyurmuşlardı.

Aradan nice zaman geçti. Allah Kureyş şâirlerine de îman nasip etti. Sonsuzluk Nebisi ebediyyet âlemine geçince Hassan Bin Sâbit'in yazdığı bu şiirler ve hicivler hâlâ dillerde dolaşıyordu... Böyle hicivler elbette ki müslümanlar arasında düşmanlık ve fitne sokacaktı... Hz. Ömer (r.a.) bu hicivleri de yasak etti... Müslümanlar arasında fitne ve fesadın yayılmasını önledi...

Hak ve adalet çağlayanı Hz. Ömer (r.a.), içki yasağını da şiddetlendirdi. Cezasını da ağırlaştırdı... Çünkü içki bütün kötülüklerin anasıydı. İçki insanı ve cemiyeti kemiren amansız bir kurttu. İçki âdeta bir felâketler fabrikasıdır ki, bunun bacasından ancak feryâd dumanları çıkar... Böyle bir felâketin İslâm ümmeti arasına sokulmasına Cenâb–ı Ömer (r.a.) rıza göstermezdi... Onun için çok sıkı tedbirler almıştı...

Allah Resûlü'nün şanlı halifesi insan haklarına ve hürriyetine saygı gösterir ve gösterilmesini de isterdi...

Bir gün Amr binü'l-As'ın oğlu bir yoksulu dövdü.., Yüce Faruk hemen Amr Binül As'ı ve oğlunu çağırdı ve herkesin önünde onlara şu ihtarı yaptı:

– Ne zamandan beri, annelerinden hür doğan insanları esir ettiniz?

❁❁❁

Yine Cenâb–ı Ömer (r.a.) üstünlük, asalet bildiren her türlü unvanı da yasak etti. «Seyyid» kelimesi Araplar arasında asalet bildiren kelime olduğu için bu kelimenin kullanılmasını yasakladı. Bir gün, bir yoksul Cenâb–ı Faruk'un huzuruna geldi ve mırıldandı:

– Cenâb–ı Hak beni senin üzerinde feda etsin!...

Hz. Ömer (r.a.), bu sözden memnun olmadı, şu cevabı verdi:

– O halde Allah seni muradına erdirmeyecek.

YÜKSEK AHLÂKLI İDİ

Hz. Ömer (r.a.), ışığını Cenâb–ı Mustafa (s.a.v.)'den alıyordu. Onun için yüksek bir ahlâk sahibi idi. Bütün müslümanlar onu kendilerine örnek yaptılar. Gerçekten de Hz. Ömer'in pırıltılı bir hayatı vardı. Nasıl olmasın ki; Âlemin Fahrinin mukaddes elinden ölümsüzlük iksîri içmişti. Onun nur devşirdiği de sadece o idi. Kâinatın Efendisi ise en yüce ahlâkın sahibi ve tamamlayıcısı idi... Kerîm Mevlâ, Resûlüne:

«Hiç şüphesiz sen (Yâ Hâbîbim!...) **büyük bir ahlâk üzerindesin!»** buyurmuştu...

Peygamberler Peygamberide :

«– Ben ancak güzel ahlâkı tamamlamak için gönderildim!» diyordu...

Hz. Ömer (r.a.) vicdan sahifelerine nurdan ipliklerle bu İlâhî güzellikleri işlemişti...

Müslümanların yapıştığı ahlâk dalları şunlardı Hilm, sabır, sebat, tevazu, cesaret, adalet, insaf, merhamet, kanaat, cömertlik ve bütün yaradılmışlara şefkat...

İşte Müslümanlar bu güzel ahlâk ile yetiştiler. Mü'minler Emîri Hz. Ömer (r.a.), bu güzel huyların gelişmesine çok çalıştı... İslâm ahlâkı billur bir pınardı. Herkes bu pınardan gönül kabını istediğince doldurabiliyordu...

CENÂBI ÖMER'İN MEMURLARI

Şu kâinatta hiçbir devlet yoktur ki memursuz idare edilebilsin... Bir devletin rejimi ne olursa olsun, devlet memurlarının işinin ehli adaletli, faziletli ve namuslu insanlardan olması en önemli bir konudur. Memurların tâyininde ilk önce düşünülecek şey, işin ehli olup olmadığının aranmasıdır... İşler ehline verilmezse devlet değirmeni dönmez ve bu değirmene enerji sağlayan su kaynağı bulanık olursa hiçbir randıman alınmaz.

Gönüller aydınlatan din büyüğü Cenâb–ı Ömer (r.a.), tâyin ettiği memurlarda bu üstün vasıfları aramış, onların kötü davranışlarda bulunmamaları için herkesin şikâyetini dinlemiş, incelemiş, takip ve kontrolü bırakmamıştır...

Yüce Faruk'un zamanında Amr Bin Ma'dikerb ile Talha, askerî işlerde ehil kimselerdi. Bunlara Irak'ın fethinde vazifeler verdi. Baş kumandana sivil memuriyetlerde bulunmamalarını emretti...

Fahri Âlem Efendimiz saâdetli hayatlarında iken bir defasında bir mektupla bir yere cevap yazdırmak istemişlerdi. Muazzez sahabîlerine cevabî mektubu kimin yazabileceğini sordular... Abdullah Bin Erkam (r.a.) ileri atıldı:

– Ey Allah'ın Resûlü, ben yazarım! dedi. Ve mektubu yazdı...

Peygamberler Peygamberi bu nâmeyi beğendiler... O zaman Hz. Ömer (r.a.) de oradaydı. Abdullah Bin Erkam'ın bu işte ehil olduğunu görmüş ve anlamıştı ...Bu sebeple kendisi de onu vilâyet kâtibi tâyin etti...

❁❁❁

Nihavend cengine hazırlık vardı. Ordunun başına geçecek kumandanın çok dirayetli birisi olması lâzım geliyordu. Cenâb–ı Faruk (r.a.) Allah Resûlü'nün muazzez sahabîlerini topladı ve onlarla müşavere etti... Lâkin bir karara varılamadı... Bu büyük meselenin halli Hz. Ömer'in omuzlarına yüklenmişti. Cenâb–ı Ömer (r.a.) teklifini yaptı:

– Ordunun kumandanlığına Numan Bin Mukarrin'i münasip görüyorum. Bu görüşüme ne dersiniz ?

Sahabî topluluğu haykırdı:

– İsabet buyurdunuz, ey Mü'minlerin Emîri!

YUMUŞAK HUYLU

Hz. Ammar Bin Yâsir sahabî ulularındandı. İslâmm çile devrinde müşrikler tarafından kendisine çok eza edilmişti. Fakat îmân aslanı, küfrün yüzüne karşı haykırıyordu:

– Ne yaparsanız yapınız. Ben îmânımdan dönmem! Ben Allah Resûlü'nün açmış olduğu ebediyet caddesinde

«Lâilâhe İllallah Muhammedürresûlüllah!» diyerek yürüyeceğim!...

Bu îman asaleti karşısında müşrikler hayret dudaklarını ısırıyorlardı...

İşte Ammar Bin Yâsir (r.a.) böyle bir sahabî idi. Müslümanlar arasında büyük ve üstün bir değeri vardı. Her yerde saygı ve sevgi ile yâd ediliyordu. Müşavere meclisi Ammar Bin Yâsir'in bu faziletlerini ve halk arasındaki yüksek mevkiini göz önüne alarak Basra Valiliğine tâyin edilmesini reisler reisi Cenâb–ı Ömer'e teklif etti. Cenâb–ı Ömer (r.a.) biraz tereddüt etti ise de, meclisin isteğini yerine getirdi... Pek kısa bir zaman sonra Din erlerinin ulusu Cenâb–ı Ömer'in haklı olduğu anlaşıldı. Hz. Ammar Bin Yâsir (r.a.) çok yumuşak huylu olduğu için bu vazifede istenilen başarıyı gösteremedi. Mü'minler Emîri onu Medine'ye çağırdı. Kendisine şöyle dedi:

– Senin bu zaafını biliyordum!.

HALKA HİZMET

Hak ve adalet güneşi Cenâb–ı Ömer (r.a.) memurlardan halka hizmet etmelerini istiyordu. Nutuklarının birinde şöyle demişti:

– Sizi, Saltanat sürmek, tahakküm ve cebir etmek için tâyin etmedim. Siz yol gösterici olacaksınız. Herkes her hususta size uyacaktır. Müslümanların haklarını koruyunuz! Döğmeyiniz, aşağılanmasınlar! Övmeyiniz, şımarmasınlar! Kapılarınızı yüzlerine kapatmayınız ki kuvvetliler zayıfları ezmesinler! Kendinizi müslümanlardan üstün görmeyiniz, zulüm görmüş olurlar!...

Hak ve adalet güneşi Hz. Ömer (r.a.) memurların normal geçimlerini sağlayacak kadar dolgun maaş veriyordu. O hiç kimseyi zulme uğratmıyordu.

Hz. Ömer (r.a.)in valilerine verdiği aylığı bugünkü paramıza göre hesapladığımız zaman hayretten küçük dilimizi yutacağımız gelir. O günkü paranın satın alma gücünü hesaba kattığımız zaman görürüz ki, Cenâb–ı Ömer (r.a.) uyanık bir politikaya sahipti... Onun her şeyi bu derece üstün bir zekâ demeti hâlinde kavrayışı nedendi? O her şeyden önce âdildi. Adaletiyle gönüllere taht kurmuş bir sultandı... İslâm'ı öz nefsinde nokta nokta yaşıyordu. İmanî bir görüşle hâdiselere bakmasını biliyordu...

❁❁❁

İrfan denizine gark olmuş din büyüğü Cenâb–ı Ömer (r.a.) in zamanındaki memurların ekserisi sahabî idi. Bu kutlu insanlar Allah Resûlü'nün mukaddes elinden ebediyyet iksiri içmiş kimselerdi. Takva ile bezenmişlerdi. Gönülleri ilâhî aşkın ebedi ürperişlerini derinden derine duyuyordu... Böyle faziletli kimseler maaş alırlar mıydı? Evet, bu yüce insanlar ilk önce maaş almak istemediler... Din ve devletin reisi Hz. Ömer (r.a.) buna razı olmadı:

– **Sizin bu tutumunuz yanlıştır,** dedi.

Onları bu hususta aydınlattı. Sahabî ulularından ve Cennetle müjdelenmiş erlerden Hz. Ebu Ubeyde (r.a.) Suriye seferine giden ordunun başkumandanlığına getirildiği zaman maaş almak istemedi. Hz. Ömer (r.a.) **«Bu ümmetin emini»** olan Hz. Ebu Ubeyde'ye yanlış görüşte olduğunu söyledi va maaş alması için onu ikna etti... Yalnız Hâkim Bin Hüzeym bütün ısrarlara rağmen maaş almadı...

İmanın billûrlaşmış nurdan âbidesi Ömer (r.a.) memur tâyinlerini tek başına ve dilediği şekilde yapmıyordu. Varlığın sebebi onları Peygamberin sahabîlerinin görüşünü alıyordu. Onlarla uzun uzun konuşuyordu... Onların bütün görüşlerini öğreniyordu. Ona göre de son kararını veriyordu. Bazı vilâyet halkına kendi aralarında ehil ve namuslu kimseleri Vali seçme leri için emir vermişti... Halkın seçtiği bu valileri nur şehri Medine'ye çağırıyor, gerekli talimatı veriyordu. Her iş bir ahenk içinde yürüyordu. Herkes gücünü îmanından alıyordu. Dinin ve îmanın kudsiyeti onları âdeta melekleştirmişti... Böyle bir devir bir daha gelmedi. Bundan sonra da gelmeyecek tir.

Hz. Faruk (r.a.), bir yere bir memur tâyin etti mi, memura vazife ve yetkisini gösteren emirnameleri vermeyi de ihmal etmezdi. Bu emirnameleri Mekkeli ve Medineli sahabîlerin ileri gelenleri şahit olarak imza ediyorlardı. Memur vazife mahalline vardığı zaman ilk iş olarak aldığı emirnameyi halka okur ve açıklamalarda bulunurdu. Böylece halk memurun yetkilerinin dışına çıkıp çıkmadığını öğrenirdi. Bu bilgiye dayanarak memuru tenkit ve şikâyet edebilirdi... Cenâb-ı Ömer (r.a.) memurların vazife ve yetkilerinin halk tarafından iyice bilinmesine çok dikkat ediyordu.

Yine memur tâyin ederken bazı hususların taahhüt edilmesini isterdi. Bunları şöylece sıralayabiliriz:

Memur, kapısında kapıcı bulundurmamaya, şikâyetçilere ya da iş sahiplerine kapısını açık bulundurmaya, ipekli elbise giymemeye söz verirdi. Bu hususlar memura verilen emirnameye yazılırdı. Memur vazifeye tâyin edilirken servet beyannâmesi vermek mecburiyetinde idi. İlerde fazla serveti çıkarsa muhakeme edilir, gayrî meşru görülen servete devlet el koyardı...

Yüce Faruk'un koyduğu bu prensipler ne kadar doğru ve yerinde... İşte insanlığı asırlardır aydınlatan İslâmın gerçek hayatı... Sen İslâmı yaşama, her türlü suistimali yap, sonra da geri kaldık, din bizi geri bıraktı diye karanlık ağzını açıp homurdan... Bu ahmaklığa, ahmaklığın bile kalbi sızlar...

MURAKABE

İrfan denizine gark olmuş din büyüğü Cenâb-ı Ömer (r.a.) Hac mevsimlerinde bütün memurları nur şehri Medine'ye çağırırdı. Her taraftan gelen hacılardan, memurlardan şikâyetçi olup olmadıklarını sorardı. Şikâyetçi olan olursa, onların şikâyetlerini en ince noktasına kadar incelerdi. En kısa zamanda bir sonuca varırdı. hiçbir işi sürüncemede bırakmazdı... Bütün işleri şimşek hızı ile yürütür ve Müslüman halkı her türlü baskıdan korurdu...

Bir gün, böyle bir toplantıda halka şöyle hitap etti:

– Ey Müslümanlar! Biliniz ki, memurlar size musallat olmak, malınızı yağma etmek için gönderilmiyor. Size Allah Resûlü'nün yolunu öğretmek için gönderiliyor. Şayet bunlardan birisi buna aykırı davranırsa bana hemen haber veriniz ki icabına bakayım!

Bu toplantıda Mısır Valisi Hz. Amr Bin-ül As da vardı. Halifeye şöyle sordu :

– Yâ Ömer! Memur birisini terbiye için dövecek olursa onu da mı cezalandıracaksın?

Koca dinin ve koca devletin koca reisi ortalığı çınlattı:

– Evet, âlemlerin Rabbı olan Allah'a yemin ederim ki; öyle bir davranışta bulunan memuru derhal cezalandırırım. Çünkü Allah'ın Resûlü *(selâm üzerine olsun)* **böyle yapardı.Müslümanları kat'iyyen dövmeyiniz! Nefislerine saygı hissini yitirmesinler. Müslümanların haklarını koruyunuz, isyan ederek küfranı nimete mecbur olmasınlar!**

Beşeriyet bütün zaman ve mekân boyunca nereye baş vursa bundan daha üstün bir prensip bulamayacaktır. İşte islâmın altınla doldurduğu kalplerdeki saffet ve ulviyet!...

YÜZ SOPA

Yine bir defasında hak ve adalet güneşi Hz. Ömer (r.a.) valileri toplantıya çağırmıştı. Halkın huzurunda valilerle müzakere yaptıktan sonra şöyle dedi:

– Ey insanlar! Bu valilerimi sizlere hak yolda muamele etmeleri için tâyin ediyorum. Yoksa sizce kıymetli eşyalarınızdan, mallarınızdan, kanlarınızdan almaları için değil. İçinizde onlardan en küçük bir zulüm gören varsa kalksın!...

Halkın arasından sadece bir kişi ayağa kalktı:

– Ey Mü'minlerin Emîri, dedi; senin valin bana yüz sopa vurdu !

En büyük adalet sultanı Cenâb–ı Ömer (r.a.) köpürdü:

– Yüz sopa mı vurdu ?

– Evet!

– Kalk, aynısını sen de ona vur!

Hz. Amr İbni'l-As atıldı:

– Aman ey Mü'minlerin Emîri! Sen böyle bir çığır açarsan bu, valilerine çok ağır gelir... Senden sonra gelen halîfeler de bunu sünnet ittihaz ederler...

Cenabı Ömer (r.a.) yine hiç dinlemedi:

– Ben, dedi; **Allah'ın Resûlü kendi nefsi için bile aynı muameleyi ifa ettiğini gördükten sonra, başkaları için bu muamelenin dışında mı kalacağım ?**

Şikâyet sahabine emretti:

– Kalk, iki misli ile mukabele et!

Amr İbni'l-As bu defa:

– Ey Müminlerin Emîri, dedi; bizi bırak da o halde onu razı edelim...

– Aranızda bir iştir, isterseniz razı edebilirsiniz...

Hz. Amr İbni'l-As (r.a.), o kimseye her sopa başına iki dinar vermek suretiyle 200 dinara razı etti...

İşte ne tarihlerin bildiği, ne de insanoğlunun hayâl edebildiği bir adalet örneği...

SIKI TAKİP

Cenâb–ı Faruk (r.a.) halkın memurlar aleyhindeki şikâyetleri-ni incelemek için muazzez sahabilerin ulularından Muhammed Bin Müslime El Ensâri'yi tâyin etmiştir. Memurlar aleyhine şikâyet olunca Muhammed Bin Müslime, şikâyet edilen memurun vazife yerine gider, halkın ifadesini alır, incelemeler yapardı.

Bir gün Kûfe Valisi Saad Bin Ebî Vakkas (r.a.) aleyhinde bir şikâyet yapıldı. İranlılar Nihavend cengine hazırlanıyorlardı. Durum çok nazik idi... Böyle olmasına rağmen din ve devlet reisi Cenâb–ı Ömer (r.a.) bunları hiç nazara almadan Muhammed Bin Müslime'yi şikâyetin yerinde incelenmesi için Kûfe'ye gönderdi. Muhamed Bin Müslime Kûfe halkının ifadesini aldı. Şikâyet nokta nokta incelendi. Hz. Ömer (r.a.) bu buhranlı güne bakmadan valiyi Medine'ye çağırdı, kendisi ile yüz yüze hesaplaştı...

❁❁❁

Yine Halifeler Halifesine Basra Valisi Ebu Musa El Eş'âri şikâyet edildi:

1 – Harp esirlerinden 60 kişiyi yanına aldı.

2 – Cariyesine halkın bulamadığı yemekleri yedirdi,

3 – Ziyad Bin Semiye'nin fikirlerine göre vilâyeti idare etti...

Cenâb–ı Ömer (r.a.) derhal Ebu Musa El Eş'ârî'yi Medine'ye çağırdı. Şikâyeti bizzat inceledi. Birinci şikâyetin yalan olduğu, ikinci şikâyetin doğruluğu anlaşıldı. Yüce Faruk (r.a.) cariyeyi Ebu Musa'dan aldı. Ve Ebu Musa'ya sordu :

– Niçin Ziyad Bin Semiye'nin düşüncelerine göre hareket ediyorsun ?

Ebu Musa cevap verdi:

– Onun görüş ve düşüncelerini beğeniyorum.

Bunun üzerine Halife Hz. Ömer (r.a.) Ziyad'ı Medine'ye çağırdı. Onu iyice imtihan etti. Ziyad'ın gerçekten iyi bir idareci olduğunu anladı. Ebu Musa'ya Ziyad'ın fikirlerinden faydalanmasını tavsiye etti.

Ziyad Bin Semiye, Arap dâhilerinden biri di. Amr İbnül-As onun için şöyle demiştir :

– Bu genç Kureyş'ten olsaydı Arapların lideri olurdu...

İrfan denizine gark olmuş din büyüğü. Peygamberler Peygamberinin coşkun sevdâlısı Cenâb–ı Ömer (r.a.) memurlarına kibirlenmemelerini, hiçbir zaman ve hiçbir yerde kendilerini halktan üstün tutmamalarını, hastaları ziyaret etmelerini, fakir, yoksul ve zayıfları iyi karşılamalarını, onlara her işlerinde yol göstermelerini yardımcı olmalarını tavsiye ederdi. Bu tavsiyelere uymayan memurları vazifeden derhal uzaklaştırırdı...

YA ÖMER !

Koca dinin ve koca devletin koca reisi Cenâb–ı Ömer (r.a.), bir gün Peygamber beldesi Medine'de dolaşıyordu... Her taraf hakikat nurlarıyle bezenmişti... Nur şehrinin nur insanları sevdâlı sevdâlı geziniyorlardı... Allah Resûlü'nün mukaddes cemâlini gören bu insanlar kâinatın en bahtiyar insanlarıydı...

Evet, işte böyle bir gündü. Ve Allah Resûlü'nün Halifesi Cenâb–ı Ömer (r.a.)'de bu insanlar arasında bulunuyordu... Birden bir ses ortalığı çınlattı:

– Yâ Ömer! Memurların hareketlerini düzenleyen kanunlar ve usûller koyduğun için yarın Allah'ın gazabından kurtulacağını mı sanıyorsun? Bilmiyorsun ki

Mısır'da Giyas Bin Ganem ipekli elbiseler giyiyor, kapısında kapıcı bulunduruyor!

Cenâb–ı Faruk (r.a.) derhal iki adamını Mısır'a gönderdi ve Gıyas Bin Ganem'i ne hâl üzere bulurlarsa alıp gelmelerini emretti,

Gıyas Bin Ganem Medine'ye getirildi. Gerçekten de şikâyetçinin doğru söylediği anlaşıldı.

İrfan denizine gark olmuş din büyüğü derhal Gıyas Bin Ganem'in üstündeki ipekli elbiseleri çıkarttırdı. Ona kıldan örülmüş bir çuval göstererek:

– Al şunu giy! Bundan sonra çölde koyun güdeceksin,dedi.

Bu iş Gıyas Bin Ganem'e ölümden de ağır geldi:

– Yâ Emirül Mü'mînin, dedi, beni böyle bir ceza ile cezalandırmaktansa öldürmek daha iyi idi...

Hz. Ömer (r.a.), gün kadar aydınlık yüzünü Gıyas Bin Ganem'e çevirdi, ela gözleri şimşekler çakıyordu. Dedi ki:

– Neden bu işi yapmak istemiyorsun? Niçin onu kendine lâyık görmüyorsun? Senin baban bir çoban olduğu için Ganem adını almadı mı?

Gıyas sözlerinden büyük bir pişmanlık duydu. Bundan sonra ölünceye kadar doğruluktan ayrılmadı...

Hak ve adalet hususunda Hz. Ömer (r.a.) hiç kimsenin hatırına bakmaz, sadece Hakkı müdafaa ederdi...

Yüce Faruk (r.a.) memurların halktan daha üstün bir hayat sürmelerini asla uygun bulmuyordu. Bir devletin memurları, o devletin halkından daha üstün bir hayat seviyesinde yaşarsa memleketin, idare edenler ve edilenler diye ikiye ayrılması icap ediyordu. Bu ise hak ve insaf ölçüleri ile bağdaşmıyordu. Halktan malını bir fil gibi mideye indirmek, onları her türlü sıkıntı ve kedere terketmek İslâm anlayışına uymazdı. Bunu en iyi bilen ve gören Cenâb–ı Faruk (r.a.) olmuştu...

Ne hazin bir tecellîdir ki günümüzde bu gerçeği kavramış devlet adamlarına tesadüf edemiyoruz.

Cennet ehlinin aydın ışığı Hz. Ömer (r.a.), o kadar hassas ve titiz davranıyor ki onun gözünden hiçbir memurun hareketi kaçmıyordu... Bir defasında Şam valisi bulunan Hz. Muaviye'ye şöyle demişti:

– Yâ Muaviye! Kisrâlara mı benzemek istiyorsun ?

Hz. Muaviye Arap dâhilerindendi. Bu sitemli sözün ne maksatla söylendiğini hemen anladı. Dedi ki:

– Ey Allah Resûlü'nün Halifesi! Ben ihtişamlı bir hayat sürmüyorum. Eğer bu kadarcık bir ihtişamımız olmazsa halk üzerinde devlet nüfuzunun tesirsiz olacağını düşünerek böyle davranıyorum!

Cenâb–ı Ömer (r.a.) Suriye halkının düşüncelerini bildiği için politika icabı Hz. Muaviye'nin sâde bir hayat yaşamasını istemedi. Onu ille de bizim gibi sâde olacaksın diye zorlamadı... Bu hâdise de gösteriyor ki, Hz. Ömer büyük bir devlet adamı ve misilsiz bir politikacı... **(O'nu bugünkü politika anlayışından tenzîh ederiz.)**

VİLÂYETLER

Hidayete ermiş ümmetin ulu rahmeti Cenâb–ı Ömer (r.a.) İslâm ülkelerini Mekke, Medine, Suriye, Cezire, Kûfe, Mısır Filistin adları ile sekiz vilâyete ayırdı...

Cenabı Faruk'un devrinde İslâmın nur serpen ordusu yeni yeni ülkeler fethetti. Elinde îman tası, insanlığın dudaklarına hidâyet denen nuru sundu... Fars. Huzistan, Kirman eyâletleri de İslâm topraklarına, onun zamanında katıldı...

Daha sonra bu sekiz vilâyetin bölümünde de değişiklik yaptı. Bir eda, bir ahenk manzumesi meydana getirdi... Bütün işleri en güzel şekilde neticeye bqğladı... Horasan, Azerbeycan ve Fars eyâletlerinde idarî bir takım yenilikler yaptı... Bu yenilikleri yaparken birdenbire büyük değişiklikler yapmadı. Eski devrin kötü, çürük ölü ve aksak taraflarını zaman zaman düzeltmekle yetindi... Her şeyi sevdirerek, güzeli, iyiyi, doğruyu bilerek hareket etti ...Bütün başarısı halkı çok iyi anlaması yüzünden olmuştur ...O halkın her türlü istek ve ihtiyaçlarını karşılıyordu... Bir müslüman hiç çekinmeden ona gidip derdini anlatabiliyordu. Herkese kapısı açıktı, herkes gibi yer, herkes gibi giyer, herkes gibi gezerdi.

Onun devrinde valiler aynı zamanda askerî kumandan idiler. Bunun yanında birçok vilâyetlerde valilerle askerî, kumandanlar birbirinden ayrı idi. Vali bir yere nakledilince memurlar onunla birlikte gitmezlerdi...

Devlet çarkı tatlı bir ahenk ile döndürülüyordu. Ne halk devletten şikâyetçi, ne de devlet halktan... İşte hayatı nefislerinde nokta nokta yaşayan insanların hâli... Ve işte bugünkü insanlığın yürekler parçalıyıcı dramı...

Bir gün, yakınları. Cihan Sıddîkı Ebu Bekir (r.a.)e, yakın müşaviri Cenâb–ı Ömer (r.a.)in fazlaca şiddetinden bahsetmek istediler. Hidâyete ermiş ümmetin en ulu rahmeti Hz. Ebu Bekir (r.a.) şu cevabı verdi:

– **Bırakın; dilediği gibi hareket etsin. O benim rikkatimi tâdil ediyor!**

İşte İslâm idaresinde Millet reisine düşen vasıf, en derin rikkatle en ileri adalet şiddetini bir arada temsil ediyor...

❁❁❁

Cihan Faruk'u Hz. Ömer (r.a.)in devrinde yüksek memurlar, her defa aradan, eser ve faaliyet gösterecek kadar zaman geçer geçmez bir noktadan bir noktaya nakledilirler; dâima yerli yerlerinde bırakılmazlardı. Amr İbnül As'dan başka hiçbir fert, aynı vilâyette ölünceye kadar vazife görmedi. Şayet hükümet memurlarından birinin lüzumundan fazla nüfuz ve kudret kazandığı görülürse, o hemen işten uzaklaştırıldı. Hususî nüfuz sahibi kimselerin merkezden çıkıp muhite dağılmalarına izin verilmezdi. Bir defa böyle bir mevzuda kendisine izin verilmeyen bir zat reisler reisi Hz. Ömer (r.a.)den bunun sebebini sordu:

– Ey Mü'minler Emîri! Niçin merkezden uzaklaşmama izin vermiyorsun ?

Ve şu cevabı aldı:

– Bu suale cevap vermemek, cevap vermekten daha hayırlıdır !

❁❁❁

Gönüller aydınlatan din büyüğü, adalet mefhumunun billûrlaşmış nurdan âbidesi Hz. Ömer (r.a.), hiç kimsenin, hiç kimse üstünde bir tavır, bir eda, bir lâkab kullanmasına müsaade etmedi...

Hazret–i Ömer (r.a.)in tâyin ettiği memurlarına toplu bir hitabı:

– Hazinedeki mal, ancak üç sıfatla işe yarar. *Birincisi,* bu paraların hak ile alınması, *ikincisi,* hak ile verilmesi; *üçüncüsü* de bâtıldan uzaklaştırılması... Ben hiçbir ferdin hiçbir ferde zulmetmesine müsaade edemem Biliniz ki, ey memurlar, ben sizi saltanat sürmek, zorbalık ve tahakküm göstermek için bu makamlara getirmedim. Tamamiyle aksine, sizi millete yol gösterici ve hidâyet rehberi olmak üzere tâyin ediyorum. Herkes size bu yolda uyacaktır. Kapılarınızı insanlara kapamayınız ki, kuvvetliler zayıfları yemesin!...

Hak ve adalet güneşi Hazret–i Ömer (r.a.), pek büyük idarî işlerle meşgul olmasına rağmen en ehemmiyetsiz gibi duran teferruatla da bizzat uğraşırdı. Gerçekten reisler reisi, makamiyle mütenâsip görülmeyecek işleri bile tereddütsüz omuzlarına alırdı. Bir çok kere, bizzat, müstahakların ücretlerini ayaklarına götürür, oradan başka bir yere geçer, develeri teker teker tetkik eder ve dişlerini sayardı...

O gönüller aydınlatan din sultanı. Cenâb–ı Hakkın Muhammed (s.a.v.) ümmetine bir lütfuydu... Onun. vicdan sahifesi hakikat elmaslariyle doluydu. O bütün ümmetin yükünü adalet omuzlarına almış taşıyordu... Mücahidleri teker teker evlerinde ziyaret ediyordu. Bunların zevcelerine çarşıdan alınacak bir şeye muhtaç olup olmadıklarını soruyordu. Haberciler harp sahnelerinden geldiği vakit, Cenâb–ı Ömer her evi ziyaret eder ve mektuplarını kendi eliyle teslim eder, sonra cevaplarını alır ve şayet yazı yazmak bilmeyen bir aile içindeyse kapının eşiğine oturup cevaplarını bizzat kaleme alırdı.

CENAB–I ÖMER BEYTÜ'L-MAL'I KURUYOR

Allah'ın Resûlü mukaddes hayatlarında fey, sadaka, ganîmet, zekât öşür, cizye ve haraçtan gelen mal ve paraları, geldikçe Mescit'te topluyordu. Burada toplanan mal ve paraları kadın, erkek, hür, köle ayırmadan eşit olarak dağıtıyordu. Geriye hiçbir şey ayırmıyordu.

Allah Resûlü'nün zamanında toplanan mal ve paralar böyle kullanılmıştır. Devletin parası, malı olmadığı gibi binası, yeri de yoktu... Bu yapılan işe bir isim vermek gerekiyorsa buna **«Beytülmal»** demek yerinde olacaktır.

Cihanda en büyük Sıddîkiyet ve teslimiyet örneği Hz. Ebu Bekir (r.a.) Efendimiz de toplanan para ve malları bir yerde biriktirmek lüzumunu duymuştu... Bunun için bir bina yaptırdı. Bu binanın adına **«Beytülmal»** dedi... Ancak Sıddîkı Ekber de Allah Resûlü'nün yaptığı gibi para ve malları biriktirmedi. Peygamberler Peygamberi gibi dağıttı... Bu sebeple Beytülmalde para ve eşya birikmedi... **Beytülmal** her zaman boş ve kapalı kaldı... Beytülmalın boş ve kapalı kalmasına rağmen bir binanın yapılması para ve eşyanın, geçici bir zaman için de olsa, bir yere konulması ve bu yere bir isim verilmesi İslâm devletinin hazînesinin hiç olmazsa, mücerret bir mefhum olarak belirtilmesi bakımından çok yerinde ve önemli bir iş sayılır...

Cihan Sıddîk'ı Hz. Ebu Bekir (r.a.)in yaptırdığı binanın adına **«Beytülmal»** denilmesinden ötürü bundan sonra bütün İslâm devletlerinin hazinelerine **«Beytülmal»** adı verilmiştir...

Hak ve adalet güneşi Cenâb–ı Ömer (r.a.)in ilk senelerinde de **Beytülmal** aynı şekilde kaldı. Hicretin 16. senesinde muazzez sahabî Hz. Ebu Hureyre (r.a.), Mü'minler Emîri Hz. Ömer (r.a.)e 500 bin dirhemlik bir ganimet gönderdi. Din ve devlet reisi Hz. Ömer (r.a.) Allah Resûlü'nün ulu sahabîlerini topladı. Bütün sahabînin ileri gelenleri bu toplantıda bulundu. Cenâb–ı Ömer R.A.) onlara hitap etti:

– **Ey Allah Resûlü'nün sahabîleri! Bu parayı nasıl kullanacağız ?**

Sahabîler dediler ki:

– Ey Mü'minlerin Emîri! Sen de Allah Resûlü'nün ve Hz. Ebu Bekir'in yaptığı gibi yap ve bu paraları halka dağıt!

Masum Efendi Hz. Osman (r.a.) ise:

– **Ben bu görüşe katılmıyorum,** dedi...

Bu mecliste hazır olanlardan Hişam Bin Abdülmelik söz aldı:

– **Ey Allah Resûlü'nün Halifesi! Ben Bizans'ta gördüm ki, parayı bir yerde saklıyorlar, defter ve hesap tutuyorlar, sonra toplum için ihtiyaç duyuldukça harcıyorlar. Biz de bu parayı bir yerde muhafaza etsek, defter tutsak, ihtiyaç duyuldukça harcasak ne dersiniz?**

Gönlü billurdan daha duru olan Cenâb–ı Ömer (r.a.) hiçbir taassup düşüncesine kapılmadan Hişam'ın düşüncesini yerinde buldu:

– **Çok güzel bir fikir söylediniz! Evet, bu parayı bir yerde muhafaza etmeli ve ihtiyaç duyuldukça harcamalıyız,** dedi...

Bundan sonra devlet hazînesini kurmaya koyuldu. Böylece Allah Resûlü'nün ve Hz. Ebu Bekir'in zamanlarında müşterek bir mefhum olan Beytülmal, müşahhas olma yolunu tuttu. Cihanda ne kadar güzellik ve iyilik varsa Cenâb–ı Ömer (r.a.) onu almış, kötülüğü ve çirkinliği semtine yanaştırmamıştır...

Hidâyete ermiş ümmetin ulu rahmeti Hz. Ömer (r.a.) **Beytülmul**'ı kurma vazifesini, bütün mü'minlerin itimad ve saygısını kazanmış olan sahabî ulularından Abdullah Bin Ekram'a verdi. Sonsuzluk Nebîsinin mukaddes mühürlerini saklamak vazifesi de verildi ve toplumda inanılır, hatırı sayılır bir kimse olan Mukıb ile yine sahabî ulularından Abdurrahman Bin Abdülkaysı'yi yardımcı olarak tâyin etti... Artık **Beytülmal** kurulmuş oluyordu. Buna göre hesaplar ve kayıtlar yapılmaya başladı...

Hz. Faruk (r.a.) Halifeliği devrinde büyük ve sağlam bir **Beytülmal** binası yaptırdı. Kûfe **Beytülmal**'ına sahabî ulularından Abdullah Bin Mes'ud'u tâyin etti. Ayrıca İsfahan'da güzel, büyük ve sağlam **Beytülmal** binası yaptırdı. Daha sonra sıra ile bütün vilâyetlerde **Beytülmal** binaları yaptırdı. Böylece yüce İslâm devletinin hazîneleri olan **Beytülmal**'lar devletin bütün topraklarına yayıldı...

İş sadece bununla da kalmadı. Cenâb–ı Faruk (r.a.) **Beytülmal**'ı sağlam esaslarla kurdu. **Beytülmal**'ın sözlük mânâsı **«Mal evi»** demektir. Bu söz hem devletin maliye işlerinin yürütüldüğü daire, hem de paraların saklandığı yer ve bina anlamına kullanılır. **Beytülmal**'da muhafaz edilen mallar ve paralar hukuk bakımından **Sadaka Beytülmal'ı** ve **Haraç Beytülmal**'ı diye ikiye ayrılır...

Sadaka Beytülmal'ı:

Devlet gelirlerinin zekât, öşür gibi bir kısmı **Beytülmal**'da emânet olarak saklanır. Yâni bu para veya eşya devletin malı değildir. Ancak devlet bunları emânet olarak muhafaza eder. Devlet, **Sadaka Beytülmal**'a ait eşya ve paradan harcama yapamaz, eğer harcayacak olursa sonra ödeme mecburiyetindedir.

Sadaka Beytülmal'ındaki eşya ve paralar yoksulların, çalışmaya gücü yetmeyen âciz ve miskinlerin, kölelikten kurtulmak isteyen fakirlerin, borçluların, Allah yolunda seyahat edenlerin, yolda kalmış fakir yolcuların, İslâm dininin selameti için memnun edilmesi gerekli kimselerin, sadaka hazînesinin gelirini tahsil edecek memurların malıdır. Sadaka Beytülmal'ındaki eşya ve paralar ancak bu konulara harcanabilir. Sadaka Beytülmal'ındaki eşya ve paraları ihtiyaç sahiplerine ulaştırmak için mütevelliler vardır. Mütevelliler hiç kimseden izin almadan hak sahiplerine bu hazîneden para verebilirler. Ancak **Beytülmal** memurları mütevellilerin hesap ve defterlerini kontrol edebilirler...

Fey gelirinden **Sadaka Beytülmal**'ında bulunan eşya ve paraların harcanması için devlet reisinin, ya da devlet reisi tarafından yetkili kılınmış memuru izni olmadan harcama yapılmaz.

Haraç Beytülmal'ı:

Haraç Beytülmal'ındaki eşya ve paralar devletin kendi malıdır. Devlet bu mal ve paraları devlet reisinin veya yetkili memurun emri ile devletin ihtiyacı olan yerlere harcar. Esirlerden alınan fidyeler, harp ve sulh yolu ile alınan arazinin geliri, savaşta ele geçen ganimetin beşte biri. Haraç **Beytülmal**'ın gelirleridir.

İrfan denizine garkolmuş din büyüğü Hz. Ömer (r.a.) in koymuş olduğu bu esaslar zamanla geliştirildi, teşkilâtı genişledi. İslâm devletlerinin hazîneleri bu esaslara göre devam etti. Cenâb–ı Ömer'in getirmiş olduğu esaslı prensipler asırlarca uygulandı.

İSLÂM MÂBEDLERİ

Nihayetsiz olan mülkün Seyyidi ve Kevser Havuzunun sahibi Cenâb–ı Mustafa (s.a.v.). Allah'ın ilâhî emirlerini insanoğluna tebliğ etmiş ve bütün insanlığı Tevhîd sancağı altına toplamıştı...

Kâinatın îmân beşiği olan Keremli Mekke'de şûlelenen bu kudsî alev kısa bir zaman sonra bütün kâinatı pırıltılara boğmuştu... Allah'ın Sevgilisi vazifesini tamamlamış ve dünyanın fanî yokuşundan, ebediyyen gerçekler sabahına ermişti...

Onun bıraktığı Tevhîd sancağını bu defa da Sıddîk-ı Ekber eline almıştı... O da tıpkı Allah'ın Resûlü gibi mukaddes İslâmı sonsuz düzlüğe çıkarmak için gayret gösterdi ve nihayet tam 63 yaşında fânî âleme veda ederek biricik sevgilisine kavuştu... Hidâyete ermiş ümmetin başına şimdi Cihan Faruk'u Hz. Ömer (r.a.) geçmiş bulunuyordu. Cennet ehlinin aydın ışığı Hazretl Ömer, bir nefes olsun durmadı. Coşkun ummanlar gibi köpürdükçe köpürdü ve ordular donatarak cihanın herbir yanına gönderdi... İslâm orduları ellerinde Tevhîd sancağı her gittikleri yerlere nur götürüyorlardı. Kur'ân oluklarından îmân suyu akıyordu. Nice ülkeler fethedilmişti. Nice insanlar İslama can atmıştı... Artık mukaddes İslâm sonsuz düzlüğe çıkmıştı...

Hak ve adalet güneşi Hz. Ömer (r.a.) fethedilen ülkelerde mü'minlerin ibâdet edebilmeleri için Camiler yaptırdı. Bu camilere imamlar, müezzinler, hattâ safları düzeltmek için özel memurlar tâyin etti. Hacılara rehberlik etmek, haccın farz ve sünnetlerini öğretmek için bilgili kimseleri bu işle vazifelendirdi... Hiçbir kimse cehalet batağına düşüp dinde olmayan şeylerle amel etmeye kalkışamıyordu. Çünkü herkese dinî îmânî bilgiler veriliyor, ilim halkın ayağına götürülüyordu. Camiler, halkı aydınlatacak birer üniversite hâline getirilmişti...

Yine halifeler halifesi Cenâb–ı Ömer (r.a.) Kûfe Valisi Hz. Ebu Musa El Eşari'ye, Saad bin Ebi Vakkas'a ve Amr bin ül-As'a Camiler yaptırmaları için emirler verdi... O kutlu sahabîler de bulundukları ülkelere Camiler yaptılar. Suriye ve Irak'ın her şehrinde Camiler yapıldı.

Bu mübarek Camilerin hemen hemen hepsi hâla ibâdete açık bulunmaktadır. Cenâb–ı Faruk'un kısa bir zamanda 4 binden fazla Cami inşa ettirdiği rivayet ediliyor.

Hattâ O'nun devrinde şöyle bir hâdise de meydana gelmiştir:

Fethedilen ülkelerde Camiler yapılıyordu. Yine böyle bir Cami inşası sırasında bir Yahudinin arsasına tecavüz edilmişti. Yahudi, Mü'minler Emîri Hz.,Ömer (r.a.) e başvurdu:

– Yâ Ömer! Filân yerde yapılan cami arsasını aştı ve küçücük bir köşesiyle benim arsamın içine girdi! Bunun çaresine bakmanızı istiyorum!

Cenâb–ı Ömer (r.a.) derhal vaziyeti tahkik ettirdi, Yahudinin doğru söylediğini gördü ve hemen o köşenin gürül gürül yıkılması için emir verdi.

Ve ilgililer camiyi yıkmaya başladılar. Yahudi bu ulvî manzara karşısında gözlerinden yaşlar boşanarak haykırdı:

– Durunuz yıkmayınız! Ben hakkımdan vazgeçiyor ve Müslüman oluyorum!...

Ve Müslüman olup ebedî kurtuluşa erdi...

❁❁❁

Hz. Ömer (r.a.) Hicretin 15. senesinde Haremi Şerifin etrafındaki binaları yıktırıp Kabe'yi genişletti. Allah evinin etrafına güzel bir duvar çektirdi. Bu duvarın üzerine geceleri meş'aleler koydurdu. Kabe'nin örtüsünü, kubatı denilen bir kumaşla yeniletti. Sahabîlerle yaptığı müzâkerelerin sonunda Haremi Şerifin hudutlarını taşlar dikerek belirtti. Bu işleri yaparken hep Allah Resûlü gibi sadeliği tercih etti, süsten, gösterişten kaçındı.

Nur şehri Medine'de de Peygamber Mescidinin bazı yerlerini tamir ettirdi. Allah Resûlü'nün Zevcelerine ait evleri yıktırmadı. Peygamber mescidindeki direkler ve tahtaları olduğu gibi bıraktı... Camilerin güzelce ışıklandırılması için çâreler düşündü ve tedbirler aldı. Hasılı her işinde olduğu gibi bu işde de büyük başarı kazandı... Alnında Allah'ın rızâ imzasını taşıyan bir halifeydi O!...

PEYGAMBER DİLİNDEN

Ezelden ebede kadar her gün, bir gün evvelki dünün ve bir gün sonraki yarının Peygamberi Cenâb–ı Ahmed (s.a.v.) buyuruyor:

«– Cenâb–ı Allah, gerçeği, *(Ömer'in lisanı)* **ve kalbi üzere yarattı. O Faruk'tur. Allah, onunla, hak ile bâtıl arasını ayırd etti.»**

«– Cenâb–ı Allah arefe gününde meleklerine karşı, bütün insanlarla öğündü, Ömer ibni Hattab *(r.a.)* **ile hususi olarak mubahat etti** *(öğündü)*. **Gökte bulunan her melek, Ömer'e hürmet eder ve yeryüzünde bulunan Şeytan ise muhakkak Ömer'den kaçar.»**

«– Hz. Ömer'e buğzeden, gerçekten bana buğzetmiştir. Ömer'i seven, muhakkak beni sevmiştir. Cenâb–ı Allah, arefe gecesinde bütün insanlarla *(mü'minlerle)* **umumî olarak ve Ömer ile hususî olarak öğünmüştür. Cenâb–ı Allah gönderdiği her peygamberin ümmeti içinde** *(konuşulan)* **bir kimse olur. Benim ümmetim içinde biri varsa, o da Ömer'dir.**

Soruldu:

– *(Ey Allah'ın Resûlü)*, **nasıl konuşulur?**

Şöyle buyurdular:

– O kimsedir ki melekler O'nun lisanı üzere konuşurlar!..

«– Cenâb–ı Hakk'ın ilk musafaha edeceği *(hatırını soracağı)*, **ilk selâm vereceği, elinden** *(kudretiyle)* **tutup Cennete koyacağı kimse Ömer** *(r.a.)* **dir.»**[32]

«– Cebrail *(a.s.)* **bana şöyle dedi:**

– Ömer'e selâm söyle ve kendisine bildir ki, O'nun rızâsı hükümdür, gadabı da izzettir.»

«– Herhangi bir şey hakkında insanların söylediği söz üzerine Ömer İbni Hattab'ın dediği yoktur ki, Kur'ân dediği gibi nazil olmasın.»

«– Cebrail *(a.s.)* **bana şöyle dedi:**

– İslâm Ömer'in *(r.a.)* **ölümüne ağlasın!»**

«– Ey kardeşçiğim Ömer, salih duana bizi de ortak et ve bizi unutma!»

«Benden sonra hak, Ömer nerede ise onunla beraber»

Yine Allah'ın Sevgilisi buyuruyorlar :

«– Uyuduğum sırada, kendimi Cennette gördüm. Bir de ne göreyim! Bir köşkün yan tarafında abdest alan bir kadının yanındayım.»

– Bu köşk kimindir? dedim.

– Ömer ibni Hattab'ındır, dediler.

– *(Ey Ömer!)* **Senin gayretini hatırladım da geri döndüm.»**

Bunun üzerine Cenâb–ı Ömer (r.a.) en taşkın bir cezbe haliyle:

– Ey Allah'ın Resûlü, dedi, ancak senin için gerekli gayreti gösteririm!...

❁❁❁

Kâinatın Efendisi buyuruyorlar:

«– Sâlihler sayıldığında Ebu Bekir'i söyle; mücahitler sayıldığında Ömer ibni Hattab'ı söyle.

---

32 Hz. Ebu Bekir'den sonra ilk.

Nereye gitsem Ömer benimledir. Ömer de neredeyse, ben onunlayım Ömer'i seven, gerçekten beni sevmiştir. Ömer'e buğz eden gerçekten bana buğzetmiştir!...»

❁❁❁

Ebedi Hayat Müjdecisi buyuruyorlar:

«– İslamda Ebu Bekir'den sonra Ömer'den daha temiz, daha pak ve daha faziletli bir kimse doğmamıştır!»

❁❁❁

Bir gün Allah'ın Sevgilisi yanlarında Hz. Ebu Bekir ve Hz. Ömer (r.a.) olduğu halde oturuyorlardı. Bir ara mukaddes dudaklarından Cennet sabahlarını andıran bir tebessüm belirdi ve şöyle buyurdu:

«– Biz böylece *(beraber)* **yaşarız, böyle ölürüz, böyle diriliriz ve böylece Cennete gideriz.»**

– Gerçekten ben, ümmetim için *«La ilahe illallah»* **sözünü arzu ettiği gibi Ebu Bekir ve Ömer'e sevgiyi de arzu ediyorum.»**

Sonsuluk Müjdecisi buyuruyorlar:

– Cennetin en yüksek derecesinde bulunanlardan biri, yukardan Cennet üzerine bakar da yüzü Cennet ehlini aydınlatır. Ayın, bedir gecesinde dünyadakileri aydınlatışına benzer. Ebu Bekir ve Ömer muhakkak ki, onlardandır, daha da ileridirler.»

Peygamberler Peygamberi buyuruyorlar:

«– Cenab–ı Allah, beni dört vezir ile takviye buyurdu: İkisi gök ehlinden Cibrîl ve Mikâil'dir. İkisi de yer halkından Ebu Bekir ve Ömer'dir. »

«– Ebu Bekir ve Ömer'i sevmek Sünnettir; Onlara buğzetmek ise küfürdür. Ensârı sevmek imândır; onlara buğzetmek küfürdür.»

Nur devrinde bir gün Allah'ın Sevgilisi Hz. Ali (k.v.) ile beraber sohbet ediyordu. Öyle bir devir ki, semadan deste deste nur iniyordu. Allah'ın Sevgilisi, topyekûn zaman ve mekânın ve bütün mahlûkatın Peygamberi Hz. Ali'ye hitaben dediler ki:

«– Hayırda ileri geçen ikiler, O ikiler *(Ebu Bekir ile Ömer) (r.a.)* **Allah'a yemin ederim ki, ben, onları seviyorum.»**

Bunun üzerine ilim ve Hikmet kutbu Hz. Ali (r.a.) dedi ki:

– Vallahi ben onlara sevgimi çoğalttım!

Peygamber (s.a.v.) şöyle buyurdu:

«– Evet, onları sev; Çünkü onları sevmek îmândır ve onlara buğzetmek nifaktır!»

Allah'ın Sevgilisi buyuruyorlar:

«– Ey Ebu Bekir ve Ömer, Vallahi, Allah sizi sevdiği için ben de sizi seviyorum. Allah sizi sevdiği için, melekler de seviyor. Sizi seveni Allah sever, size ihsan edene Allah ihsan eder, size dargınlık edenden Allah rahmetini keser, dünya ve âhiretinizde size buğzedene Allah buğzeder.»

Âlemin Fahri buyurdular :

«– Melekler içerisinde ve Peygamberler arasında ikinizin misalini size haber vereyim mi *(ey Ebu Bekir ve Ömer)?*

– Senin hâlin, ey Ebu Bekir, melekler içerisinde Mikâil gibidir; rahmetle iner. Peygamberler içerisinde hâlin ise Hz. İbrahim gibidir. Onu kavmi yalanladığı ve kendisine yapacaklarını yaptıkları zaman şöyle demişti:

«– Bana uyan, bendendir. Bana isyan eden *(hakkında ise, sen bilirsin)*, **şüphesiz ki, sen çok bağışlayıcısın, çok merhametlisin.»**

Melekler içerisinde senin hâlin, ey Ömer, Cibril'in hâli gibidir. O, Allah'ın düşmanlarına şiddet, sertlik ve gazabla iner. Peygamberler içerisinde, hâlin; Hz. Nuh gibidir. Zira O, şöyle demişti:

«– Ey Rabbim! Kâfirlerden yeryüzünde hiçbir kimseyi bırakma.»

Kâinatın Efendisi bir defasında şöyle buyurdu:

«– Sünnetime tutunan kimse, Cennete girmiştir.»

Mü'minlerin Annesi Hz. Âişe (r.a.) sordu:

– Ey Allah'ın Resûlü, Sünnet nedir?

Peygamberler Peygamberi cevap verdi:

«– Babanı *(Hz. Ebu Bekir'i)* **ve arkadaşını** *(Hz. Ömer'i)* **sevmektir!»**

Allah'ın Sevgilisi buyuruyorlar:

– Az önce Cibril bana geldi. Dedim ki:

– Ömer ibni Hattab'ın faziletlerini bana söyle!

Şöyle cevap verdi:

– Eğer ben, Hz. Nuh'un kavminde bulunduğu zamandan itibaren Ömer'in faziletlerini anlatmaya başlasaydım, yine Hz. Ömer'in faziletleri bitmezdi. Gerçekten Ömer, Ebu Bekir'in hasenatından bir hasenedir.»

MUHTEŞEM BÜYÜK

Cenâb–ı Faruk (r.a.), öyle gönüller aydınlatan bir erdi ki, gece gündüz aşk ateşiyle tüterdi.. Fitili kesilmiş bir mum gibi sabahlara kadar yanardı. Allah hakkı, adaleti, insafı, merhameti ve bütün güzellikleri O'nun şahsında cem etmişti... O, öyle bir sultandı ki, şeriatın ulusu, din topluluğunun güneşi olmuştu. Yüce Mevlâ, adalet ve insafı onunla tamamlamıştı... Allah'ın yüce kelâmı olan Kur'ânı Kerîm'i devletin nizamı yapmıştı. Hayatı boyunca adaletle hükmetmişti. Bu yüzdendir ki. kutlu Cennetin kapısına varıp nurdan halkasına el atacak yine odur. Ne yüce makamdır, o makam!..

O irfan denizine garkolan din büyüğü, yücelik makamına erişmişti. Din işi, adaletiyle kemâle erdi.. Nil nehri onun yüzünden köpürüp taştı.. Zelzele ve yer deprenmesi, onun keremiyle durdu.. Mukaddes İslâm, onun himmet ve gayretiyle âleme yayıldı.. Cihan onun adaletiyle güllük gülistanlık oldu. Bütün insanlar içinde Cennet mumuydu, Cennet ışığıydı o!..

Söz söylemeye başladı mı, buraların ve ötelerin en ince hikmetleri üzerinde konuşur bütün gönülleri aşk derdiyle velveleye verirdi. Dilinden hakikat elmasları dökülürdü. Gah aşk derdiyle canını yakıp yandırdı.. Gah su kırbasını sırtlayıp susuzları suya kandırdı. Peygamberler Peygamberi onun zarı zarı ağladığını ve yanıp yakındığını görünce buyurdu ki:

«– Bu, apaçık Cennet ışığı!»

Dünya alanı da O Cennet ışığının nurlu gönlüyle aydınlandı, Cennet ehli de onunla aydınlanacak...

Hidâyet de, hüner de, adalet te, fazilet te onun zamanında âleme yayıldı, îman da onun zamanında bütün dünyayı tuttu, hükmüyle Kur'ân da onun devrinde cihanı nuruyla ihata etti...

Ben daha neler diyeyim bilmem ki? O ebedî olarak zulmün kapısını kapadı da adaletiyle Acem ülkesini fethetti...

O ne muhteşem bir büyük ki, önce Arap, onun sayesinde kuvvetlendi, sonra bütün Acem halkı, onun yüzünden dindar oldu. O, İslâmın azamet nurunu cihanın dört bir yanına götürdü ve bütün insanlığın gönül toprağına imân tohumları attı... . O, konuştuğu zaman hikmetli konuşurdu. Güzel yüzlü, pehlivan yapılı, dolgun vücutlu, heybetli duruşlu, uzun boylu, koyu buğday renkli, alnı geniş, bıyıkları gür, saçları hafif dökük bir sultandı...

Gayet sâde yaşıyordu. Mütevazı, fakat satvet ve iktidarı pek yüksekti. Kureyş'in en büyük kılıç ve kalem şövalyesi idi. Çok samimî, çok cana yakın, çok merhametliydi. Hidâyete ermiş ümmetin ulu rahmetiydi...

Allah Sevgilisi'nin bütün insanoğluna tâlim ve telkin ettiği güzel ahlâkı, en yüksek seviyede muhafaza ediyordu... Allah Resûlü'nün güzel ahlâkı onda tecellî etmişti... Kendisi, yamalı, eski ve fakat temiz elbise giymekten zevk duyardı.. Biçare kadınların sularını taşır, yetimlerin dertli başını okşardı. Kâh yer üstünde yatar, kâh tuğlayı yastık olarak başının altına koyardı.. Maiyetsiz olarak seyahate çıkardı. Devlete ait her şeye bakardı.. Kâh çöllerde deve otlatır, kâh kocakarıya hamallık yapardı.. Bundan dolayıdır ki, Allah'ın Resûlü onun hakkında :

«– Ömer, dünyada İSLÂM'IN NURU'dur ve Cennet-de ehli Cennetin kandilidir!» buyurmuşlardır..

O, büyükler büyüğü, dünya güzeline gönül vermedi. Fani lezzetlerin peşinde koşmadı., îmân ve ibâdet askerleriyle nefis kalasını fethedip burcuna Tevhîd bayrağını dikip dalgalandırdı.. Heva ve heves rüzgârıyle ten toprağına günah tohumları ekmedi.. Vicdan sahifesini hakikat elmaslariyle doldurdu. Gözlerinden billur yaşlar akıtarak rızâ miraçları yaptı... Ebediyete uzanan sonsuz düzlükte **«Allah Allah!:»** diyerek zafer arabasını sürdü ve bütün ümmeti arkasından saadet ülkesine götürdü... **(Allah ondan razı olsun...)**

CENÂBI ÖMER'İN HİKMETLİ SÖZLERİ

Daha evvelce de belirttiğimiz gibi muhteşem büyük Cenâb–ı Ömer (r.a.) eşsiz bir hatipti. Söz söylemeye başladı mı buraların ve ötelerin en ince hikmetleri üzerinde konuşurdu. Gençliğinde meşhur Ukkâz panayırlarına katılmıştı. Çok güzel ve çok içli konuştuğu için Kureyş'i diğer kabileler yanında temsil etmişti..

Öyle ahenkli, öyle edalı, öyle içli konuşurdu ki, adetâ gönül topraklarına gayb incileri yağdırırdı. Mü'minlerin başına devlet reisi olarak seçildiği gün şöyle niyaz etmişti:

– Yâ Rabbi! Sertim, bana biraz rıfk'ı mülâyemet ver! Allahım, zayıfım, bana kuvvet ilham et! Yâ Rabbi! Sevk ve idâresini üzerime aldığım bu milleti doğru yola yöneltmek için bana kudret bağışla!

Şu sözlerdeki ilâhî âhenge bakınız ve Cenâb–ı Ömer (r.a.) in hitabet gücüne dikkat ediniz!

❁❁❁

Muazzez sahabî Saad İbni Ebî Vakkas (r.a.)'ı İslâm ordusunun başbuğluğuna getirince ona şöyle demişti :

– Yâ Saad! Sana Allah Resûlü'nün dayısı dediklerine mağrur olma! Allahü Teâlâ seyyiat ile seyyiatı mahvetmez. Ancak hasenat ile seyyiat! mahveder...

Allah ile kul arasında taatten başka nisbet yoktur. Allah onların Rabbı ve onlar O'nun kullarıdır. Kullar ancak afiyet ve hatime itibariyle birbirlerinden efdal olurlar. Ve tâat ile in dallah ecir ve mükâfat bulurlar.

Evet, bir mislini ne tarihin bildiği ne de insanoğlunun hayâl edebildiği bu saffet, bu ulviyet, bu hakikat!... Yeryüzünde bundan daha güzel bir söz, bir devlet reisinin dilinden dökülmüş müdür?

Ve başka bir sözü :

– Toprağın derinliklerinden rızkı arayınız! Arza lanet etmekten sakınınız. Arz, rızıkların yeridir...

Sözü:

– Hangi vali birine zulmeder ve o zulüm bana şikâyet olunur da ben, o zulmü izâle etmez isem o kimseye ben zulmetmiş olurum!

Sözü:

– Arkadaşlarla takva üzerine arkadaşlık yap. İşinde Allahtan korkanlarla istişare et. Allah Teâlâ der ki:

«Allahdan, kulları içinde, ancak âlimler korkar.»

Sözü:

– Güvenilen kimsenin güçsüzlüğünü, kuvvetli kimsenin hiyânetini Allaha şikâyet ederim!

Sözü:

– Çocuk çoluğu çoğaltınız. Şüphesiz, niçin rızıklandırılıyorsunuz bilmezsiniz!

Sözü:

– Çalışmak en hayırlı maldır.

Sözü:

– Bir kimseyi komşusu, akrabası ve arkadaşı medhedecek olursa onun iyiliğinde şüphe etmeyiniz!

Sözü:

– Takva sahibini, zenginleri seviyor görüyorsanız o dünyanın dostudur. Zaruret olmadığı halde sultandan ayrılmadığını görüyorsanız o bir hırsızdır!

Sözü:

– İlmî araştırma ve derin meselelerin çözümü cihad gibidir!...

Sözü:

– Yazmadan önce biliniz, düşününüz! Nesebi öğreniniz. Nice sılayı rahimler nesebi bilmekle yerine getirilir!...

Din erlerinin ulusu ve Cennet ehlinin kandili Cenâb–ı Ömer (r.a.) buyuruyor:

«İnsanlarla iyi dostluk kurmak aklın yarısıdır. Yerinde sual sormak ilmin yarısı, iyi tedbir almak yaşamanın yarısıdır...

- Allaha andolsun ki, duçar olduğum her belâda Allah'ın benim üzerimde dört nimeti olmuştur:

1. **Günahlarımdan dolayı olmadığı zaman** *(o belâ bir nimettir.)*
2. **Günahım** *(o belâdan)* **daha büyük olmadığında** *(yine bir nimettir.)*
3. **Allah rızasından mahrum etmediği zaman** *(o belâ yine bir nimettir.)*
4. **O belâ karşılığında bir sevap umuyorum ki** *(o da bir nimettir.)*

- Bütün dostları gezdim, gördüm; dili muhafaza etmekten daha iyi dost görmedim. Bilûmum elbiseleri giydim, gördüm; iffet ve sakınmaktan daha iyi elbise görmedim. Bütün malları gördüm, sakınmaktan daha iyi mal görmedim. Bütün iyilikleri gördüm; nasihatten daha iyisini görmedim. Bilûmum yemekleri gördüm, tattım; sabırdan daha lezzetlisini görmedim.

- Gerçekten, Allahü Teâlâ altı şeyi altı şeyde gizlemiştir:

Rızâyı tâatte; **gazabı** isyan etmekte; **İsmi Â'zamını** Kur'ân da; **Kadir gecesini** Ramazan ayında; **Salât-ı vüstayı** namazlarda, **kıyamet gününü** de günler içinde...

❁❁❁

- Gülmesi çok olanın heybeti azalır. İnsanları küçümseyen, insanlar tarafından küçümsenir. Bir şeyi çokça yapan o şey ile tanınır. Sözü çok olanın hatası çok olur. Hatâsı çok olanın hayası az olur. Hayası az olanın iffeti az olur. İffeti az olanın, kalbi ölmüştür...

❁❁❁

- Fazla lâkırdıyı terkeden kimse, hikmet ile bahşişlenir. Fazla bakmayı terkeden kimse, kalb tevazuu ile bahşişlenir. Fazla yemeği terkeden kimse, ibâdet lezzetiyle bahşişlenir... Fazla gülmeyi terkeden kimse, heybet ile bahşişlenir. Mizahı terkeden, âhiret muhabbetiyle bahşişlenir. Başkasının ayıbiyle meşgul olmayı terkeden nefsinin ayıplarını islâh etmekle bahşişlenir.

Allah'ın keyfiyetinde araştırma, ve tecessüsü terkeden, nifaktan kurtulmak ile bahşişlenir...

– Akıl, iffetsiz... Fazilet, ilimsiz... Kurtuluş, korkusuz... Sultan, adaletsiz... Asalet ve şeref, edepsiz... Yücelik, tevâzûsuz. Zenginlik, sehâvetsiz... Fakirlik, kanaatsiz... Yücelik, tevâzûsuz. Cihâd, tevfiksiz iyileşip düzelmez...

- Allahtan başkasından korkan insanın bütün gayreti boşadır.
- Akrabanın cefâsı yabancının darbesinden daha acıdır..
- Ahlâk güzelliği bedenden daha güzel ve daha devamlıdır!
- **Yaşamayı temin eden bir sanat, insanlara el açmaktan daha hayırlıdır.**
- Hüsnü zan, ibâdet güzelliğindendir. Güzel nam, ömrün meyvesidir! Merhamet, âfetlerin perdesidir...
- **Dünyadan bana üç şey sevdirildi: Mâruf ile emir, münkerden nehy, Allah – Azze ve Celle–ın ahkâmını yerine getirmek!...**
- **Allah korkusu, her hikmetin başıdır!**
- **Başkalarına karşı en hayırlı olan insan, kendine karşı en hayırlı olandır!..**
- Din, kerim kimselerin güzelliğidir!
- **Zaman sana biriktirmediğini ve ummadığını getirir!..**
- Bize ayıplarımızı bildiren kişiyi Allah rahmetine gark etsin!

- Nice sözler vardır ki, inci kolyelerinden daha güzel ve gece yıldızlarından daha parlaktır!
- **Sırrın senin esirindir. Söylediğin zaman sen onun esiri olursun!**
- Hapishaneler dirilerin kabri, düşmanların sevinci ve dostların tecrübe yeridir.

❁❁❁

Sözü:

– **Şakî insan, Allah'ın gazabiyle, mahlûkun felâketine sevinmesi arasında olan insandır!**

Sözü

– Hacet sahibi ahmaktır. Hacetinin giderilmesinden başka bir düşüncesi yoktur...

Sözü:

– **Sükût, insanın en nefis elbisesidir!**

Sözü:

– Arkadaşının işini en güzel şekilde yap.

Sözü:

– **Dini, dünya karşılığında satan insan, dalâlete saplanmıştır!..**

Sözü:

– Uzun boylu kızmak devamlı hastalık getirir. Düşmana itaat etmek helak olmaktır!

– **İmanın üçte biri haya, üçte biri akıl, üçte biri cömertliktir.**

– Ümidi az olanın hüznü çok olur!

Sözü:

– **Açgözlülük fakirlik, kanaat etmek zenginliktir!.**

Sözü:

– Zâlim mağlûp, mazlum muzafferdir!

Sözü:

– Sâdık arkadaşlara sarılıp onların gölgesinde yaşa. Onlar, refah zamanında zinet, belâ zamanında hazır kuvvettir.

Sözü:

– Doğruluk, her ne kadar seni öldürse bile ondan ayrılma!

Sözü:

– Çabuk kalkmak ve doğru konuşmak, oturup kalkmanın izzet ve şerefidir.

Sözü:

– Mü'minin izzet ve şerefi insanlara muhtaç olmamasıdır!

Sözü:

– Güzel ahlâk en hayırlı dosttur!

Sözü :

– Cehalet öyle bir binektir ki üzerine binen zelil olur, ar kadaşlık yapan yolunu kaybeder!

Sözü:

– Koyunun tozu kurdun gözüne sürmedir!

Sözü:

– Kötü arkadaştan ayrılış yalnız kalmakla mümkündür!

Sözü:

– Fazla küslük düşmanlık kazandırır!

Sözü:

– Yüz çevirip gidip de, sonra dönen çok az şey vardır! *(Zira giden geri dönmez. Fırsatlar bahar bulutları gibidir ki, birden geçer gider)*

Sözü:

– Hakları yerine getirmek meşakkat, onları terketmek zillettir!

Sözü:

– Uzuvları kesmek, dostluğu kesmekten daha kolaydır!

Sözü:

– Kendi nefsinde görmediğin bir aybı, başkasında görmen, sana ayıp bakımından yeter!

Sözü:

– Arkadaş çokluğu zamanın felâketine karşı bir destek ve yardımdır!

Sözü:

– Çok gusletmek aklı artırır. Aşırı cinsî temas hafızayı zayıflatır!

Sözü:

– Çok suyun ekinleri öldürdüğü gibi çok gülmek de kalbi öldürür.

Çok söz kulakları yorar!

– Tacir olmuş olsaydım; ıtriyat üzerine ticaret yapardım. Bana kazancı kalmasa da kokusu kalırdı!

Sözü:

– Her şeyin bir şerefi vardır. İhsan ve iyiliğin şerefi de acele yapılmasıdır!

– Takvası azalan kişinin hayası azalır!

– Hayası gidenin kalbi ölür!

– Yalan söyleyen facir, facir olan da helak olur!

– Hakka dönüş, bâtılda ısrardan hayırlıdır!

– İşlerin sonuna nazar etmek, sevinç kapılarının anahtarıdır!...

– Nimet, şükrettiğin zaman baki kalır...

❁❁❁

– Yalnızlık, olgunlaşmamış kişi ile oturmaktan daha hayırlıdır!

Sözü:

– İlim gayreti sevinç, mal gayreti hüsrandır!

– Saadet yolcusunun himmet ve gayreti âhiretidir!

Sözü:

– Müslümanlardan çıkan bir sözü, hayra yorumlama imkânı bulunabiliyorken, şerre yorumlama!

Sözü:

– Olmadık bir şeyi sorma!

Sözü:

– Takvaya sarılıp, zühd ile süslenen kimseye, dünya ehline tevazu göstermek yakışmaz!

Sözü:

– Hiçbiriniz rızık aramayı bırakıp da: «**Allahım! Beni rızıklandır.**» demesin. Muhakkak gökyüzünün altın ve gümüş yağdırmadığını biliyorsunuz!...

Sözü:

– Kuvvet merhametle, necat doğrulukla beraberdir!

❁❁❁

İrfan denizine garkolmuş din büyüğü Cenâb–ı Ömer (r.a.) in, her biri bir hakikat incisi olan hikmetli sözlerini gördünüz. O bakış ve görüş sahibi yüce Halîfe, gönül topraklarına mânâ incileri yağdıran bir bahar bulutu gibi Cihanda ebed âlemine göçüp gitti... Arkasında sayısız eserler bıraktı...

Adaletiyle Acem ülkesini fethetti... Sözleriyle insanlara ışık tuttu... Cihanı bir baştan öbür başa îmân nuru ile aydınlattı. Şeriat caddesinde îmân arabasını sürerek bu ümmeti sonsuz düzlüğe çıkardı...

O büyük sultan, öyle sâde bir hayat yaşadı ki, bu sadelik hiçbir devlet reisine nasip olmamıştır... Bütün dünyayı titreten,

İran ve Bizans ordularını yenen, İslâm Devletinin başkanı yamalı elbise giyiyordu.

İsteseydi Kayserler ve Kisralar gibi saraylar içinde hayat sürerdi... Fakat onun bir tek gayesi vardı:

Allah ve Resûlü'nün rızâsını kazanmak... Bütün ömrünü bu gayeye vakfetti... Alnında Allah'ın rızâ imzasını taşıyarak bu fani âlemden ebedî hayata geçti...

Gönüller aydınlatan din büyüğü Cenâb–ı Ömer (r.a.) son derece alçak gönüllü idi. Kendisini hiç kimseden üstün görmezdi. Kapısı herkese açıktı. Herkesin derdini dinler çaresini bulurdu.

İmânın billûrlaşmış nurdan âbidesi bir hac merasimi sırasında yoruldu. Birkaç tane taş topladı. Taşların üzerine bir bez attı. Bu, koca Halîfenin yastığı oldu. Uyumak, dinlenmek istiyordu. Taşların üzerine başını koydu, kumların üstüne upuzun yattı... Sonra ellerini Allah'ın huzurunda açıp gözyaşları içinde şöyle dua yaptı :

– Yâ Rabbi! İhtiyarlıyorum, kuvvetten düşüyorum, beni artık bu dünyadan ebedi dünyaya al!...

Ve şânı yüce Rabbimiz onun duasını kabul etmiş olacak ki, kısa bir zaman sonra bu fânî dünyanın veda yokuşundan ebedî ülkelerin Cennetlerine göçtü...

Hak ve adalet güneşi Hz. Ömer (r.a.), gün olurdu bazen güler, bazen ağlardı. Kendisine sordular:

– Ey bakış ve görüş sahibi! Niçin böyle yapıyorsun?

Cevap verdi:

– Cehalet devrinde yaptığımız şeyler aklıma geliyor. Undan put yapar, cebimize koyar, yolculuğa çıkardık. Sonra da acıktığımız yerde onu yerdik. Bu aklıma geldikçe gülüyorum! Yine cehalet devrinde masum kız çocuklarımızı diri diri toprağa gömerdik. Bunu hatırlayınca da ağlıyorum!...

HEM DE ŞÂİRDİ

Cenâb–ı Faruk (r.a.), bir gönül adamıydı. Gönlü İlâhî aşkın nuru ile dolmuştu. Şiiri çok seviyordu. Zaten Araplar arasında şiirin büyük önemi vardı. Hz. Ömer (r.a.) de arap şâirleri arasında sayılır. Ünlü şâirler listesinde yok ise de, bu onun küçük ve silik bir şâir olduğuna delâlet etmez. Çünkü onun dâvası başkaydı. O, bambaşka bir dâvanın adamıydı. Mukaddes İslâmıyaymak ve bütün insanları dalâlet bataklığından kurtarmak istiyordu. Varını yoğunu bu ulvî gayeye verdiği içindir ki, şiir yazacak vakit bulamadı. Yalnız şunu belirtmek yerinde olur ki, Hak ve adalet güneşi Hz. Ömer (r.a.) kıymetli bir şâir tenkitçisidir. Ünlü Arap yazarları onun için şöyle derler:

– **Hz. Ömer,** *(r.a.)* **zamanında, şiirin en iyi ve en hünerli tenkitçisi idi.**

Gönüller aydınlatan din büyüğü en güzel şiirleri ezbere biliyordu. İmrül Kays, Zahir ve Nabigay'ı çok beğeniyordu. Bunlardan en çok Zahir'i beğenirdi. Ona **«Şâirlerin şâiri»** diyorlardı.

İrfan denizine garkolmuş yüce Faruk (r.a.) bir gün muazzez sahabî İbni Abbas (r.a.) a dedi ki:

– Şâirlerin şâirinden bir şiir oku!

İbni Abbas (r.a.) hayretle sordu:

– Ey Mü'minlerin Emîri! Şâirlerin şâiri kimdir?

Cevap verdi:

– Zahir'dir!

Zahir'i beğenmesinin sebeplerini de şöyle anlattı:

– Zahir, bayağı sözler kullanmaz. Anlaşılması güç söz de söylemez, bilmediğini anlatmaya kalkışmaz, övdüğünün gerçek vasıflarını belirtir, üslûbunda sadelik, mübalâğadan kaçınma ve temiz bir dil vardır. Cahiliyet devrinin şâirlerinden çok, İslâm şâirlerine benzer...

Büyük halife şiirin ve sanatın ölümsüzlüğünü ne güzel anlatıyor. Zahir, Arap büyüklerinden Hirem Bin Sinan'ı bir kasideyle övmüştü. Bir gün Hirem'in oğulları Cenâb–ı Ömer (r.a.) i ziyarete geldiler. Hidâyete ermiş ümmetin ulu rahmeti Cenâb–ı Ömer:

– Ey gençler, dedi, Zahir'in babanız için yazmış olduğu kasideyi bana okuyunuz!

– Peki, ey Mü'minlerin Emîri!

Ve tane tane okudular. Reisler reisi onlara:

– Zahir ailenizi ne güzel tarif etmiş, dedi.

Hirem'in oğulları:

– Babamız da ona ihsanda bulundu, dediler.

– Sizin ihsanlarınız geçici, onun hediyesi ebedîdir.

Cenâb–ı Faruk (r.a.) pırıl pırıl tebessüm etti ve:

– Evet, öyledir!

– Babanızın ona verdiği hil'atlar ne oldu?

– Hepsi eskidi!

– Onun babanıza verdiği hil'atlar hiç eskimez!

– Öyle yâ Emîrül Mü'mînin!

Güzel bir eserin, güzel bir sanatın, güzel bir şiirin değerini o büyük Sultan kadar takdir etmek pek az kimseye nasip olmuştur...

Cenâb–ı Ömer (r.a.) vicdan sahifelerini hakikat elmaslariyle doldurmuş bir insandı. İç gözlerine ılâhî nurun sürmesi çekilmişti. Her şeyi güzelce inceliyor ve ona göre hüküm veriyordu... O, İmrül Kays ve Nabiga'nın şiirdeki kudretini küçültmüyordu, onları da takdir ediyordu. İmrül Kays için şöyle demişti:

– İmrül Kays, şâirler için şiir kaynağını açmış, kör mânâlara göz vermiştir!

Gönlü billurdan daha duru olan Cenâb–ı Faruk (r.a.) güzel şiirleri ezberlemiştir. Şurasını da belirtmek isteriz ki, Cenâb–ı Ömer (r.a.) İslâm'a, îmâna, edebe aykırı, şeref ve haysiyet kırıcı manzumelere asla değer vermemiştir. Şiirin ruhları coşturduğunu ve asilleştirdiğini ve terbiye ettiğini bildiği için halkın İslama, îmâna, edebe uygun güzel şiirleri ezberlemesini arzu ediyordu,

Hattâ bir defasında Ebu Musa El Eş'ari'ye yazdığı bir nâmede şöyle demişti :

– Halka şiirler öğretiniz! Çünkü bunlar ahlâk Yükseltir. Düşünceleri doğrultur!

Diğer bir mektubunda da:

– Çocuklarınıza yüzmeyi, ata binmeyi, meşhur meselleri ve güzel şiirleri öğretiniz!

Görülüyor ki, güzel ve faydalı olan her şeyi çocuklarımıza öğretmemizi istiyor yüce Halife...

Ne yazık ki şimdi masum yavrularımızı sokaklara başıboş bırakıyoruz. Onların îmân sarayına benzeyen taze kalblerine müfsitlerin zehirli ok atmalarına göz yumuyoruz...

Din ve devletin reisi Cenâb–ı Ömer (r.a.) şeytanî ve nefsanî manzumeleri yasak etti. Kadınların iffetlerine saldırıcı şiirlere de müsaade etmedi. Şiir güzeldir. Amma ulvî bir gaye için yazılırsa güzeldir. Şiir, dine, millete, devlete faydalı oldukça şiirdir. Yoksa nefsanî ve şeytanî hislerle yazılan manzumeler şiir olamaz. Şâir odur ki îmânın sesine kalemini uydurur. Âleme hakikat incileri saçar. Mânâ gülistanında bir bülbül gibi dem çeker. Yazdığı ve söylediği hep ilâhî rızâ için olur. Ruhu, heyecanı, hissi, fikri, zikri hep O olur... O'nun olmadığı yerde hiçbir şey yoktur. Yokluk bile yok! Şiir ise hiç yok...

İşte bunun içindir ki Kâinatın Efendisi hadîsi şeriflerinde:

– Şiirden manzum, edebî sözlerden, yazılardan hikmetleri, meselleri havi olanları öğreniniz! buyurmuşlardır.

Elbette Hak ve adalet güneşi Hz: Ömer (r.a.) bunları biliyordu. Bildiği için de bu işe çok önem veriyordu...

Muhteşem büyük Cenabı Faruk (r.a.), İslâm ile şereflenmeden önce de büyük bir kalemşördü. İbrânice'yi de sonraları öğrendi. Onun zamanında Tevrat, arapçaya tercüme edilmemişti. Kendisi Tevrat'ı okur ve arapçaya tercüme ederdi. Hattâ bir defasında Allah Resûlüne Tevrat okumuş ve tercüme etmiştir.

Hz. Ömer (r.a.) İbrâniceyi öğrenmek için Yahudilerle görüşmüş, ders almış, İbrâniceyi öğrenmiş olduğu için Yahudiler kendisini çok severlerdi. Cenâb–ı Ömer (r.a.), Yahudilerin bâtıl inanışlarının Tevrat'a da girdiğini görmüş ve Müslümanların Tevrat okumalarını istememiştir.

❁❁❁

Biliyorsunuz ki, Allah'ın Resûlü çok defa Hz. Ömer (r.a.) ile müşavere etmiştir. Peygamberler Peygamberi onun fikirlerine önem verir, birçok işleri onunla görüşürdü. Bedir esirlerine yapılacak muameleyi onunla görüşmüştü. Müslümanlara namaz vakitlerini bildiren ezan Hz. Ömer (r.a.) in fikri idi. Sahabîlerden de bu kudsî ezanı kelime kelime rüyalarında okuyanlar olmuştu. Allah'ın Resûlü de böylece kabul buyurmuştu...

❁❁❁

İrfan denizine garkolmuş din büyüğü Cenâb–ı Ömer (r.a.). Cihan Sıddîk'ı Hz. Ebu Bekir (r.a.)in en yakın dostu ve yardımcısı idi. Hz. Sıddîk (r.a.) her zaman onunla müşavere ederdi. Kur'ânı Kerim bile onun fikri ile bir araya toplandı. İslâm ordularının fethettiği ülkeler onun uyanık politikası sayesinde huzur ve düzene kavuştu. Hz. Ömer (r.a.) insanları çok iyi tanırdı. Yerinde ve zamanında onlardan faydalanmasını bilirdi. Onun şu sözü de pek meşhurdur:

– Bir adamın şöhretine ve görünüşüne aldanmayınız. Namaz ve niyazına bakmayınız! Aklına doğruluğuna bakınız!

Birgün adamın biri Hz. Ömer (r.a.)e, bir adamı meth ü sena etti. Cenab-ı Faruk gün kadar aydınlık yüzünü adama döndürüp tane tane sordu:

– Siz bu övdüğünüz zatla yemek yediniz mi?

– Hayır!

– Sizin bu adamla bir alış verişiniz oldu mu?

– Hayır!

– Beraber yolculuk ettiniz mi?

– Hayır!

– O halde siz hiç bilmediğiniz bir adamı medh ü sena ediyorsunuz!..

İLÂHÎ KORKU

Hidayete ermiş ümmetin ulu rahmeti Cenab-ı Ömer (r.a.) Allah'tan çok korkardı. Gönül gözlerinden hep ilâhî yaşlar boşanıyordu.

Birgün, Allah Resulü'nün sahabilerinden Ebu Musa el-Eş'ari'ye şöyle dedi:

– Ey Ebu Musa! Biz ki Müslüman olduk. Yerimizi, yurdumuzu bıraktık. Hicret ettik. Her yerde, her zaman Allah Resulü ile beraber bulunmak bahtiyarlığına erdik. Acaba kıyamet gününde bir mükâfat görebilecek miyiz?

Ebu Musa tatlı tatlı tebessüm etti ve:

– Ya Ömer, dedi, nasıl olur da mükâfat görmeyiz. Evet, birçok iyilik ettik. Elbette Cenab-ı Hak'tan lütuf ve ihsanlar bekliyoruz!

– Varlığımı kudret elinde tutan Allah'a yemin ederim ki, hesaptan kurtulmaktan başka bir şey istemiyorum!

– Siz adaletle hükmediyorsunuz. Allah da âdil olanları sever!

– İnşallah!..

Mes'ûliyetin ve Allah korkusunun bu derecesi.

SU TAŞIYOR

Ulu sahabi Abdurrahman bin Avf (r.a.) anlatıyor:

– Bir gece gördüm ki, Mü'minler Emiri Hz. Ömer (r.a.) su tulumunu arkasına almış Medine-i Münevvere'nin köylerine doğru gidiyordu, kan-ter içnde kaldı, bir yere oturup dinlemek istedi. Dedim ki:

– Ey Mü'minlerin Emiri! Çok yoruldunuz, müsaade ederseniz biraz da ben taşıyayım şu tulumu!

Dediler ki:

– Bugün benim su tulumumu sen taşırsan, yarın kıyamet gününde benim günahımın yükünü kim taşıyacak?

– Aman yâ Ömer! Sizin ne yükünüz olacak?

– Benim yükümü dağlar bile kaldıramaz!

– Öyle diyorsunuz ama, siz Allah Resulü'nün yolunda yürüyorsunuz. Bütün işlerinizi onun işlediği gibi yapıyorsunuz. Böyle olduğu halde yine de korkuyorsunuz!

– Ben bu halifelikten başa baş, zararsız kurtulabilirsem, o zaman Allah Resulü'nün dostu olurum!..

Hassasiyetin ve ulviyetin bu derecesi...

BÜYÜK ŞEHİD

Şu varlık dediğimiz kâinat saadetinin adalet incisi, Cennet ehlinin kandili, Hz. Ömer (r.a.) 10 yıl, altı ay, beş gün Halifelik makamında kaldıktan sonra Hicretin 23. senesi Zilhicce ayının 26. Salı günü, Peygamber Mescidi'nde mü'minlere sabah namazı kıldırırken şehid edildi. İki başlı hançerle altı yerinden vurarak şehid eden, kapkara vicdanlı Ebû Lü'lü isminde nasrânî bir köle..

Adaletiyle bütün insanların gönlünü fetheden, hiçbir kimseye asla zulmetmeyen, gece gündüz insanların mutluluğu için çırpınan Cenâb–ı Ömer (r.a.) gibi büyük ve muhteşem bir insanı öldürerek, hak ve adalet güneşini söndürmek isteyecek bir insan tasavvur etmek gerçekten aklı elsiz ayaksız bırakıyor. Ne hazîn bir tecellidir ki vicdanı isli ve paslı insanlar her devirde bulunabiliyor. Bunlar insanlık sıfatını bile hâiz değillerdir.

İslâm ordusu fethettiği ülkelerin insanlarına İslâm'ın nurunu sunmuştu. Bütün insanları kölelikten efendiliğe erdiren yegâne din İslâmdı. Mukaddes İslâm, insana insanlığını kazandırmıştı... İslâm mücahidleri savaşlardan nur şehri Medine'ye döndükleri zaman birçok esirler de getirmişlerdi. Bunların birçokları tarifi imkânsız bir kin taşıyorlardı. Kendilerine açılan şefkat ve merhamet kucağına rağmen Müslümanlara diş biliyorlardı. İslâmın kılıcını ense köküne yiyen mağlûp milletler, yüreklerinde sakladıkları kinlerini dindirmek için entrikalar çevirmeye başlamışlardı. Bu entrika ve intikamlarını büyükler büyüğü Hz. Ömer (r.a.) e su'ikast yaparak almak istediler... Ve bunun için kara vicdanlı birini bulmakta gecikmediler...

Cenâb–ı Ömer (r.a.) in şehid edilmesi şöyle oldu : Cenâb–ı Faruk (r.a.), hergün olduğu gibi o sabah da, namaz kıldırmak üzere Peygamber Mescidine gitmişti. Namaz saflarının tesviyesine son derece dikkat ederdi. Muazzez sahabîlerin ve diğer Müslümanların namaza yetişebilmeleri için de birinci rek'atte uzun sûrelerden birini okurdu.

Gönlü billurdan daha duru olan yüce Halîfe o gün de, âdeti gereğince safları tesviye ettikten sonra namaza başladı: **«Allahü Ekber!»** Bütün cemâat de kendisiyle birlikte tekbir aldı. Tam o anda Ebû Lü'lü, elinde iki başlı bir hançer, mescide daldı. Müslümanlar vecd içinde namaz kılıyorlardı... Cenâb–ı Ömer (r.a.) in dilinden tatlı tatlı Kur'ân nağmeleri dökülüyordu. Öyle bir an ki herkes adetâ kendinden geçmişti. Ebû Lü'lü hâini, Müslümanların namaz vecdi içinde kendilerini kaybetmiş olmalarından faydalanarak tâ Cenâb–ı Ömer (r.a.)in arkasına sokuldu. Gözlerinde şeytanî bir gülüş vardı. Birden hançerini Hak ve adalet güneşi Hz. Ömer (r.a.) in arkasına sapladı. Altı kere daldırıp çıkardı. Ve yıldırım hızıyle kaçmak istedi. Kaçarken de, üzerine atılan 13 kişiyi yaraladı. Bunlardan da yedisi şehid oldu. Cemâatten biri, üzerinden elbisesini çıkarıp kara vicdanlı katilin başına attı. O da yakalanacağını anlayınca bu defa hançeri kendisine sapladı ve oracıkta yere yığılıp ebedî azap diyarını boyladı...

BİR GÜN ÖNCE

Hak ve adalet güneşi Hz. Ömer (r.a.), Ebû Lü'lü'yü bir gün evvel pazarda görmüştü. Köle, Allah Resûlü'nün halifesine, efendisinin kendisinden çok ağır bir haraç aldığını söylemişti:

– Ey Mü'minlerin Emîri! Efendime söyle de yükümü hafifletsin!

Cenâb–ı Ömer sordu :

– Sanatın nedir ve ne kadar haraç veriyorsun?

– Sanatım, demircilik, dülgerlik ve nakkaşlıktır; verdiğim haraç da günde iki dirhem...

– Yâ Ebû Lü'lü, Allahtan kork! Sanatın ve kazancına göre verdiğin haraç çok değildir!

Din ve şeriat ulusu Hz. Ömer (r.a.) bir lâhza durarak ilâve ediyor:

– Yâ Ebû Lü'lü! Duyduğuma göre sen yel değirmeni yapmakta çok ustaymışsın... Doğruysa bana da bir yel değirmeni yap!

Ebû Lü'lü, sinsi sinsi gülümsedi:

– Ey Mü'minlerin Emîri! Senin adaletin benden başka herkese pay ayırıcıdır, yalnız bana değil... Ben de sana öyle bir yel değirmeni yapayım ki, şöhreti bütün dünyaları tutsun!...

Cenabı Ömer (r.a.) tatlı tatlı güldü ve:

– **Köle beni tehdit etti,** dedi.

Hâin köle Ebû Lü'lü, mahud iki başlı hançeri yapıp iyice biledi ve onunla Hak ve adalet güneşi Hz. Ömer (r.a.)i, birkaç sahabîyi ve sonunda kendisini öldürdü...

SON SAATLERİ

Hidâyete ermiş ümmetin ulu rahmeti Hz. Ömer (r.a.) yaralanınca yere upuzun seriliverdi. Bu haliyle sahabi ulularından ve Cennetle müjdelenen saadet kadrosundan Hz. Abdurrahman Bin Avf'a işaret etti:

– **Yâ Abdurrahman cemâate namazı sen kıldır!**

Namazın ne kadar ulvî ve kudsî olduğuna bakınız ki, orada koca devletin reisi can çekiştiği halde yine terk edilmiyor... Namaz kılınıyor ve ondan sonra yapılacak işlere girişiliyor.

Hz. Ömer (r.a.) derhalevine götürüldü. Kendisini yaralayanın Ebû Lü'lü olduğunu öğrenince şöyle dedi:

– **Hamd olsun Allaha ki, bana bu işi yapan Müslümanlık iddiasında olan biri değil!... Sonra oğlu Abdurrahman'a soruyor:**

– **Ey canımın içi oğul! Ne kadar borcumuz var?**

– Ey aziz babam! 85 bin dirheme yakın!..

– **Malım yetişirse ödeyiniz; yetişmezse aile kolumdan isteyiniz. Onlarınki de yetişmediği takdirde Kureyş'e baş vurunuz! Başkalarından istemeyiniz!**

– Olur, babacığım!

Sonra, en büyük dileğini bildirdi:

– **Gidiniz; Allah Resûlü'nün yanına gömülmem için, Mü'minlerin Annesi Hz. Aişe'den (r.a.) izin isteyiniz!**

Hz. Abdullah, iffet ve ismet sadefi Hz. Âişe'nin (r.a.) yanına koştu:

– Ey Mü'minlerin Annesi, dedi, babamın selâmı var, Müsade ederseniz Allah Resûlü'nün yanına gömülmek istiyor!

İffet ve ismet sadefi Hz. Âişe (r.a.) nin gözlerinde de yaş iplik iplik:

– Orayı kendim için istiyordum. Ama bugün onu kendime tercih ederim!

Hz. Abdullah babasının yanına dönüyor ve müjdeyi bildiriyor. Ve Cenâb–ı Ömer (r.a.), o haliyle saadetinden uçacak gibi oluyor...

Daha önce Allah'ın Sevgilisi ve Sıddîk-ı Ekber (r.a.) Hz. Âişe'nin hanei saadetinde defnolunmuşlardı. Onun için din ve adalet güneşi de orayı istiyordu. Orası ise Hz. Âişe (r.a.) nin ye'dindeydi.

GÖZ YAŞI

Hz. Ömer (r.a.) in .kızı Hafsa aziz babasının başında gözyaşı döküyordu. Sahabîler de dalgın dalgın gelip ziyaret ediyorlardı.

Sordular:

– Ey Mü'minler Emîri Yerine kimi tavsiye edersin?

Hak ve adalet güneşi Hz. Ömer (r.a.), gün kadar aydınlık yüzünü soru sahiplerine döndürdü ve şöyle dedi:

– Eğer Ebû Ubeyde hayatta olsa idi onu tavsiye ederdim!.. Cenâb–ı hak bana soracak olursa; Yâ Rabbi! Resûlü'nün, Ebu Ubeyde, bu ümmetin eminidir, dediğini işittim, diye cevap verirdim...

Ebû Huzeyfe'nin azatlı kölesi Salim sağ olsa onu yerime bırakırdım. Rabbim sual edecek olsa; Resûlü'nün, **«Salim, Allahı en ziyade seven zattır.»** dediğini işittim, diye cevap verirdim...

Sahabîler İsrar ettiler:

– Yâ Ömer! Oğlun Abdullah'ı tavsiye etmez misin?

Hz. Ömer (r.a.), bu soruya da şu müthiş cevabı verdi:

– **Bir haneden bir kurban yetişir!**

Sonra yanına sahabi ulularından Hz. Abdurrahman Bin Avf'ı çağırdı:

– **Yâ Abdurrahman! Ben seni Veliyyi ahd eylemek istiyorum!.**

Hz. Abdurrahman Bin Avf sordu:

– Ey Mü'minlerin Emîri! Bana kabul et diye, re'y ve nasihat eder misin?

– **Edemem!**

– Vallahi ben de bu işe giremem!

– **Öyle ise durunuz! Ben bu işi, Allah Resûlü'nün kendilerinden hoşnut ve razı olduğu insanlara havale ediyorum! Toplanıp karar versinler!..**

O muazzez sahabîler şunlardı:

1 – İlim ve Hikmet Kutbu Hz. Ali (k.v.),

2 – Haya mâdeni Hz. Osman (r.a.),

3 – Hazret–i Talha (r.a.),

4 – Hazret–i Zübeyr (r.a.),

5 – Hz. Sa'd İbni Ebî Vakkas (r.a.},

6 – Hz. Abdurrahman İbni Avf (r.a.).

Bu mübarek insanlar Cennetle müjdelenmiş bahtiyarlardı. Allah Resûlü'nün sevdasıyla gönül taslarını doldurmuşlardı... Ve ümmetin en büyüklerindendi...

Oğlu Abdullah'ı da sadece rey vermek üzere bu meclise memur etti...

Lâkin bu sırada Hz. Talha (r.a.) Peygamber beldesi Medine'de yoktu.

Cenâb–ı Ömer (r.a.), bu kararı verdikten sonra Hz. Ali, Hz. Osman, Hz. Zübeyr, Hz. Abdurrahman Bin Avf ve Hz. Sa'dı huzuruna davet etti:

– Siz bu ümmetin reislerisiniz. İçinizden birisini bu makama getiriniz! Ve ona itaat ediniz. Sizin hakkınızda insanlardan korkmam. Ancak aranızda çıkacak ayrılıktan korkarım. Talha, refikinizdir. Üç gün onu bekleyiniz. Gelirse ne güzel. Gelmezse aranızda anlaşınız.

Sonra îmân aynası berrak yüzünü Hz. Ali (k.v.) ye çevirdi ve ona hitap etti:

– Yâ Ali! Allah için olsun. Halife seçilirsen Hâşim oğullarını insanların başına yük etme!

– Peki. yâ Ömer!

Hz. Osman (r.a.) a hitap etti:

– Yâ Osman! Bu ümmetin başına reis olursan Allah için Ebî Muayt oğullarını millete yük etme!

– Sen üzülme yâ Ömer, dediğin gibi hareket ederiz!

Aynı sözleri Hz. Sa'd'a da söyledi:

– Yâ Sa'd! Halîfe seçilirsen akrabalarını nâsın başına yük etme.

– Olur yâ Ömer!... Tekrar tane tane konuştu:

– Abdurrahman İbni Avf, ne güzel rey sahibidir. Onu dinleyiniz, ona uyunuz!

Gönlü billurlardan daha duru olan yüce Faruk (r.a.) nasihatlarına bir zaman daha devam etti. Ve sonra Hz. Talha (r.a.) ya şöyle dedi:

– Yâ Ebâ Talha! Çok defa Allah, seninle İslâm'ı aziz kılmıştır. Bu defa da bu dine hizmet eyle. Halifeyi seçecek Şûra üyeleri bir evde toplanacaklardır. Sen Ensardan 50 kişi ile kapıda bekle. Dışarıdan hiçbir kimseyi içeri bırakma. Üç gün içinde içlerinden birini halîfe seçmeleri için onları teşvik eyle!

Mikdad İbni'l Esved'e de şunları vasiyet etti:

– Yâ Mikdad! Beni. kabre koyduğun zaman şûra üyelerini topla, bir eve kapat. İçlerinden birini halîfe seçene kadar onları orada tut!

Suheybi Rûmi'ye de:

– Yâ Suheyb, dedi, üç gün cemaata namazı sen kıldır ve şûra üyelerini bir yere kapatıp sen de başları ucunda otur!

Oğlu Abdullah'a yine evvelki vasiyetini tekrarladı:

– Vefatımda beni Hücre-i sâadete götürünüz. Mü'minler annesinden tekrar izin isteyiniz. Verirse orada defnediniz. Vermezse Bakî kabristanına gömünüz!

İrfan denizine gark olmuş din büyüğü yaralı ve ızdırap içinde yattığı hâlde İslâm Devletinin âtisi için çareler düşünüyor ve tavsiyelerde bulunuyordu. Bu sırada kendisine bir hekim getirdiler. Hekim Cenâb–ı Ömer'i muayene etti... Yaraları derin ve öldürücü idi. Bunu anlayan hekim :

– Ey Mü'minlerin Emîri! Vasiyetini yap, dedi.

– **Ettim,** diye cevap verdi.

Cennet ehlinin kandili, Allah Resûlü'nün halifesi, hak ve adalet güneşi Hz. Ömer (r.a.) böyle yaralı bir vaziyette evinde yatarken dışarıda bir gürültü oldu:

– Nedir o?

– Sizi ziyaret etmek istiyorlar!

– Bırakınız gelsinler!

Sahabîlerden birkaç kişi içeri süzüldü. Cenâb–ı Ömer (r.a.) e dediler ki:

– Ey Mü'minlerin Emîri! Yerinize Osman'ı tavsiye etmez misiniz?

– Osman, hem malı sever, hem cenneti!

Ziyaretçiler dışarı çıktılar. Bu defa da başka bir gurup içeri girdi:

–Ey Mü'minlerin Emîri, dediler; Ali İbni Tâlib'i vasiyet ediniz!

Onlara da şu karşılığı verdi:

– O, sizi bir yola götürür ki, Hak yolu ancak odur!

Cenâb–ı Ömer (r.a.)in oğlu, babasının Hz. Ali (k.v.) ye meylini anlayınca dedi ki:

– Yâ Emîrül Mü'minin! Ne mâni var? İşte yerinize O'nu bırakıveriniz!

Hak ve adalet güneşi Hz. Ömer (r.a.) oğluna tatlı tatlı baktı:

– Ey oğulcağızım, dedi, bu yükü sağlığımızda yüklendik. Öldükten sonra da mı taşıyalım?

– Siz bilirsiniz aziz babam!

– Ben bilirsem bu işi şûra halledecektir!

BAŞIMI YERE KOY

Gönüller aydınlatan din büyüğü Cenâb–ı Ömer (r.a.) yararlandıktan sonra üç gün yaşayıp, altmış üç yaşında. Allah'ın Sevgilisi'nin ve selefi Sıddîkı Ekber'in yaşında, gerçekler âlemine, ebedî hakikat dünyasına göçtü...

Son anlarında dilinde Allah'ın ismi.. Zikrullah'ı çoğalttı. Oğluna şöyle dedi:

– Yâ Abdullah! Başımı yastıktan al da yere koy! Umulur ki, Allah beni bu halde görüp merhamet eder!

Dudaklarında Cennet tebessümleri Allah Allah diyerek son nefesini verdi ve ebedî Cennetlere göçtü... Cennet ehlinin kandili, Cennete yolcu oldu...

Gaslini oğlu Abdullah (r.a.) yerine getirdi. Namazını Hz, Suheybi Rûmî kıldırdı. Mübarek naşı, Allah'ın Resûlünü ve Sıddîkı Ekber'i taşımış olan sedye ile Nur Ravzasına getirilerek Cihan Sıddîkı Hz. Ebu Bekir (r.a.)in yanına gömüldü. Kabrine, oğlu Abdurrahman'dan başka, Hz. Osman. Hz. Zübeyr, Hz. Abdurrahman Bin Avf ve Saad Bin Ebî Vakkas (r.a.) indiler.

ÜÇ ŞEY

İrfan denizine gark olmuş din büyüğü Cenâb–ı Ömer (r.a.) son nefeslerindeyken yanına Kâab Hazretleri girdi. Reisler reisi ela gözlerini Kâab'a dikti ve ona şu mısraları okudu:

Kâab bana üç şey vâdetti;
Şüphesiz, hak onun sözlerindedir.
Ben ölümden korkmam, zaten ölüyorum;
Ben ancak, kendisine kuyruk peydahlayan
Bir kurt olmaktan korkarım!...

Şu kâinat dediğimiz varlık sedefinde, güneşin doğduğu ilk günden batacağı son güne kadar bir devlet reisi lisanıyle bundan daha güzel bir söz söylenebilmiş midir?

İşte Islâmın altınla doldurduğu kalblerdeki saffet ve ulviyet!...

O Cenâb–ı Ömer ki, din topluluğunun en ulusu, şeriatın güneşi, adalet tahtının şahı idi. Din işi, onun adaletiyle kemâle ermişti. Mukaddes İslâm, onun himmetiyle kemâle ermişti. Münafıklıkla küfür onun gayretiyle gizlenmişti.. Onun bütün işi gücü adaletti. Ebedî olarak zulmün kapısını kapatmıştı. Sözüyle herkese yol göstermişti. Din yolunda kendisine uyulacak yüce bir erdi. Gah kendi âleminde coşup köpürür, gah aşk ile ciğerler dağlardı. Gah odun desteler, kendisi taşır, şehre girer, halkın arasında dolaşırdı...

O kadar sade bir hayat sürüyordu ki, sofrasında sirkeyle tuz bulunurdu. Yatıp uyuduğu zaman yatağı kumdu... Başının altına, koyduğu yastık da topraktı... Bir saka gibi su kırbasını taşır, koca karıya uyuyacağı zaman su götürürdü. Bir nefes olsun kendi nefsini düşünmez, bütün gücünü Müslümanların mutluluğu için harcardı...

Şu tarihî hâdise bunun en güzel delilidir:

Şanlı sahabîlerden Abdurrahman Bin Avf Hazretleri bir gün bir toplulukta şunları anlattı:

– Ben Hz. Ömer'den acaip şeyler gördüm!

Sordular.:

– Ne imiş onlar, yâ Abdurrahman?

– Hz. Ömer (r.a.) hayâtta olsa idi söylemezdim, şimdi söyleyebilirim!

– Bizi meraklandırdın, söyle de dinleyelim!

– Biliyorsunuz ki, Hz. Ömer'le beraber her gece şehri dolaşırdık. Bir mahalle vardı ve orada bir ev... Oraya varınca bana sen dur, derdi. Ben de birşey demez orada dururdum. Bir müddet sonra gelirdi. Niçin gittiğini, kiminle görüştüğünü sormaya cesaret edemezdim. Vefatından sonra bir gece o mahelleye gittim. Ve o eve vardım. Evde bir ihtiyar kadın vardı. Kendi kendine konuşuyordu:

– Hz.Ömer'e ne oldu da bu gece gelmedi?

Kapıyı tıkırdattım :

– İzin var mı ey valide?

İçeriden kadının sesi duyuldu.:

– Buyurun oğul!

– Ey valide! Allah size ömür versin, Hz. Ömer (r.a.) dünyadan göçtü!

Kadın birden çığlığı bastı ve kendinden geçti Bir zaman sonra kendine gelince, ellerini ulvîlik âlemlerine kaldırıp dua etmeye başladı:

– Yâ Rabbi! Bana yardımda bulunan Hz. Ömer'i affet, onu Cennet ve Cemâlinle mükâfatlandır!

Kadına sordum:

– Ömer sana ne gibi yardımda bulunuyordu?

– Bütün temizlik işlerimi yapardı, yemeklerini pişirirdi!

– Ey valide! Ben Ömer'in arkadaşıyım. O vefat ettiyse, şimdi de işlerini ben görürüm!

– Âh evlâdım! Ömer'in yerini kim tutabilir ki? Eğer onun dostu isen bana dua ile yardım et!

İhtiyar kadın başını kaldırdı. Gözlerinden damla damla yaşlar akıyordu. Allah'ına şöyle niyaz etti:

– Ey Rabbim! Ey Aziz ve Celîl olan Allah! Ben hastalığımı Ömer'in yardımı ile çekiyordum. Madem ki Ömer gitti, benim ruhumu da al ve beni O'na kavuştur!

Şânı yüce Rabbimiz kadının duasını kabul buyurdu. O dahi ebedî âlemlere göç etti...

İşte Hz. Ömer (r.a.), böyle bir insandı. O öyle sönmez bir adalet güneşi idi ki, 14 asırdan beri bütün insanlık o güneşin hasretini çekmektedir...

Allah Resûlü'nün en sâdık dostu, mü'minlerin ulusu Hz. Ömer (r.a.) halifelik müddetince kendinden önce hiç kimsenin yapmadığı ve kendinden sonra da kimsenin yapamayacağı şekilde adalet üzere hareket etmiştir. Dağdaki çobanından şehirdeki valisine kadar herkes ondan razı olmuştur.

İmânın billurlaşmış nurdan âbidesi Hz. Ömer (r.a.) in şehid olduğu günde bir çoban kırlarda koyunlarını otlatıyordu. Azgın bir kurt gelip sürüye saldırdı. Çoban hemen çığlığı bastı:

– Eyvah... Hz. Ömer öldü!...

Diğer çobanlarda hayret, dehşet, ibret... Sordular:

– Hz. Ömer'in öldüğünü nereden bildin?

Çoban haykırdı:

– Görmez misiniz be adamlar? Kurt koyuna saldırdı. Onun sağlığında kurdun koyuna saldırdığını görmedim!

Hakikat şudur ki, çobanın dediği doğruydu... Adil halifenin zamanında böyle şeyler olmuyordu...

SELÂM SANA EY ADALET GÜNEŞİ

Ey din erlerinin ulusu! Hz. Muhammed Mustafa'nın yüce dostu... Selâm Sana... Sen ki adaletinle gönülleri fethettin, ebedî olarak zulmün kapısını kapattın... Allah Resûlü'nün güneşler yanan izinde saadetle yürüdün...

Ey yüce yaradılışlı din eri, ey doğru yolu gösteren Şah! Himmet eyle, elimizden tut; Ey gönül kaynağının nur denizi, adalet mumunu bir kerecik yak, ziftlenmiş gönülleri hakikat nurlariyle aydınlat! Mânâ âleminde yine Dâvudî nağmelere başla... Yol şaşırmış beşere yaradılış yolunu göster!... Sen ne güzelsin ey Cennet bahçesinin aydın ışığı!.. Ey gönülleri aydınlatan Peygamber dostu! Bugün dünya senin gibi bir Hakikat Sultanından mahrum olduğu için başına topraklar saçmada, ağlayıp inlemededir... Bizi her iki âlemde de öksüz bırakma!... Biz senin faziletine inanan, göstermiş olduğun nurlu yolda yürüyen kimseleriz, öyleyse bizi yolsuz eyleme!...

Ey alnında Allah'ın rızâ imzasını taşıyan Yüce Faruk, şefaat mumunu yak, karanlık yollarımızı aydınlat!... Bizi ebediyyetin gerçekler sabahında yalnız bırakma!... Bizim günahkar eli miz sizin fazilet eteklerinizi tutacak... Artık Rüz-i Mahşerde bizi günahlarımızla başbaşa bırakma!...

Ey din ve şeriat güneşi! Sana gönüller dolusu selam!... Yüce Allah senden razı olsun!...

Mahşer günü, bu günahkâr Necati'yi unutma!.. Onun bütün ümidi sendedir...

RUHA DÜŞEN ATEŞ

Dinle hikâyemi ne söyler sana,
Hattaboğlu nasıl geldi îmâna?

Cehalet devrinin Ömer'ine bak,
O'nu Faruk yapan îmândır ancak...

İmândır silecek küfrün kirini.
Çağlar billur billur bu İslâm dinî,

Her kim ki can atar nur iklimine,
Sâadete eren bir odur yine...

Şânı yüce Rabbin hikmetine bak,
Ömer'in gönlüne nurlar dolacak...

Mekke Müşrikleri toplandı bir gün.
Dediler: – Bu ne hâl? Biraz düşünün!..

Peygamberlik neymiş, Muhammed de kim?
Biz artık bu işe bir son verelim...

Hor görüyor bizim putlarımızı,
Allah var eylemiş; ayı, yıldızı!..

Demek bunca putun yok hiç değeri,
Allahtır yaratan göğü ve yeri...

Vurmak istiyor O vicdana perçin,
Getirmiş bir kitap, getirmiş bir din!..

Son Nebi'yim diye çıktı meydana,
Nasıl dayanalım biz bu hicrana?..

Ebu Cehil dedi: –Onu öldüren,
Çil çil altınları alacak benden.'..

Ömer bir ok gibi fırlayıverdi,
Bileği bükülmez yüce bir erdi..

Dedi: –Hattaboğlu yapacak bunu.
Artık Muhammed'in gelmiştir sonu...

Ona öyle bir iş edeceğim ki.
Cihanda bir misli bulunmaz belki...

Bir alkış tufanı yükseldi birden,
Dediler: –Yâ Ömer! Var ol, nur ol, sen!.

Haydi Hattaboğlu, göster kendini,
Onun artık sönsün ışığı, dini...

Ömer'in gönlünde gazap gazap kin,
Kurbanıydı küfrün ve cehaletin...

Hemen aldı oku kılıcı ele.
Kükredi, haykırdı, nice bin zevkle...

Dedi: –İşte gidiyorum ben O'na,
Nebîlik gelmiş nereden O'na?

Hiddetli hiddetli çıktı oradan,
Zira olmuş idi cehline kurban...

Ömer şimşek. Ömer ateş, Ömer kin,
Gidiyor O nûru öldürmek için...

Ömer'in hâlini gördü bir kişi,
Dedi: –Hayır değil bunun gidişi...

Bu öfke, bu hiddet, bu şiddet de ne?
Bir şey yapmasın Hak müjdecisine...

Hemen koştu gitti dikildi yola.
Allah Resûlüne can feda ola...

Dedi: –Yâ Ömer! Bu hiddet, bu kin ne?
Acaba seni kim kızdırmış yine...

Gözün hançer hançer ne oldu sana?
Bu işin aslını sen anlatsana...

Ömer dedi: – Muhammed'le işim var.
Kopacaktır nice bin fırtınalar..

Bil ki onun artık gelmiştir sonu,
Öğrensin Ömer'in kim olduğunu!..

Millet-i Arabı parçaladı hep,
Bunca tefrikaya o oldu sebep...

İşte gidiyorum öldürmek için.
Kalmayacak ne Nebîlik, ne de din!..

O sahabi dedi: –Aman yâ Ömer!
Nebiler getirir Hak'tan müjdeler...

Âleme rahmettir ışıktır Nebî,
Var mı faziletli hiç onun gibi?...

O'na karşı zafer bulmak güçtür hem.
Sonra duyacaksın bin türlü elem..

Haydi diyelim ki öldürdün onu,
Bununla biter mi bu işin sonu.

Abdülmuttalib'in oğullarının,
Sonra ellerinden kurtulamazsın.

Ömer hiddetlendi bu sözlere pek,
Döndü gözü fır fır ve şimşek şimşek...

Dedi: –Sen de ona gönül verdin ha,
Sana hayat hakkı yoktur bir daha...

Öyleyse keseyim, ilk önce seni,
Gönlümün büsbütün kabardı kini...

O sahabî dedi: –Sen beni bırak.
Git enişten ile hemşirene bak.

Onların gönül de billurdan duru,
Çağlar ışık ışık İslâmın nuru!..

Bu sözleri böyle duyunca Ömer,
Dedi: – Canlarını aldım bu sefer!.

Hemen döndü Sâid'lerin evine.
Çakmak çakmak idi gözleri yine..

Tesadüfe bak ki tam o sırada,
Kur'ân okurlardı hep bir arada,

«Tâhâ» sûresini okuyorlardı,
Fakat Ömer gelip kapıyı sardı.

İçli, yanık, güzel bir ses geliyor.
Gönüller dağlayan nefes geliyor!..

Kapıya yanaşıp tak, tak, tak; vurdu,
Demek ki cehalet böyle olurdu...

Dedi: –Ey nefsinin düşmanı bu ne?
Nasıl girdin Muhammed'in dinine?

Fâtıma korkuyla kapıya koştu,
Artık bu Ömer'e olan olmuştu...

Dedi: –Yâ Ömer dur, ne oldu sana?
Böyle korku verilir mi insana...

Ömer bir ok gibi daldı içeri,
Hemen Sâid karşıladı Ömer'i...

Yakasından tuttu o ân Sâid'in,
Dedi: –Nene gerek. Nebi, kitap, din!

Artık vuruyordu kafa, göz, kulak,
Âh bu fırtınayı kim durduracak...

Fâtıma atıldı hemen ileri,
Güya durduracak bu darbeleri...

Ömer bu, dinler mi enişte, bacı,
Bin gayretle vuruyordu kırbacı...

Bir şamar attı ki kız kardeşine,
Fışkırdı ve doldu kanlar eline..

Hâli feci idi o berrak yüzün,
Şiddeti artırdı Ömer büsbütün...

Fâtıma'daki şu îmâna bir bak,
Çağlıyor, kaynıyor hep ırmak ırmak!

Dedi ki: –Yâ Ömer! Pek yazık sana,
Niçin inanmazsın o yaratana?..

Niçin utanmazsın yüce Allahtan,
Ona feda bu ten, fedadır bu can!..

İnandık: Allah bir ve Resûlü Hak,
Biz onun yoluna kurbanız ancak...

Bu metanet, bu aşk, yıktı Ömer'i,
Bir ateş düştü ki candan içeri...

Artık o buz dağı hep eriyordu,
İmân insana ne zevk veriyordu..

Dedi: –Şu Sûreyi verin hele siz.
İşte artık oldu istediğiniz...

Fâtıma, Sûreyi Ömer'e verdi,
Ömer'in çoğaldı büsbütün derdi...

Bu nasıl bir kitap, bu nasıl nur?
Böyle bir kudrete kim sahip olur!..

«Tâhâ» Sûresini okudu biraz,
Doldu gönlüne şevk, neş'e, sürür, haz!

Dedi: –Yâ Fâtıma! Demek bu kadar,
Sizin Rabbinizin saltanatı var...

Kimse mâlik değil böyle bir şeye.
Bu kitabı Rabbim etmiş hediye...

Ömer'in gözünde yaş billur billur,
Kapladı içini ilâhî bir nur!..

O koca buz dağı eridi hemen.
Bir nur peyda oldu yüce sevgiden...

Artık yağdı nurlar hep deste deste.
Ruhları coşturdu İlâhi beste..

Saplandı sîneye aşkın nur oku,
Ömer'e sundular dermandan koku!...

Şevki arttı, Fatıma'nın. Sâid'in,
Şu mukaddes İslâm, ne yüce bir din!,..

Dedi: –Götürünüz beni Resûle.
Ateş düştü, geldi, bu gönlüm dile!..

Habbap gizli yerden çıkıp gürledi:
Dini İslâm'a gel. yâ Ömer! dedi

Müjde, sana geldi Rabbımden bağış,
Öyle bir nur, semâ semâ çağlayış!..

Ömer bir kuş gibi çırpınıp durdu,
Muhabbet okunu sineye vurdu

Artık Ömer duru, artık berrak su,
Nura erdi, açıldı hep duygusu!..

Dedi ki: –Yâ Habbab! Tutuştu sîne.
Haydi götür beni nur iklimine...

Habbab ile Ömer vardı Resûle,
Benziyordu o nur taze bir güle!..

Ne devlet ki kucak açtı son Nebî,
Ve çağladı Ömer bir umman gibi...

Dedi ki: – Ey Nebî! Geldim ben sana,
Sensin yol gösteren insan oğluna!..

Nebi dedi: –İslama gel yâ Ömer!
Ben getirdim sana Hak'tan müjdeler!.,

Ömer'i kendine çekti son Nebî,
Elmas elmas oldu Ömer'in kalbi...

Gözlerinden nice bin pınar aktı,
Artık Ömer günden daha parlaktı...

Bütün sahabîler kutladı onu,
İmândır yücelten insan oğlunu...

BU DERECE HAK DUYGUSU

Hazineye ait bir gün bir deve,
Kurtulur bağından gider tâ çöle,

Lâkin Ömer görüp düşer peşine,
Bakalım ne işler edecek yine..

Beşer âleminin adalet tacı,
Düştü çöle, aldı ele kırbacı..

Dedi ki: – Âh Ömer, gördün mü işi,
Gidiş değil, bu devenin gidişi...

Halife tanır mı akılsız hayvan,
Şu güneş altında yan bakalım yan..

Düş bakalım şimdi deve peşine,
Âh Ömer âh! Halifelik neyine?.

O kızgın çöllerde akşama kadar,
Hazineye ait deveyi arar..

Der ki: – Deveyi tutmazsam eğer,
Yardımıma koşmaz yarın kimseler.

Hakkın huzuruna böyle bir yüzle.
Gidersem hâlimi tasavvur eyle.

Milletin malını başı boş bırak,
Sen necisin bir Hâlife olarak.

Niçin emaneti kaçırdın elden?
Derse Allah, bilmem ne derim ki ben.

Ömer'in başına şu bir devenin,
Ne iş açtığını tasavvur edin..

Yol üstünde bir karınca ezilse,
Yine Ömer mes'ul hiç değil kimse..

Yahut bir kurt tutup kapsa koyunu,
Ömer'den sorarlar mutlaka onu..

Yahut süde biraz su katsa biri,
Hesaba çekerler bundan Ömer'i.

Yahut aç kalsa dağ başında çoban,
Yine Ömer mes'ul, Ömer perişan!..

Yahut bir masuma yan baksa biri.
Bu dahi yakmaya kâfi Ömer'i..

Bir zâlim, bir tokat vursa birine,
İnleyen sadece Ömer'dir yine...

Eşkiyanın biri kıysa bir cana.
Yarın kimse bakmaz Ömer'den yana...

Tutar da Rabbimiz: Sen nerdeydin, der,
İşte bunun için çırpınır Ömer...

Reisler Reisi koşuyor yine.
Gark olmuş mübarek kan ter içine..

Deve bu, tanır mı hiç, Ömer kim?
Koşuyor çılgınca biz ne. diyelim...

O koşar da Ömer durur mu sanki.
Tarifi imkânsız öyle bir an ki..

Bir zat gördü o hâlini Ömer'in,
Dedi: – Bari bize bir haber verin.

Şu kızgın çöllerde koşuyorsunuz,
Ey Halîfe! Siz çoban mı oldunuz?

Bu ne iştir, ey Mü'minler Emîri?
Tutardı deveyi kölenin biri..

Şaştım kaldım, koşuyorsun niçin sen?
Emrinizde bunca köle var iken...

Ömer dedi ki: – Sen hiç şaşma hele,
Bulunmaz Ömer'den âlâ bir köle..

Tutarsa yakamdan adli İlâhi,
Ne olur mahşerde Ömer'in hâli?

Bunun için düştüm deve peşine,
Ben hesap vermekten korkarım yine..

İşte gerçek îman, işte insanlık.
İşte böyle yüce bu Müslümanlık..

İşte Ömer'deki aşk, îman, budur,
Çünkü sarmış onu çepe çevre nur..

İşte îmân, işte vicdan, işte hak,
Halîfe dediğin böyle olacak..

Görmedi şu dünya öyle bir devir,
Ömer'den öğrenin adalet nedir!..

BİR ÇADIR

Çölde, uzaklarda Hazreti Ömer,
Bir çadır görerek yanına gider

Çadırın yanına gelir bakar ki,
İçerde bir kadın. Ne ihtiyar ki!..

Kim? Olduğu çölde tek başına ne.
Yaptığı bilinmez, görülmez yine..

Yaş yetmiş, iş bitmiş, sefillik caba.
Niçin şehre inmez kadın acaba..

Allah Resûlü'nün o büyük dostu.
Kadına yaklaşıp şöylece sordu:

– Sen Ömer hakkında ne fikirdesin?
– Allah, o Ömer'in belâsın versin!

Bütün reisliği boyunca birşey,
Geçmedi elime hey evlâdım, hey!

Onun yüzünden bu çektiğim çile,
Hesaplaşacağım ben onun ile...

Bu ıssız çöllerde tek başıma ben,
Böyle sefil, böyle garip yaşarken...

Ömer sıcak yatağında uyusun,
Başka bir şey demem, Allahtan bulsun!

Sormaz mı yüce Rab, o kim, ben kimim?
İki yakasından tutacak elim

Gülümsedi biraz Hazret–i Ömer,
Ne yapabilir ki, böyle? Uzak yer.

Dedi: – Onun işi başından aşkın,
Ömer olsan, ne yaparsın â kadın?

Zannetme Ömer'in işleri çürük,
Kim olsa hakkiyle taşınmaz bu yük!.

Bir kuzu düşse, bir kurd eline,
Mes'ûl olan ancak Ömer'dir yine..

Bir Şahin gelipte kapsa bir cüce,
Bu dahi Ömer'e yeter işkence.

Ömer'den sorarlar bil ki her şeyi,
Senin şu hayatın Ömer'den iyi..

Ömer'in hâlini görsen bir defa,
Dersin bu nasıl dert, bu nasıl cefâ..

Su içmeye bile vakti yok onun,
Hiç işi biter mi insanoğlunun.

Ömer seni burda nasıl bulacak,
Günahını aldın Ömer'in ancak..

Haykırdı o kadın yine yeniden,
Dedi ki: – Ömer'den davacıyım ben,

Beni bulmayacak olduktan sonra,
Devletin başına geçmesin zira.

Madem ki bu yükün altına girmiş,
Ondan sorulacak elbette her iş..

Madem başaramaz geçmese idi,
Böyle bir mesleği seçmese idi.

Halifeyi bu muazzam karşılık,
Can evinden vurdu, ağlattı artık.

Ömer'in gözünde yaş billur billur,
Dedi ki: – Bu kadın haklı konuşur.

Bu ne taşınmaz yük, aman Yâ Rabbi,
Lütfet, benim hâlim duman Rabbi!..

Ağlaya ağlaya döndü şehire,
Gönderdi kadına bir çok zahire.

Hazineden aylık bağladı ona,
Lâkin sezdirmedi bunu kadına..

BİR DÂVA Kİ, PIRILTI DOLU BİLLUR

İslâmın azamet devrine bir bak,
Eğer istiyorsan sen ibret almak.

Düşün bir kere ki onlar kim, biz kim?
Andıkça maziyi titrer hayâlim!

İnsanlık gördü mü öyle bir devir?
Hasret çektiğimiz günler nerdedir?

Nerde İslâm'daki saffet, ulviyet?
Nerde o sadakat, nerde o gayret?

İbret almak için nur asrına bak,
İşte gerçek hayat bir budur ancak

Hazret–i Ömer'i getir yâdına,
İnsanlar içinde kim benzer O'na?

Var mı adaletli hiç onun gibi?
Var mı öyle yüce ahlâk sahibi?

Bir gün makamında oturuyordu.
Her taraf ışıktı, her taraf nurdu.

Sohbete dalmıştı sahabî ile,
Benziyordu taze açmış bir güle..

Tam o ân üç adam girdi içeri,
Saygı ile selâmladı Ömer'i.

İki adam tutmuş gencin kolunu.
Halifeye takdim ettiler onu.

Dediler: – Yâ Ömer! Dâvamıza bak,
Bu ne iş ki, bize oldu olacak..

Kısas istiyoruz, durum pek feci,
İşte onun için getirdik genci..

Halife dedi ki: – Durun hele siz,
Biz işi bilmeden hüküm vermeyiz..

Dâva görülmeden kısas istemek,
İyi biliniz ki beyhude emek...

Anlatın evvelâ şu derdinizi.
Bu derece üzen şey nedir sizi?

Niçin getirdiniz bu genci bana?
Haksızlık ettirmem insan oğluna...

Söz aldı o iki kardeşten biri,
Şimdi bir düşünce aldı Ömer'i..

Adam dedi ki – Ey Cenâb–ı Ömer
Dâvamıza bak da sen bize hak ver..

Bizim bir sevgili babamız vardı.
Bugün bahçemizde hurma toplardı.

İşte bu genç adam, öldürdü onu.
Artık sen de göster ululuğunu..

Tutup yakasından getirdik sana,
Taşla vurmak neymiş görsün insana..

Boyun eğeceğiz senin hükmüne.
Gönülden inandık adaletine...

İslâm adaleti ne imiş göster,
Bütün insanoğlu bir bunu ister...

O görüş ve bakış sahibi Emir,
Dedi: – Anlat bana ey genç. bu nedir?

Seni katillikle itham ediyor.
Bu dâva çetin, bu dâva pek zor!

Genç dedi: – Ey gönül aydınlatan Şah!
Böyle dert vermesin kimseye Allah...

Ne çâre, kader bu, olan oldu bak;
İlâhî takdirden kim kurtulacak?

Ey yüce şah, ey safanın engini,
Cahil olan elbet bilmez kendini.

Fakat ben inandım Rabbin vahyine,
Beni kurtaracak bir odur yine!

Lütfet, beni dinle, candan ver kulak.
Talih buya, işte oldu, olacak.

Benim şimşek gibi bir atım vardı,
O kadar ki çölden çöle uçardı.

Ne dağ, ne taş, ne kum, ne deniz derdik,
Bir çıktı mı ülke ülke gezerdik.

Benim soylu atım kalkınca şaha,
Rüya rüya uçar idik Allah'a!..

Sanki yok olurdu o anda dağlar.
Tanımazdık tipi, fırtına ve kar!

Gönlümce uçardım bir şahin gibi.
Mutlu olur böyle atın sahibi...

İşte bugün yolum düştü buraya,
İstirahat edecektim ben güya...

Baktım ki orası asude bir yer,
Oturdum gölgeye artık, kim, ne der?

Lâkin bakın işe, at boşanmaz mı,
Hayvan bu, yeşile hiç uzanmaz mı?

Hurma dallarını koparmış bir bir,
Ne zevkle yiyordu artık kim bilir..

Meğer oradaymış bahçe sahibi.
Taş yağdırıyordu bir düşman gibi..

Hedef olmuş idi zavallı atım,
Ben de koştum, güya, kurtaracaktım!

Koca bir taş daha atmaz mı adam.
Kapladı ruhumu acı. keder, gam!

Baktım küheylânım çırpınır yerde,
Dedim: Â ihtiyar insafın nerde?

Bir vuruşta eşsiz atım can verdi,
İnsan olan hiç böyle mi ederdi?

Öyle üzüldüm ki artık bu hâle,
Bir taş attım ben de şaşkınlık ile,

Ecel gelmiş başa, bu işlere hep,
Ben ne bileyim ki bir taştı sebep.

Sıyrılmış kınından ecel kılıcı.
Sardı beni gökler dolusu acı...

Zavallı ihtiyar can verdi hemen.
İbret almak gerek bu hâdiseden.

Bir günahım var mı benim Yâ Ömer?
Lütfet, kerem et de, sen hükmünü ver!

Ben razıyım dinî ceza ne ise,
Bilirim ki zulme uğramaz kimse..

Bu gençlerin dediği pek doğrudur,
Allah şahittir ki hakikat budur...

O bakış ve görüş sahibi Ömer,
Dedi: – Ey yabancı, işte hükümler!

Suçunu itiraf ettiğin için,
Seni de ölüme mahkûm etti din.

Ey çocuğum, buna ne diyorsun sen?
Haydi bekleme de cevap ver hemen!..

Genç dedi: – Ey gönül aydınlatan Nur!
Senin gibi âdil nerde bulunur?..

Evet, sensin güzel ahlâk sahibi,
«Hak Ömer iledir» demiş son Nebî..

Ben çoktan razıyım senin hükmüne,
Lâkin içimde bir sızı var yine..

Bu âteş bağrımı yakar durur hep,
Kardeşim yollara bakar durur hep!.

Küçük bir kardeşim vardır geride,
Zavallı masuma kim imdat ede?

Babam göçtü ebediyet yurduna,
Artık koptu, bir amansız fırtına..

Emanet edildi bana kardeşim,
Ben ölürsem ona kim bakacak, kim?

Babam vermiş idi bir miktar para,
Büyüyünce olacaktı fukara...

Bu parayı saklamıştım bir yere,
Kardeşime teslim etmek üzere...

Bunun hiç kimse bilmez yerini.
Ona kim verecek emanetini..

Beni idam ederseniz şimdi siz,
Ne yapsın o masum artık kimsesiz.

Babam suçlar beni hiyanet ile,
Ben ölümden korkmam, budur mesele...

Emaneti sâhibine vermezsem,
Eder mi yüce Rab, lütuf've kerem?

Kıyamet gününde ne olur hâlim,
Beni bu durumdan kim kurtarır, kim?

İsterseniz bana müsade verin,
Vereyim hakkını gidip yetimin...

Sonra bir kuş gibi uçayım geri.
Ey ulular, mahcup etmem sizleri!.

O masum çehreli gencin hâline,
Hayretle baktılar cümlesi yine...

Razı olur muydu dâva sahibi,
Öyle bir kuyu ki, görünmez dibi...

Lâkin bu masum genç ne yapacaktı?
İçinde yüreği eridi, aktı...

Hazret–i Ebu Zer atıldı hemen.
Dedi ki: – Bu gence güvenirim ben.

Yalan söyleyecek biri değil bu,
Yalanın riyanın kiri değil bu...

Allah'a gönülden inanmış bu genç,
Din, İmân, aşk ile hep yanmış bu genç!

İşte boynum, onun kefili benim,
Feda olsun böyle gence bedenim...

Mü'minler Emîri dedi: – Ey yiğit!
İşte sana izin güle güle git!..

Genç fırladı bir ok gibi ileri,
Boyladı bir anda dipsiz çölleri...

Benziyordu gökte uçan şahine,
Öyle bir gidiş ki, bu nedir, bu ne?

Şimdi dere tepe, O gide dursun,
Ey Ebû Zer, sen ne büyük bir nursun!..

Dediler: – Kendini kurtardı artık,
Ne âlâ, yurduna o vardı artık!

Bura can pazarı gelir mi geri?
Nasıl da kandırdı şu Ebu Zeri

Aşk ve vecd adamı büyük Ebu Zer.
Dedi: – İşte boynum gelmezse eğer.

Gelir o genç, ermiş îman zevkine.
Öyle bağlanmış ki mukaddes dîne...

Onun sözlerine inanıyorum.
İnanın bana ki yoktur bir korkum!..

Artık epeyce bir zaman geçmişti,
Ne gelen, ne giden var, bu ne işti...

Üçüncü günün de akşamı oldu,
Gelir diye hâlâ bekleniyordu.

Dâva sahipleri koştular hemen.
Dediler ki: – Yâ Ebu Zer! Nettin sen?.

Yaptığın şu işe bir kerecik bak,
Hâlâ meydanda yok, oldu olacak...

Nezrini ifâ et, vakit doluyor,
Bu dâva pek çetin, bu dâva pek zor!..

İrfan denizine gark olmuş Ömer,
Tanır mı sahabi veya Ebu Zer...

Elbet gösterecek adaletini,
Bakmaz göz yaşına kim olsa hani...

Dedi: yâ Ebu Zer! genç gelmezse,
Bil ki seni kurtaramaz hiç kimse...

Şeriat hükmünü infaz ederim,
Bunu söyler bana Kur'ânı Kerim!

❁❁❁

Nasıl anlatayım, Ebu Zer kimdi?
O'nun gibi insan bulunmaz şimdi...

Öyle bir îmanı vardı ki onun,
Aklı dahi almaz insanoğlunun...

İmân kahramanı, şanlı sahabi,
O'nu sevmiş, O'nu övmüş son Nebî... [33]

Cihan sahip değil, öyle birine,
Gönülden inanmış Rab birliğine...

Onda kucak kucak, nur, ışık, îman;
Ehli takva, hakikî bir müslüman!..

Lâkin Ömer bu, hiç tanır mı O'nu?
Zulme uğratır mı insanoğlunu?

Kur'ân hükmü neyse onu yapacak.
Şimdi Ebu Zer'i kim kurtaracak?

Vakit tamam, geldi beklenen saat,
Ey Rabbim! Sen rahmet elini uzat!..

İmân kahramanı büyük sahabî,
Hemen hazırlığa başladı tabi..

– Beni idam edin onun yerine.
İşte duruyorum, sözümde yine...

Böyle diyordu ki o büyük insan,
Çarptı gözlerine bir toz, bir duman...

Baktılar dikkatle tâ uzaklara,
Biri gelir çölü hep yara yara...

---

33 Kainatın Efendisi buyuruyor:
– Allah Ebu Zer'e acısın ki, O yalnız yaşar, O yalnız ölür ve yalnız haşrolunur:
Ve yine bir başka hadis:
– Dünyaya Ebu Zer'den daha doğru kimse gelmedi.

Kimdir bu çöllerde kuş gibi uçan?
Tuhaf şey, ölüme gelsin bir insan!..

Ama geldi işte beklenen kişi,
Dedi: – Ey büyükler hallettim işi!..

Yollar taş, yollar kum, yollar pek fena;
Meydan okuyordu insanoğluna!.

Beni af ediniz, biraz geç kaldım,
Vaktinde gelmekti güya maksadım!..

Emaneti verdim sahibine ben.
Benim sözüm sözdür ve döndüm hemen!.

Artık selâmette küçük kardeşim.
İşte başım, yoktur dünyada işim!..

Bu manzara nice yüreği yaktı.
Gözlerden hep iplik iplik yaş aktı

Böyle asaletli insan mı olur?
Kaplamış bu genci bir İlâhî Nur!..

İşte islâm, işte îman, işte din,
Var mı senin tarih gibi şahidin?

Halife dedi ki: – Aman Ebu Zer!
Bu ne asaletli bir gençmiş meğer!..

Nerden tanıyorsun bu yiğidi sen?
Teklifini kabul eyledin hemen...

Ebu Zer dedi ki: Tanımam onu,
Hâlâ bilmiyorum kim olduğunu!..

Allah Resûlü'nün Ashâbı gibi.
Yüce îman, yüce ahlâk sahibi.... .

İnsanlardan yardım isteyene ben,
Kabul ettim, evet dedim gönülden..

Hayır demek, garip bir müslümana.
Bildim ki pek ağır gelecek bana!..

İşte bu yüzdendir kabul edişim,
Yâ Ömer! Burada bitmiştir işim!..

Zannetme ki bu iş kolay arkadaş,
Aktı gözlerinden hep billur billur yaş!

Davacı gençleri görelim şimdi.
Bilmekte fayda var. onlar da kimdi?

Onlar, boyanmıştı îman nuruna,
Artık şaşmamalı hiç insan buna...

Dediler: – Yâ Ömer! Yaktı bizi bu.
Vallahi Resûlün nurlu izi bu!..

Biz de dâvamızdan vaz geçtik artık,
Müslümanlık nedir, görsün insanlık!

Hani, nerde o nur, nerde o devir?
Yirminci asrımız, kir akıyor, kir!

Bu hâli görünce Cenâb–ı Ömer,
Dedi ki: – Yaşayın ey asîl gençler!

Haydi kucaklaşın şu genç ile siz,
Çünkü Müslümanız, çünkü kardeşiz!.

O iki genç kucak açtılar hemen,
Bir nur peyda oldu yüce sevgiden!..

HZ. ÖMER İLE VEZNEDAR

Gönlüm bir kuş gibi çırpınıp durdu,
O günleri görsem âh, ne olurdu...

O Asrı Saadet, o nurlu devir,
Canlandı zihnimde yeniden bir bir!..

Ey Allahım! O gün, ne güzel günmüş,
Lâkin şimdi neden o haslet sönmüş?

O gün, çıkıyormuş: Irmak ırmak nur.
Yalan, riya, rüşvet, haset, kin, yoktur!.

Büyük küçük herkes hakkına razı,
Birine birinin geçermiş nazı...

Gönüllerde İlâhî aşk var imiş,
Her işi hak için yaparlar imiş...

Ellerde yok, fakat gönüller gani,
Öyle faziletli insanlar hani?..

Nerde öyle hakka inanmış adam?
Nerde öyle aşk ile yanmış adam?

Nerde Ömer gibi eşsiz bir inci?
Şimdi yitirdik hep aşkı sevinci...

Allah Resûlü'nün ashabı gibi,
Gösterin îmân ve ahlâk sahibi...

Hazret–i Ömer'in bakın işine,
Ne kadar bağlanmış bu yüce dîne.

Bir bayram günüydü, Hazret–i Ömer,
Çocuğuna bir şey almayı ister.

Lâkin para nerde? Onu bulmak zor,
Böyle halifelik nasıl oluyor?..

Ömer o, var onda nurdan çağlayış.
Görülmüş mü böyle yürek dağlayış...

Para olmayınca ne yapsın Ömer,
Halbuki doludur o hazineler...

Düşünür, taşınır, bir karar verir;
Veznedara hemen haber gönderir.

Der ki: – Borcum olsun, ver biraz para,
Aylığımdan onu kesersin sonra...

İki üç ay sonra veririm geri,
Sen şu sıkıntıdan kurtar Ömer'i...

❁❁❁

Ne yaman bir adam, veznedara bak,
İşte gerçek mü'min böyle olacak.

Halife'ye dedi: – Ey zaman eri!
Yağma edemem ben hazineleri...

Yaşayacak mısın üç aya kadar?
Belki şimdi, belki yarın ölüm var!..

Ne gün geleceği bilinmez onun,
Yolunu bekliyor insan oğlunun...

Geride kaldı mı üç aylık ömrün?
Niceleri gelip gitti daha. dün...

Belki vazifene son verilecek
O zaman bu para nasıl gelecek?

Ben bu sebeple borç para veremem.
Vazifem ağırdır, sen eyle kerem...

Gücenmek, darılmak ve kızmak ta ne?
Teşekkür eyledi veznedarına.

Senin dediklerin, evet doğrudur.
Ölüm var, gitmek var, hakikat budur!.

Sen ne güzel ikaz eyledin beni,
İşte böyle koru O hazineni.

Sonra oracıkta diz çöktü yere,
Dedi ki: – Ey Rabbim, acı Ömer'e!..

İşte sana malûm Ömer'in hâli,
Rahmetini bol bol gönder İlâhî!..

SENİ KILICIMIZLA DOĞRULTURUZ

Mü'minler Emîri Hazret–i Ömer,
Bir gün halkı toplar ve onlara der:

– Hizmetime tahsis etsem bir deve,
Milletin malını taşısam eve.

Allah Resûlü'nün çıksam izinden,
Uzaklaşsam Haktan, nasdan ve sizden.

Kendimi düşünsem her işde yalnız,
Ey Millet! Siz bana ne yaparsınız?

Halktan biri fırladı bir ok gibi,
İşte böyle olur îman sahibi.

Dedi ki: – **Yâ Ömer! Kılıcımız var,**
Haktan ayrılanın kellesi kopar.

Ne şahı tanırız, ne de Halife,
Yaptığın işlerde görürsek hile.

Seni kılıç ile doğrulturuz bil,
İstersen yoldan sap, istersen eğil...

Bunun üzerine Hazret–i Ömer,
Sert bir eda ile adamı dener:

– Bu sözü bana mı söylüyorsun sen?
Vereyim mi senin cezanı hemen?

Adam gerçek ve hâlis bir mü'mindi,
Ona bu kuvveti veren hep dindi..

Dedi ki: – **Vallahi bu sözleri ben,**
Sana söylüyorum hiç çekinmeden.

O zaman Reisler Reisi Ömer,
Ilık gözlerini göklere diker.

Der ki: – **Hakka şükürler olsun ki, bu nâs,**
İman sayesinde olmuş bir elmas.

Bu milletin gelmez hiç sırtı yere,
Hakkı bildirecek vardır Ömer'e!...

HZ. ÖMER İLE ÇALGICI

Rivayet ederler, Ömer'in devri,
Medine'de varmış saz çalan biri.

Öyle çalgıcı ki tam yetmiş sene,
Vurup durmuş, vurup sazın teline.

Günah askerleri kesmiş yolunu,
Şeytana satmışlar bir pula onu.

Yetmiş sene gezmiş; şaşkın âvâre,
Hiç gönül vermemiş mukaddes yâre.

Koymamış bir kere secdeye başı,
Akmamış Hak için gözünün yaşı.

Ömür defterini karalamış hep,
Bütün bu işlere saz olmuş sebep.

Vicdan sahifesi durulmuş kalmış,
Günah, hatâ günden güne çoğalmış.

Gitmemiş bir kerre mânâ ehline,
O zavallı kurban olmuş cehline.

Nihayet gün gelmiş düşmüş yatağa,
Başlamış sonunda hep ağlamağa.

Yüzüne kapanmış bütün kapılar.
Kimsesiz, bîçare kalmış ihtiyar.

Bir dilim ekmek yok, bir yudum su yok;
Demek insanların hiç duygusu yok!..

Demek öyle hissiz bugün insanlık,
Böyle bir dünyada yaşanmaz artık.

Bu ne tılsım, bu ne amansız tuzak,
Lâtuf. kerem, ihsan, hep benden uzak.

Evet, benim Rabbin en hakir kulu,
Nice yıllar var ki şaşırdım yolu.

Bilmedim bana bu canı veren kim?
Bunca yıl rızkımı gönderen kim?..

Sonra bir kıvılcım düştü içine,
Dedi ki: – **Ben Rabbin kuluyum yine.**

İşte el tutmuyor, göz görmüyor âh,
İşledim yetmiş yıl binlerce günâh!

Bana bu yaşamak bir züldür artık,
Beni ancak paklar, ancak mezarlık.

Evet, gitmeliyim Ölmeden evvel.
Hakka yalvarırsam uzanır bir el...

Gitti o haliyle bir kabristana,
Dedi ki: – **Ey Allah'ım! Sen acı bana.**

Sensin can bahşeden, sensin ey Ulû
Cahillik eyledim, şaşırdım yolu..

Sen Settârsın, Sen Gafursun, sen Rahim,
Güçsüzüm, elimden kim tutacak, kim?

Seyyiatım hasenata tebdil et,
Fazlu ihsanından alayım lezzeti

Bu ömür defterim bulanık deniz,
Sen lütfeder isen kalmaz hiçbir iz!.

Kılıftır: Kemiği örtmede deri,
Artık çirkinliğin kalmaz izleri...

İlâhî! Ben yüzü kara bir kulum,
İşte geldim, yalnız sende umudum!

Rahmetinden ümit kesmedim bir ân,
Sende lütuf, sende kerem ve ihsan!.

İşte hâlim, ey Rahmeti bol Hûda;
Yazık ki ömrüm hep geçti uykuda..

Şimdi aklım erdi, sensin Penâhım,
Lütfet, dinsin artık, gözyaşım, ahım!..

Rahmetinden beni ümitsiz etme,
Sen var iken, yalvarayım, ben kime?

Günahımı affet; nur ver bana nur,
Akıt rahmetini sen billur billur!..

❁❁❁

Bir yandan çırpınır, bir yandan ağlar.
Nedamet ateşi kalbini dağlar...

Gönlü Rab nurundan almıştır ışık,
Bir mezar yanına uzanır artık...

Ve sonunda dalar derin uykuya,
Halîfe de o ân görür bir rüya!

Cenâb–ı Hak eder Ömer'e hitap:
– Haydi uyan artık, ey İbni Hattap!

Yâ Ömer kalk, doğru kabristana git.
Yardıma muhtaçtır, bir temiz yiğit!..

Orada bizim bir hâs kulumuz var,
Hem dertli, hem garib, hem pek ihtiyar!

O muhterem kula selâmım söyle,
Kimsesiz kalmıştır bir sazı ile..

Gönlünü al yâ Ömer, git onu bul,
De: Hak selâm etti, ey muhterem kul!..

Ömer, gönül aydınlatan yüce şah.
Onu uykusundan uyardı Allah

Ömer ki, kalbi hep inciler dolu,
Peygamberin dostu, Rabbin hâs kulu.

En büyük hak ve adalet sahibi,
Tatlı, berrak, duru, bir billur gib.

Gönlünde nice bin pınar çağlardı,
Öyle bir nur, güneş güneş yanardı.

Cihan görmemişti öyle bir eri,
İmân, ışık ve nur, sarmış Ömer'i..

Mutlu ol, rahat yat, müjdeler ey can!
Ömer getirmede Hak'tan armağan...

Rahmet yağdı, sen devam et uykuya,
İyi bil ki, balık hiç kanmaz suya!..

Çıktı yola artık Cenâb–ı Ömer,
İhtiyara götürmede müjdeler.

Ömer bu, var onda içten çağlayış,
Şimdi götürüyor Rabbinden bağış!..

Koştu, vardı, ölmüşlerin yurduna,
Dedi: – Ey ihtiyar! Gel görün bana!

Ne ses veren vardı, ne öyle biri,
Derin bir düşünce aldı Ömer'i..

Nerdesin sen, Ey Hûda'nın hâs kulu?
Geldi amma, Ömer hiç bilmez yolu...

Nasıl ateş düşürmüşsün cana sen?
Ey ulu! Bir haber eyle bana sen!...

Koşuyordu artık Ömer her yana,
Başka kim bakardı garip insana...

Mezar değil sanki bir kum denizi,
Garip ihtiyarın yok olmuş izi...

Deme ki ey insan, neyin nesi bu?
Allah Resûlü'nün halîfesi bu!..

İnci doldurulmuş bir altun tas O,
Berrak sular gibi duru ve hâs O!..

Uçtu rüzgâr rüzgâr ve buldu onu,
İhtiyar uyuyor, son uykusunu...

Ne Ömer'i duyar, ne hiç kimseyi.
Demek ki uykuda rahatı iyi ...

Adalet sultânı diz çöktü yere,
Sahipken en büyük hazinelere..

Rab öyle istemiş, olacak buya,
İhtiyar da veda etti uykuya..

Baktı ki başında duruyor Ömer,
Bin korku, bin elem, şaşkına döner...

Gözünden akan yaş billur çeşmesi,
Aksetti ruhuna Ömer'in sesi:

– Sana geldim, hiç korkma ey bahtiyar
Müjde olsun, yüce Rab'den selâm var!..

Hak indinde senin her şeyin makbul,
Mahzun olma artık, Ey muhterem kul!..

Gark oldun ilâhî bir rahmete sen,
Girme bundan sonra hiç zahmete sen...

Hak senin huyunu ne kadar sevdi,
İşte, ayağına beni gönderdi ...

Bu kıssadan hisse almak gerektir,
Hakkın rahmetine dalmak gerektir..

Günahım çok diye ümitsiz olma,
O tevbe kapısı açık dâima...

Gönül mumunu yak ihtiyar gibi,
İsyan öyle batak, bulunmaz dibi...

Habersiz olursa aydan gök bile,
Artık hep karanlık, hiç dolmaz çile...

Yetmez mi yüzdüğün şu çirkef suda,
İman, ışık ve nur, göndermiş Hûda...[34]

SON

34 Hakikat elmasları isimli manzum eserinden; buraya aktarıldı.